Ingeborg Bayer

Ehe alles Legende wird

Ingeborg Bayer,
in Frankfurt am Main geboren, studierte nach einer Ausbildung als wiss. Dipl.-Bibliothekarin Medizin und Hindi und arbeitete anschließend als Bibliothekarin und med. Archivarin.
Ihre Bücher erhielten zahlreiche Auszeichnungen, wurden in viele Sprachen übersetzt, einige von ihr für das Theater bearbeitet, andere verfilmt.
Sie ist Mitglied im PEN.

Die Erstausgabe von *»Ehe alles Legende wird«* wurde 1982 von der Arbeitsgemeinschaft der Verleger, Buchhändler und Bibliothekare in der Friedrich-Ebert-Stiftung mit dem Preis *»Das politische Buch des Jahres«* ausgezeichnet.

Stimmen zur Erstausgabe:

Für junge Menschen ist dieses Buch eine wirksamere historische Aufklärung als manche dickleibige wissenschaftliche Untersuchung.
Stern

Ein Buch wie dieses sollte in den Schulen zur Pflichtlektüre gemacht werden.
GEW Rheinland-Pfalz

Das Verdienst dieses Buches ist es vor allem, daß es auch die Geschichte des Antisemitismus in Deutschland seit dem 18. Jahrhundert nachzeichnet, der dann mit einer geradezu perversen »Zwangsläufigkeit« in der Judenvernichtung in den Gaskammern des Nationalsozialismus endete.
Die Neue Bücherei

Weitere Arena-Bücher von Ingeborg Bayer:

Zeit für die Hora
Dt. Jugendliteraturpreis 1989

Der Teufelskreis
(Taschenbuch 2503)
Auswahlliste zum Dt. Jugendbuchpreis

Die vier Freiheiten der Hanna B.
(Taschenbuch 2520)
Österr. Staatspreis
Auswahlliste zum Dt. Jugendbuchpreis

Ingeborg Bayer

Ehe alles Legende wird

Der Nationalsozialismus in
Deutschland von Weimar bis heute
– Berichte und Dokumente –

Erweiterte Neuausgabe

Arena

Die Deutsche Bibliothek – Einheitsaufnahme

Ehe alles Legende wird :
der Nationalsozialismus in Deutschland von Weimar bis heute ;
Berichte und Dokumente /
Ingeborg Bayer. – Erw. Neuausg.,
1. Aufl. – Würzburg : Arena, 1995
ISBN 3-401-04598-9

1. Auflage dieser erweiterten Neuausgabe 1995

Die ursprüngliche Ausgabe erschien im SIGNAL-Verlag, Hans Frevert,
Baden-Baden, und hatte drei Auflagen.
Umschlaggestaltung: Karl Müller-Bussdorf, unter Verwendung von Fotos aus dem
Innenteil des vorliegenden Buches und eines Fotos der Agentur Zenit (unten Mitte)
Bildnachweis: S. 284
Gesamtherstellung: Westermann Druck Zwickau GmbH
ISBN 3-401-04598-9

FÜR E. G., R. L. UND R. H.

Wer von uns wacht hier
und warnt uns,
wenn die neuen Henker kommen?
Haben sie wirklich
ein anderes Gesicht als wir?
Irgendwo gibt es noch Kapos,
die Glück hatten,
Prominente,
für die sich wieder
Verwendung fand,
Denunzianten,
die unbekannt blieben –
gibt es noch all jene,
die nie daran glauben wollten
und dann nur von Zeit zu Zeit.

Jean Cayrol / Paul Celan
Paris 1955/56 (Nacht und Nebel)

Inhalt

I. 1919-1933 Der Aufstieg der Nationalsozialisten

Äußere Ursachen
- *Der verlorene Krieg* 8
- *Das Elend der zwanziger Jahre* 12

Innere Ursachen
- *Rassenlehren und Antisemitismus* 18
- *Das nationale Bewußtsein* 24

Der Weg der Partei 39

II. 1933-1945 Das Dritte Reich

Ausbau der Macht 1933-1938
- *Das Programm und seine Durchführung* 48
- *Die Wirtschafts-, Sozial- und Kulturpolitik* 68
- *Die Verfolgung der Andersdenkenden* 76

Expansion und Krieg 1938-1945
- *Vorbereitung des Krieges und erste Eroberungen* 102
- *Die Fronten* 107
- *Aktionen im Rahmen des Kriegsgeschehens* 113
  - *Die Vernichtung »lebensunwerten« Lebens – das Euthanasieprogramm* 113
  - *Die Entwicklung in den Konzentrations- und Vernichtungslagern* 122
  - *Judenverfolgung und Endlösung* 138
  - *Maßnahmen in den besetzten Gebieten – Die Aktionen der Einsatzgruppen* 154
  - *Der Kampf gegen die Widerstandsgruppen* 166
- *Der totale Krieg* 174
- *Das Ende* 182

III. Erlebte Geschichte – Berichte, Interviews

Die letzten Wochen des Krieges
- *Begegnung in der Nacht* 188
- *»Werwölfe«* 190

Interviews mit Emigranten, Widerstandskämpfern und ehemaligen KZ-Häftlingen 193
»Führung« durch Dachau heute 193
- *»Ab nach Jerusalem«* 195
- *Ein Jahr im Untergrund* 197
- *Bittgang zu Himmler* 200
- *Durchgangsstation – der lange Weg des Häftlings 69 733* 201
- *Der Schattenvogel* 204

Ein ganz normaler Tag oder Wenn der Krieg zu Ende ist 205
Priesterweihe in Dachau 209
Weshalb wir so gut funktionierten 209

IV. Wehret den Anfängen

Rechtsextremistische Umtriebe 1977-1979 216
Von der schwierigen Suche nach der Wahrheit 229
Wenn Hitler heute wiederkäme – Eine Umfrage bei Jugendlichen, 1979 245

V. »Der Schoß ist fruchtbar noch«

Von der Schwierigkeit mit den Wörtern – Entwicklungen des Rechtsextremismus (1980-1993) 255
Hoyerswerda – Sündenbock Ost? 265
Von dem Versuch, Vergangenheit zu löschen – vom lauten und verschämten Antisemitismus 267
Auf dem rechten Auge blind – Überlegungen von Weimar bis heute 271
Wiederholung der Umfrage unter Jugendlichen, November 1994: Wenn Hitler heute wiederkäme ... 274

Bibliographischer Anhang 284

Jedes Buch hat seine Geschichte.

Die Geschichte dieses Buches beginnt früher als die Forderung nach besserer Kenntnis des 3. Reiches bei Jugendlichen heute. 1974 besuchte ich in Göttingen eine Ausstellung »500 Jahre Judentum«, eine Ausstellung, die wohl kaum einen großen Interessentenkreis gefunden haben dürfte – an jenem Nachmittag war ich der einzige Besucher dort. Was ich fand, waren Dinge, die versuchen sollten, zum Verständnis eines Volkes beizutragen, das seit Jahrtausenden im Zerrfeld der Geschichte lebt: eine alte Thora, Kelche, Gewänder. Überwiegend also Kultgegenstände, die mich zwar interessierten, aber sicher nicht länger in meinem Gedächtnis haftengeblieben wären, als dies sonst bei Ausstellungen üblich ist.
Dann aber entdeckte ich ein Dokument, von dem später Mitarbeiter des Bundesarchives sagten, daß es mit zu den grausamsten Dokumenten dieses Archivs überhaupt gehört. Ein Brief über das nicht einwandfreie Funktionieren eines Vergasungswagens, mit Verbesserungsvorschlägen, Zeichnungen, ein Brief, der mir wie nie zuvor vor Augen führte, wozu Sprache nicht nur benutzt, sondern auch mißbraucht werden kann. Ich notierte mir die Akte und war damals bereits der Meinung, daß dieses Dokument nicht nur einem kleinen Interessentenkreis zugänglich gemacht werden müßte, sondern möglichst vielen Menschen, vor allem Jugendlichen.
Von dem Dokument ausgehend, war der Weg zu diesem Buch nicht der sonst bei historischen Sachbüchern übliche. Er begann nicht mit dem Studium der ins uferlose gehenden Sekundärliteratur, sondern in den Archiven. Um die eigene Brille möglichst ungetrübt benutzen zu können, suchte ich zwei Jahre lang Material zusammen, Material, das teilweise auch noch unveröffentlicht war, denn noch immer tauchen bis jetzt unbekannte Unterlagen aus jener Zeit auf. Teilweise sind Materialien auch direkt nach dem Krieg erschienen, aber inzwischen schon längst wieder vergessen oder nicht mehr greifbar, teils sind sie veröffentlicht, jedoch in wissenschaftlichen Spezialabhandlungen vergraben, die in ihrer Ausführlichkeit kaum einen größeren Leserkreis interessieren dürften.
Wichtig erschien mir außerdem – jenseits der Dokumente – nachzuforschen, wie Menschen jener Zeit dachten, fühlten, handelten, in die Irre gingen, ohne zu wissen, daß es eine Irre war, die Verblendung der damals Sechzehn- und Siebzehnjährigen darzustellen. Es sollten auch Stimmen noch einmal lebendig werden, die heute bereits verstummt sind, Stimmen der Widerstandskämpfer, Emigranten, ehemalige KZ-Häftlinge, Stimmen, die niemand mehr hören möchte, weil viele schon wieder glauben, sie seien überflüssig geworden, und die doch vielleicht nicht mehr allzu lange gehört werden können. »Und eines Tages werden die, die es erlebt haben, nicht mehr dasein, und niemand wird mehr wissen, wie es war, es wird alles nur noch Legende sein«, sagte mir einer der Emigranten, als er mir die Geschichte seiner Flucht nach Amerika schilderte.
All denen, die mitgeholfen haben, daß dieses Buch entstehen konnte, die bereit waren, sich zurückzuerinnern, die Vergangenheit noch einmal für ein Gespräch heraufzuholen, auch wenn diese Erinnerungen schmerzhaft waren, danke ich. Ihnen sei dieses Buch gewidmet.

Zur erweiterten Neuausgabe: Als ich 1979 das Kapitel »Wehret den Anfängen« schrieb, hoffte ich, daß dieses Kapitel bei einer möglichen späteren Neuauflage nicht mehr nötig sein würde. Dieser Wunsch hat sich leider nicht erfüllt: »Wehret den Anfängen« ist bereits Geschichte geworden. Das neu hinzugefügte Kapitel »Der Schoß ist fruchtbar noch« versucht Bilanz zu ziehen zwischen 1979 und November 1994.

I. 1919-1933
Der Aufstieg der Nationalsozialisten

Äußere Ursachen

Der verlorene Krieg

Die Geburtsstadt der Bewegung ist nicht München, sondern Versailles Theodor Heuss, 1931

Als am 11. November 1918 in einem Eisenbahnwagen im Walde von Compiègne bei Paris der deutschen Regierung die Waffenstillstandsbedingungen überreicht wurden, war ein Krieg zu Ende, der die kriegführenden Länder rund 200 Milliarden Dollar gekostet hatte, auf den Soldatenfriedhöfen der ganzen Welt etwa 9 Millionen Tote zurückließ und Millionen von Krüppeln und Invaliden in die Heimatländer zurückschickte.

Die Rechnung dieses Krieges wurde Deutschland sieben Monate später präsentiert. Am 28. Juni 1919 wurde in Versailles mit der Unterzeichnung des Friedensvertrages einer jener vielen Grundsteine gelegt, die es in der Folgezeit ermöglichten, daß rechts- und linksorientierte Gruppen einen Nährboden bereiten konnten, auf dem ein normaler Regierungsablauf kaum mehr gewährleistet war. Bereits der Beginn der Verfassungsberatungen für den neuen demokratischen Staat Anfang des Jahres 1919 hatte dies gezeigt – die Nationalversammlung mußte nach Weimar verlegt werden, weil Unruhen in der Hauptstadt die Verhandlungen unmöglich machten.

Die Forderungen der Siegermächte, die in Versailles gestellt worden waren, waren u. a. folgende: Verzicht auf die Kolonien, umfangreiche Gebietsabtretungen, Entmilitarisierung des linken Rheinufers und einer 50 km breiten Zone rechts des Rheins, Besetzung von rechtsrheinischen Brückenköpfen wie Köln, Koblenz und Mainz für unterschiedliche Zeiträume, Internationalisierung der meisten deutschen Schiffahrtswege, Abschaffung der allgemeinen Wehrpflicht, Begrenzung des Heeres auf 100 000 Mann, Verbot der Luftstreitkräfte und der schweren Waffen und – da Deutschland die alleinige Kriegsschuld aufgerechnet wurde – Wiedergutmachungsforderungen in Form von Geldzahlungen und Sachwerten.

Die Geldzahlungen wurden nach endlosen Verhandlungen auf 132 Milliarden Goldmark festgesetzt, die Zahlungen sollten jährlich mit zwei Milliarden geleistet werden, bei Nichteinhaltung wurde mit Sanktionen gedroht.

Englische und belgische Truppen in Aachen, 1919

Militärparade marokkanischer Truppen in Mainz

Daß Deutschland in den folgenden Jahren Stück für Stück demontiert wurde, erzeugte nicht nur bei Hitler und seinen Anhängern Zorn und Haßgefühle, sondern auch in großen Teilen der Bevölkerung. U-Boote wurden in der Mitte auseinandergeschweißt, Flugzeuge vernichtet, ganze Eisenbahnzüge verließen das Land und in den Straßen der Großstädte patroullierten englische, belgische und französische Soldaten.
Als Folge dieser Wiedergutmachungszahlungen verschärfte sich die bereits durch die Kriegsausgaben hoffnungslos zerrüttete Finanzsituation des Staates. Da dessen Ausgaben in keinem Verhältnis mehr zu seinen Einnahmen standen, war die Regierung gezwungen, ständig neue Geldscheine in Umlauf zu bringen, für die jedoch keinerlei Gelddeckung mehr vorhanden war.
Während diese ständige Geldentwertung, die ihren Höhepunkt im Dezember 1923 erreichte, für den Großteil der Bevölkerung eine Katastrophe bedeutete, hatte sie für die Unternehmer genau den umgekehrten Effekt: durch billige Arbeitsleistung konnte der Export in einem Maße gesteigert werden, daß manche Firmen, wie z. B. Stinnes, sich in kurzer Zeit Millionenbeträge erwirtschafteten.

Auf Reparationskosten erbaute Riesen-Lokomotive

Sperrung des Dortmund-Ems-Kanal durch Versenken eines Kahns zur Behinderung französischer Kohletransporte

Da die Reparationsforderungen trotz aller Bemühungen der Regierung nicht immer pünktlich erfüllt werden konnten – obwohl sich die Politiker deswegen von ihren Gegnern als „Erfüllungspolitiker" beschimpfen lassen mußten – schlug im Januar 1923 die seit Jahren unterdrückte Empörung in offenen Haß um: 100 000 nicht rechtzeitig gelieferte Telegraphenstangen waren der Auslöser für den als „Ruhrkampf" in die Geschichte eingegangenen passiven Widerstand, den die Bevölkerung des Rheinlandes leistete, nachdem es von französischen und belgischen Truppen besetzt worden war.
Als die Reparationen, die bis 1980 hätten weiterlaufen sollen, Mitte 1932 schließlich beendet wurden, waren insgesamt 12,7 Milliarden Mark, außer den Sachleistungen und Besatzungskosten, bezahlt worden, ein Bruchteil also der ursprünglich geforderten Leistungen. Die letzten für 1935 vorgesehenen 3 Milliarden waren kein Gegenstand der Diskussion mehr – Hitler und seiner Partei war es inzwischen gelungen, dem Volk klar zu machen, daß Waffenlosigkeit eine Schmach bedeute, die nur durch eine einzige Erziehung gelöscht werden könne, nämlich der, daß jeder Weg wieder bei der Waffe endet.

> *Allein dieser Vorwurf trifft genau so die Politiker von rechts. Denn dank ihrer jämmerlichen Feigheit vermochte im Jahre 1918 das zur Herrschaft gekommene jüdische Gesindel der Nation die Waffen stehlen. Auch diese haben mithin keinen Grund und kein Recht, die heutige Waffenlosigkeit als Zwang zu ihrer klugen Vorsicht (sprich „Feigheit") anzuführen, sondern die Wehrlosigkeit ist die Folge ihrer Feigheit.*
> *Damit aber lautet die Frage einer Wiedergewinnung deutscher Macht nicht etwa: Wie fabrizieren wir Waffen?, sondern: Wie erzeugen wir den Geist, der ein Volk befähigt, Waffen zu tragen? Wenn dieser Geist ein Volk beherrscht, findet der Wille tausend Wege, von denen jeder bei einer Waffe endet!*

Das Elend der zwanziger Jahre

Daß aber Millionen im Herzen den Wunsch nach einer grundsätzlichen Änderung der heute gegebenen Verhältnisse tragen, beweist die tiefe Unzufriedenheit unter der sie leiden. Sie äußert sich in tausend Erscheinungsformen, bei dem einen in Verzagtheit und Hoffnungslosigkeit, beim anderen in Widerwillen, in Zorn und Empörung, bei diesem in Gleichgültigkeit und bei jenem wieder in wütendem Überschwange.
Als Zeugen für diese innere Unzufriedenheit dürfen ebenso die Wahlmüden gelten wie auch die vielen zum fanatischen Extrem der linken Seite sich Neigenden.
Und an diese sollte sich auch die junge Bewegung in erster Linie wenden. Sie soll nicht eine Organisation der Zufriedenen, Satten bilden, sondern sie soll die Leidgequälten und Unzufriedenen zusammenfassen, und sie soll vor allem nicht auf der Oberfläche des Volkskörpers schwimmen, sondern im Grunde desselben wurzeln. Adolf Hitler, „Mein Kampf"

Obdachlose vor dem Eingang des Asyls in Berlin, Dezember 1930

„Tuberkulose im Vormarsch", „300 Erfrierungsfälle in Berlin", „Hungermarsch in Tschechisch-Schlesien", „Höhlenbewohner bei Berlin", „Ein Dorf geht betteln" – wer die Leitartikel der Zeitungen der Weimarer Republik studiert, wundert sich, wie es je zu dem Schlagwort der „goldenen" zwanziger Jahre kommen konnte.

Die Hypothek, mit der die junge Republik von Anfang an belastet war, war hoch. Vier Kriegsjahre, darunter der Rübenwinter 1916/17. Soldaten, Invaliden, die wieder in einen normalen Arbeitsprozeß eingegliedert werden mußten, ungesunde wirtschaftliche Verhältnisse und eine Staatsform, die für einen Großteil der Bevölkerung nicht annehmbar war und daher zu Unruhen von links wie von rechts ständig Anlaß bot. Da zur Bekämpfung dieser Unruhen – Demonstrationen, Aussperrungen, Streiks, Aufstände, Putsche, Straßenkämpfe, Ausnahmezustände – das von den Alliierten zugestandene 100 000-Mann-Heer nicht ausreichte, sahen sich viele der soeben aus dem Krieg zurückgekehrten Soldaten bereits erneut zu den Fahnen gerufen. In den Freicorps und den sogenannten „Einwohnerwehren", die neben der Reichswehr operierten, aber auch bisweilen völlig selbständig in Kampfhandlungen eingriffen, wurde ein Kampfgeist herangezüchtet, der sich der von den Siegermächten geforderten Entwaffnung über Jahre hinweg widersetzte.

Allgemeine Gefahr!

(R. Str. G. B. § 366 10)

Polizeibeamte auf die Alarmplätze!
Einwohner, verlaßt die Straßen!
Neugier ist mit Lebensgefahr verbunden!
Fernsprechverkehr freiwillig einschränken!
Keine Gerüchte!
Freiwillige Helfer und Hauswachen auf ihre Plätze!
Nur Militär und Polizeibeamte dürfen Schußwaffen tragen!
Anspruch auf Belohnung hat, wer unbefugt Schußwaffentragende durch Anzeige zur Feststellung bringt!
Meldestellen sind alle Polizeirevierwachen!

Der Polizeipräsident von Cassel.

Militärpersonen in die Kaserne!

Standortkommando Cassel.

Druck von Weber & Weidemeyer in Cassel.

Inflation 1923: Lohngeldtransport

Massenvertreibung deutscher Eisenbahner aus dem Ruhrgebiet wegen Nichtbeachtung der Befehle der Besatzungsmächte, 1923

Zu diesen Unruhen, die an manchen Tagen selbst das Einkaufen zu einem Wagnis machten, kam die wirtschaftliche Not, die durch die Inflation hervorgerufen wurde. Die sinkende Kaufkraft des Geldes traf vor allem die alten Leute mit ihrer ganzen Härte, über 300 000 Kleinrentner, die mit dem Schwinden ihrer Ersparnisse sich um ihren Lebensabend betrogen sahen und größtenteils der Fürsorge anheimfielen.
Für die übrigen waren die Folgen nicht weniger schwer. Das Geld, das von den Firmen zur Entlohnung für die Arbeitenden Tag für Tag am frühen Morgen in großen Truhen und Waschkörben auf den Banken geholt wurde, mußte sofort in Lebensmittel umgesetzt werden, da es am Nachmittag bereits einen Teil seines Wertes eingebüßt hatte. November 1923 kostete 1 kg Kartoffeln 90 Milliarden Mark, 1 l Milch 360 Milliarden Mark und ein Pfund Butter gar 2,8 Billionen.
Durch den passiven Widerstand im Ruhrgebiet 1923, bei dem die gesamte Bevölkerung des Rheinlandes der französischen Regierung den Gehorsam verweigerte, gab es Belagerungszustände, Verhaftungen, Hinrichtungen, Ausweisungen und als Folge davon am Ende der Inflation Arbeitslosigkeit und damit weitere Verschärfung der Not.
Eine Besserung der Zustände trat erst ein, als die Inflation Ende 1923 von der Regierung endlich gestoppt wurde und Gustav Stresemann, der neue Reichskanzler, von der bisherigen Politik des Nachgebens, des „Erfüllens" abwich und in langwierigen, zähen Verhandlungen endlich eine Verringerung der Reparationskosten erreichte. Die Aufnahme Deutschlands in den Völkerbund 1926 und die Verbesserung der wirtschaftlichen und sozialen Situation trugen dazu bei, daß die Republik endlich in eine ruhigere Phase eintreten konnte.
Aber die Zeit der relativen Ruhe dauerte nicht lange. Die Wirtschaftskrise, die 1929 Amerika heimsuchte, griff auch auf Deutschland über und die Zahl der Arbeitslosen erhöhte sich sprung-

Kinder werden zum Stehlen geschickt, 1930

Auf der Suche nach etwas Eßbarem, wenn der Markt zu Ende ist. Berlin, Anfang 1920

Polizei bewacht Kartoffelfelder bei Berlin, 1923

Weltwirtschaftskrise 1930, private Demonstration: „Vom Reichs-Finanz-Ministerium ruiniert“

haft von rund 1,5 Millionen (1929) auf 5,5 Millionen (1932). Besonders groß war die Not auf dem Lande, da oft 4/5 der Bewohner eines Dorfes ohne Arbeit waren und die Heimarbeit, mit der sie sich früher wenigstens am Rande des Existenzminimums hatten halten können, durch den Rückgang des Exports fast ganz zum Erliegen kam. Die Gemeinden waren durch die hohen Unterstützungsgelder, die sie zu zahlen hatten, verschuldet und suchten nun über eine hohe Trinkwassersteuer, die selbst für jede Kuh und jede Ziege gezahlt werden mußte, einen Ausgleich zu schaffen. Damit wurden ganze Dörfer – Männer, Kinder, Alte, Frauen – zum Betteln gezwungen und zogen mit ihren von den Behörden ausgestellten Bettelscheinen durch die Lande, um so dem Hungertode zu entgehen.
In den Großstädten war die Not nicht minder groß. Das Schlangestehen vor Läden, in denen es kaum etwas zu kaufen gab und der Verkauf bisweilen unter Polizeiaufsicht vor sich gehen mußte, war zur täglichen Hauptbeschäftigung geworden. Um minderwertiges Fleisch von der Freibank zu bekommen, waren Frauen bereit, auch eine ganze Nacht auf der Straße zu verbringen. Die Obdachlosenheime der Städte waren überfüllt und Männer und Frauen verbrachten dort ihre Tage mit der Hoffnung auf den nächsten, der sich dann von dem vorhergehenden nur durch noch größere Armut unterschied. Da die Wohnungsnot ebenfalls groß war, lebten 8-köpfige Familien in ausrangierten Eisenbahnwaggons und manche griffen auf die Lebensformen ihrer Vorfahren zurück und zogen am Rande der Großstädte in Höhlenwohnungen oder schlugen ihr Nachtquartier unter Brücken und Unterführungen auf.
Daß es für Hitler und seine Partei unter all diesen Umständen ein leichtes war, wie der Rattenfänger von Hameln all die Geknechteten, Unterdrückten und Erniedrigten in das verheißene Paradies zu locken, ist nur allzu verständlich – den Parolen von Sicherheit, Ordnung, Brot und Arbeit konnten sich nur wenige entziehen.

Frauen warten die ganze Nacht über vor der Freibank

Arbeitslose bei 14 Grad Kälte beim Anstehen nach Kohlen auf Erwerbslosen-Kohlenkarten. Berlin, Februar 1932

Mieterstreik in Berlin, 1932

Innere Ursachen

Rassenlehren und Antisemitismus

Es gehört ein Herz von der Härte einer Krokodilshaut dazu, um mit den armen, ausgesogenen Deutschen nicht Mitleid zu empfinden, und / was dasselbe ist / um die Juden nicht zu hassen, um diejenigen nicht zu hassen und zu verachten, die / aus Humanität! / diesen Juden das Wort reden, oder die zu feige sind, dies wuchernde Ungeziefer zu zertreten. Mit Trichinen und Bazillen wird nicht verhandelt, Trichinen und Bazillen werden auch nicht erzogen, sie werden so rasch und so gründlich wie möglich vernichtet.

Lagarde

P. A. de Lagarde 1827-1891

Als im Dezember 1920 für 120 000 Papiermark – woher Hitler das Geld hatte, wurde nie restlos aufgeklärt – ein kleiner Parteiverlag in die Hände der soeben gegründeten NSDAP überging, war damit eines der wichtigsten Instrumente geschaffen, das in den folgenden Jahrzehnten zur Beeinflussung der Massen eingesetzt werden konnte: der „Völkische Beobachter". Mit diesem Kampfblatt – der „Völkische Beobachter" wollte keine „Zeitung" sein – das zunächst 2mal wöchentlich erschien, ab 1923 täglich und von einer Auflage von 15 000 im Jahre 1928 auf 1,7 Millionen 1944 war damit ein Forum geschaffen, auf dem sich all das, was seit Jahren an unterschwelligen Ängsten, an Haß auf Andersdenkende, an „völkischen" Ideen, an Antisemitismus im Volke gärte, endlich artikulieren konnte. Ein Freund Adolf Hitlers, Dietrich Eckart, der durch die Herausgabe der Zeitung „AUF GUT DEUTSCH" bekannt war und der spätere Chefideologe, Alfred Rosenberg, waren als führende Köpfe hier genauso zu finden, wie all die vielen, die mangels Geld ihr Gift bisher nur tropfenweise in Flugblättern und obskuren Blättchen hatten versprühen können. Bereits 1920 (am 10. 3.) stand hier unter dem Leitartikel „Macht ganze Arbeit mit den Juden" zu lesen, was 1942 in der berüchtigten Wannsee-Konferenz Mittelpunkt des Gesprächs war: die Maßnahmen gegen die Juden.

„Heute ist mit halber Arbeit gar nicht geholfen. Es muß ganze Arbeit gemacht werden. Die Ostjuden müssen unverzüglich hinausgeschafft werden, gegen alle übrigen Juden muß sofort mit rücksichtslosen Maßnahmen begonnen werden. Solche Maßnahmen wären z. B. Einführung von Judenlisten in jeder Stadt bzw. in jeder Gemeinde, sofortige Entfernung der Juden aus allen Staatsämtern, Zeitungsbetrieben, Schaubühnen, Lichtspieltheatern, usw. – kurz gesagt – es muß dem Juden jede Möglichkeit genommen werden, weiterhin seinen unheilvollen Einfluß zu üben. Damit die beschäftigungslosen Semiten nicht insgeheim wühlen und hetzen können, wären sie in Sammellager zu verbringen. ... Man muß vielmehr immer nur auf das eine Hauptziel hinarbeiten; denn für uns in Deutschland ist die Judenfrage Lebensfrage. Es gibt für die deutschvölkische Sache nichts gefährlicheres als einen semmelweichen theoretisierenden ‚Antisemitismus'. .. Es handelt sich – kurz gesagt – um das Endziel der deutschvölkischen Bewegung in der Ostjudenfrage und in der Judenfrage überhaupt."

Wie verbreitet jedoch ein militanter Antisemitismus auch außerhalb der NSDAP war, zeigt ein Artikel in „Die Kommenden", einer „Großdeutschen Wochenschrift aus dem Geiste volksbewußter Jugend" im September 1928:

Johann Gottlieb Fichte schrieb bereits 1793: „Fast durch alle Länder von Europa verbreitet sich ein mächtiger, feindselig gesinnter Staat, der mit allen übrigen in beständigem Kampf steht, und der in manchem fürchterlich schwer auf die Bürger drückt: es ist das Judentum."
Es gibt mannigfaltige Vorschläge zur Lösung der Judenfrage. Wie sie in Wirklichkeit gelöst werden wird, liegt noch im Dunkel. Es ist aber unbestreitbar, daß die junge Generation, schon aus dem Trieb der Selbsterhaltung, sie lösen muß.

Die propagandistische Ergänzung des „Völkischen Beobachters" bildete ein Blatt, das in seiner Brutalität und seinen Haßtiraden noch um einiges härter war: die von dem Antisemiten Julius Streicher seit 1923 herausgegebene Wochenschrift „Der Stürmer". Daß auch diese Zeitschrift sich außerordentlicher Beliebtheit erfreute, zeigt ihre Auflagenzahl: sie lag nach 1933 nie unter 500 000, bei Sonderausgaben stieg sie oft bis auf eine Million. Für Kinder, die noch nicht schreiben konnten, gab es den „Giftpilz" und das Bilderbuch „Trau keinem Fuchs auf grüner Heid und keinem Jud bei seinem Eid".

In diesen beiden Zeitungen, die von zahlreichen anderen Hetzschriften Unterstützung fanden, wurde versucht, Ideen in das Volk zu tragen, die nicht unbedingt neue Ideen dieser Partei waren. Ideen, die übernommen wurden aus dem reichen Fundus der vergangener Jahrhunderte: der Antisemitismus war kein Produkt der Weimarer Epoche. Als einer der geistigen Väter galt der französische Diplomat Arthur Graf de Gobineau, dessen 1855 erschienenes Buch „Versuch über die Ungleichheit der Menschenrassen" zu beweisen versuchte, daß die Verschiedenartigkeit der Rassen eine Verschiedenwertigkeit darstelle und daß die Arier hierbei an oberster und die Schwarzen an niederster Stelle standen.

Sechszehntes Capitel.

Rückblick. Eigenthümlichkeiten der drei großen Racen in ihrem Verhältniß zu einander; sociale Wirkungen der Mischungen; Ueberlegenheit der weißen Race und in ihr wieder der arischen Familie.

Ich habe die ganz besondere Stellung nachgewiesen, welche unsere Gattung in der organischen Welt einnimmt. Wir haben sehen können, daß die größten leiblichen Verschiedenheiten, aber nicht minder hervorstechende moralische, sie von allen übrigen Klassen von Lebewesen trennten. Die also abgesonderte habe ich dann für sich studirt, und die Anatomie, wiewohl unzuverlässig in ihren Wegen, wenig sicher in ihren Mitteln, und mangelhaft in ihren Methoden, hat mir trotzdem ermöglicht, drei große deutlich gesonderte Racen zu unterscheiden, die schwarze, die gelbe und die weiße.

Die schwarze Varietät ist die geringste und nimmt die unterste Stufe der Leiter ein. Der Charakter von Thierheit, der sich in der Form ihres Beckens ausprägt, erlegt ihr vom Augenblicke der Empfängniß an ihre Bestimmung auf. Sie soll geistig nie aus dem engsten Kreise herauskommen. Und doch ist's nicht reinweg nur ein Stück Vieh, dieser Neger mit der schmalen, schiefen Stirn, der in der mittleren Partie seines Schädels die Anzeichen gewisser plumpgewaltiger Kräfte trägt. Wenn sein Denkvermögen mittelmäßig, oder sogar gleich null ist, so besitzt er dafür im Begehren, und folglich im Willen, eine oft furchtbare Heftigkeit. Mehrere seiner Sinne sind in einer Stärke entwickelt, die den beiden anderen Racen unbekannt ist: hauptsächlich der Geschmack und der Geruch.*)

Aber just hier, in eben dieser Gierigkeit seines Empfindungslebens, liegt das auffallendste Merkzeichen seines niederen Ranges. Alle Nahrungsmittel sind ihm recht, keines erfüllt ihn mit Widerwillen, keines stößt ihn ab. Was er wünscht, ist nur, zu essen, unmäßig, toll darauflos zu essen; es gibt kein ekelhaftes Aas, das unwürdig befunden würde in seinem Magen zu versinken. Ebenso ist es mit den Gerüchen, und seine Sinnlichkeit findet sich nicht nur mit den stärksten, sondern auch mit den widerwärtigsten ab. Mit diesen Hauptcharakterzügen verbindet er eine Unbeständigkeit der Laune, eine Veränderlichkeit der Gefühle, in die Nichts einen Halt zu bringen vermag, und die für ihn die Tugend wie das Laster aufhebt. Man kann sagen, daß gerade die Leidenschaft, mit welcher er den Gegenstand, der seine sinnliche Empfindung in Schwingung versetzt und seine Gier entflammt hat, verfolgt, ein Unterpfand für die schnelle Beruhigung der einen und das rasche Vergessen der andern ist. Endlich legt er gleich wenig Werth auf sein Leben wie auf das Anderer; er tödtet gerne, um zu tödten, und diese, so leicht in Bewegung zu setzende menschliche Maschine ist angesichts des Leidens entweder von einer Feigheit, die sich gern in den Tod flüchtet, oder von einer entsetzlichen Unempfindlichkeit.

Die in der Folgezeit in seinem Kielwasser segelnden Schriftsteller, vor allem der deutsch-schottische Kulturphilosoph Houston Stewart Chamberlain fügten weitere Bausteine zur Diskriminierung der Juden hinzu. In seinem 1899 erschienenen Buch „Die Grundlagen des 19. Jahrhunderts" spricht er allein der „nordisch-arischen" Rasse die Fähigkeit zu, Träger einer Kultur zu sein.

Auf eine mißbräuchliche sozialdarwinistische Deutung der Lehren des englischen Naturforschers Charles Darwin (Hauptwerk: Über die Entstehung der Arten durch natürliche Zuchtwahl, 1859), daß im „Kampf ums Dasein" in einer natürlichen Auslese das Starke sich gegenüber dem Schwachen durchsetze, griff R. Walther Darré, der spätere Reichsbauernführer, in seinem „Neuadel aus Blut und Boden" (1930) zurück. Hier wurden Begriffe wie „menschliche Aufartungskunde", „Zuchtwarte", „Block deutschen Blutes", „Erbwert" geprägt, deren krasseste Auswüchse eine Einteilung der Mädchen im Hinblick auf ihre Ehe- und Gebärfähigkeit vorsah, die allerdings nach 1933 nie in dieser Form in die Wirklichkeit umgesetzt wurde.

Man bedenke: Nach Winckel (Frauenkunde) sind von 100 deutschen Frauen nur noch 14 im Besitz ärztlich als einwandfrei begutachteter Fortpflanzungskörperteile; 86 sind unnatürlich gebaut oder krank. Dieser Tatsache halte man einen anderen Satz (E. Mann, Vom Eliteheer zum Schwertadel) entgegen: „Das Volk mit genügend gebärtüchtigen Frauen erholt sich in wenigen Jahrzehnten von verlustreicher Niederlage. Hingegen geht ein anderes, in dem Mangel an gebärtüchtigen Frauen herrscht, nach einigen Geschlechterfolgen zugrunde. Blutige Schlachten schaden der Volkskraft weniger als Verlust an Gebärinnen. Im Schoße der guten Mutter aus der guten Familie liegt der Ewigkeitswert jeden Stammes, jeden Volkes".

Setzen wir nun voraus, daß im zukünftigen Deutschen Staate der Deutschen die Erringung der Bürgerrechte in erster Linie eine Angelegenheit des Blutes ist, der Begriff des Deutschen Staatsbürgers also vom Blute her bedingt wird, so haben wir vermittelst der Zuchtwarte und der Stammbücher eine durchaus einfache Möglichkeit, durch fortdauerndes Aussieben der Besten unter unserem weiblichen Nachwuchse diesen besten Mädchen in erster Linie zur Ehe zu verhelfen. Denn das Eindringen fremden Blutes in unseren Volkskörper ist damit fast unmöglich gemacht, weil die vollwertige Geburt eines Mädchens bereits abhängig ist von der staatsbürgerlichen Vollwertigkeit ihres Vaters, wie überhaupt ihrer Eltern. Es kommt nunmehr darauf an, aus dem gewissermaßen gegebenen Block deutschen Blutes auch das jeweilig Beste zur Fortpflanzung zu bringen. Dieses planmäßige Zusammenhalten des guten Blutes bei gleichzeitiger Fernhaltung von fremdem oder unerwünschtem ist der einzige Weg, um eine wirklich von Erfolg gekrönte Bereinigung unseres Volkskörpers von seinen Blutschlacken durchzuführen. Stärkere Zusammenfassung bedeutet ja immer stärkere Abwehr und Zurückweisung des Fremdartigen, damit wieder erhöhte Möglichkeit der Entwicklung eigener Art. (...)
Denn das ist ja klar, daß, wenn das Bürgerrecht auf der Blutsfrage aufgebaut wird, die Ehe keine reine Ich-und-Du-Angelegenheit mehr sein kann, sondern daß der Staat sie nur dem Würdigen gewährt. Diese Gewährung ist der Ausdruck staatlichen Vertrauens gegenüber den Eheschließungen.
Wir erhalten somit zwei Gruppen mit je zwei Untergruppen, in die sich jeder Jahrgang der heranwachsenden Mädchen aufteilen läßt. Statt dessen kann man aber auch vier Klassen bilden:

Klasse I: Ihr werden diejenigen Mädchen zugerechnet, deren Verehelichung in jeder Beziehung wünschenswert erscheint. Um in dieser Klasse auch tatsächlich nur immer das Beste zu sammeln, sei als Höchstgrenze für jeden Jahrgang bestimmt, daß nur ein begrenzter Hundertsatz, etwa 10 v.H. aus der Schar der zur vollen Ehe Tauglichen, in ihr Aufnahme finden. Gelingt es, die Mitgift, wie oben dargelegt wurde, für die Eheschließung auszuschalten, so darf zweifellos damit gerechnet werden, daß die Angehörigen dieser Klasse restlos dem Ehestand zugeführt werden.
Klasse II: Ihr wird der Rest aller derjenigen Mädchen zugeteilt, deren Verehelichung im Hinblick auf die Nachkommenschaft keinerlei grundsätzliche Bedenken entgegenstehen. Diese Klasse wird im allgemeinen die zahlreichste sein, aus welchem Grunde gegebenenfalls die Einrichtung von zwei Unterklassen, II a und II b, in Erwägung zu ziehen ist.
Klasse III: Ihr werden diejenigen Mädchen zugeteilt, gegen deren Verehelichung aus sittlichen oder staatsrechtlichen Gründen keine Bedenken vorliegen, deren erbwertlicher Zustand aber in jedem Falle eine Unterbindung von Nachkommenschaft verlangt. Diesen Mädchen wird man die Ehe gestatten, wenn die Kinderlosigkeit ihrer Ehe gewährleistet ist (Sterilisation!).

K l a s s e IV: Sie nimmt alle diejenigen Mädchen auf, gegen deren Verehelichung grundsätzlich schwere Bedenken vorliegen, so daß man von ihnen nicht nur keine Nachkommenschaft wünscht, sondern sich gegen ihre Verheiratung als solche wenden muß, weil dadurch der Begriff einer deutschen Ehe entwürdigt würde.

Daß Hitler all diese Lehren des 19. Jahrhunderts kannte, daß er sie sich bereits in der Frühzeit der Partei zu eigen machte und in sein Weltgebäude einfügte, ist bekannt. Vor allem in der Zeit seiner Festungshaft hatte er die Möglichkeit, sich mit den Werken von Gobineau und Chamberlain zu beschäftigen – „Landsberg war meine Hochschule auf Staatskosten“ sagte er später einmal.

Haltet den Dieb!!

ruft die Menge, die den Verbrecher verfolgt, um ihn zu fangen, ihm seine Beute abzujagen. Der Dieb schreit mit „haltet den Dieb“, um seine Verfolger irrezuführen, um sie von seiner Person abzulenken, und oft gelingt es ihm durch diesen Trick zu entwischen.

Genau so machen es die Juden!

Die Juden mischen sich unter das Volk und stellen sich, als seien sie Sozialdemokraten. Sie schreien, schimpfen nnd hetzen am lautesten gegen den Kapitalismus und täuschen dadurch das Volk.

Die Juden haben ungeheure Reichtümer an sich gerafft.

Aus Geschäften, die sie unter sich, unter ihren Stammesgenossen gemacht haben, konnten sie diese Reichtümer nicht erwerben, dazu ist ihr Volkskreis zu klein.

Der ungeheure Reichtum der Juden ist erworben durch die Arbeit, den Fleiß und den Schweiß des arbeitsamen deutschen Volkes!

Arbeiter, Soldaten, Bürger, passet auf!

vergesset das nicht, laßt Euch durch das Geschrei, Geschimpfe und Gehetze der Juden nicht von der richtigen Fährte ablenken.

Laßt Euch nicht irreführen! Die Juden sind die Großkapitalisten, durch Eure Arbeit, Euren Fleiß!

Haltet Euch die Juden vom Leibe!
Wählet deutsche Männer zu Euren Führern, keine Juden!

Um Nachdruck wird gebeten!

Reicht schnell dies Blatt von Hand zu Hand, von Brief zu Brief,
Schlagt's an die Wand, und was es sagt, beherzigt tief.

Um Nachdruck wird gebeten!

Beispiele für den das tägliche Leben durchdringende Antisemitismus, dessen Auswüchse besonders bei den Wahlen sichtbar wurden.

Das nationale Bewußtsein

Es gibt einen Weg zur Freiheit.
Seine Meilensteine heißen:
Gehorsam, Fleiß, Ehrlichkeit,
Ordnung, Sauberkeit, Nüchternheit,
Wahrhaftigkeit, Opfersinn und Liebe
zum Vaterland!

Inschrift auf dem Wirtschaftsgebäude
des Konzentrationslagers Dachau

Deutscher Friede

Wir wollen nicht für andre Völker bluten,
Wir wollen in des Weltbrands Gluten
Nur schmieden unsre eigne Kraft,
Es soll des Blutes Zeugenschaft
Nur frommen unserm Volk, dem hochgemuten.

Noch war der fremden Völker Tücke
Stets hinderlich dem deutschen Glücke
Und wird es bleiben immerdar.
Drum wehe dir, du deutscher Aar,
Weichst du vor fremdem Heuchlerwort zurücke!

Dort sollen von den Türmen deutsche Glocken klingen
Und deutsche Kinder sollen deutsche Lieder singen,
Soweit der harte Schritt des Kriegers hallt!
Und Träumer werden aus dem jungfräulichen Wald
Der deutschen Seele urgeborne Wunder bringen.

Wir dürfen wohl nach allen Sternen greifen
Und doch nicht flüchtig durch die Räume schweifen
Im deutschen Blute liegt das Heil der Welt,
Mit ihm der Menschheit höchste Kraft zerschellt,
In ihm nur ihre ew'gen Träume reifen.

Lebendig wie ein Baum soll Deutschland sprossen,
Wo seiner Söhne heilig Blut geflossen;
Und Schwertwacht halten sollst du deutscher Aar,
Wo seiner Männer letztes Kämpfen war,
Wo sie des letzten Lichtes Glück genossen.

Wilhelm Kotzde

„Opfersinn" und „Liebe zum Vaterland" waren Begriffe, die nicht erst nach 1933 pervertierten. Das Bewußtsein, einer Nation anzugehören, in deren Blut das „Heil der Welt" liege, ein übersteigerter Nationalismus, der selten bereit war, sich an den Realitäten zu messen, waren bereits eine Mitgift der Kaiserzeit an die Weimarer Republik.
Ein Ventil fand dieses nationale Bewußtsein, das selbstverständlich „antiparlamentarisch" und „antipazifistisch" war, in den unterschiedlichsten Gruppen, vor allem in den völkischen Verbänden und vaterländischen Vereinen, in den Freikorps und in einem Teil der bündischen Jugendgruppen.

Während jedoch die völkischen Verbände wie z. B. die Thule-Gesellschaft, der Deutschvölkische Schutz- und Trutzbund, der Reichshammerbund und der Alldeutsche Verband ihre Feindbilder (die „Novemberlinge" z. B.) lediglich in Versammlungen und Kundgebungen heranzüchteten und kaum einen Ausbruch außerhalb ihrer Versammlungslokale wagten, waren die Freikorps in den ersten Jahren nach dem verlorenen Krieg geradezu der Magnet für nationale, radikale, militante Denkschemata, die sie unmittelbar in die Tat umsetzten. Die Fäden, die von hier bereits in der Frühzeit der NSDAP zu Hitler und seiner Partei gesponnen wurden, beschreibt F. W. von Oertzen 1936 in seinem Buch „Die deutschen Freikorps":

„München wurde zur Keimzelle des Nationalsozialismus, und wenn man in der Geschichte der nationalsozialistischen Bewegung den zeitlich frühesten Verbindungspunkt zwischen der nationalsozialistischen Bewegung und den Freikorps der Nachkriegszeit festlegen will, so wird man sagen müssen, daß die von Freikorps aus ganz Deutschland durchgeführte Befreiungsaktion Münchens mit ihren unmittelbaren und mittelbaren Wirkungen dieser Zeitpunkt ist, auch wenn damals Adolf Hitler noch ein völlig unbekannter Gefreiter war, von dem die Offiziere und Mannschaften der Freikorps nichts wußten. (...)

So war all das, was die Freikorps in diesem blutigen Frühjahr 1920 erlebten, im Grunde schon eine Vorbereitung, ein Bereitwerden für die Ideen, die in der Form des nationalen Sozialismus an sie herantraten und unter der Führerschaft Hitlers zum Nationalsozialismus reiften. (...)

Bei den Freikorps – soweit sie nicht in Bayern selbst beheimatet waren – hatte man das Wort Nationalsozialismus zum ersten Mal in Oberschlesien gehört. Ein paar Oberländer hatten sich so genannt und sie hatten ihren Kameraden aus den anderen Teilen des Reiches auch von Adolf Hitler erzählt.

War es ein Wunder, daß nun in diesem Jahr 1922 manch Freikorpsführer und Freikorpsmann an diese Gespräche zurückdachte? Nationalsozialismus! Für Bürger und Bonzen, für Weimar, das Parlament und um die Börse hatte man sich herumgeschlagen, gegen Arbeiter und Proleten, denen alle diese herrlichen Dinge genauso verhaßt waren wie den Freikorpsleuten selber. Da stimmte irgend etwas nicht. Kapp und Lüttwitz mochten brave Männer sein, aber ihre Unfähigkeit hatten sie bewiesen. Doch dieser Mann da unten in München, dieser Hitler, ein alter Frontsoldat sollte er sein und dazu selbst Arbeiter, der nun für einen neuen sozialistischen Nationalismus kämpfte. Der schien klare Ziele und ein festes Programm zu haben. Sein Kreis war klein, aber auch die Freikorps hatten klein angefangen. Das war kein Grund, naserümpfend beiseitezustehen.
So fuhren ein paar Freikorpsmänner aus Berlin nach München. Hitler sprach zu ihnen – Albert Leo Schlageter war in diesem kleinen Kreise – und erfüllt von neuen Aufgaben und großen Zielen kehrten sie nach dem Norden zurück. Es lohnte sich wieder zu kämpfen und sich mit Herrn Severings Polizei herumzuschlagen. (. . .)
Seine Kameraden gingen zu vielen Tausenden den gleichen Weg, den Weg, den Albert Leo Schlageter vorangegangen war, den Weg zum deutschen Nationalsozialismus. Hier sahen die Freikorpsmänner das politische Ziel, das sie in all diesen Jahren gesucht hatten; hier konnten sie auf die Erfüllung ihrer deutschen Sehnsucht hoffen. Für diese Hoffnung lebten und kämpften sie weiter, auch als der Ruhrkampf versandete und zu Ende ging, weil das Deutschland des Jahres 1923 nicht stark genug und nicht reif genug war, um jene Belastungen zu ertragen, die ein solcher Kampf notwendig im Gefolge hatte und die auf sich zu nehmen und zu überwinden eines einheitlichen Willens bedurft hätte, wie er damals nur in den Freikorps und in der aufblühenden nationalsozialistischen Bewegung vorhanden war."

Daß dieser „einheitliche Wille“ zu jener Zeit nur in den Freikorps und der soeben gegründeten NSDAP vorhanden war, dürfte seine Richtigkeit haben. Was die aus der Kaiserzeit verbliebenen Jugendverbände anbetrifft, so gab es diese Einstimmigkeit und das auf ein gemeinsames, politisches Ziel Ausgerichtetsein ganz gewiß nicht.

General von Mackensen zu Besuch beim „Jungsturm“

Das Gelöbnis, unter dem sich die „Freideutsche Jugend“ – ein Zusammenschluß der unterschiedlichsten Richtungen von Jugendgruppen – 1913 auf dem Hohen Meißner zusammengefunden hatte, war kein Band, das den Krieg lange überdauerte. Bereits im April 1919 auf einer Führerwoche in Jena zeigte sich, daß die ideologischen Gegensätze der „Völkischen“ und der „Sozialistischen“ nicht mehr mit der Formel von 1913 („Die Freideutsche Jugend will vor eigener Verantwortung mit innerer Wahrhaftigkeit nach eigener Bestimmung ihr Leben gestalten. Für diese innere Freiheit tritt sie unter allen Umständen geschlossen ein“) zu überbrücken waren. Zwar trat zu jenem Zeitpunkt die politische Polarisierung und Radikalisierung noch nicht in ihrer ganzen Härte wie ab 1927/28 zu Tage, aber bei einem Teil der rund 75 größeren Bünde, die zwischen 1920 und 1933 existierten, war das ursprüngliche Leitmotiv der Lebenserneuerung und Selbstbestimmung inzwischen zugunsten einer politischen Idee in den Hintergrund getreten.
Die Gruppen, in denen ein nationales, völkisches und nicht selten auch militantes Bewußtsein heranwuchs, waren zunächst nicht sehr zahlreich, aber in den späten zwanziger Jahren war eine zunehmende Attraktivität dieser Gruppen zu verzeichnen, die auch andere, apolitische Gruppen, zumindest was die äußere Form (z. B. Uniformierung) betraf, in ihr Kielwasser zwang und nicht selten ein Überlaufen von Mitgliedern bewirkte. Zwar wurde der Vorschlag zur Mitarbeit Baldur von Schirachs, des Führers des NSD-Studentenbundes, der 1929 an die völkischen Jugendverbände herantrat, abgelehnt, da die Bünde sich dem Führungsanspruch der bereits 1926 gegründeten HJ nicht beugen wollten, aber daß die Grundideen, vor allem was die Rassenlehren und den Antisemitismus betraf, bei den meisten dieser Gruppen mit denen der NSDAP bereits seit langem übereinstimmten, konnte kaum geleugnet werden.
Die „Geusen“ (der Name war der niederländischen Freiheitsbewegung von 1566 gegen die Spanier entliehen), die 1919 aus den „Fahrenden Gesellen“ hervorgegangen waren, hatten bereits 1923 ihre Stellung gegenüber dem Judentum klar definiert.

> *Der Jude kämpft für die Menschheitsverbrüderung aus seiner Veranlagung heraus, und weil er weiß, daß dann sein Weizen blüht. Dann wird er erst recht und ganz offen und unangefochten an der Spitze stehen; denn die Natur hat ihm eine gute Zunge, einen aalglatten Sinn und eine höllische Energie gegeben, die ihn immer, dank unserer Gleichgültigkeit, früher oder später zum Ziele führen. Unter der Maske der Menschlichkeit (Maske deshalb, weil er in den wenigsten Fällen mit offenem Visier kämpft) hat er bis heute Gewaltiges erreicht. Er weiß, daß ein deutsches Volk ihm gefährlich werden kann, daß ein deutsches Volk die Kraft haben wird, seinem Schmarotzertum ein Ende zu bereiten. Er bekämpft darum mit seinem Gelde alle völkischen Bestrebungen. So ist der Jude als Verkörperung des Fremden unser Feind. Viele wissen das und glauben doch, den Juden als Menschen gelten lassen zu müssen und kein Recht zu haben, ihn anzugreifen. Wir, die wir mit blinden Augen ins Joch marschieren. Die höhere Schicht der Juden kämpft ohne Zweifel aus innerer Überzeugung für den Menschheitsgedanken. Doch sind die Juden eine uns völlig fremde Rasse, und nie darf der Weg zum Menschtum über unser Volk gehen. „Wir glauben, daß wir der Welt nur dienen können, wenn wir unser Volk auf die höchstmöglichste Stufe stellen“ (Geusen: „Unser Bekenntnis.“) Wir dürfen daher im Kampf gegen den jüdischen Geist keine menschlichen Gefühle walten lassen um unseres Volkes willen. Der Jude ist unser Feind und wird es immer bleiben. Noch haben wir Zeit und Kraft, uns zu wehren.*

1929 bekannten sich die Geusen ebensoklar sowohl zum rassischen Ausleseprinzip als auch zu den Ideen des Nationalismus.

Geusentum als Aufgabe

In seinen rassischen Auslesegruppen erfüllt sich das Schicksal eines Volkes. Volk ist die bluthafte Verquickung unterschiedlicher Rasseteile. Auch unser deutsches Volk. Aber in jedem Volk gibt, auch heute noch, eine bestimmte Rasse den Grundton der leiblichen, geistigen und seelischen Erscheinung an. Wir Deutschen sind nordisch bestimmt, als geschichtliches Ergebnis. Da wir Geusen nichts als deutsch sein wollen, ist also nordische Artung die Bedingung unseres Geusentums.

Eine Führerschicht übt Verrat an ihrer Aufgabe, wenn sie die innere Kraft zur Führung leichtfertig verschleudert, wenn sie nicht mehr rassische Auslese ist. Sie gibt dann das Erbe des Volkes, seine Ur-Idee („Mythos"), die sie im Blut und im Herzen tragen und kämpfend bewahren soll, preis. So konnte es geschehen, daß unser Volk in die Sklaverei geführt wurde, weil seiner entarteten Führerschicht der aus einer gesunden Lebenskraft kommende reine Instinkt und der kämpferische Führerwille fehlte. Um der Zukunft unseres Volkes willen muß also alles geschehen, eine rassische Auslese durchzusetzen, damit sich eine neue Führerschicht unseres Volkes wiederfindet, auf Gedeih und Verderb verbunden durch gemeinsames Blut, Haltung und Verantwortung, im Kampf bewährt durch Opferbereitschaft und Treue.

Der Geuse als Hochbild („Typ") ist Bahnbrecher einer nordischen Ausleseschicht. Er ist der Mensch der inneren, d. h. unabhängigen Verantwortung, der den Sinn seines Daseins in einer reinen Lebensführung, seine höhere Sendung im Kampfe um eine Idee bestätigt findet.

Um solcher Verantwortung willen ist jeder Geuse ein Dienender, wenn es die Erfüllung seines eingeborenen Artgesetzes, ein Revolutionär, wenn es die Rückgewinnung völkischer Ehre und Freiheit gilt.

Der Geuse zeichnet sich nicht aus durch irgend ein Walten, das ewig nur Wollen bleibt, sondern durch das reine Sein: Er sei überall Vorbild!

Er verbaut sich sein Gesichtsfeld nicht durch eine Menge verschwommener Luftziele.

Er ist erd- und blutgebundene Wirklichkeit.

Er will nicht Wirkungen haben, sondern Ursache sein.

Geusentum ist uns nicht gegeben, sondern aufgegeben!

Inhalt des Geusentums ist der Gedanke, daß der Teil der deutschen Jugendbewegung, der sich vor jeglicher Überfremdung gerettet hat, im Rahmen der geschichtlichen Entwicklung des deutschen Volkes eine besondere Sendung zu erfüllen haben wird.

Wie der geschichtliche Geuse, so bekennt sich auch der heutige Geuse mit der ganzen Kraft seines Herzens zum Gedanken des Freiheitskampfes, zu einem fanatischen Nationalismus. Nicht minder stark, aber auch zum Gedanken der Gemeinschaft, zu einem wahrhaften Sozialismus. Der Nationalsozialismus ist der archimedische Punkt, von dem aus der Geuse die liberalistisch verspießerte und an alte Mächte gebundene Jugendbewegung aus den Angeln heben wird, um eine neue, kampfesfrohe und opferfreudige an ihre Stelle zu setzen.

Und das bewahrten die Geusen als wertvollstes Wandervogelerbe: unmittelbar, aufrichtig zu sein, besonders dem bunten Zeitschwindel gegenüber. Aufrichtigkeit, Wahrheit und Sachlichkeit lehren viele Großen deutscher Geschichte als Vorbedingungen edlen Menschentums. Und so können die Geusen stolz darauf sein, sich nie einer Lüge schuldig gemacht zu haben und nie vom geraden Weg abgewichen zu sein. Seit Jahr und Tag sind sie offene unerschrockene Bekenner und Kämpfer der nationalsozialistischen Idee. Viele Geusen stehen schon heute als Führer in der N.S.D.A.P. und im Nat.-Soz. Deutschen Studentenbund.

Der Nationalsozialismus ist politisch-weltanschauliche Kampforganisation. Er will die Herrschaft über den Staat mit gesetzlichen Mitteln erkämpfen.
Jede Machtwerdung vollzieht sich zunächst in den Bezirken des Geistigen und Seelischen, ehe sie in der körperlichen Welt Gestalt gewinnt. Jede revolutionäre Bewegung braucht daher geistigen Gehalt, soll das, was seelisch in ihr gärt, politische Zielarbeit und durchschlagende Gewalt gewinnen. Die nationalsozialistische Bewegung in Deutschland ist nur dann siegversprechend, wenn sie auch geistig-kulturelle Bewegung ist. Nur die stahlharte und wasserklare Herausstellung einer neuen geistigen Welt, nur ihre sichtbare, radikale Unterscheidung von der vergangenen, aber jetzt noch herrschenden, vermag der nationalsozialistischen Bewegung auf die Dauer Inhalt und Schwungkraft zu geben.
Unbedingt gehört dazu der immer und immer wieder wiederholte Nachweis der Minderwertigkeit der heutigen Zustände. Und so hört der Bund der Geusen nicht auf, schärfste Kritik zu üben an den liberalistisch verdorbenen Führern gewisser Jugendbünde, die, unbewußt vielleicht, ihre Gefolgschaften zur revolutionären Tat tot machen. Er hört nicht auf, zu rufen: Ihr Deserteure! Ihr seht wohl, wie das Volk verendet in Judenhänden, Ihr seht es sterben, rettet Euch selber und lauft in den wilden Wald? Ihr verratet deutsche Jugend auf dem Wege über Weltjugendbünde und internationale Büros an unsere Feinde, deren Diktate dieselbe Jugend, die ihr führt, in ihrer vollen, teuflischen Auswirkung zugrunde richten werden. Erbärmliche Feiglinge seid Ihr, ein Gespött für den guten Namen Wandervogel, Ratten, die das sinkende Schiff verlassen! Und ihr solltet Seeleute sein, die ihr Fahrzeug retten oder mit ihm untergehen! –
Und darum sind die Geusen Wandervögel, weil sie sich den frischen Schwung, die Aufgeschlossenheit für alles Hohe und Edle bewahrt haben. Sie sind bündisch, weil sie im Bund die höchste Ausdrucksform einer inneren, im Bluts- und Erlebnismäßigen wurzelnden Schicksalsgemeinschaft erblicken. Und sie sind Nationalsozialisten, weil sie im Nationalsozialismus die Weltanschauung unseres Jahrhunderts sehen, die berufen ist, die morsche Welt der Alten aus den Angeln zu heben, um eine neue an ihre Stelle zu setzen.

Geusen, Sporttag der Nordmark 1928

Der völkische Schriftsteller Wilhelm Kotzde war der Begründer der „Adler und Falken“, die in ihren Ideen den Geusen nahestanden und deren Mitglieder zunächst zum Teil aus der Bauernhochschulbewegung kamen.
Für die über 27 Jahre alten Mitglieder innerhalb dieser Gruppe entstand 1922 die „Rolandsgilde“, die 1925 zusammen mit den „Adler und Falken“ mit der „Schilljugend“, die von dem bekannten Freikorpskämpfer Gerhard Roßbach geführt wurde, ein Bündnis einging.

1./2. Heft — Der Adler — 1924

An die Adler und Falken!

Vier Jahre der Arbeit für Deutschland liegen hinter uns. Sie waren nicht vergebens. Trotz aller Not der Zeit sind wir ein großer und starker Bund geworden. Nun sollt auch ihr groß und stark sein und alles Kleine hinter euch lassen. Der Sturm wird 1924 hart um Deutschland blasen. Wir wollen alle auf den Schanzen stehen und schaffen, schaffen, daß Deutschland wieder deutsch, frei und groß werde. Heil!

Vater Kotzde

Es ist möglich, daß der Deutsche noch einmal von der Weltbühne verschwindet; denn er hat alle Eigenschaften, sich den Himmel zu erwerben, aber keine einzige, sich auf der Erde zu behaupten, und alle Nationen hassen ihn, wie die Bösen den Guten. Wenn es ihnen aber wirklich gelingt, ihn zu verdrängen, wird ein Zustand entstehen, in dem sie ihn wieder mit Nägeln aus dem Grabe kratzen möchten.

¶ Friedrich Hebbel ¶

Ich habe hier nur einige der wichtigsten Forderungen erwähnt. Bedenken wir eines: unser Kampf um eine Erneuerung unserer deutschen Kultur muß fruchtlos enden, wenn es uns nicht gelingt, den Schöpfer und eigentlichen Träger unserer einstigen Kultur, den nordischen Menschen zu erhalten und neu zu „züchten". Wir können in all jenen kulturellen Erneuerungsbewegungen – mögen sie sich nun um die Schaffung eines neuen Stiles der Geselligkeit, um eine Vertiefung unseres deutschen Schrifttums, um eine deutsche Gestaltung unserer Kunst oder um eine Verinnerlichung unserer Musik bemühen – nur ein Aufbäumen unseres nordischen Blutanteils gegen das Fremde sehen, und wenn dieser nordische Blutanteil weiter versickert, dann ist auch der Ausgang unseres kulturellen Kampfes besiegelt. Ist nicht auch die Verflachung unseres Christentumsein Zeichen des rassischen Verfalls? Wir werden nie eine religiöse Erneuerung in dem Sinne, wie sie uns als schönstes Vorbild vorschwebt, erreichen, wenn wir den Rassenverfall nicht aufhalten können. (...)

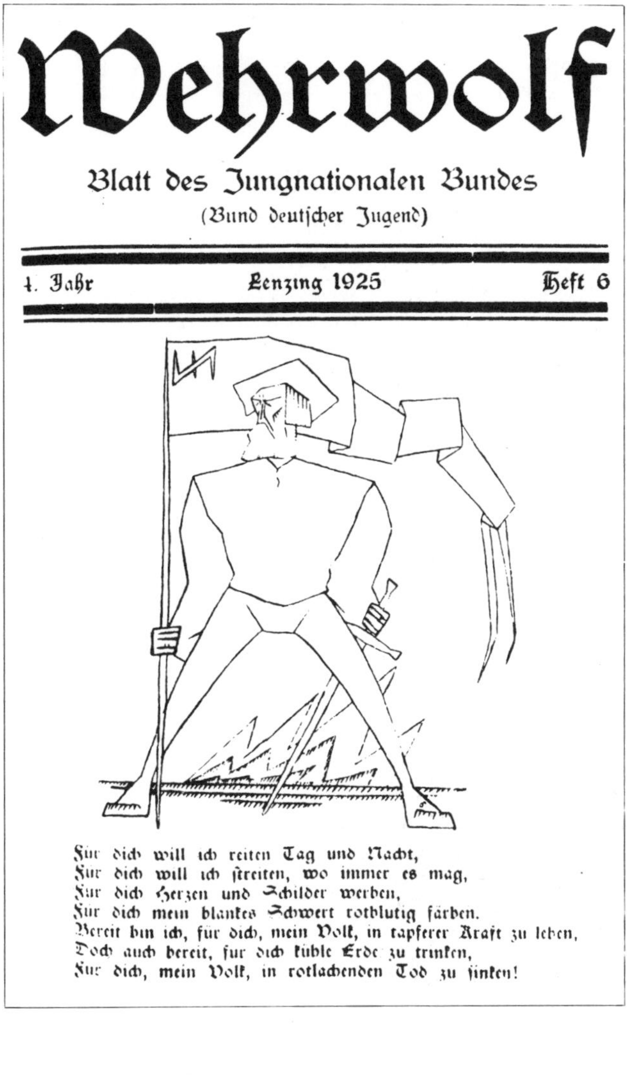

Wehrwolf

Blatt des Jungnationalen Bundes

(Bund deutscher Jugend)

4. Jahr | Lenzing 1925 | Heft 6

Für dich will ich reiten Tag und Nacht,
Für dich will ich streiten, wo immer es mag,
Für dich Herzen und Schilder werben,
Für dich mein blankes Schwert rotblutig färben.
Bereit bin ich, für dich, mein Volk, in tapferer Kraft zu leben,
Doch auch bereit, für dich kühle Erde zu trinken,
Für dich, mein Volk, in rotlachenden Tod zu sinken!

Fahnenjunker und junge Offiziere schlossen sich 1920 zum „Jungdeutschen Ordensbund" zusammen, von denen ein Großteil später zur NSDAP übertrat und im „Werwolf" aufging.

Günther hat mit seinem Buch „Der Nordische Gedanke unter den Deutschen“ (J. F. Lehmann, München), alle die vielen Irrtümer und Anklagen, die von ernsthaften Menschen gegen die nordische Bewegung erhoben wurden, aufgeklärt und zurechtgewiesen. Er hat damit unserer Bewegung den wertvollsten Dienst geleistet, der ihr geleistet werden konnte. Wir Adler und Falken aber dürfen nicht zögern, uns mit aller Kraft für die Verwirklichung der nordischen Ideale einzusetzen. Denn unser deutsches Volk kann nur genesen, wenn die Rassenfrage gelöst wird. Denken wir an das Wort D'Israelis:

Die Rassenfrage ist der Schlüssel zur Weltgeschichte.

1927 wurde aus Mitgliedern des „Sturmvolkes“ und der „Schilljugend“ die „Freischar Schill“ gegründet, deren Schirmherrschaft im Oktober 1928 Ernst Jünger übernahm. Ihr Ziel war ein „autoritativ gegliederter, wehrhafter, nationaler und sozialer, großer, deutscher Staat“, für den die Gruppe jederzeit zu kämpfen bereit waren: „Die nationalistische Idee braucht Landsknechte, die nicht viel nach dem Warum fragen, sondern wirken, weil sie nicht anders können“.
Nach „Artam“ (Hüter der Scholle), einem Begriff, der aus dem indogermanischen Sprachraum stammen sollte, nannten sich die „Artamanen“, ein Bund, dessen Ziel zunächst die Rückführung der Stadtjugend auf das Land war. 1924 griffen Wilhelm Kotzde, der Bundesvater der „Adler und Falken“, und Bruno Tanzmann, der Leiter der Bauernhochschule, die Idee, die von Willibald Hentschel stammte, auf und versuchten im Laufe der kommenden Jahre eine Bewegung ins Leben zu rufen, die auch jenseits des freiwilligen Landdienstes eine eindeutige politische Zielsetzung hatte, zu der vor allem der lautstarke Ruf nach dem Osten und dem großdeutschen Reich gehörte und dies bereits 1925.

In welcher Richtung dieses große dritte Deutschland Boden suchen muß, ist genau nach denselben Regeln zu lösen, als der Ausgleich eines Überdruckes in einem kleinen Kinderballon aus Gummi sein Gleichgewicht findet. Erst dehnt sich der Ballon immer weiter aus, bis er in der Richtung platzt, aus der ihm der geringste Widerstand entgegengesetzt wird. Dieser geringste Widerstand ist derzeit für uns in östlicher Richtung gelegen. Polen ist ein Land, das von einem Volk beherrscht wird, das eigentlich schon wiederholt seine unbedingte Unfähigkeit zur Staatenerhaltung erwiesen hat. Geistig arm, ohne Mittelstand, ohne Intelligenz, hochstaplerisch veranlagt, schmutzig, ja indolent, hat dieses Volk kein Recht dort zu wohnen, wohin Deutsche gehören. **Mit denselben Mitteln, mit denen sie heute unser Volk quälen, gehören sie weit nach Osten wieder dorthin zurückgedrängt woher ihre Vorfahren gekommen sind.** Sie können aber auch auf ihrem Marsche nach Osten, in bisher gewohnter Weise weiter Wutki (Branntwein) saufen und in der russischen Kälte erfrieren. Jedenfalls ist ihr Verschwinden von ihrer heutigen Wohnstätte notwendig, wollen wir nicht verschwinden. Heute ist ein Viertel Polens von Deutschen und Ukrainern bewohnt. Die restlichen 280 000 Quadratkilometer reichen auch nicht für die errechnete Ausdehnung des Deutschtums aus.

Eine zweite Pestbeule, die den Deutschen den Boden wegnimmt, sind die Tschechen. Sie behandeln nicht minder gemein als die Polen unsere sudetendeutschen Brüder. Wenn letztere die Autonomie für sich beanspruchen, so ist dies in erster Linie ein Gebot reinlicher Trennung. Betrachtet man eine Nationalitätenkarte Europas, so gewinnt man unwillkürlich den Eindruck, daß die Tschechen eine Blase im deutschen Siedlungsgebiet darstellen. Zur Lösung der deutschen Siedlungsfrage muß diese tschechische Blase entweder der Polen nachgeblasen oder sie muß anderswohin (Südamerika) abgeschoben werden.

Es ist selbstverständlich, daß diese Gebiete am Tage nach der Übernahme der Staatsgewalt durch die Nationalsozialisten nicht sofort zur Verfügung stehen werden. Weder das alte noch das neue Rom ist an einem Tage erbaut worden. Eine gesunde Politik muß die Grundlage zu einer richtigen Raumgewinnung sein. Helfen, direkt oder indirekt, können uns hierbei Völker, die unter ähnlichen Verhältnissen zu leben haben wie wir, aber auch gesund genug sind, um sich eine **nationale Zukunft zu sichern.**

Von daher ist es auch verständlich, daß eine große Zahl der späteren Parteigenossen diesen Jugendbund durchlaufen haben, die bekanntesten von ihnen sind wohl Rudolf Höß, der spätere Lagerkommandant von Auschwitz, der von 1929 – 1934 Artamanenführer war, und Heinrich Himmler, der 1928/29 als kommissarischer Artamgauführer in Bayern eingesetzt wurde. Zentralorgan für all diese völkischen, nationalen Jugendbünde waren die „Kommenden" (Großdeutsche Wochenschrift aus dem Geiste volksbewußter Jugend) und die „Bauernhochschule", in der bereits 1923 auf den Anzeigenseiten das Hakenkreuz als Blickfang für die unterschiedlichsten Angebote auftrat.

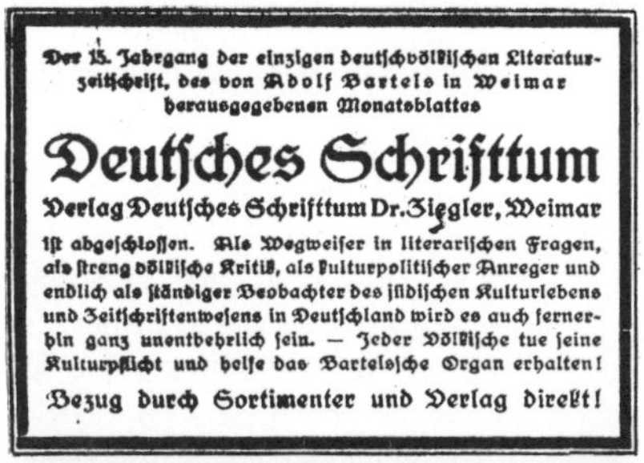

Die letzten Jahre vor der Machtübernahme waren erfüllt von dem Wunsch nach dem starken Führer, dem neuen Reich, in dem es weder Marxisten, noch Juden, noch Demokraten geben dürfte, und die Zahl der Gläubigen wuchs von Führerrede zu Führerrede.

Welches ist nun unser Weg?

Nicht der eines Nationalismus der Großstadt, der nichts als Gegenspieler in dem Ringen mit den zersetzenden Kräften ist. Dieser wird nie zum Ziel kommen, weil der entwurzelte Großstädter international sein muß, die Idee des Nationalismus aber bluthafte, starkwüchsige Menschen voraussetzt, wie sie die Stadt heute nicht gebären kann.
Es bleibt nur noch der andere Weg: der Weg in neues Bauernland, nach Osten!
Der Weg nach Osten ist der Weg zu einer neuen Erd- und Gottgebundenheit, zu der Bindung an Blut und Boden, die uns auf unseren Fahrten zum Erlebnis wurde.
Das Artamanentum ist auf diesem Wege. Die Bauernhochschulen helfen mit am Werk. Das alles aber genügt nicht. Es muß im ganzen deutschen Volke ein triebhafter, bestimmender Wille wach werden, das Tor nach Osten aufzuschlagen.

Das dritte Reich wird ein großdeutsches Reich sein, darüber hinaus ein Reich, in dem der Deutsche wieder Raum hat, sein Leben arteigen zu gestalten, das aus einem organischen Volksgefüge erwächst. Für dieses Reich kämpfen wir. Es geht uns nicht um Worte, sondern um die Macht, die jeder von uns in unserm Volk erringen kann, um an seiner Stelle zu wirken, daß das neue Reich Wirklichkeit werde.

Das junge Volk hat sich gesammelt. Das nicht nur wägen will, sondern auch wagen. Sein Weg ist der Weg der Kommenden.

Der deutsche Staat der Kraft und Freiheit muß einen Führer haben, der nicht abhängt von der Gunst der Massen, der die Macht hat, zu verlangen und zu zwingen. Mehr als jemals ist dies heute notwendig, wo es gilt, die weit fortgeschrittene Versumpfung des Volkes mit eiserner Gewalt aufzuhalten.

Der deutsche Staat vereinigt noch immer ungeheure Kräfte vielfältigster Art in seinen gewaltigen Armen. Daher muß dem einen großen Führer eine engere Führergemeinschaft zur Seite stehen, von denen ein jeder der Eigenart deutschen Stammeslebens und der Entwicklung desselben gerecht wird. Das deutsche Volk hat ein Recht darauf, bei seiner Schicksalsgestaltung ein Wort mitzureden. Aber dies Recht haben eben nur die, die Deutsche sind und Deutsche sein wollen, also nicht die Leute, die mehr international, mehr europäisch sein wollen als deutsch, und auch nicht die, die kraft ihres andersartigen Blutes nicht deutsch sein können und nichts zur Kraftentwicklung unseres Volkes hinzutun können, sondern diese vielmehr nur hemmen.

Im Rat der Deutschen, des neuen dritten Reiches, kann und wird es keine Demokraten und Marxisten, erst recht nicht überhaupt Juden geben können. Und im übrigen werden nur die als Wähler berufen werden, die durch Eignung und Leistung bewährt sind, und die zu Gewählten, die sich im Dienst am Ganzen hervorgetan.

Adolf Hitler spricht.

Die Nationalsozialisten hatten am 2. Mai im Sportpalast zu einer Kundgebung aufgefordert, in der Adolf Hitler sprechen sollte.
Der Vorverkauf der Karten begann vier Wochen vorher. Innerhalb von vier Stunden gab es keine Karte mehr! Man mag dies gleichsam als Symbol nehmen.
Die nationalsozialistische Bewegung ist nicht mehr ein Haufen von Fantasten, zu dem man sie gern noch vor einem halben Jahre machen wollte, sie ist eine gewaltige Volksbewegung geworden, die in erstaunlich zielbewußter Weise um den deutschen Menschen kämpft.
Doch zurück zu jener denkwürdigen Kundgebung.
Um 6 Uhr, zwei Stunden vorher ist der Vorplatz des Sportpalastes von einer unübersehbaren Menge angefüllt. Doppelte Sperrketten der SA regeln den Einlaß und die Kontrolle.
Um 3/4 7 Uhr ist der Riesensaal des Sportpalastes überfüllt. 20 000 Menschen warten auf ihren Führer.
Draußen aber stehen sie dichtgedrängt und warten, denn die Polizei muß den Saal aus Sicherheitsgründen schließen.
Drinnen spielt eine ausgezeichnete Kapelle alte Militärmusik. Exakt und schneidig alle Wirbel der Trommeln, klar und rein tönen die Hörner durch den Raum. Diese Musik ist eine vorzügliche Vorbereitung auf die Rede.
Währenddessen besetzen die SA-Stürmer die Ausgänge, Treppen, Gänge. Überall stehen Sanitäter und Schwestern des Frauenordens.
Punkt 8 Uhr erschallen ein paar kurze Kommandos, ein Aufschrei geht durch den Saal, die Hände erheben sich zum Gruß; Hitler betritt an der Spitze der Führerschaft neben dem Sieger von Brzeziny, dem General Litzmann den Saal, ihm folgen Epp, der Befreier Münchens, Hauptmann Göhring, Richthofens Nachfolger als Führer seiner Kampfstaffel, Strasser, Goebbels. Sie schreiten langsam durch den brausenden Jubel der Menge, gefolgt von der Schutzstaffel des Führers. Dann erfolgt der Fahneneinzug, den der Führer grüßt.
Nach einigen kurzen Sätzen von Dr. Goebbels, die der ersten Hitlerversammlung in Berlin 1927 hinter verschlossenen Türen galten, beginnt Adolf Hitler seine Rede.
Ein volltönendes Organ läßt alle aufhorchen. Der Riesenraum liegt totenstill vor dem Redner. 20 000 lauschen. Und nun langsam einige Sätze. Hitler spricht geschickt, klar, gerade, bis ins kleinste durchgearbeitet, fein pointiert, keine Aufhetzung, keine Verdrehung, keine Anpöbelung des Gegners, nein, hier redet ein Mann, durchglüht von der tiefsten, edelsten Leidenschaft zum Vaterlande, ein Mann, der von sich mit Recht behaupten darf, Deutschland in sich zu tragen.
Aber bei aller Feinheit der Gedanken versteht er es so zu reden, daß jeder ihn versteht. Und das ist zweifellos der Grund seiner rednerischen Erfolge. Jeder einfachste Arbeiter hat seinen Adolf verstanden, ebenso wie der alte weißhaarige General.
Und so lauschten sie ihm alle, Arbeiter, Angestellte, Studenten, Akademiker. Und keiner ging leer aus. Denn was Hitler dort sagte, traf die Not aller. Nicht, daß er mit seinem Programm eine neue goldene Zukunft heraufführen wollte, nicht daß er Besserung versprach, er sagte manches, was andere Parteiführer ihren Leuten nicht sagen dürfen.
Gerade nach dieser Rede des Führers wäre es nötig, daß das übrige nationale Deutschland sich eingehender und weniger vom grünen Tisch aus mit dieser Bewegung beschäftigte. Denn nicht die Programme, nicht die Zeitungen machen diese Bewegung aus, sondern die Menschen. Das lehrte dieser Abend auch.

Meist sind es junge Menschen, die älteren Frontsoldaten, oder ganz alte, die Bismarck und den alten Kaiser noch gekannt haben, meist gute, unverbrauchte Leute, wenig Großstadtproletentum, die SA oft gut Auswahl, auch rassisch gut.
Glänzend klappte die Organisation, lautlos wurden die Wachmannschaften abgelöst, auf Lichtsignale der Führer hin, ebenso gut ist die Disziplin der Masse, eine Handbewegung Hitlers genügt, um die rasenden Beifallsstürme sofort zur Ruhe zu bringen.
Ein Führer, der in solcher Riesenorganisation solche freiwillige Disziplin findet, der kann getrost über die „andere 100 000 Mann-Armee" spotten, er habe keine goldenen Uhren nötig zur Aufrechterhaltung der Treue, zur Idee in „seiner 100 000 Mann-Armee".
Der Abend klang aus in das Kampflied der SA, das ihr ermordeter Berliner Führer Wessel schrieb. Das Lied wurde mit erhobener Hand stehend gesungen. Jubelnd umringt die Menge den Führer, als er das Haus verläßt. Trotz Schupo klingen draußen tosende Rufe, nochmals singt die Menge das Wessellied, dann verteilt sie sich langsam. Schweigend marschieren die braunen SA-Mannschaften ab.
Dieser Abend war mehr als eine politische Kundgebung. Er war Bekenntnis zur deutschen Revolution. Die Bewegung hat eine großartige Wandlung erlebt. Der Ton der Hetzkampagnen ist verschwunden. Positives ist an seine Stelle getreten.
Als kurz nach der Rede Hitlers ein Ruf „Juda verrecke!" ertönte, fiel er in einen toten Raum. Es war und blieb die einzigste Entgleisung des Abends.
Wer angesichts solcher Ernsthaftigkeit des Wollens und politischen Könnens von einer „Krisenpartei" redet, kennt entweder die Sachlage nicht, oder will sich oder andere täuschen. Den Weg dieser wahrhaften Volksbewegung wird er nicht aufhalten. Die nationalen Parteien täten besser daran, in ein positives Verhältnis zu den Nationalsozialisten zu kommen, als über sie zu spotten. Heute schon diktieren sie in kleineren Ländern die Bedingungen den Koalitionen. Ein neuer Reichstag könnte ähnliches bringen.
Mit Stolz können die Nationalsozialisten behaupten, die deutsche Revolution sei auf dem Marsche. Die Rede Hitlers war ein Symptom dafür, das ernst genug zu nehmen ist.

Der Weg der Partei

Hitler (2. von links) mit Parteigenossen, um 1920

Denn es ist das Bemerkenswerte aller großen Reformen, daß sie als Verfechter zunächst oft nur einen einzigen besitzen, als Träger jedoch viele Millionen. Ihr Ziel ist oft schon seit Jahrhunderten der innere sehnsuchtvolle Wunsch von Hunderttausenden, bis einer sich zum Verkünder eines solchen gemeinsamen Wollens aufwirft und als Bannerträger der alten Sehnsucht in einer neuen Idee zum Siege verhilft.

Adolf Hitler, „Mein Kampf“

Als die Leser der Münchener-Augsburger Abendzeitung am 1. April 1924 für zehn Pfennige erfahren konnten, daß Adolf Hitler wegen des am 9. November des vorigen Jahres mißglückten Putsches zu fünf Jahren Festungshaft verurteilt worden war, so bedeutete dies sicher nicht nur für manchen Leser, sondern auch für manches Mitglied dieser Partei den Schlußstrich unter eine Episode, wie es sie in jener Zeit der politischen Eintagsfliegen dem Dutzend nach gab. Parteien kamen, Parteien gingen – es gab so viele von ihnen, daß ihr Untergehen bisweilen nicht einmal mehr von ihrer nächsten Umgebung wahrgenommen wurde.
Daß diese Festungshaft für „Adolf den Verrückten", wie er bisweilen genannt wurde (sie dauerte genau sechs Monate, der Rest wurde zur Bewährung ausgesetzt), jedoch nicht das Verlöschen dieser Partei bedeutete, sondern ihm endlich die Gelegenheit zu einer Vertiefung seiner Ideen bot, einem Überdenken des Erreichten, einem Planen des zu Erreichenden und daß diese Partei danach – zwar nicht wie Phönix aus der Asche, aber immerhin doch recht ungebrochen und unbeschadet – wieder an die Öffentlichkeit treten würde, hatten sicher einige gehofft, aber nur wenige geglaubt. Daß sie und ihre Macher darüber hinaus eines Tages gar in der Lage sein würde, den halben Erdball in einen Krieg zu verwickeln, hätte zu jener Zeit sicher jeder ins Reich der Fabel abgetan.
Und doch hatten solche Ideen bereits zu diesem Zeitpunkt in Hitlers Kopf Gestalt angenommen. „Ein Staat, der im Zeitalter der Rassenvergiftung sich der Pflege seiner besten rassischen Elemente widmet, muß eines Tages zum Herrn der Welt werden", schrieb er 1926 in dem Schlußwort zu dem in dieser Festungshaft begonnenen Buch „Mein Kampf". Ein Buch, in dem der Leser neben absoluten Banalitäten jedoch auch bereits erfahren konnte, wie diese von Hitler gestaltete Welt eines Tages aussehen sollte – der Griff nach dem Osten war darin ebenso enthalten wie die grundlegenden Ideen zur Euthanasie, die Verfolgung der Andersgläubigen genau so wie der Wille zum Krieg und zum Schwert, das erobern sollte, was der Pflug dann beackern würde.
Auch die Wege zu diesem Ziel und die Mittel zu seinem Erreichen waren dargestellt, klar und offen, seine Meinung über die „Masse", mit der er dies alles zu vollbringen gedachte ebenfalls – es war die perfekteste Programmvorschau, die je über den geistigen Bildschirm der Zuschauer hätte flimmern können. Daß die Knöpfe zu ihrem Empfang bei der „Masse" auf Null standen, d. h., daß die wenigsten dieses Buch lasen und wenn sie es lasen, dessen Ziele nicht für erreichbar hielten, kann Hitler nicht aufgerechnet werden. Allenfalls denjenigen, die alles hörten, sahen, glaubten, aber kaum mehr handelten, als noch Zeit dazu gewesen wäre.

Vor dem 30. Januar 1933.
Begonnen hatte alles am 12. September 1919, als Hitler im Auftrag der Reichswehr eine der zahlreichen Splitterparteien innerhalb der Rechtsgruppen zu besuchen hatte, die DAP, um sich über deren politischen Aktivitäten zu informieren.
Eine Broschüre, die ihm einer der beiden Gründer dieser Partei, der Arbeiter Anton Drexler, bei dieser Versammlung in die Hand drückte, und die Tatsache, daß ihm acht Tage später der Bescheid zukam, daß er in diese Partei aufgenommen sei, veranlaßten Hitler, sich näher mit ihr zu beschäftigen. Die DAP besaß zu jenem Zeitpunkt außer ein paar dürftigen Leitsätzen weder ein Programm noch Propagandamaterial, sie besaß nicht einmal einen Stempel und in der Vereinskasse befanden sich an jenem Abend 7,50 Mark.
Aber trotz dieser geringen Attraktivität beschloß Hitler nach einigen Tagen des Zauderns dieser Partei beizutreten, mit der Mitgliedsnummer 555 und als Ausschußmitglied Nummer 7.
Hitlers Redetalent, das bereits bei der Reichswehr aufgefallen war, brachte die bis dahin völlig bedeutungslose Partei in den folgenden Wochen und Monaten zunächst einmal aus den Hinter-

zimmern der Wirtshäuser heraus und dann, als der Zuhörerkreis von Versammlung zu Versammlung größer wurde, in eine immer breitere Öffentlichkeit. Daß Hitlers Ruf bald über die Grenzen Bayerns hinaus als Führer einer neuen „Bewegung" bekannt wurde, lag jedoch nicht nur an seiner rhetorischen Begabung. Hinter dem gestenreich und spontan wirkenden Redefluß verbarg sich bereits damals eine bis ins letzte ausgefeilte Taktik und Schulung, und die Macht der Propaganda, seine Taschenspielertricks, der Umgang mit dem Gegner waren Bestandteile eines Programms, das Hitler von Jahr zu Jahr souveräner gestaltete.

Beim heutigen Mittagessen erzählte der Chef von seinem politischen Kampf. An den Anfang seiner politischen Arbeit habe er die Parole gestellt, daß es nicht darauf ankomme, das sich ausschließlich nach Ruhe und Ordnung sehnende und in seiner politischen Haltung feige Bürgertum zu gewinnen, sondern die Arbeiterschaft für seine Gedankenwelt zu begeistern. Die ganzen ersten Jahre der Kampfzeit seien daher darauf abgestellt gewesen, den Arbeiter für die NSDAP zu gewinnen.
Folgender Mittel habe man sich dabei bedient:
1. Ebenso wie die marxistischen Parteien habe er politische Plakate in schreiendstem Rot verbreitet.
2. Er habe Lastkraftwagen-Propaganda betrieben, wobei die Lastkraftwagen über und über mit knallroten Plakaten beklebt, roten Fahnen ausgestattet und mit Sprechchören besetzt waren.
3. Er habe dafür gesorgt, daß alle Anhänger der Bewegung in die Versammlungen ohne Schlips und Kragen und ohne sich fein gemacht zu haben gekommen wären und dadurch Vertrauen bei der handarbeitenden Bevölkerung erweckt hätten.
4. Er habe bürgerliche Elemente, die sich – ohne wahre Fanatiker zu sein – der NSDAP anschließen wollten, durch schreiende Propaganda, die inkorrekte Bekleidung der Versammlungsteilnehmer und dergleichen abzuschrecken versucht, um auf diese Weise die Reihen der Bewegung von vornherein von Angsthasen freizuhalten.
5. Er habe politische Gegner durch Saalschutz stets so unsanft hinausbefördern lassen, daß die gegnerische Presse – die die Versammlungen sonst totgeschwiegen hätte – über die Körperver-

Nationalsozialisten in Bayern, um 1920

letzungen bei unseren Versammlungen berichtete und dadurch auf die Versammlungen der NSDAP aufmerksam machte.

6. Er habe einige Redner in die Rednerschulungskurse der anderen Parteien geschickt, um auf diese Weise die Themen für die Diskussionsredner zu erfahren und ihnen, wenn sie dann in unseren Versammlungen mit diesen Themen auftraten, entsprechende Abfuhren zu erteilen. Er habe zur Diskussion sprechende Frauen aus dem marxistischen Lager stets in der Weise abgefertigt, daß er sie durch den Hinweis auf Löcher in den Strümpfen oder durch die Behauptung, ihre Kinder seien verlaust oder dergleichen, lächerlich gemacht habe. Da man Frauen nicht mit Vernunft-Argumenten überzeugen, sie andererseits aber auch nicht – ohne eine Gegenstimmung der Versammlung gegen sich zu erzeugen – durch den Saalschutz entfernen lassen könne, sei dies die beste Behandlungsmethode.

Kapp-Putsch, März 1920

Bild nächste Seite: 9. November 1923

7. Er habe vor allem, wenn er zur Diskussion gesprochen habe, stets frei gesprochen und durch Parteiangehörige Zwischenrufe machen lassen, die – als Meinung der Zuhörerschaft frisiert – seine Ausführungen bekräftigt hätten.
8. Er habe beim Eintreffen von Räumkommandos der Polizei die Polizeibeamten durch Frauen auf einige am Eingang des Saals befindliche Gegner oder sogar auf Unbekannte aufmerksam machen lassen, da die Polizei wie ein losgelassener Schlächterhund in solch einem Fall ohne Sinn und Verstand darauflosbandle und man sie auf diese Weise am bequemsten ablenken oder gar loswerden könne.
9. Er habe Versammlungen anderer Parteien in der Weise sprengen lassen, daß Parteiangehörige sich dort als Ruhestifter betätigten und in dieser Maske Raufereien angezettelt hätten und so weiter.
Mit diesen Mitteln sei es ihm gelungen, so viele gute Elemente der Arbeiterbevölkerung für die Bewegung zu gewinnen, daß er bei einem der letzten Wahlkämpfe vor der Machtübernahme nicht weniger als 180 000 Versammlungen habe durchführen lassen können.
Um das Gewinnen der Arbeiterschaft für die Bewegung habe sich besondere Verdienste Julius Streicher erworben. Ihm müsse man heute noch hoch anrechnen, daß er die Hochburg des Marxismus, Nürnberg, erobert habe, obwohl die Bevölkerung – soweit sie sich politisch interessiere – nur aus Juden und Arbeitern bestanden habe, die in der SPD oder KPD organisiert gewesen seien. Dadurch, daß Streicher ganz stur immer auf dem Juden herumgeschimpft habe, sei es ihm gelungen, die Arbeiterschaft von ihrer jüdischen Führerschaft zu trennen, obwohl die Nürnberger Arbeiterschaft überwiegend aus Metallarbeitern, das heißt durchaus nicht unintelligenten und zäh am Marxismus festhaltenden Menschen, bestanden habe. Diese Verdienste Streichers dürfe man ihm nie vergessen.
Streicher sei auch ein Meister der Versammlungstaktik gewesen, indem er zur Diskussion sprechende Gewerkschaftssekretäre nicht nur lächerlich und madig, sondern geradezu unmöglich gemacht habe, während er zur Diskussion sprechende Arbeiter zu überzeugen versucht hätte.

Obwohl die Themenauswahl seiner Vorträge klein war – „Die wahren Ursachen des Weltkriegs", „Die Friedensverträge von Brest-Litowsk und Versailles", „Das Judentum" und andere ähnliche Titel, wurden die Abstände zwischen den Veranstaltungen immer kleiner, die Mitgliederzahl wuchs, so daß Hitler am 24. Februar 1920 den Sprung in den Hofbräuhaus-Festsaal wagte, der für 2000 Menschen Platz bot. Es war die gleiche Veranstaltung, in der die 25 Punkte des neuen Parteiprogramms verkündet wurden, seit 20. 2. 1920 trug die Partei den Namen NSDAP (Nationalsozialistische Deutsche Arbeiterpartei). Aber nicht nur der Name der Partei änderte sich, es änderte sich auch der Stil – die Aufmerksamkeit, die die Redner nicht immer

und überall erreichen konnten, erreichten nun ohne Zweifel die Ordnertruppen, die spätere SA, mit ihren bald berüchtigten Saalschlachten und Straßenschlägereien. Durch diese zu jeder Zeit einsatzfähige Kampfgruppe gelang es denn Hitler auch bald, nicht nur in Bayern auf sich aufmerksam zu machen, sondern auch über die Landesgrenzen hinaus.
Bereits 1920 beim Kapp-Putsch war Hitler mit seiner Truppe maßgebend am Regierungswechsel in Bayern beteiligt und handelte sich damit die Duldung und Förderung der Partei für die nächste Zeit ein. 1922, nach Mussolinis „Marsch auf Rom" zielten eine immer intensivere Propaganda und immer stärkere Haßtiraden auf die „Dolchstoßpolitiker" und „Novemberverbrecher" auf eine ähnliche Regierungsform wie sie Italien inzwischen angenommen hatte. Als die äußeren Umstände im Herbst 1923 günstig schienen – kommunistische Aufstände in Mittel- und Westdeutschland, Inflation, eine immer größer werdende Armut der Bevölkerung – schien Hitler der Zeitpunkt für einen Regierungswechsel gekommen und mit Hilfe der bayerischen Regierung und der Reichswehr, die Hitlers Truppenansammlung duldeten, plante er den Putsch: ein Marsch mit dem im 1. Weltkrieg zu Ruhm und Ehren gelangten General Ludendorff nach Berlin sollte den Umsturz herbeiführen.
Als der Putsch scheiterte – Hitler und seine Mitstreiter wurden bereits auf dem Marsch zur Feldherrnhalle in München zusammengeschossen und gefangengenommen, – schien das Ende der Partei, die inzwischen 55 000 Mitglieder hatte, gekommen: ihre führenden Köpfe wurden zu Festungshaft verurteilt, der „Völkische Beobachter" mußte sein Erscheinen einstellen und die Partei wurde verboten.
Für Hitler brachte die Zeit in Landsberg nicht nur die Möglichkeit, in Ruhe seine Gedanken niederzuschreiben, sie brachte ihm auch die Erkenntnis, daß der bisherige Weg nicht der richtige sein konnte. Und so entschied er sich nun für den dornigeren, den der legalen Machtgewinnung

– im Februar 1925 gab er dem Bayerischen Ministerpräsidenten dieses „Legalitätsversprechen“. Dies bedeutete für den Augenblick zwar wenig, aber immerhin erreichte er damit die Aufhebung des Verbots der Partei; der „Völkische Beobachter“ durfte ebenfalls wieder erscheinen.
Politisch jedoch war das Volk nicht mehr willens, den Parolen der Extremisten sein Ohr zu leihen, da die Republik inzwischen einige Erfolge aufzuweisen hatte. Deutschland war in den Völkerbund aufgenommen, der Locarno-Pakt war geschlossen und in der Wirtschaft war nach der Einführung der Rentenmark eine gewisse Stabilität eingetreten. Und so war es kaum verwun-

derlich, daß die Reichstagswahl vom Mai 1928 der NSDAP nur 2,6 % der Stimmen einbrachte und das Ziel der legalen Machtergreifung damit in weite Ferne rückte.
Den Umschwung, der die Partei aus ihrer Passivität erlöste, brachte 1929 der Plan des Amerikaners Young, der Deutschland für die Dauer von 59 Jahren pro Jahr 2,2 Milliarden Goldmark an Reparationen abzuverlangen suchte. Hier konnte nun endlich wieder an die Parolen von 1920 angeknüpft und dem Volk eine Versklavung bis 1988 in Aussicht gestellt werden. Mit dieser Schreckensvision stand die NSDAP nicht allein. Der Großindustrielle Hugenberg als Leiter der „Deutschnationalen Volkspartei", der Frontkämpferbund „Stahlhelm" und die kommunistische Partei lehnten den Plan ebenso ab und erreichen damit das Zustandekommen eines Volksbegehrens, bei dem diese Gruppen allerdings nur knapp 14 % der Wähler hinter sich bringen konnten. Aber trotz diesem zahlenmäßig kaum nennbaren Erfolg warf dieses militante Auftreten das Ruder der Partei herum. Die Mitgliederzahlen, die bis dahin nur spärlich gestiegen waren, wuchsen und vor allem bei den folgenden Wahlen gab es einen beträchtlichen Stimmenzuwachs und die Zahl der Abgeordneten in den Parlamenten vergrößerte sich.
Daß das Feuer am Brennen blieb, dafür sorgten in den nächsten Jahren sowohl die außenpolitischen als auch die innenpolitischen Schwierigkeiten der Republik. Die Wirtschaftskrise, die Amerika heimsuchte, verschonte auch Deutschland nicht, die Zahl der Arbeitslosen stieg bis 1932 auf 5,5 Millionen. Hitlers Versprechungen nach Abhilfe wurden gehört und geglaubt, aus den Reichstagswahlen 1930 ging die NSDAP als zweitstärkste Partei hervor.
Die folgenden drei Jahre bis zur Machtübernahme standen nun im Zeichen eines pausenlosen Einsatzes der Parteispitze und ihrer Mitglieder, die sich inzwischen bereits in einzelne Gruppen gegliedert hatte (Gründung der SA: 1921; der SS: 1925; der HJ: 1926).

Das Volk wurde präpariert auf den Tag X und es wurde gut präpariert. In Rednerschulen wurden die Parteimitglieder in die Kunst der Massenpsychologie eingeweiht, Großveranstaltungen fanden statt, und über allem stand das Versprechen des „Führers", die Ordnung wieder herzustellen, nach der das Volk verlangte.
Der Erfolg dieser Intensivbehandlung zeigte sich bei den Reichstagswahlen im Juli 1932: die NSDAP gewann 37,4 % der Stimmen und war somit die stärkste Partei. Damit schien der Weg geebnet für eine legale Machtergreifung. Während sich Hitler nach außen um äußerste Korrektheit bemühte und sein Legalitätsversprechen nochmals erneuerte, setzte zur gleichen Zeit eine verstärkte Unterwühlung des Reichstags ein, bei der sich die Parteien von links und rechts gegenseitig unterstützten, da ihr Ziel, die Republik abzuschaffen, das gleiche war.
Zu einer Machtübernahme reichte es damit allerdings auch bei den folgenden Reichstagswahlen im November 1932 noch nicht und die NSDAP mußte sogar einen Rückschlag hinnehmen – ihre Partei gewann diesmal nur 33,1 %. Nachdem bereits im Frühjahr 1932 eine Kandidatur Hitlers für die Wahl zum Reichstagspräsidenten fehlgeschlagen war – sowohl im 1. als auch im 2. Wahlgang siegte Hindenburg – versuchte er es nunmehr auf einem 3. Weg: über den gestürzten Reichskanzler von Papen versuchte er Einfluß auf Hindenburg zu gewinnen. Von Papen ging auf diesen Wunsch ein, zumal er sich selbst gegenüber dem derzeit regierenden Kanzler von Schleicher eine Wiedererstarkung seiner eigenen Position erhoffte. Da Hitler klar war, daß für den Augenblick ein kleiner Schritt besser als gar keiner war, stimmte er zu, daß Hindenburg ihn zum Reichskanzler ernannte, der beauftragt war, innerhalb einer Koalition zu regieren, jedoch sonst keine weiteren Machtbefugnisse hatte.
Noch konnte Hitler nicht mit der Gesamtheit der Wähler rechnen, aber er durfte sicher sein, daß der Nährboden für seine Ideen vorbereitet war. Er war inzwischen durchtränkt mit dem Haß auf Bolschewisten, Juden, Marxisten, der Verachtung alles Schwachen in dieser Welt, aufgebläht von der Vorstellung der Macht, der Größe – zum „Herrn der Erde" zu werden, war etwas, wovon sich manche berauschen ließen. Die Arbeit, die 14 Jahre lang geleistet worden war, hatte Früchte getragen – die „Masse" lag zum Sprung bereit. Längst war die Stimme der Vernunft übertönt von dem Trommlerruf, der immer lauter, immer greller, alles, was anders dachte und fühlte, überrollte und schließlich unmittelbar am Vorabend der Macht sich keinerlei Zwang mehr unterwarf und unverhüllt und lauthals seine Kriegs- und Expansionsgelüste in die Welt hinaustrommelte.

Die Ostmark ruft!

Die Trommel dröhnt, die Pfeife schrillt,
Es klingen Stahl und Eisen.
Wem noch die Freiheit etwas gilt,
Der mag es jetzt beweisen.
Die Ostmark ruft, ruft heiß und wild. –
Nun wollen wir mit Schwert und Schild
Nach Ostland fröhlich reisen!

Im Sonnenglanze glüht die Wehr,
Zorn sprühen unsre Waffen.
Wem jetzt das Herz noch bang und schwer,
Ist nur zum Knecht geschaffen.
Das schwarze Kreuz weht vor uns her,
Uns schreckt das Lügenwort nicht mehr
Und nicht der Fluch der Pfaffen.

Verflucht uns nur! Singt Litanein,
Lest fleißig Seelenmessen! –
Dem mag der Himmel gnädig sein,
Den unsre Schwerter fressen.
Die Trommel dröhnt, Trompeten schrein,
Die Schwerter hoch, wir schlagen drein,
Und niemand sei vergessen.

Heran! Wer wagt mit uns den Streit,
Wer will den Weg uns sperren?
Nun tilgt das Schwert das deutsche Leid,
Drum, Pfaffen, mögt ihr plärren.
Und ob der Pole tobt und schreit, –
Deutsch bleibt die Ostmark allezeit,
Und wir sind ihre Herren!

Friedrich Karl Kriebel

II. 1933-1945 Das Dritte Reich

Ausbau der Macht 1933-1938

Das Programm und seine Durchführung

„Keine Macht der Welt wird mich jemals lebend hier wieder herausbringen"

Adolf Hitler am Abend des 30. 1. 1933 auf der Fahrt in die Reichskanzlei

30. Januar 1933. Hitler betritt zum ersten Mal als Reichskanzler die Reichskanzlei.

Während Hitler – den bisherigen demokratischen Gepflogenheiten folgend in Zivil und nicht in Uniform – am Abend des 30. Januar 1933 vom Balkon der Reichskanzlei den stundenlangen Fackelzug seiner Huldiger entgegennahm, hatte eines jener grandiosen Spektakel begonnen, die bis zum Ende der Herrschaft der Nationalsozialisten mit zu den meist gebrauchten strategischen Mitteln zur Beherrschung dieses Staates gehörten: die Mobilisierung der emotionalen Kräfte eines Volkes, das zu diesem Zeitpunkt Hitler noch nicht restlos „gehörte".
Dieses Volk – in „Mein Kampf" verächtlich als „Masse" denunziert – mußte gewonnen werden; welche Möglichkeiten hierbei zur Verfügung standen, darüber hatte Hitler bereits 1925 nachgedacht.

> *Denn das mögen sich alle die schriftstellernden Ritter und Gecken von heute besonders gesagt sein lassen: die größten Umwälzungen auf dieser Welt sind nie durch einen Gänsekiel geleitet worden!*
> *Nein, der Feder blieb es immer nur vorbehalten, sie theoretisch zu begründen.*
> *Die Macht aber, die die großen historischen Lawinen religiöser und politischer Art ins Rollen brachte, war seit urewig nur die Zauberkraft des gesprochenen Wortes.*
> *Die breite Masse eines Volkes vor allem unterliegt immer nur der Gewalt der Rede. Alle großen Bewegungen aber sind Volksbewegungen, sind Vulkanausbrüche menschlicher Leidenschaften und seelischer Empfindungen, aufgerührt entweder durch die grausame Göttin der Not oder durch die Brandfackel des unter die Masse geschleuderten Wortes, und sind nicht limonadige Ergüsse ästhetisierender Literaten und Salonhelden.*
> *Völkerschicksale vermag nur ein Sturm von heißer Leidenschaft zu wenden, Leidenschaft erwecken aber kann nur, wer sie selbst im Innern trägt.*
> *Sie allein schenkt dann dem von ihr Erwählten die Worte, die Hammerschlägen ähnlich die Tore zum Herzen eines Volkes zu öffnen vermögen.*
> *Wem aber Leidenschaft versagt und der Mund verschlossen bleibt, den hat der Himmel nicht zum Verkünder seines Willens ausersehen.*
> *Daher möge jeder Schreiber bei seinem Tintenfasse bleiben, um sich „theoretisch" zu betätigen, wenn Verstand und Können hierfür genügen; zum Führer aber ist er weder geboren noch erwählt.*
> *Eine Bewegung mit großen Zielen muß deshalb ängstlich bemüht sein, den Zusammenhang mit dem breiten Volke nicht zu verlieren.*
> *Sie hat jede Frage in erster Linie von diesem Gesichtspunkte aus zu prüfen und in dieser Richtung ihre Entscheidung zu treffen.*
> *Sie muß weiter alles vermeiden, was ihre Fähigkeit, auf die Masse zu wirken, mindern oder auch nur schwächen könnte, nicht etwa aus „demagogischen" Gründen heraus, nein, sondern aus der einfachen Erkenntnis, daß ohne die gewaltige Kraft der Masse eines Volkes keine große Idee, mag sie auch noch so hehr und hoch erscheinen, zu verwirklichen ist.*
> *Die harte Wirklichkeit allein muß den Weg zum Ziel bestimmen; unangenehme Wege nicht gehen wollen, heißt auf dieser Welt nur zu oft auf das Ziel verzichten; man mag dann dies wollen oder nicht.*

Daß Hitler, sein Ziel klar vor Augen, bereit war, „unangenehme Wege" zu gehen, zeigte er unmittelbar nach der Machtergreifung. Durch eine Flut von neuen Gesetzen, Erlassen und Verordnungen (bis zum Kriegsende waren es rund 8000, die letzten erschienen, als der Feind längst deutsches Territorium überschritten hatte und der Staat nur noch als Torso existierte, z. B. am 29. 3. 1945 eine Verordnung über den Dienst am 20. April, Hitlers Geburtstag), wurde bereits nach kurzer Zeit die Freiheit der Presse und Versammlungen eingeschränkt, die SA, SS und der

Stahlhelm zur Hilfspolizei umfunktioniert, und der von dem Holländer van der Lubbe am 28. Februar gelegte Brand im Reichstagsgebäude wurde zum Anlaß für die „Reichstagsbrandverordnung". Damit waren Tür und Tor für die erste umfassende Säuberungsaktion geöffnet: Inhaftierungen unter Ausschluß des Gesetzes fanden statt, Hausdurchsuchungen, Beschlagnahmungen, Versammlungsverbote. Es gab kaum eine Aktion, die sich unter dem Deckmantel des neuen Gesetzes nicht hätte durchführen lassen.
Bei all dem störte Hitler wenig, daß er die Macht noch nicht vollständig in seinen Händen hielt. Um dieses Ziel zu erreichen, waren Neuwahlen nötig. Sie fanden am 5. März statt, das gewünschte Ergebnis, die Mehrheit im Reichstag, brachten sie allerdings nicht. Da Hitler damit nach wie vor auf die Stimmen der DNVP angewiesen war, versuchte er nun mit Hilfe einer Verfassungsänderung den Weg nach vorne anzutreten – das „Gesetz zur Behebung der Not von Volk und Reich", das eine vierjährige Handlungsfreiheit garantierte, wurde vorbereitet. Um das Volk und vor allem seine Abgeordneten auf diesen neuen Schritt des Abbaus der Demokratie einzustimmen, fand am 21. März neben einer Reihe von anderen Veranstaltungen in der Potsdamer Garnisonskirche ein Staatsakt statt, der ganz im Sinne der althergebrachten Traditionen verlief und der vor allem die Zentrumspartei glauben machen sollte, daß dieser neue Staat das in ihn gesetzte Vertrauen nicht mißbrauchen würde – die Rechte der Kirchen und des Reichsrats und Reichstags wurden garantiert.
Der „Tag von Potsdam", als der dieser Tag später in die Geschichte einging, zeigte, daß diese Art ein Volk zu regieren, nämlich mit Zuckerbrot und Peitsche zugleich, offenbar die richtige war – das Gesetz wurde mit 441 Stimmen angenommen. Daß es auch jetzt noch Männer gab, die nicht bereit waren zu schweigen und die sich bereits deutlich abzeichnende Willkür klaglos hinzunehmen, zeigte die Rede des Sozialdemokraten Wels; die SPD war die einzige Partei, die dem Gesetz trotz aller Versprechungen ihre 94 Stimmen verweigert hatte.
Diese Rede war einer der letzten Versuche, dem heraufziehenden Terror gegenzusteuern. Bereits kurze Zeit später waren die Chancen, eine andere Meinung zu äußern als die der herrschenden Partei und ihrer Presseorgane, zu denen vor allem der „Stürmer" und der „Völkische Beobachter" gehörten, gleich Null.
Hitler hatte sein erstes Ziel erreicht, dieses Volk im Alleingang zu regieren; der Apparat zu seiner vollständigen Unterjochung konnte jetzt zielstrebig ausgebaut werden – die sogenannte „Gleichschaltung" hatte begonnen. Parteien und Gewerkschaften wurden verboten, die Landtage aufgelöst, der Reichsrat beseitigt, das Amt des Reichspräsidenten mit dem des Reichskanzlers vereint. Am 2. August 1934, nach dem Tode Hindenburgs, war Hitler „Führer und Reichskanzler", eine 2. Kampfphase war erfolgreich abgeschlossen.

Eine der ersten Aufgaben, die er nach der Machtübernahme angepackt habe, sei die gewesen, diesen Erkenntnissen entsprechend die gesamte deutsche Presse einheitlich auszurichten. Er sei dabei auch vor einschneidenden Maßnahmen nicht zurückgeschreckt. Denn er sei sich darüber im klaren gewesen, daß ein Staat, der seine Presse einheitlich über die Fülle der Schriftleiter dirigiere und so fest in der Hand habe, über die gewaltigste Macht verfüge, die man sich überhaupt vorstellen könne.
Der Begriff der Pressefreiheit sei die tödlichste Gefahr für jeden Staat. Die Pressefreiheit bedeute nämlich keineswegs Freiheit der Presse, sondern lediglich Freiheit einzelner Subjekte, das zu tun, was sie wollten und was ihren Interessen entspräche. Und dieses selbst dann zu tun, wenn es gegen die Staatsinteressen verstoße.
Als ich mich nun als unbekannter namenloser Soldat damals entschlossen hatte, den Kampf gegen die Welt aufzunehmen und die verschiedenen Parteien zu zertrümmern und aufzulö-

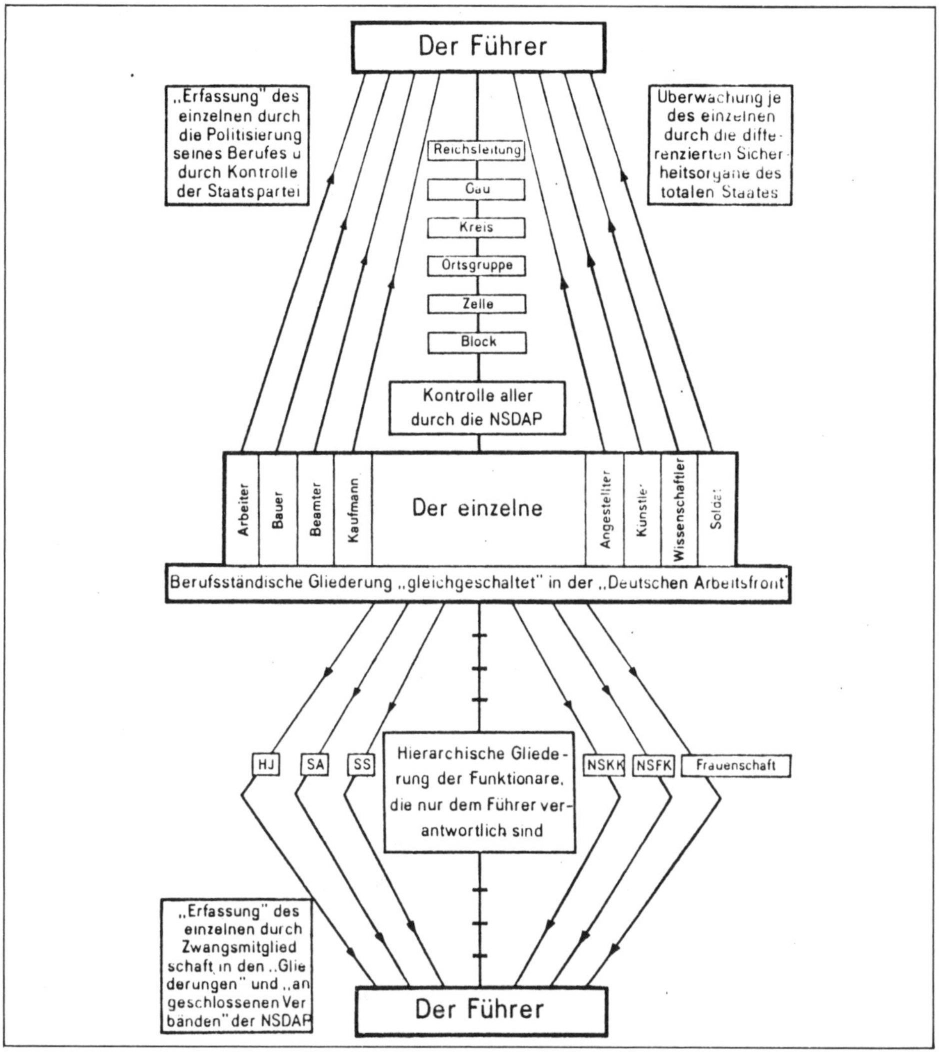

sen, die Gewerkschaften und Unternehmerverbände zu beseitigen, das Reich auf eine neue Grundlage zu stellen, die Länder aufzuheben und ihre Parlamente auszulöschen und die parlamentarische Zentralgewalt des Reiches zu beseitigen und durch eine autoritäre zu ersetzen – da war das der Gedanke eines Mannes, den selbst die nächsten Bekannten im ersten Moment für verrückt halten konnten. Das alles ist uns nun nicht als ein Geschenk des Himmels in den Schoß gefallen, sondern ich habe den Kampf begonnen, einen Kampf gegen alles, was man sich überhaupt an Gegnern nur vorstellen konnte: gegen die Presse, gegen das Kapital, gegen Parteien, Traditionen, Überlieferungen, gegen die alteingesessenen Regierungskoalitionen einzelner Länder und die konfessionellen Verbände. Es gab nichts, was sich nicht gegen mich zusammengefunden hätte und im Kampf gegen mich gestanden wäre.

Nachfolgende Doppelseite: Maifeier auf dem Tempelhofer Feld mit über 1 Million Arbeitern, 1935

Die zweite Frage von geradezu ausschlaggebender Bedeutung war folgende: An wen hat sich die Propaganda zu wenden? An die wissenschaftliche Intelligenz oder an die weniger gebildete Masse?

Sie hat sich ewig nur an die Masse zu richten!

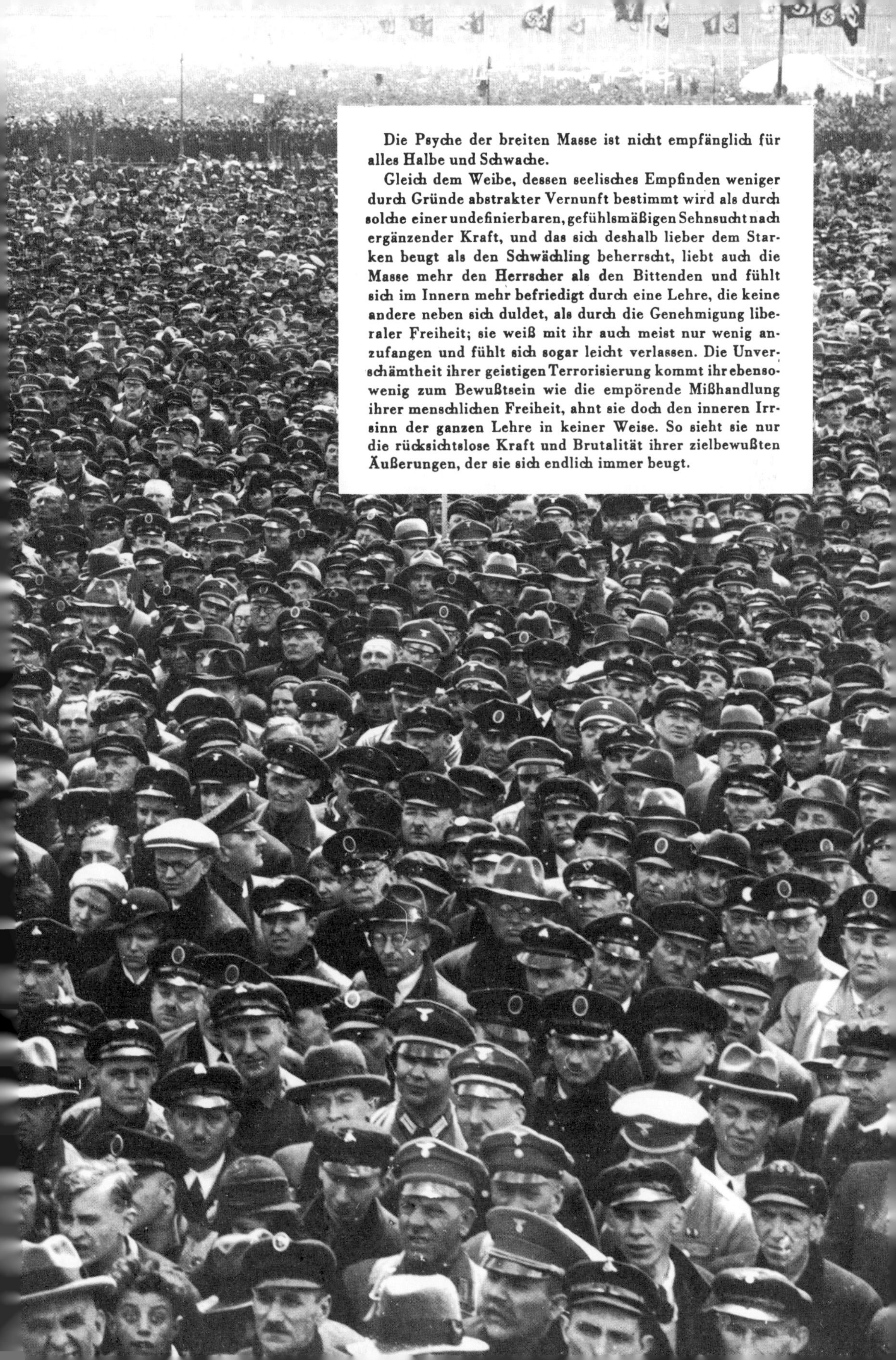

Die Psyche der breiten Masse ist nicht empfänglich für alles Halbe und Schwache.

Gleich dem Weibe, dessen seelisches Empfinden weniger durch Gründe abstrakter Vernunft bestimmt wird als durch solche einer undefinierbaren, gefühlsmäßigen Sehnsucht nach ergänzender Kraft, und das sich deshalb lieber dem Starken beugt als den Schwächling beherrscht, liebt auch die Masse mehr den Herrscher als den Bittenden und fühlt sich im Innern mehr befriedigt durch eine Lehre, die keine andere neben sich duldet, als durch die Genehmigung liberaler Freiheit; sie weiß mit ihr auch meist nur wenig anzufangen und fühlt sich sogar leicht verlassen. Die Unverschämtheit ihrer geistigen Terrorisierung kommt ihr ebensowenig zum Bewußtsein wie die empörende Mißhandlung ihrer menschlichen Freiheit, ahnt sie doch den inneren Irrsinn der ganzen Lehre in keiner Weise. So sieht sie nur die rücksichtslose Kraft und Brutalität ihrer zielbewußten Äußerungen, der sie sich endlich immer beugt.

Da die Unterjochung und Überwachung dieses Volkes nahtlos sein sollte, war es notwendig, daß es von Kindesbeinen an auf dieses System eingeschworen wurde, und Hitler machte kein Hehl daraus, wie dies erfolgen sollte.

„Wenn diese Knaben mit zehn Jahren in unsere Organisation hineinkommen und dort oft zum erstenmal überhaupt eine frische Luft bekommen und fühlen, dann kommen sie vier Jahre später in die Hitlerjugend – und dort behalten wir sie wieder vier Jahre. Und dann geben wir sie erst recht nicht zurück in die Hände unserer alten Klassen- und Standeserzeuger, sondern dann nehmen wir sie sofort in die Partei, in die Arbeitsfront, in die SA oder in die SS, in das NSKK usw. Und wenn sie dort zwei Jahre oder 1 $^{1}/_{2}$ Jahre sind und noch nicht ganze Nationalsozialisten geworden sein sollten, dann kommen sie in den Arbeitsdienst und werden dort wieder 6 oder 7 Monate geschliffen ... Und was dann noch an Klassenbewußtsein oder Standesdünkel da und da vorhanden sein sollte, das übernimmt dann die Wehrmacht zur weiteren Behandlung auf 2 Jahre. Und wenn sie nach 2, 3 oder 4 Jahren zurückkehren, dann nehmen wir sie, damit sie auf keinen Fall rückfällig werden, sofort wieder in die SA, SS usw. ... und sie werden nicht mehr frei ihr ganzes Leben."

Daß diese Jugend, die dereinst zu „Gottmenschen" heranwachsen sollte, in ihrer wichtigsten Prägephase zwischen 10 – 16 Jahren den geeigneten Führerpersönlichkeiten anvertraut war, gehörte mit zu diesem Programm, das unter dem Motto stand „Jugend wird von Jugend geführt".

Meine Pädagogik ist hart. Das Schwache muß weggehämmert werden. In meinen Ordensburgen wird eine Jugend heranwachsen, vor der sich die Welt erschrecken wird. Eine gewalttätige, herrische, unerschrockene, grausame Jugend will ich. Jugend muß das alles sein. Schmerzen muß sie ertragen. Es darf nichts Schwaches und Zärtliches an ihr sein. Das freie, herrliche Raubtier muß erst wieder aus ihren Augen blitzen. Stark und schön will ich meine Jugend. Ich werde sie in allen Leibesübungen ausbilden lassen. Ich will eine athletische Jugend. Das ist das Erste und Wichtigste. So merze ich die Tausende von Jahren der menschlichen Domestikation aus. So habe ich das reine, edle Material der Natur vor mir. So kann ich das Neue schaffen.
Ich will keine intellektuelle Erziehung. Mit Wissen verderbe ich mir die Jugend. Am liebsten ließe ich sie nur das lernen, was sie ihrem Spieltriebe folgend sich freiwillig aneignen. Aber Beherrschung müssen sie lernen. Sie sollen mir in den schwierigsten Proben die Todesfurcht besiegen lernen. Das ist die Stufe der heroischen Jugend. Aus ihr wächst die Stufe des Freien, des Menschen, der Maß und Mitte der Welt ist, des schaffenden Menschen, des Gottmenschen. In meinen Ordensburgen wird der schöne, sich selbst gebietende Gottmensch als kultisches Bild stehen und die Jugend auf die kommende Stufe der männlichen Reife vorbereiten.

Die Erziehung sollte umfassend sein, aber der Schwerpunkt lag ganz eindeutig auf der körperlichen Ertüchtigung.

Der völkische Staat hat in dieser Erkenntnis seine gesamte Erziehungsarbeit in erster Linie nicht auf das Einpumpen bloßen Wissens einzustellen, sondern auf das Heranzüchten kerngesunder Körper. Erst in zweiter Linie kommt dann die Ausbildung der geistigen Fähigkeiten. Hier aber wieder an der Spitze die Entwicklung des Charakters, besonders die Förderung der Willens- und Entschlußkraft, verbunden mit der Erziehung zur Verantwortungsfreudigkeit, und erst als letztes die wissenschaftliche Schulung.

Der völkische Staat muß dabei von der Voraussetzung ausgehen, daß ein zwar wissenschaftlich wenig gebildeter, aber körperlich gesunder Mensch mit gutem, festem Charakter, erfüllt von Entschlußfreudigkeit und Willenskraft, für die Volksgemeinschaft wertvoller ist als ein geistreicher Schwächling. Ein Volk von Gelehrten wird, wenn diese dabei körperlich degenerierte, willensschwache und feige Pazifisten sind, den Himmel nicht erobern, ja nicht einmal auf dieser Erde sich das Dasein zu sichern vermögen.

»Unsere Bilder zeigen diese herrliche Jugend, die im gesunden Körper eine reine Seele und einen lebendigen Geist besitzt. Diese neue Landjugend verkörpert in edelster Vollkommenheit unsere völkische Vorstellung von der Schönheit des deutschen Menschen.
So steht eine Bauernjugend vor uns, auf die wir alle ein Recht haben, stolz sein zu dürfen. Unser Volk wird ewig leben, wenn wir dem Blutsgedanken treu bleiben«.

Durch den zweimal wöchentlich stattfindenden „Dienst" in der Hitlerjugend, der sehr oft auch noch das Wochenende mit einbezog, vollzog sich eine immer stärkere Durchdringung mit ideologischem Gedankengut, das sich auch auf den Schulunterricht, besonders auf Deutsch, Geschichte, Biologie erstreckte, jedoch selbst vor der Mathematik nicht anhielt.

Aufgabe 95. Der Bau einer Irrenanstalt erforderte 6 Millionen Reichsmark. Wieviele Siedlungshäuser zu je 15 000 Reichsmark hätte man dafür bauen können?
Aufgabe 97. Ein Geisteskranker kostet täglich RM 4.-, ein Krüppel RM 5.50, ein Verbrecher RM 3.50. In wievielen Fällen hat ein Beamter täglich nur etwa RM 4.-, ein Angestellter kaum RM 3.50, ein ungelernter Arbeiter noch keine RM 2.- auf den Kopf der Familie.
a) Stelle diese Zahlen bildlich dar. Nach vorsichtiger Schätzung sind in Deutschland 300 000 Geisteskranke, Epileptiker usw. in Anstaltspflege.
b) Was kosten diese jährlich insgesamt bei einem Satz von RM 4.-?
c) Wieviel Ehestandsdarlehen zu je RM 1000.- könnten – unter Verzicht auf spätere Rückzahlung – von diesem Geld jährlich ausgegeben werden?

Ein Volk, deren Führer die Jugend von Kindesbeinen an zu gewinnen versuchte, mußte stark und wehrhaft sein. Und so war es selbstverständlich, daß die militärische Ausbildung mit an vorderster Stelle stand, um die Schmach von Versailles endlich zu löschen, wie Hitler dies versprochen hatte. Mit der Einführung der Wehrpflicht 1935 und einer stückweisen heimlichen Aufrüstung wurde auch hier ein weiterer Schritt auf das Ziel zugemacht, das Hitler bereits 1930 formuliert hatte: „Wir werden dann allerdings, wenn wir die verfassungsmäßigen Rechte besitzen, den Staat in die Form gießen, die wir als die richtige ansehen."
Zu dieser Form, vor allem der inneren, gehörte zunächst einmal ein Zusammenfassen des Gedankengutes, das bereits zur Zeit der Weimarer Republik vorhanden war und das Hitler nur aufzugreifen, neu zu bündeln, umzuformulieren brauchte. Die Zucht- und Blut- und Bodenideen des späteren Reichsbauernführers Darré gehörten dazu ebenso wie die Rassentheorien von Gobineau, Grosse, Woltmann, Fischer, Günther und Chamberlain, wobei eine einheitliche Definition, was im nationalsozialistischen Sinne Rasse eigentlich sei, nie formuliert wurde und die unterschiedlichsten Begriffsbestimmungen nebeneinander herliefen.
Die rassenhygienischen Folgerungen, die sich aus diesen schwammigen Rassebegriffen ableiten ließen, hatte Hitler bereits früher gezogen.

Alle großen Fragen der Zeit sind Fragen des Augenblicks und stellen nur Folgeerscheinungen bestimmter Ursachen dar. Ursächliche Bedeutung besitzt aber unter ihnen allen nur eine, die Frage der rassischen Erhaltung des Volkstums. Im Blute allein liegt sowohl die Kraft als auch die Schwäche des Menschen begründet. Völker, welche nicht die Bedeutung ihrer rassischen Grundlage erkennen und beachten, gleichen Menschen, die Möpsen die Eigenschaften von Windhunden anlernen möchten, ohne zu begreifen, daß die Schnelligkeit des Windhundes wie die Gelehrigkeit des Pudels keine angelernten, sondern in der Rasse liegende Eigenschaften sind. Völker, die auf die Erhaltung ihrer rassischen Reinheit verzichten, leisten damit auch Verzicht auf die Einheit ihrer Seele in all ihren Äußerungen. Die Zerrissenheit ihres Wesens ist die naturnotwendige Folge der Zerrissenheit ihres Blutes, und die Veränderung ihrer geistigen und schöpferischen Kraft ist nur die Wirkung der Änderung ihrer rassischen Grundlagen.
Wer das deutsche Volk von seinen ihm ursprünglich wesensfremden Äußerungen und Untugenden von heute befreien will, wird es erst erlösen müssen vom fremden Erreger dieser Äußerungen und Untugenden.

Ohne klarste Erkenntnis des Rassenproblems und damit der Judenfrage wird ein Wiederaufstieg der deutschen Nation nicht mehr erfolgen.
Die Rassenfrage gibt nicht nur den Schlüssel zur Weltgeschichte, sondern auch zur menschlichen Kultur überhaupt.

Die Ideen des Reichsbauernführers Darré „Zucht ohne Zuchtziel ist ein Widerspruch in sich selbst" gingen noch einen Schritt weiter und standen im krassen Gegensatz zu der nur passiven Heraufzüchtung eines besseren Menschentums. Der „Mut zum Reißzahn", der später zum systematischen angeordneten Völkermord führte, gehörte zu den unheilvollsten Ideen, die diesem Denken entsprangen.

Von Verschuer nennt einmal Rassenhygiene die Anwendung der Wissenschaft von den Rassen und dem Menschen auf das Handeln und sieht ihre Aufgabe darin, die guten Erbanlagen eines Volkes zu pflegen und somit der erblichen Gesunderhaltung des Volkes zu dienen. Irgendwelche Zielsetzung kommt darin nicht recht zum Ausdruck. Denn die mindeste Zielsetzung bei jeder Hege ist das Jäten des Unerwünschten. Man „pflegt" einen Wald, indem man den Mut zum Reißzahn aufbringt; man muß das Erwünschte in eine Umgebung bringen, in der es Luft und Licht zum Gedeihen hat, und das geschieht in erster Linie durch rücksichtsloses Ausmerzen des Unerwünschten. Jedes „Ausmerzen" setzt aber klare Entscheidungen darüber voraus, was gehegt und was gejätet werden soll. Daher entscheidet über jede Hege in erster Linie der Wille zu einem bestimmten Zuchtziel. Dieser Wille zur Entscheidung fehlt aber großenteils bei unseren Volksaufartlern. Man spricht von der Pflege des Wertvollen, drückt sich aber um die klare Entscheidung, was denn nun eigentlich wertvoll ist und was nicht, oder äußert sich darüber nur sehr allgemein.
Wir brauchen ein Zuchtziel, ein Auslesevorbild! Nicht so ist es, daß das Zuchtziel zu warten hätte, bis die Wissenschaft sich über die Erbmasse des Deutschen Volkes klar ist – das Deutsche Volk hätte da wohl sehr lange zu warten–, sondern das Zuchtziel ist zunächst aufzustellen, und Aufgabe der Wissenschaft ist es lediglich, dieses Zuchtziel zu erweitern oder einzuschränken, ganz nach den Ergebnissen, welche sie erarbeitet. Denn die lebendige Wirklichkeit des Deutschen Volkes muß in der Beihilfe der Wissenschaft stets ihre sichere Beurteilerin, die deutsche Wissenschaft in der Wirklichkeit unseres Volkes stets ihre strenge Richterin finden.
Noch einmal sei also gesagt: Zucht ohne Zuchtziel ist ein Widerspruch in sich selbst, weil Zucht die Auswertung gegebener Wirklichkeiten im Hinblick auf die Zukunft ist. Die reine Feststellung rassenmäßiger und die Vererbungsgesetze betreffender Tatsachen gehört zunächst in das Gebiet der Systematik und hat mit den eigentlichen Zuchtfragen erst dann etwas zu tun, wenn man an ihnen das Zuchtziel dauernd nachprüft. Daher ist die schleunige Aufstellung eines für das Deutsche Volk brauchbaren Zuchtziels (Auslesevorbildes) eine der wichtigsten Aufgaben der deutschen Rassen- und Erbgesundheitsforschung.

Die praktische Nutzanwendung dieser neuen Begriffe – Ariertum, Herrenrasse, Blutreinheit – die Hitler versuchte, in das Bewußtsein des Volkes einzuimpfen, gipfelte zunächst einmal in der Zusammenstellung eines Ahnenpasses. Was es für die Kirchenämter bedeutete, diesen zu einer Lawine anwachsenden Forderungen, das Ariertum unter Beweis zu stellen, nachzukommen, mag der Brief eines Pfarrers zeigen.

Auszug aus dem Bericht des Pfarramts Endingen a.K. vom 13.4.34.

5578

Erzb. Ordinariat
16. APR. 1934
Freiburg i.B.

Familienforschung.

Und die arischen Bogen? Ein bayr.Confrater, den ich in Wörishofen kennen lernte, schrieb mir von sich: Dös Arisch macht "narrisch". Mir gehts auch so. Ein Neuphilologe, der auf Anstellung wartet, hilft mir beim arischen Nachforschen in den alten Büchern. Im Interesse von uns vielgeplagten Geistlichen gestatte ich mir den Vorschlag,die Hochwürdigsten Herrn Bischöfe möchten in Berlin u.Karlsruhe baldigst vorstellig werden dahin, daß uns bezw, unsern Helfern und Stellvertretern wie es die Adelsgesellschaft laut Anzeigeblatt S.194/1934 seitens ihrer Mitglieder vorschlägt, eine RM pro Arbeitsstunde vergütet werden muß, daß 2. die betr. Antragsteller zur Familienforschung und arischen Abstammung nicht so oft umgehende Erledigung, weil angeblich dringend, verlangen und 3.daß wir die Gebühr per Nachnahme erheben dürften. So bekämen wir Geistliche etwas mehr Ruhe und die - Verzeihung - Epidemie zur Familienforschung über die arische Abstammung würde abflauen zum Wohle unserer Zeit und Nervenkraft, bis inzwischen vielleicht eine andere Mode uns wieder "narrisch" macht wie der Bajuware oben schrieb. Herr Kaplan Eiermann - Auch sein Bruder Theologe Eduard Eiermann fertigte verschiedene arische Schriftsätze während meiner Abwesenheit, sagte unlängst, lieber wolle er drei Predigten vorbereiten und halten als einen arischen Schriftsatz fertigen.

Um eine vorübergehende Mode, wie der Briefschreiber annahm, handelte es sich allerdings nicht. Die bevölkerungspolitische Zielsetzung, die sich aus dieser Rassenpolitik ergab, sah zunächst einmal die Verhinderung der Fortpflanzung der „Unerwünschten" durch Sterilisation und eine Reihe von anderen Methoden vor, die Weiterführung des Programms mündete später dann gradlinig in das Euthanasieprogramm und in den organisierten Völkermord.

Jenseits dieser Endstationen einer pervertierten Ideologie gab es während des Krieges noch andere Geschehnisse, die an Brutalität und Grausamkeit dieser zwar in nichts nachstanden, dafür aber ganz gewiß weniger bekannt waren und sich im übrigen noch den Anstrich der Forschung gaben. Daß zum Beispiel Menschen lediglich für die Erstellung einer Schädelsammlung, die den Krieg nicht überdauerte, umgebracht wurden, übersteigt wohl jeglicher Vorstellungskraft.

Betr.: Sicherstellung der Schädel von jüdisch-bolschewistischen Kommissaren zu wissenschaftlichen Forschungen in der Reichsuniversität Straßburg.

Nahezu von allen Rassen und Völkern sind umfangreiche Schädelsammlungen vorhanden. Nur von den Juden stehen der Wissenschaft so wenig Schädel zur Verfügung, daß ihre Bearbeitung keine gesicherten Ergebnisse zuläßt. Der Krieg im Osten bietet uns jetzt Gelegenheit, diesem Mangel abzuhelfen. In den jüdisch-bolschewistischen Kommissaren, die ein widerliches aber charakteristisches Untermenschentum verkörpern, haben wir die Möglichkeit, ein greifbares wissenschaftliches Dokument zu erwerben, indem wir uns ihre Schädel sichern.

Die praktische Durchführung der reibungslosen Beschaffung und Sicherstellung dieses Schädelmaterials geschieht am zweckmäßigsten in Form einer Anweisung an die Wehrmacht, sämtliche jüdisch-bolschewistischen Kommissare in Zukunft lebend sofort der Feldpolizei zu übergeben. Die Feldpolizei wiederum erhält Sonderanweisung, einer bestimmten Stelle laufend den Bestand und Aufenthaltsort dieser gefangenen Juden zu melden und sie bis zum Eintreffen eines besonderen Beauftragten wohl zu behüten. Der zur Sicherstellung des Materials Beauftragte (ein der Wehrmacht oder sogar der Feldpolizei angehörender Jungarzt oder Medizinstudent, ausgerüstet mit einem Pkw nebst Fahrer) hat eine vorher festgelegte Reihe photographischer Aufnahmen und anthropologischer Messungen zu machen und, soweit möglich, Herkunft, Geburtsdaten und andere Personalangaben festzustellen. Nach dem danach herbeigeführten Tode des Juden, dessen Kopf nicht verletzt werden darf, trennt er den Kopf vom Rumpf und sendet ihn in eine Konservierungsflüssigkeit gebettet in eigens zu diesem Zwecke geschaffenen und gut verschließbaren Blechbehältern zum Bestimmungsort. An Hand der Lichtbildaufnahmen, der Masse und sonstigen Angaben des Kopfes und schließlich des Schädels können dort nun die vergleichenden anatomischen Forschungen, die Forschungen über Rassenzugehörigkeit, über pathologische Erscheinungen der Schädelform, über Gehirnform und -größe und über vieles andere mehr beginnen.

Für die Aufbewahrung und die Erforschung des so gewonnenen Schädelmaterials wäre die neue Reichsuniversität Straßburg ihrer Bestimmung und ihrer Aufgabe gemäß die geeignetste Stätte.

Daß der Blut- und Rassemythos besonders unter den SS-Leuten, die eine einwandfreie Ahnenreihe bis 1750 nachzuweisen hatten, Fuß faßte, darum bemühte sich ihr Reichsführer Himmler in fanatischen Reden und Ansprachen.

Als erste Richtlinie galt und gilt für uns die Erkenntnis vom Wert des Blutes und der Auslese. Diese Voraussetzung galt im Jahre 1929 und wird gelten, solange es eine Schutzstaffel geben wird.
Wir gingen so, wie der Saatzüchter, der eine alte, gute Sorte, die vermischt und abgebaut ist, wieder rein züchten soll, zuerst über das Feld zur sogenannten Staudenauslese geht, zunächst daran, rein äußerlich die Menschen abzusieben, die wir glaubten, für den Aufbau der Schutzstaffel nicht brauchen zu können.
Die Art der Auslese konzentrierte sich auf die Auswahl derjenigen, die körperlich dem Wunschbild, dem nordisch-bestimmten Menschen, am meisten nahekommen. Äußere Merkmale, wie Größe und rassisch entsprechendes Aussehen, spielten und spielen dabei eine Rolle.
Daß dieses Prinzip im Laufe der Jahre, je mehr wir Erfahrungen sammelten, besser und schärfer ausgebaut wurde, brauche ich Ihnen nicht zu versichern. Ebenso bitte ich Sie, überzeugt zu sein, daß bei uns die vollste Klarheit darüber besteht, daß es bei dieser Auslese niemals einen Stillstand geben kann. Jahr um Jahr werden unsere Forderungen in demselben Maße schärfer, als durch die Auswirkung der deutschen Rassegesetze das immer mehr erwachende Verständnis für Blut und Zucht den Aufstieg der deutschen Menschen anhebt.
Es muß so sein, daß die Bedingungen, die in hundert oder mehr Jahren von unseren Nachfolgern gestellt werden, um ein Vielfaches mehr vom einzelnen verlangen, als es heute der Fall sein kann.
Ebenso wissen wir, daß die erste nach äußeren Gesichtspunkten – heute nach Ahnentafeln und vielfachen Untersuchungen ergänzte – Auswahl nur das erste, aber auch nur das allererste Ausleseprinzip sein kann, daß ein durch alle Jahre des Lebens in der Schutzstaffel gehender Ausleseprozeß die Fortsetzung sein muß und daß die Aussiebung der charakterlich, willensmäßig, herzensmäßig und damit blutsmäßig für uns nicht Tauglichen folgen muß.

(...) Das Gesamtziel ist für mich seit den 11 Jahren, seit ich Reichsführer-SS bin, immer unverrückbar dasselbe gewesen: einen Orden guten Blutes zu schaffen, der Deutschland dienen kann. Der unverrückbar und ohne sich zu schonen sich einsetzen kann, weil sonst die großen Verluste an der Vitalität dieses Ordens, an der Vitalität dieser Menschen scheitern werden, weil sie immer wieder ersetzt werden. Einen Orden zu schaffen, der diesen Gedanken des nordischen Blutes so verbreitet, daß wir alles nordische Blut in der Welt an uns heranziehen, unseren Gegnern das Blut wegnehmen, es uns einfügen, damit niemals mehr, jetzt in der ganzen großen Politik gesehen, in großen Mengen und in nennenswertem Umfange nordisches Blut, germanisches Blut, gegen uns kämpft. Wir müssen es an uns nehmen und – die anderen dürfen keines haben (...)

Heinrich Himmler an das Offizier-Korps der Leibstandarte-SS am 7. 9. 1940

(...) Ein Grundsatz muß für den SS-Mann absolut gelten: ehrlich, anständig, treu und kameradschaftlich haben wir zu Angehörigen unseres eigenen Blutes zu sein und zu sonst niemandem. Wie es den Russen geht, wie es den Tschechen geht, ist mir total gleichgültig. Das, was in den Völkern an gutem Blut unserer Art vorhanden ist, werden wir uns holen, indem wir ihnen, wenn notwendig, die Kinder rauben und sie bei uns großziehen. Ob die anderen Völker in Wohlstand leben oder ob sie verrecken vor Hunger, das interessiert mich nur so-

weit, als wir sie als Sklaven für unsere Kultur brauchen, anders interessiert mich das nicht. Ob bei dem Bau eines Panzergrabens 10 000 russische Weiber an Entkräftung umfallen oder nicht, interessiert mich nur insoweit, als der Panzergraben für Deutschland fertig wird. Wir werden niemals roh und herzlos sein, wo es nicht sein muß; das ist klar. Wir Deutschen, die wir als einzige auf der Welt eine anständige Einstellung zum Tier haben, werden ja auch zu diesen Menschentieren eine anständige Einstellung einnehmen, aber es ist ein Verbrechen gegen unser eigenes Blut, uns um sie Sorge zu machen und ihnen Ideale zu bringen, damit unsere Söhne und Enkel es noch schwerer haben mit ihnen. Wenn mir einer kommt und sagt: „Ich kann mit den Kindern oder den Frauen den Panzergraben nicht bauen. Das ist unmenschlich, denn dann sterben die daran", – dann muß ich sagen: „Du bist ein Mörder an deinem eigenen Blut, denn wenn der Panzergraben nicht gebaut wird, dann sterben deutsche Soldaten, und das sind Söhne deutscher Mütter. Das ist unser Blut". Das ist das, was ich dieser SS einimpfen möchte und – wie ich glaube – eingeimpft habe, als eines der heiligsten Gesetze der Zukunft: Unsere Sorge, unsere Pflicht ist unser Volk und unser Blut; dafür haben wir zu sorgen und zu denken, zu arbeiten und zu kämpfen, und für nichts anderes. Alles andere kann uns gleichgültig sein (...)

Rede Himmlers bei der SS-Gruppenführertagung in Polen am 4. 10. 42

Der Wunsch, das „gute Blut" der anderen dem eigenen Volk einzuverleiben, also „blutsmäßige Fischzüge" durchzuführen, wie Himmler dies wünschte, führte in den besetzten Gebieten zu regelrechten Kinderraubzügen.

Beim Abendessen führte der Reichsführer SS aus, daß man mit dem französischen Problem seiner Ansicht nach am ehesten fertig würde, wenn man alljährlich einmal unter der germanischen Bevölkerung Frankreichs einen blutsmäßigen Fischzug durchführe. Man müsse versuchen, die Kinder dieser Bevölkerungsschicht in frühester Jugend in deutsche Internate zu bringen und sie dort von ihrer zufälligen französischen Nationalität abzulenken und sie auf ihr germanisches Blut und damit auf ihre Zugehörigkeit zum großen germanischen Volk hinzuweisen.
Der Chef meinte dazu, er sei an sich kein besonderer Freund von allen Eindeutschungsversuchen, soweit es nicht gelinge, sie weltanschaulich zu sichern. 5. 4. 42 (Wolfsschanze)

A b s c h r i f t
Der Reichsgesundheitsführer

München, den 29, Mai 1942
Dr.C/Br.

An den
Reichsführer-SS
Parteigenosse H. H i m m l e r
B e r l i n SW 11
Prinz Albrechtstraße 9

Reichsführer!
In Frankreich sind im ganzen ca. 50 000 Kinder von Französinnen geboren worden. Nach meiner Meinung sind diese Kinder nicht schlecht, meist nicht schlechter als die, die in Norwegen mit Norwegerinnen gezeugt sind. Um diese Kinder bekümmert sich sehr Frau [redacted], die Witwe des verunglückten Generals. Diese Kinder gehen daher Deutschland verloren. Selbst dann, wenn – wie es vorgekommen ist – ein in unfruchtbarer Ehe lebender Deutscher das Kind sehr gerne übernehmen wollte, wird dies durch die intensive Betreuung des Vereines der Frau [redacted] unmöglich gemacht.
Ich rege an, daß der Lebensborn sich auch dieser Kinder energisch annimmt.

Heil Hitler!

Gez. Ihr L. Conti
SS-Gruppenführer

Der Reichsführer SS

Tgb.Nr. AK/38/8

RF/V.

Berlin SW 11, den 14 Juni 1941
Prinz - Albrecht Str. 8.

Lieber Parteigenosse [redacted]

Ich darf die Anregung, die ich mündlich gegeben habe, schriftlich wiederholen.

1. Ich halte es für richtig, wenn besonders gutrassige kleine Kinder polnischer Familien zusammengeholt und von uns in besonderen, nicht zu grossen Kinderhorten und Kinderheimen erzogen würden. Das Wegholen der Kinder müsste mit gesundheitlicher Gefährdung begründet werden.

2. Kinder, die nicht einschlagen, sind den Eltern zurückzugeben.

3. Ich rate, zunächst einmal nur mit zwei oder drei solchen Einrichtungen zu beginnen, um Erfahrungen zu sammeln.

4. Von den Kindern, die sich als einigermassen gut herausstellen, wäre nach einem halben Jahr Ahnentafel und Abstammung einzuholen. Nach insgesamt einem Jahr ist daran zu denken, solche Kinder als Erziehungskinder in kinderlose gutrassige Familien zu geben.

5. Als Leiter und Leiterinnen für solche Institutionen dürfen nur die besten und rassisch klarsehenden Kräfte genommen werden.

Heil Hitler !

Gez. : Ihr H. Himmler

Soweit dieses Volk durch positive Taten und Erfolge – und die gab es in den ersten Jahren nach der Machtübernahme zweifellos – nicht von der Richtigkeit und Tüchtigkeit der Staatsführung überzeugt werden konnte, gab es andere Mittel und Möglichkeiten, es zur Übereinstimmung mit den Linien der Partei zu bringen, die Kunst der Propaganda.

Gerade darin liegt die Kunst der Propaganda, daß sie, die gefühlsmäßige Vorstellungswelt der großen Masse begreifend, in psychologisch richtiger Form den Weg zur Aufmerksamkeit und weiter zum Herzen der breiten Masse findet. Daß dies von unseren Neunmalklugen nicht begriffen wird, beweist nur deren Denkfaulheit oder Einbildung.
Versteht man aber die Notwendigkeit der Einstellung der Werbekunst der Propaganda auf die breite Masse, so ergibt sich weiter schon daraus folgende Lehre:
Es ist falsch, der Propaganda die Vielseitigkeit etwa des wissenschaftlichen Unterrichts geben zu wollen.
Die Aufnahmefähigkeit der großen Masse ist nur sehr beschränkt, das Verständnis klein, dafür jedoch die Vergeßlichkeit groß. Aus diesen Tatsachen heraus hat sich jede wirkungsvolle Propaganda auf nur sehr wenige Punkte zu beschränken und diese schlagwortartig so lange

»Hitler spricht!«

zu verwerten, bis auch bestimmt der Letzte unter einem solchen Worte das Gewollte sich vorzustellen vermag. Sowie man diesen Grundsatz opfert und vielseitig werden will, wird man die Wirkung zum Zerflattern bringen, da die Menge den gebotenen Stoff weder zu verdauen noch zu behalten vermag. Damit aber wird das Ergebnis wieder abgeschwächt und endlich aufgehoben.

Die Aufgabe der Propaganda liegt nicht in einer wissenschaftlichen Ausbildung des einzelnen, sondern in einem Hinweisen der Masse auf bestimmte Tatsachen, Vorgänge, Notwendigkeiten usw., deren Bedeutung dadurch erst in den Gesichtskreis der Masse gerückt werden soll.

Die Kunst liegt nun ausschließlich darin, dies in so vorzüglicher Weise zu tun, daß eine allgemeine Überzeugung von der Wirklichkeit einer Tatsache, der Notwendigkeit eines Vorganges, der Richtigkeit von etwas Notwendigem usw. entsteht. Da sie aber nicht Notwendigkeit an sich ist und sein kann, da ihre Aufgabe ja genau wie bei dem Plakat im Aufmerksammachen der Menge zu bestehen hat und nicht in der Belehrung der wissenschaftlich ohnehin Erfahrenen oder nach Bildung und Einsicht Strebenden, so muß ihr Wirken auch immer mehr auf das Gefühl gerichtet sein und nur sehr bedingt auf den sogenannten Verstand.

Jede Propaganda hat volkstümlich zu sein und ihr geistiges Niveau einzustellen nach der Aufnahmefähigkeit des Beschränktesten unter denen, an die sie sich zu richten gedenkt. Damit wird ihre rein geistige Höhe um so tiefer zu stellen sein, je größer die zu erfassende Masse der Menschen sein soll. Handelt es sich aber, wie bei der Propaganda für die Durchhaltung eines Krieges, darum, ein ganzes Volk in ihren Wirkungsbereich zu ziehen, so kann die Vorsicht bei der Vermeidung zu hoher geistiger Voraussetzungen gar nicht groß genug sein.

Wir waren beim Führer

An die Schriftleitung „Hilf mit!"

Anbei schicke ich Ihnen einen kurzen Bericht über die Begegnung mit dem Führer, die ich mit vier anderen BDM.-Kameradinnen am Obersalzberg im Herbst 1935 hatte. Heil Hitler! M. P., JM.-Führerin.

Der Höhepunkt unserer Fahrt!

„Wir haben unseren Führer gesehen!" erzählten wir immer wieder strahlend und berichteten jedem, der davon hören wollte. Wie das nun eigentlich kam und was wir dort oben in Bayern erlebt haben, das will ich jetzt erzählen:

Fünf Düsseldorferinnen, die Oberbayern kennenlernen wollten, hatten sich im Herbst 1935 zusammengetan zu einer Schulungsfahrt. Bis München fuhren wir, und von dort aus sollte es über den Chiemsee nach Berchtesgaden gehen. Viel Großes und Schönes hatten wir schon erlebt, aber es harrte unser ein ganz großes Erlebnis, vielleicht das größte unseres Lebens.

An einem Dienstagnachmittag kamen wir in der Berchtesgadener Jugendherberge an. Irmgard gab ihren Ausweis dem Herbergsvater, der uns sofort seine Erfahrungen über die Düsseldorfer mitteilte, worauf wir ihm versicherten, wir würden brav sein und den „Vati" nicht ärgern. Er sah wohl, daß unser Vorsatz ernst gemeint war, und er gab uns dann den väterlichen Rat, heute zum Obersalzberg zu gehen, da der Führer oben sei. — In Berchtesgaden war die Meinung verbreitet, der Führer sei wegen des schlechten Wetters in München.

Mit Vatis Glückwünschen machten wir uns auf den Weg zu unserem Führer. Irmgard und Elvira hatten wenig Hoffnung und kamen deshalb etwas langsamer nach; jedoch Gertrud, Anni und ich, wir glaubten, ihn sehen zu müssen und planten bereits, was wir anstellen würden, wenn er sich nicht zeigen würde. In verhältnismäßig kurzer Zeit waren wir oben und trafen dort sieben Wuppertaler JM.-Führerinnen, die schon zum vierten Male kamen, um Adolf Hitler zu sehen. Wir schlossen uns ihnen an. Von weitem bemerkten wir die endlose Menschenschlange schon, und auf unsere Frage, wieviel Menschen das wohl wären, antwortete ein SS.-Mann: „Heute sind es 3000, aber wir sind an größere Massen gewöhnt!" Dann setzten wir uns auf eine etwas höhergelegene Wiese und sangen, das war dann eine kleine Abwechselung für die wartenden Menschen, die schon frühmorgens heraufgestiegen waren, um unsern Führer zu sehen.

Von unserem Plätzchen konnten wir gut sehen, wie die Leibstandarte des Führers die Menschen zu vier und vier aufstellte und ihre Mühe und Not hatte, daß die Leute stehenblieben. Besonders ein SS.-Mann fiel uns auf, der durch seinen Humor die Leute in Ordnung hielt und sie wieder ans Lachen brachte.

„Vorsicht, Füße fort, sonst ist's um die Hühneraugen geschehn!" so erschallte es öfter als einmal.

Endlich, endlich ging es los. Sechs SS.-Männer kamen und sagten, der Führer sei bereit, die Leute an sich vorbeiziehen zu lassen. Die Menge bewegte sich wie eine Prozession vorwärts. Ein Pimpfenführer kam zu uns und sagte:

„Wenn ihr wollt, könnt ihr euch hinter uns aufstellen. Dann werdet ihr mit uns gemeldet."

Er spricht mit uns

Und schließlich stellt er sich zwischen die Mädels, und so dürfen wir ihn photographieren

Sofort stellten wir uns auf und marschierten mit der HJ. im Gleichschritt zu unserem Führer. Von weitem sahen wir seinen Kopf. Alles zuckte in mir, ich konnte kaum etwas sagen, denn zum ersten Male sah ich unseren Führer, ihn, der Deutschland vor dem sicheren Untergang errettete.

Die Ringführerin aus Wuppertal meldete ihre Führerinnen, eine andere ihre Mädels.

Unsere Führerin, die Irmgard, wollte nicht; sie stand wie angewurzelt. Da gaben wir ihr einen Stoß, und gleich darauf stand sie vor dem Führer. Die ersten Worte kamen klar und deutlich hervor, aber das „dorf" von „Düsseldorf" wollte nicht und kam nur verschleiert heraus. Wir alle sahen den Führer an, aber keine von uns konnte seinen Blick lange ertragen. Er schien unsere innersten Gedanken zu lesen, nickte leicht mit dem Kopf, und ich glaube, jede von uns Mädels hat sich in diesen Sekunden zugeschworen, daß sie ihm ewig die Treue halten und immer für seine Sache kämpfen wird.

Dann fragte der Führer nach unserer Fahrtenkasse. Zuerst wagten wir nicht, etwas zu sagen, aber als die HJ. „mau" und „schlecht" rief, bekamen auch wir Mut, die Wahrheit zu gestehen. Wir bekamen einen tüchtigen Zuschuß. Der Führer verabschiedete sich mit einem kräftigen Heilgruß von uns, und wir marschierten nicht, sondern wir flogen beinahe nach Berchtesgaden, und ich glaube, man konnte es unseren Gesichtern ansehen, wo wir gewesen waren. Vati freute sich mit uns, und um auch recht viel von der Erzählung mitzubekommen, aß er mit uns zu Abend.

Am anderen Morgen wollten wir zum Königssee, jedoch Anni und Gertrud bestanden darauf, nochmals zum Obersalzberg zu gehen. Kurz, wir machten uns zum Abmarsch bereit. Oben angelangt, suchten wir alle BDM.-Mädels heraus und sagten einem HJ.-Führer, er solle die Jungens sammeln. Zuerst wollte er nicht, aber nachher war er glücklich, daß er auf uns gehört hatte.

Wir standen noch seitlich vom Führer, als er auf den BDM. schaute. Mit einem Male zeigte er auf mich und sagte: „Du warst aber gestern schon einmal da!"

Zuerst war ich kaum fähig, eine Antwort zu geben, zeigte nur die Karte mit seinem Bild und den Federhalter; ich wollte doch die Unterschrift des Führers haben. Verstehend nickte er. Als wir vor ihm standen, erkannte er auch meine Kameradinnen. An diesem Tag meldete Anni alle Mädels. Als er nach der Fahrtenkasse gefragt hatte, trat ich vor ihn hin und sagte:

„Heil, mein Führer, könnte ich deine Unterschrift haben?"

Er gab Brückner die Karte, indem er sagte: „Schnell, schnell, heute werden nur die Karten der Mädels eingesammelt."

Nun trat ein Kempener Mädel vor den Führer und fragte ihn, ob sie ihn photographieren dürfe!

„Wie willst du das denn machen, wenn du keinen Apparat hast?" fragte der Führer.

„Ein SS.-Mann hat ihn mir abgenommen, als ich dich photographieren wollte!" antwortete das Mädel.

„Brückner, Sie sorgen, daß der Apparat sofort hier ist!" Diesen Befehl gab der Führer. Als das Mädel den Apparat hatte und den Führer knipsen wollte, sagte er:

„Halt, ihr sollt mit darauf; ein SS.-Mann kann knipsen."

Gerne taten wir das und ließen uns das nicht zweimal sagen. Dann sagte Hitler: „Laßt die Jungens auch mal her!" Wir folgten diesem Befehl gerne, denn da hatten wir Gelegenheit, ihn zu knipsen. Zum Schluß durften wir ihm noch die Hand geben. Zuerst schaute er jedem Mädel in die Augen, dann gab er ihr die Hand und drückte sie kräftig. Eine unendliche Freude erfaßte mich. Immer wieder hörten wir, wie wenige dieses große Glück haben, so mit dem Führer zu sprechen und ihm die Hand zu schütteln.

Nie im Leben werde ich diese beiden Tage vom Obersalzberg vergessen.

Der Glaube an die Allmächtigkeit dieser Propaganda war nicht nur bei Goebbels, der dem neu errichteten Ministerium für Propaganda vorstand, vorhanden, er reichte selbst bis in die untersten Ränge und erstreckte sich bisweilen auf die banalsten Vorgänge, wie beispielsweise das „Anmalen der Damen in SS-Stellen".

München 1, den 30. 1. 1941

An den Leiter des
Heimes Hochland
SS-Oberführer [redacted]
Steinböring/Ebersberg

Betrifft: Anmalen der Damen in SS-Dienststellen

Oberführer,

zu Ihrem Schreiben vom 29. 12. 41 bemerke ich, daß das von Ihnen angeführte Gespräch in Gegenwart von Frau Knipp stattfand. Bei dieser Gelegenheit erzählten wir Ihnen von unseren Erfahrungen innerhalb der Personalabteilung darüber, daß sich immer wieder Damen mit angemalten Lippen und Fingernägeln vorstellen, die dann von uns aufgefordert werden, diese Bemalung zu beseitigen. Auf unsere Fragen, warum sie sich derartig bemalen, erhalten wir oft die Antwort: „Ich mache das sonst nicht, aber ich hatte gehört, daß ich bei einer SS-Dienststelle keine Aussicht hätte anzukommen, wenn ich mich nicht anmale."

Frau Knipp berichtet mir unter anderem auch folgendes: „Eine angemalte Bewerberin gab folgende Antwort: Ich habe mich auch in der Karlstraße vorgestellt, es wurde mir gesagt, wenn ich mich in SS-Dienststellen bewerben will, dann solle ich mich anmalen, denn das würde dort gerne gesehen." Nachträglich habe ich mich erkundigt und erfahren, daß sich verschiedene Damen der Reichsführung-SS Karlstraße tatsächlich die Lippen schminken. Den Namen der Bewerberin vermag ich nicht mehr anzugeben, da ich dieselbe nicht eingestellt habe. SS-Untersturmführer Dr. Heinrichs äußerte sich gelegentlich seines Hierseins in der vergangenen Woche sehr unwillig darüber, daß die Mädchen bei der SS-Kleiderkasse in Berlin in so auffallender Weise angeschmiert seien.

Bei dieser Gelegenheit muß auch auf unsere Wahrnehmung hingewiesen werden, daß Damen, die sich auf der Dienststelle nicht anmalen, sich manchmal erheblich anschmieren, wenn sie abends ausgehen. Zweifellos tragen an dieser Unsitte die Männer die Hauptschuld dadurch, daß sie die Anschmiererei dulden, wohl auch gerne sehen. Der Unsitte könnte meiner Ansicht nach nur durch groß angelegte Propaganda gesteuert werden und innerhalb der SS durch scharfe Verbote.

Es wäre dann allerdings auch notwendig, daß sich die Partei und besonders die Deutsche Arbeitsfront nicht außerhalb des Rahmens stellt und daß die Damen der Gesellschaft mit entsprechendem Beispiel vorangingen.

Heil Hitler!
SS-Hauptsturmführer

Daß darüber hinaus die zum gottähnlichen Kultgegenstand hinaufstilisierte Figur Adolf Hitlers ein nicht zu übersehender Baustein bei dem fast reibungslosen Funktionieren dieses Staates darstellte, zeigte vor allem die Begeisterung der Jugendlichen, für die ein Gespräch mit Hitler zu den größten Erlebnissen ihres Lebens gehörte.

Jenseits der Propaganda gelang es durch das bereits am Abend des 30. Januar praktizierte Schauspiel, das sich in ständig anderen Variationen darbot, – seien es nun gigantische Aufmärsche wie bei den Reichsparteitagen, Maifeiern, nächtliche Fackelzüge, Gedenkfeiern mit Blut- und Bodenmythos oder Sportveranstaltungen – die Menschen in Bereichen anzusprechen, die kein geschriebenes Wort je erreichte.

Die breite Masse eines Volkes besteht weder aus Professoren noch aus Diplomaten. Das geringe abstrakte Wissen, das sie besitzt, weist ihre Empfindungen mehr in die Welt des Gefühls. Dort ruht ihre entweder positive oder negative Einstellung. Sie ist nur empfänglich für eine Kraftäußerung in einer dieser beiden Richtungen und niemals für eine zwischen beiden schwebende Halbheit. Ihre gefühlsmäßige Einstellung aber bedingt zugleich ihre außerordentliche Stabilität. Der Glaube ist schwerer zu erschüttern als das Wissen, Liebe unterliegt weniger dem Wechsel als Achtung, Haß ist dauerhafter als Abneigung, und die Triebkaft zu den gewaltigsten Umwälzungen auf dieser Erde lag zu allen Zeiten weniger in einer die Masse beherrschenden wissenschaftlichen Erkenntnis als in einem sie beseelenden Fanatismus und manchmal in einer sie vorwärtsjagenden Hysterie.
Wer die breite Masse gewinnen will, muß den Schlüssel kennen, der das Tor zu ihrem Herzen öffnet. Er heißt nicht Objektivität, also Schwäche, sondern Wille und Kraft.

Fackelzug in Berlin am 30. Januar 1933

Reichsparteitag 1936. Auf dem Parteitag der Ehre weihte der Führer die neuen Fahnen und Standarten mit der Blutfahne vom 9. November 1923

Die Wirtschafts-, Sozial- und Kulturpolitik

Einweihung der Autobahn München-Holzkirchen

Als Hitler bereits im September 1933 bei Frankfurt den 1. Spatenstich für die Reichsautobahn tat, gehörte dies mit zu einem Programm, das die jetzt noch immer Zweifelnden, vor allem einen Großteil der deutschen Arbeiterschaft, davon überzeugen sollte, daß die vor der Machtübernahme gegebenen Versprechungen nun Punkt für Punkt erfüllt würden. Neben dem Bau dieses neuen Verkehrsnetzes, das Deutschland in allen Richtungen durchziehen sollte, gab es weitere Aktionen, die die Arbeitslosen von der Straße wegzuholen versuchten, auch wenn sie nicht primär diesen Zwecken dienten: den Aufbau einer Wehrmacht durch die Einführung der allgemeinen Wehrpflicht 1935 und der Bau der Monumentalwerke, vor allem in München, Berlin und Nürnberg. „Die Bauten des Führers", „Geschichte in Stein verewigt", „Abbilder der gewaltigen Macht, die im Nationalsozialismus lebt", „Allen kommenden Geschlechtern zum Gedenken des Wachsens des 3. Reiches" – so lauteten die Schlagworte für die Bauten, die vor allem höher, breiter und mächtiger zu sein hatten, als alles, was bis dahin gebaut worden war.

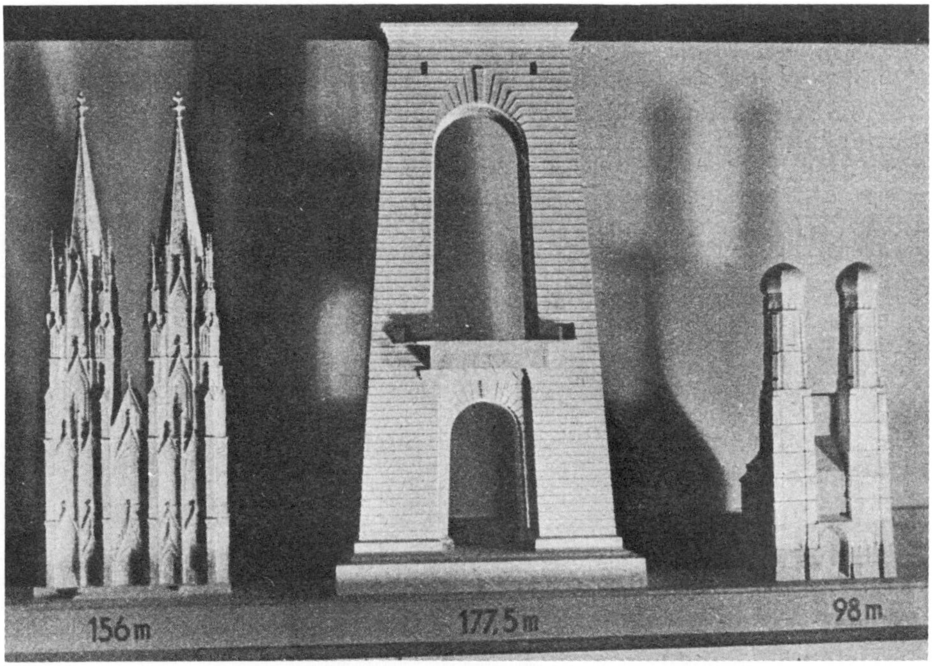

»Das erste Bild veranschaulicht besonders eindringlich die Wucht und Größe unserer neugeplanten Bauten. Zwei allen bekannte Kirchen, der Kölner Dom und die Liebfrauenkirche in München, stehen links und rechts zum Vergleich neben dem Querschnitt der neuen Elbhochbrücke in Hamburg. Man sieht nicht nur die Höhenunterschiede, sondern auch zugleich die wuchtigen Breitenmaße, die viel gewaltiger erscheinen, als die jener alten Bauten«.

Ordensburg Sonthofen (Modell)

1938, als das Volkswagenwerk gegründet wurde, war die Zahl der Arbeitslosen von rund 5 Millionen zu Beginn der Machtübernahme auf knapp eine halbe Million gesunken, die ständig wachsende Rüstungsindustrie ließ die Zahl dann bald kippen und bis zum Kriegsende galt es einem ständigen Arbeitermangel entgegenzusteuern.

Bild oben:
Ordensburg Vogelsang in der Eifel

30. Januar 1943. 10 Jahre nationalsozialistische Aufbauarbeit. Blick auf eine Autobahn, auf der eine andere Errungenschaft des Nationalsozialismus, der deutsche Volkswagen, fährt

Ein anderer Schwerpunkt der Wirtschaftspolitiker war die Stärkung des deutschen Bauernstandes, den Hitler bereits 1925 als das Fundament der gesamten Nation bezeichnet hatte:

„Schon die Möglichkeit der Erhaltung eines gesunden Bauernstandes als Fundament der gesamten Nation kann niemals hoch genug eingeschätzt werden. Viele unserer heutigen Leiden sind nur die Folgen des ungesunden Verhältnisses zwischen Land- und Stadtvolk."

Um den bäuerlichen Hof zu stabilisieren, erließ Hitler 1933 das Reichserbhofgesetz, das im wesentlichen Darrés Punkte aus der Weimarer Zeit aufgriff und die Unteilbarkeit, die Nichtverkäuflichkeit und die Nichtbeleihbarkeit eines Hofes garantierte. Zur weiteren Hilfe wurden junge Männer und Mädchen ab 18 Jahren im Rahmen des Reichsarbeitsdienstes (RAD) vor allem in den Notstandsgebieten (z. B. Rhön, Bayerischer Wald) zur Landarbeit eingesetzt.

»Überall ist die Arbeitsmaid eine wertvolle Kraft«

»Hand in Hand arbeiten die grauen Arbeitsmänner. Der eine führt den Spaten, andere prüfen mit Winkelgerät und Wasserwaage, ob die Böschung auch nicht zu steil ist«.

Bei der Gegenüberstellung der ländlichen und städtischen Bevölkerung ergab sich auch, daß die Kinderzahl auf dem Lande weit höher war als in der Stadt. Es galt also, parallel zur Stärkung des Bauerntums, die Kindermüdigkeit der städtischen Bevölkerung zu überwinden und durch eine umfassende Familienpolitik den Willen zum Kind zu stärken.

Unsere Rettung wird das Kind sein! (...)
Daß wir immer Überschuß an Kindern haben, wird unser Glück sein. Denn das schafft uns Not. Und die Not zwingt, sich zu regen. Wir kommen nicht in Gefahr, in einem Zustand der Entwicklung, der uns heute die Überlegenheit gebracht hat, stecken zu bleiben. Die Not zwingt uns, uns immer an der Spitze zu halten, was den technischen Fortschritt anbelangt. Sie allein sichert den Vorsprung.

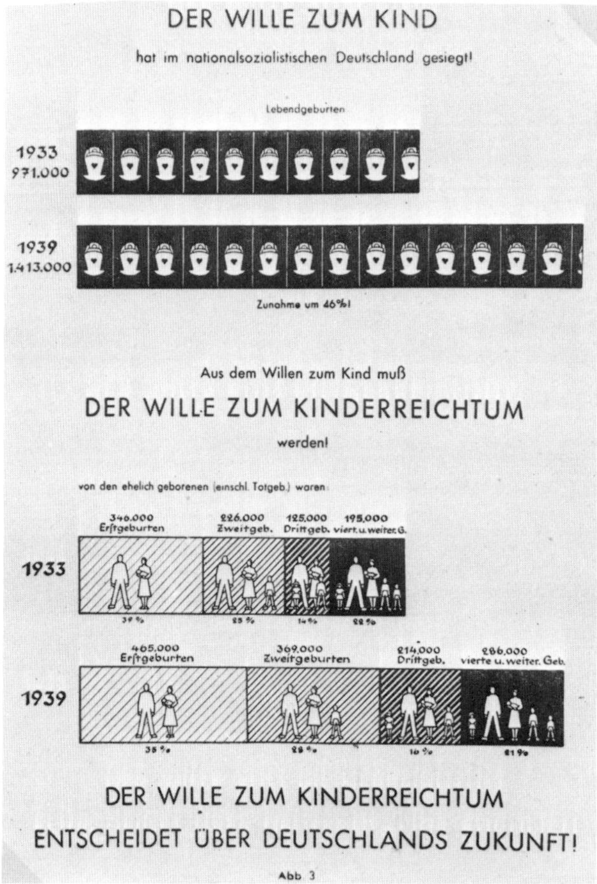

Abb. 3

Für die kinderreichen Familien entstand ein umfangreiches Hilfsprogramm, das den Werdegang des Kindes vom Kindergarten bis zum Berufseintritt unterstützte (z. B. Mutter und Kind). Für sozial schwache Familien gab es außerdem Hilfe durch das Winterhilfswerk (WHW) und mit KDF (Kraft durch Freude) konnte auch der „kleine Mann“ seine Ferien in den Fjorden Norwegens verbringen, wenn er nicht gerade zu denjenigen gehörte, die den Willen zum Kind übermächtig in die Tat umgesetzt hatten.

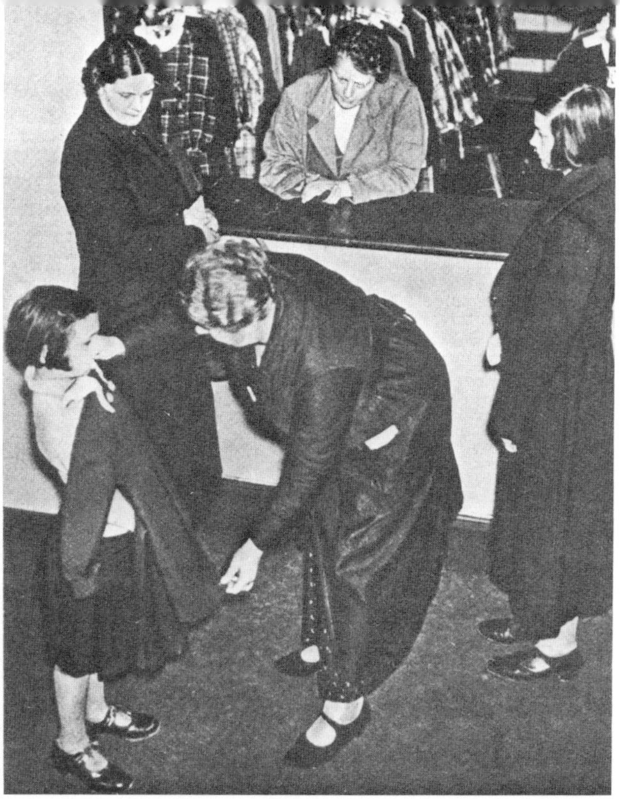

Bild oben links: Kleidersammlung

Bild links: Pfundspende

Oben: ... und das wird alles gesammelt und gerecht verteilt an die notleidenden und bedürftigen Volksgenossen

„Der deutsche Arbeiter wird nicht über den Umweg schwächlicher Verbrüderungsszenen in den Rahmen der deutschen Volksgemeinschaft gehoben, sondern durch bewußtes Heben seiner sozialen und kulturellen Lage, so lange, bis die schwerwiegendsten Unterschiede als überbrückt gelten dürfen" hatte Hitler 1925 gefordert. Die „Verordnung über die Aufgaben des Reichsministeriums für Volksaufklärung und Propaganda", die am 30. 6. 1933 erschien, regelte unter vielem anderem auch in welcher Form das kulturelle Leben in dem neuen Staate sich abspielen würde:

> *(...) Der Reichsminister für Volksaufklärung und Propaganda ist zuständig für alle Aufgaben der geistigen Einwirkung auf die Nation, der Werbung für Staat, Kultur und Wirtschaft, der Unterrichtung der in- und ausländischen Öffentlichkeit über sie und der Verwaltung aller diesen Zwecken dienenden Einrichtungen.*

Wie dies im einzelnen stattzufinden hatte, dazu gab es noch im gleichen und in den darauffolgenden Jahren eine Reihe von weiteren Gesetzen (Reichskulturkammergesetz, Schriftleitergesetz, Lichtspielgesetz, Theatergesetz) und 1938 schließlich, als bereits alles geordnet, geregelt, verwaltet war, das „Gesetz über Einziehung von Erzeugnissen entarteter Kunst", die „geistige Einwirkung auf die Nation" war vollkommen.

Ziel der Bemühungen um die deutschen Bauern, die im sogenannten „Reichsnährstand" organisiert waren, war vor allem Deutschlands Ernährung von dem Ausland unabhängig zu machen und durch gesetzliche Verordnungen eine Willkür der Preisregelung für landwirtschaftliche Erzeugnisse zu unterbinden. Daß diese Maßnahmen sofort unmittelbar nach der Machtübernahme durchgesetzt werden konnten, war dadurch möglich, daß R. W. Darré bereits 1930 mit der Planung dieser umfassenden Organisation begonnen hatte.

Die Stunde des Frühjahrs 1930, in der der Führer zu dem damals noch unbekannten Diplomlandwirt R. Walther Darré sagte: „Organisieren Sie mir die Bauern, ich lasse Ihnen freie Hand", ist die Geburtsstunde des Reichsnährstandes. Freilich war es noch ein weiter, mühevoller Weg bis zu der großen Organisation, so wie sie heute dasteht.

Zunächst schuf sich R. Walther Darré den sogenannten „agrarpolitischen Apparat der NSDAP.", in dem die künftigen Bauernführer durch Schulung und strenge Auslese herangebildet wurden. Diese kleine Gruppe von begeisterten Nationalsozialisten und harten Kämpfernaturen wurde der Stoßtrupp des deutschen Bauerntums, der es aus einer Zeit der Not und des Niederganges in eine bessere Zukunft führte. Schon lange vor der Machtübernahme arbeiteten die nationalsozialistischen Bauernführer die Maßnahmen und Gesetze aus, nach denen später die neue Ordnung des deutschen Bauerntums und der Aufbau des Reichsnährstandes erfolgte. Schon in den Jahren 1931 und 1932 gelang es in steigendem Umfange, die bäuerlichen Organisationen und Vereine, die in großer Zahl vorhanden waren, mit nationalsozialistischen Führern zu durchsetzen. Dank dieser Vorarbeit konnte dann im Jahre 1933 sehr schnell und ohne große Schwierigkeiten die Gleichschaltung aller Bauernvereine,

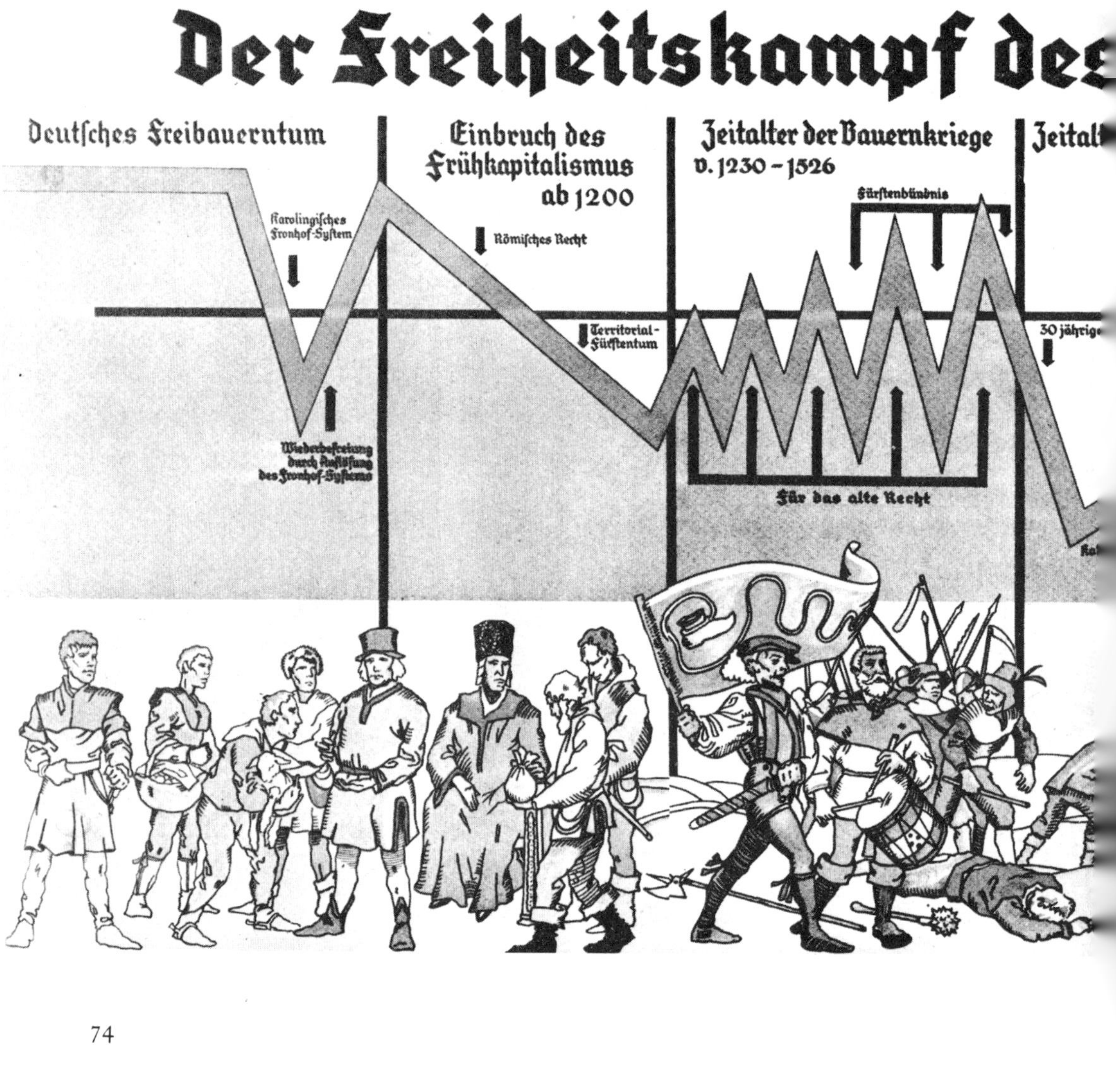

Bauernparteien und Landwirtschaftskammern stattfinden. Früher hatten sich alle diese zahlreichen Organisationen befehdet, um sich gegenseitig die Mitglieder abzujagen. Den Zusammenbruch des deutschen Bauerntums hatten sie nicht aufhalten können. Jetzt mußten sie in die große, gemeinsame Linie einschwenken, um unter der Führung R. Walther Darrés an der Wiedergesundung des deutschen Bauerntums mitzuarbeiten.

Am 30. Juni 1933 wurde R. Walther Darré vom Führer zum Reichsernährungsminister ernannt und einige Monate später zum Reichsbauernführer. Damit standen die gesamte deutsche Landwirtschaft und das ganze Landvolk unter einheitlicher Führung. Die Gründungsurkunde des Reichsnährstandes ist das Gesetz vom 13. September 1933: „Gesetz über den vorläufigen Aufbau des Reichsnährstandes und Maßnahmen zur Markt- und Preisregelung für landwirtschaftliche Erzeugnisse." Dieses Gesetz ist eines der wichtigsten des Dritten Reiches geworden.

Der Reichsnährstand ist eine gewaltige Organisation. Der Sinn dieser Organisation ist es, in jedem Augenblick bereit zu sein, die Weisungen der Führung schnell und schlagkräftig nach unten weiterzugeben und für ihre richtige Ausführung zu sorgen. Die kleinsten Zellen des Reichsnährstandes sind die Ortsbauernschaften, von denen es ungefähr 50 000 in Deutschland gibt. Eine Anzahl Ortsbauernschaften ist zu Kreisbauernschaften zusammengefaßt. An der Spitze der etwa 500 deutschen Kreisbauernschaften steht jeweils der Kreisbauernführer. Kreisbauernschaften und Ortsbauernschaften sind gewissermaßen die Front des Reichsnährstandes. Sie haben die von oben kommenden Anweisungen in die Tat umzusetzen. Die Kreisbauernschaften sind zu Landesbauernschaften zusammengefaßt, von denen es im Altreich ungefähr 20 gab. Heute, im Großdeutschen Reich, kommen noch einige hinzu. Landesbauernführer, Kreisbauernführer und Ortsbauernführer sind die Führertruppe des Reichsnährstandes. Sie, und Tausende von Bauern, versammeln sich in jedem Jahre einmal zum Reichsbauerntag in Goslar, um dort die Richtlinien für die Arbeit der kommenden Monate vom Reichsbauernführer entgegenzunehmen. Der Reichsbauernführer selbst und die Ämter und Behörden, die nach seinen Weisungen alle Fragen bearbeiten, die das Bauerntum und die Landwirtschaft angehen, haben ihren Sitz in Berlin. Hier laufen alle Fäden des Reichsnährstandes zusammen. Hier werden die Planungen für die Erzeugungsschlacht erarbeitet, hier werden alle Maßnahmen und Gesetze vorgeplant.

Alle Arbeit, die im Reichsnährstand geleistet wird, gilt den deutschen Bauern und damit dem deutschen Volke. Alle Stellen des Reichsnährstandes arbeiten nach der einen Erkenntnis, die der Reichsbauernführer in das Wort geprägt hat: „Ohne Bauerntum stirbt ein Volk."

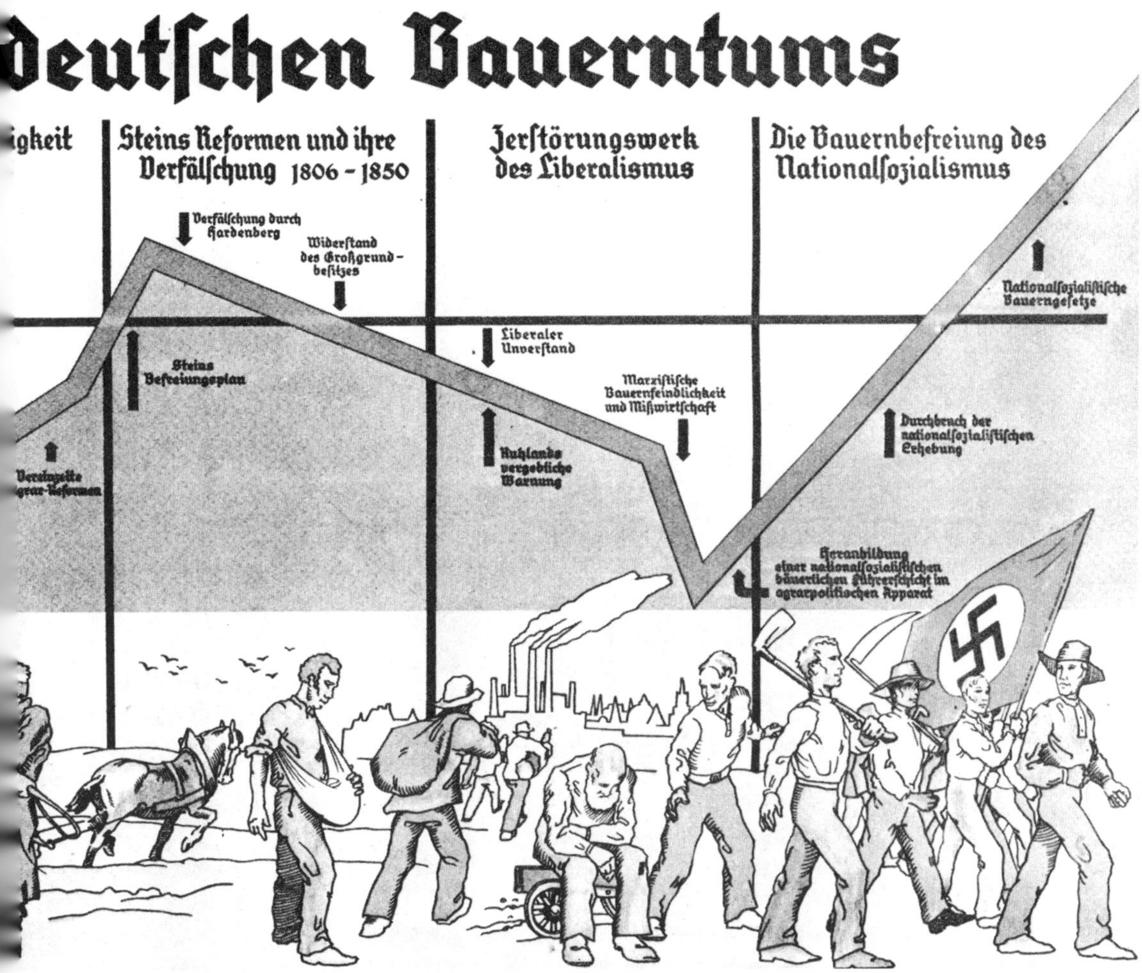

Die Verfolgung der Andersdenkenden

Die Gewinnung der Seele des Volkes kann nur gelingen, wenn man neben der Führung des positiven Kampfes für die eigenen Ziele den Gegner dieser Ziele vernichtet.
Das Volk sieht zu allen Zeiten im rücksichtslosen Angriff auf einen Widersacher den Beweis des eigenen Rechtes, und es empfindet den Verzicht auf die Vernichtung des anderen als Unsicherheit in bezug auf das eigene Recht, wenn nicht als Zeichen des eigenen Unrechtes.
Die breite Masse ist nur ein Stück der Natur, und ihr Empfinden versteht nicht den gegenseitigen Händedruck von Menschen, die behaupten, Gegensätzliches zu wollen. Was sie wünscht, ist der Sieg des Stärkeren und die Vernichtung des Schwachen oder seine bedingungslose Unterwerfung.
Die Nationalisierung unserer Masse wird nur gelingen, wenn bei allem positiven Kampf um die Seele unseres Volkes ihre internationalen Vergifter ausgerottet werden.

Adolf Hitler, „Mein Kampf"

Ihr Pfaffen und Juden, jetzt heißt es halt: Wollt ihr nicht im Guten, dann geht's mit Gewalt!

(Spruchband auf einer SA-Führertagung 1935 in Freiburg/Br.)

Daß Hitler nicht bereit war, eine andere Meinung als die der herrschenden Partei neben sich zu dulden, bewies er unmittelbar nach seiner Machtübernahme: bereits am 22. 3. 1933 wurde in Dachau bei München auf dem Gelände einer ehemaligen Pulverfabrik das erste Konzentrationslager errichtet. Es war zunächst für politische Gefangene, vor allem kommunistische und sozialdemokratische Funktionäre gedacht, seine Kapazität betrug zu Beginn nicht mehr als 5000 Menschen.

Dienstag, 21. März 1933

Konzentrationslager für Schutzhäftlinge in Bayern

München, 20. März.

Bezüglich der Dauer der Schutzhaft laufen fortgesetzt zahllose Anfragen bei der Polizeidirektion ein. Polizeipräsident Himmler erklärte hierzu, es sei notwendig, das Material, das wir in ungeahnten Mengen beschlagnahmen konnten, zu sichten. Anfragen halten in der Sichtung dieses Materials nur auf und laufen praktisch darauf hinaus, daß jede Anfrage dem Schutzhäftling einen Tag mehr kostet.

Bei dieser Gelegenheit trat Polizeipräsident Himmler den Gerüchten über eine schlechte Behandlung der Schutzhäftlinge entschieden entgegen.

Aus zwingenden Gründen sind einige Änderungen in der Unterbringung der Schutzhäftlinge notwendig geworden.

Am Mittwoch wird in der Nähe von Dachau das erste Konzentrationslager mit einem Fassungsvermögen für 5000 Menschen errichtet werden. Hier werden die gesamten kommunistischen und soweit dies notwendig ist, Reichsbanner- und sozialdemokratischen Funktionäre, die die Sicherheit des Staates gefährden, zusammengezogen, da es auf die Dauer nicht möglich ist und den Staatsapparat zu sehr belastet, diese Funktionäre in den Gerichtsgefängnissen unterzubringen. Es hat sich gezeigt, daß es nicht angängig ist, diese Leute in die Freiheit zu lassen, da sie weiter hetzen und Unruhe stiften. Im Interesse der Sicherheit des Staates müssen wir diese Maßnahme treffen ohne Rücksicht auf kleinliche Bedenken. Polizei und Innenministerium sind überzeugt, daß sie damit zur Beruhigung der gesamten nationalen Bevölkerung und in ihrem Sinne handeln.

Weiterverbot der sozialdemokratischen Zeitungen

München, 20. März.

Durch eine Bekanntmachung des Staatskommissars z. b. V. Esser vom 20. März 1933 werden in Übereinstimmung mit der Regelung im übrigen Reichsgebiet und zur Vermeidung aller Umstände, welche die öffentliche Ruhe und Ordnung zu gefährden geeignet sind, sämtliche sozialdemokratischen periodischen Druckschriften weiter für die Zeit vom 21. März bis 4. April 1933 einschließlich verboten.

Völkischer Beobachter, 21.3.1933

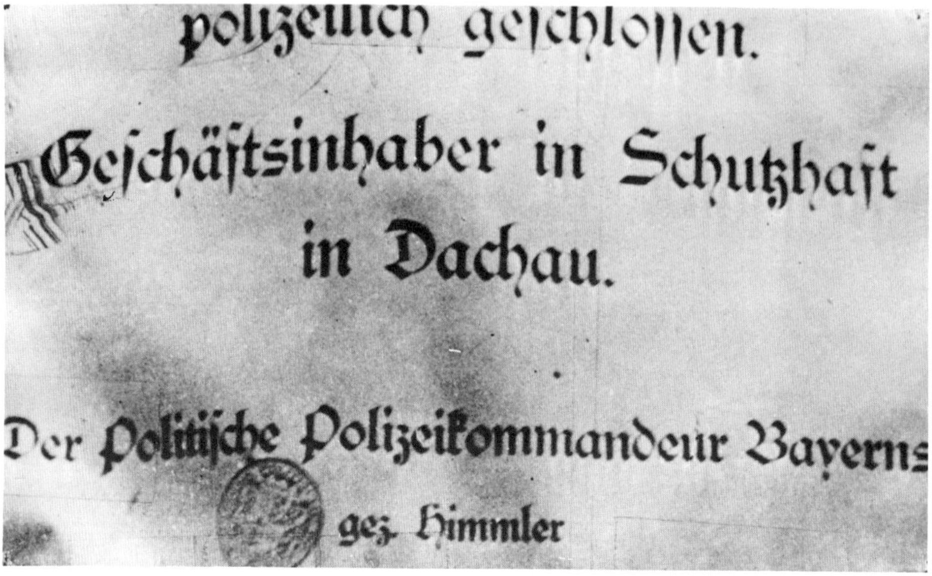

Die Häftlinge wurden im Moos beim Eschenhof zum Torfstechen eingesetzt, das Ziel der Haft war ihre Umerziehung: „Es verlangt niemand von Euch, daß ihr Nationalsozialisten werdet, das überlaßt uns; aber es wird dagegen verlangt, daß ihr 100 %ig Volksgenossen werdet!" Bei ihrer Entlassung wurde ihnen folgende Belehrung mit auf den Weg gegeben: „Wer jedoch meint, er kann gegen den Willen des deutschen Volkes arbeiten, sich dem deutschen Volk widersetzen, vielleicht nach dem Auslande fliehen, um von dort aus gegen die Deutschen zu arbeiten, den warne ich! Wir holen uns nämlich jeden Einzelnen aus dem Reich wie auch aus dem Ausland zurück, und keiner entzieht sich unserer Bestrafung. Es ist dabei ganz gleich, ob dieser oder jener am Leben bleibt, denn auf den Einzelnen kommt es hierbei nicht an. Die Ziele, die uns der Führer gesteckt hat, erreichen wir auch gegen den Willen dieser Volksschädlinge. Über das Lager selbst habt ihr mit niemandem zu sprechen, sei es im Guten oder im Schlechten. Man trägt Euch nicht nach, daß ihr im Konzentrationslager ward. Wir verbitten es uns aber auch, daß ihr über die Einrichtungen des Lagers sprecht. Ihr habt keine Verbindungen aufzunehmen mit ehemaligen Schutzhäftlingen, und ihr habt keine Aufträge auszuführen, und sei es ein harmloser Gruß. Beherzigt diese Worte und richtet Euch danach! Tut Ihr es nicht, so erfolgt Euch Wiedereinlieferung ins Lager, und dann dauert die Schutzhaft nicht nur Monate, sondern Jahre, und für manchen gibt es überhaupt keine Freiheit mehr. Eine Wiedereinlieferung zieht Haftverschärfung nach sich, und was dies bedeutet, das wißt ihr am besten".

Daß es auf den Einzelnen nicht mehr ankam, daß es unerheblich war, ob jemand in diesem Lager am Leben blieb oder nicht, war nicht nur eine leere Drohung – sie wurde täglich in die Tat umgesetzt. Strafstehen, wenn ein Häftling ausgebrochen war, unter Umständen auch Tage oder Nächte in eisiger Kälte, Baumhängen, Essenentzug, Strafexerzieren, Prügelstrafe auf dem Bock, es gab kaum eine „Erziehungsmethode", die nicht angewandt wurde, auch wenn sie in den seltensten Fällen zum Erfolg führte.

Strafstehen in Dachau

KL Mauthausen: Ein entflohener Häftling, der von einer Kapelle begleitet zur Exekution gebracht wird.

Eingesperrt wurden vor allem in der Frühzeit der KL alle, von denen man annahm, daß sie sich dem Regime widersetzen könnten, all jene, die anders dachten, fühlten, handelten als es erwünscht war: Kommunisten, Sozialisten, Bibelforscher, Pfarrer der beiden Großkirchen. Dazu kamen die „rassisch Minderwertigen", Juden und Zigeuner, außerdem Homosexuelle und Leute, die unter der Bezeichnung BV-Häftlinge (Befristete Vorbeugungshäftlinge) und SV (Sicherungsverwahrte) liefen. Ein ausgeklügeltes System sorgte dafür, daß die Häftlinge je nach ihrer erhofften Besserung untergebracht waren, dazu waren die KL in drei Kategorien untergeteilt:

Stufe I. Für alle wenig belasteten und unbedingt besserungsfähigen Schutzhäftlinge, Sonderfälle und Einzelhaft: Dachau, Sachsenhausen und Auschwitz I

Stufe II. Schwerer belastete, jedoch noch erziehungs- und besserungsfähige Schutzhäftlinge: Buchenwald, Flossenbürg, Neuengamme, Auschwitz II

Stufe III. Schwer belastete, gleichzeitig kriminell vorbestrafte und asoziale, d. h. kaum noch erziehbare Häftlinge: Mauthausen.

Zur Markierung trugen die Häftlinge Nummern auf ihren Anzügen, außerdem ein farbiges Dreieck auf der linken Brust, in Auschwitz wurden die Nummern in den linken Unterarm eintätowiert.

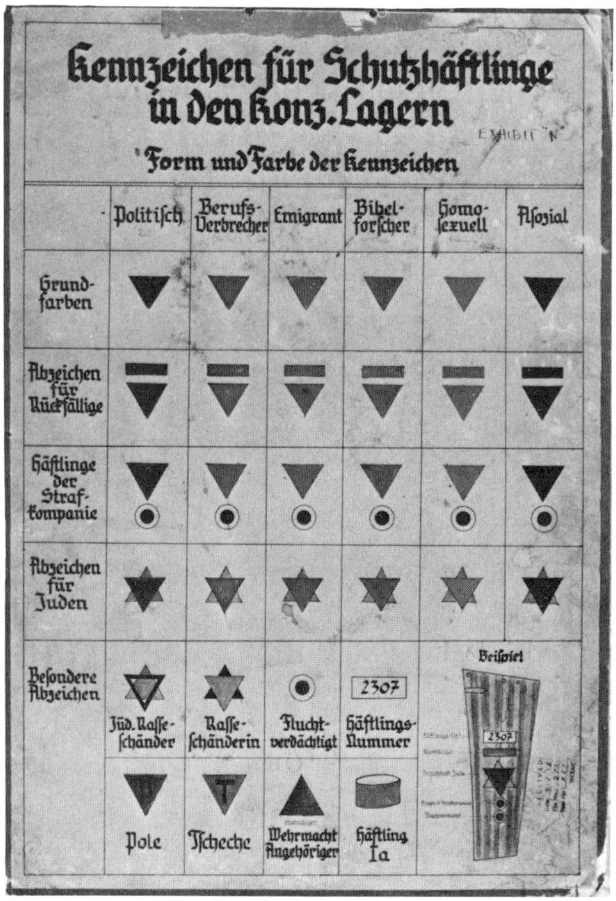

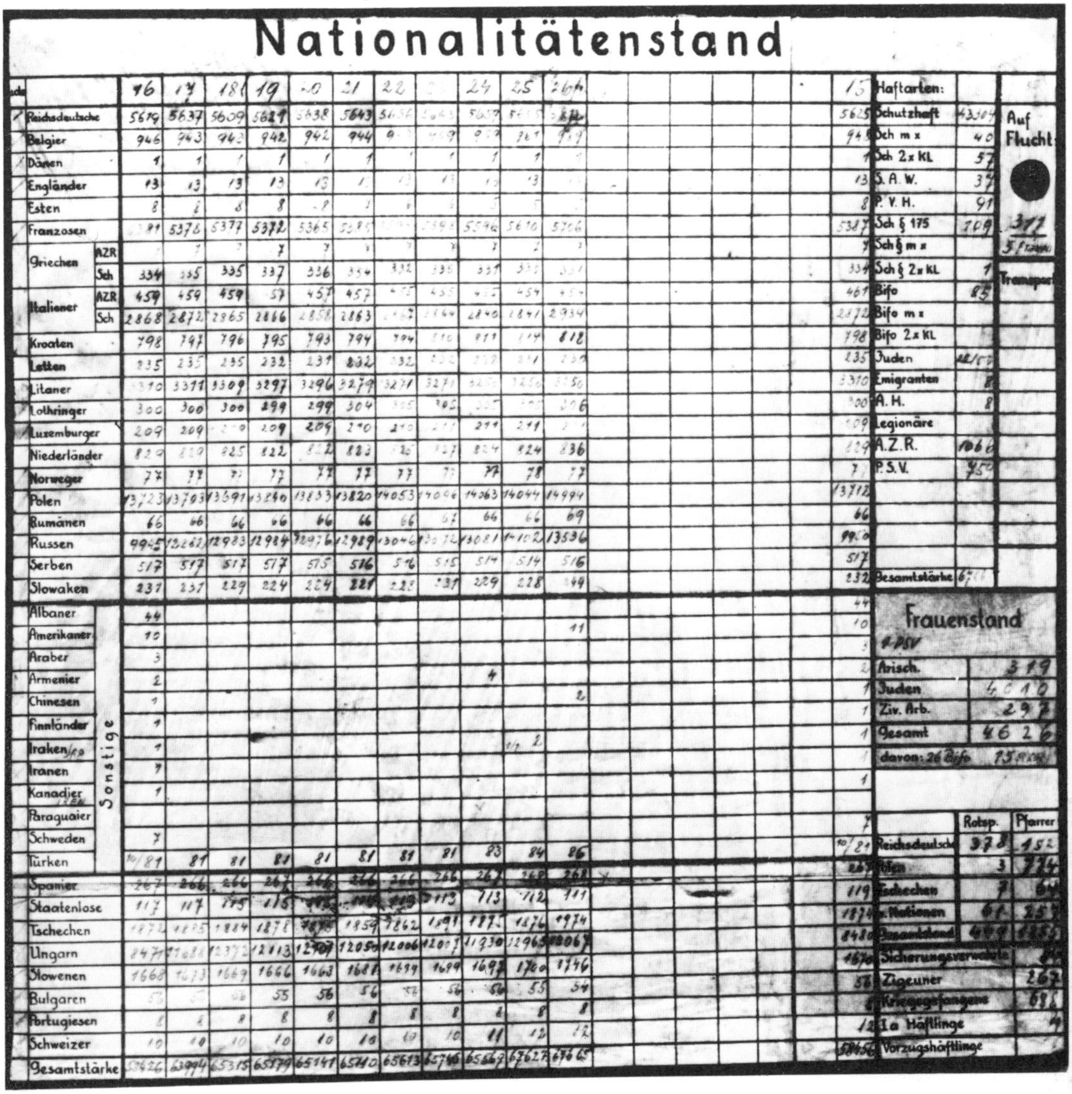

Nationalitätenstand

	16	17	18	19	20	21	22	23	24	25	26	15
Reichsdeutsche	5619	5637	5609	5629	5638	5643	5636	5643	5657	5655	[illegible]	5625
Belgier	946	943	943	942	942	944	[illegible]	959	957	961	959	948
Dänen	1	1	1	1	1	1	1	1	1	1	1	1
Engländer	13	13	13	13	13	13	13	13	13	13	[illegible]	13
Esten	8	8	8	8	8	[illegible]	6	[illegible]	5	5	[illegible]	8
Franzosen	[illegible]	5378	5377	5372	5365	5385	[illegible]	5398	5596	5610	5706	5387
Griechen AZR	[illegible]	7	7	7	7	7	7	7	7	2	7	7
Griechen Sch	334	335	335	337	336	334	332	335	331	330	331	334
Italiener AZR	459	459	459	57	457	457	455	455	455	454	454	461
Italiener Sch	2868	2872	2865	2866	2858	2863	2867	2864	2840	2841	2934	2872
Kroaten	798	797	796	795	793	794	794	810	811	814	818	798
Letten	235	235	235	232	231	232	232	232	232	231	230	235
Litauer	3310	3311	3309	3297	3296	3279	3271	3271	3250	3250	3250	3310
Lothringer	300	300	300	299	299	304	305	305	305	305	306	300
Luxemburger	209	209	210	209	209	210	210	211	211	211	211	209
Niederländer	829	829	825	822	822	823	826	827	824	824	836	829
Norweger	77	77	77	77	77	77	77	77	77	78	77	7
Polen	13723	13703	13691	13840	13833	13820	14053	14096	14063	14044	14994	13712
Rumänen	66	66	66	66	66	66	66	67	66	66	69	66
Russen	9945	12262	12983	12984	12976	12989	13046	13072	13081	14102	13536	[illegible]
Serben	517	517	517	517	515	516	516	515	514	514	516	517
Slowaken	237	237	229	224	224	221	222	231	229	228	249	232
Sonstige: Albaner	44											44
Amerikaner	10										11	10
Araber	3											3
Armenier	2								4			2
Chinesen	1										2	1
Finnländer	1											1
Iraken	1									1/1 2		1
Iranen	7											1
Kanadier	1											1
Paraguaier												
Schweden	7											7
Türken	10/81	81	81	81	81	81	81	81	83	84	86	10/81
Spanier	267	266	266	267	266	266	266	266	267	268	268	267
Staatenlose	117	117	115	115	[illegible]	[illegible]	[illegible]	113	113	112	111	119
Tschechen	1872	1875	1884	1878	[illegible]	1859	1862	1891	1875	1876	1974	1874
Ungarn	8471	11088	12372	12113	12907	12050	12006	12007	11930	12965	13067	8480
Slowenen	1668	1673	1669	1666	1663	1681	1699	1694	1692	1700	1746	1670
Bulgaren	56	54	56	55	56	56	52	56	56	55	54	56
Portugiesen	8	8	8	8	8	8	8	8	8	8	8	8
Schweizer	10	10	10	10	10	10	10	10	11	12	12	12
Gesamtstärke	59626	63994	65315	65579	65141	65740	65613	65746	65669	67627	67665	58456

Haftarten:	
Schutzhaft	43304
Sch m x	40
Sch 2x KL	57
S. A. W.	37
P. V. H.	91
Sch § 175	109
Sch § m x	
Sch § 2x KL	1
Bifo	85
Bifo m x	
Bifo 2x KL	
Juden	[illegible]
Emigranten	8
A. H.	8
Legionäre	
A.Z.R.	1066
P.S.V.	750
Gesamtstärke	[illegible]

Auf Flucht: 377, 5 Frauen

Transport

Frauenstand	
4 PSV	
Arisch.	319
Juden	4010
Ziv. Arb.	297
Gesamt	4626
davon: 26 Bifo	75 [illegible]

	Rotsp.	Pfarrer
Reichsdeutsche	378	452
Polen	3	774
Tschechen	7	64
a. Nationen	61	257
Gesamtstand	449	[illegible]
Sicherungsverwahrte		[illegible]
Zigeuner		267
Kriegsgefangene		[illegible]
Ia Häftlinge		4
Vorzugshäftlinge		

Dachau: Menschen fast aller Länder trafen in den KL zusammen

Die Warnung, daß jeder, der zu fliehen versuchte, wieder zurückgeholt würde, auch aus dem Ausland, verfing nicht. Bereits in den ersten Tagen nach der Machtübernahme entzog sich ein Großteil der Gefährdeten, die sowohl weitsichtig genug waren als auch die Möglichkeit dazu hatten, den neuen Machthabern – sie verließen das Land. Die Zahl der Emigranten, die im Verlaufe der 12jährigen Herrschaft der Nationalsozialisten ins Ausland gingen, läßt sich nicht exakt ermitteln, in Baden-Württemberg waren es jedoch von den hier ansässigen rund 35 000 Juden allein 2400 (Zahlen nach Paul Sauer). Der Strom verlief nicht kontinuierlich, sondern in Schüben, denn zunächst war das Vertrauen gerade bei denjenigen, die später erbarmungslos zu Tode gehetzt wurden, teilweise ungebrochen:

„Daß Deutschland durch Judenverfolgungen zum Mittelalter zurückkehren würde, glaube ich nicht. Ich habe mit Hitler viele Male darüber gesprochen. Es ist bemerkenswert, daß er bei seinem Wahlfeldzug, wie mir gesagt wird, selbst nicht ein einziges Mal gegen die Juden losgezogen ist." (Von Wieland, Korrespondent der Hearst-Presse, im Anschluß an eine nach Amerika übertragene Rundfunkansprache des Reichskanzlers. 2. 8. 1932. Jüdische Rundschau).

Auch drei Monate später ist die Hoffnung auf die Korrektheit des kommenden Staatsmanns noch um kein Jota gesunken:

„Wird Hitler Reichskanzler, dann darf doch nicht das Programm der nationalsozialistischen Partei mit seinen bekannten antijüdischen Satzungen das Programm des Deutschen Reiches werden. Als Parteiführer konnte Hitler sich auf die von ihm fanatisierten Massen stützen, als Reichskanzler muß er wissen, daß Deutschland aus verschiedenen Elementen zusammengesetzt ist, die Anspruch auf Respektierung ihrer Eigenart haben". (22. 11. 32. Jüd. Rundschau)

Und am 7. 2. 33, als offenbar doch Zweifel auftraten, gab das Auswärtige Amt dem Berliner Korrespondenten des „Jewish Morning Journal" in New York noch folgende Stellungnahme:

„Um die Befürchtungen der ausländischen Juden bezüglich des Schicksals der Juden in Deutschland zu beruhigen, wird erklärt, daß das neue deutsche Kabinett Frieden und Ordnung für alle deutschen Bürger zu sichern bestrebt ist und nicht die Absicht hat, sich auf unvernünftige Experimente einzulassen."

Wie groß dieser Frieden und die Ordnung waren, die den Juden versprochen wurde, zeigten die ersten Aktionen, die die gleiche Zeitung bereits am 4. April zu der Leitartikelüberschrift zwang „Tragt ihn mit Stolz, den gelben Fleck": SA-Trupps zogen von Haus zu Haus, warfen Fensterscheiben ein, demolierten die Schaufenster jüdischer Geschäfte oder beklebten sie mit Zetteln, auf denen der gelbe Schild Davids zu sehen war. „Dies sollte eine Entehrung sein, Juden, nehmt ihn auf, den Davidsschild und tragt ihn in Ehren" war das letzte mutige Aufbegehren vor dem großen Schweigen.
In den folgenden Jahren beschränkten sich die Leitartikel dieser Zeitung auf die Bekanntgabe von Sportkundgebungen und anderen innergemeindlichen Angelegenheiten, der Anzeigenteil dagegen wurde zum Tummelplatz von Kredithaien, die sich anbiederten, Geldgeschäfte, auch im Ausland, abzuwickeln, Speditionsfirmen und Sprachschulen, die ihre Dienste offerierten. Am 4. 11. 38 stellte die Zeitung ihr Erscheinen ein – eine Unzahl von Gesetzen hatte das Leben der Juden inzwischen auf Null reduziert, eines der letzten, die „Polizeiverordnung über das Auf-

»Darstellung des Juden: So kamen sie aus dem Osten – so stahlen sie – und wurden die Herren Deutschlands«

Jüdischer Rechtsanwalt wird von der SA durch die Straßen Münchens getrieben

Boykott-Posten vor Berliner Warenhaus

treten der Juden in der Öffentlichkeit" vom 28. Nov. 1938 verbannte sie hinter die Mauern ihrer Wohnungen und Häuser. Nur noch zu bestimmten Zeiten und in bestimmten Bezirken durften sie sich in der Öffentlichkeit zeigen – ein zweiter Flüchtlingstrom verließ daraufhin das Land. Aber bei einigen der Länder, die bisher bereit gewesen waren, Hilfesuchende aufzunehmen, war die Bereitschaft dazu inzwischen teilweise bis zur völligen Ablehnung gesunken. Selbst die Schweiz, die für ihre humanitäre Haltung bekannt war, wies sie mit der Begründung „Flüchtlinge nur aus Rassegründen, zum Beispiel Juden, gelten nicht als Flüchtlinge" nun an der mit Stacheldraht verriegelten Grenzen zurück.
Aber nicht nur die Juden gerieten in die Schußlinie. Zunächst einmal galt es, die eigenen Reihen von unliebsamen Figuren zu säubern. Der Stabschef der SA, Röhm, der in der Aufbauphase einer der wichtigsten Mitkämpfer Hitlers gewesen war und der sich jetzt mit seiner Idee einer Milizarmee aus den Reihen der SA zu weit in Hitlers Pläne hineinwagte, war das erste Opfer. Hitler ließ ihn zusammen mit der obersten Spitze der SA im Juli 1934 unter dem Vorwand eines Putsches und anderer Vorwürfe verhaften und ohne eine Gerichtsverhandlung hinrichten. Auch seine bereits 1925 geäußerten Absichten *(Im übrigen ist in dieser Frage meine Stellungnahme die, daß man nicht kleine Diebe hängen soll, um große laufen zu lassen, sondern daß einst ein deutscher Nationalgerichtshof etliche Zehntausend der organisierenden und damit verantwortlichen Verbrecher des Novemberverrats und alles dessen, was dazugehört, abzuurteilen und hinzurichten hat.)* setzte er hier gleich mit in die Tat um – eine Reihe der früheren Offiziere und Gegner gingen den gleichen Weg wie Röhm.
Daß bestimmte Autoren auf Grund ihrer Herkunft und mit ihren Ideen ebenso wenig in das neue System paßten, führte bereits im Mai 1933 zu einer nächtlichen Großaktion: auf dem Opernplatz in Berlin verbrannten Studenten die Bücher „wider den undeutschen Geist". Ver-

nichtet wurden die Werke von Bert Brecht, Alfred Döblin, Sigmund Freud, Walter Hasenclever, Theodor Heuss, Erich Kästner, Hermann Kesten, Heinrich Mann, Karl Marx, Erich Maria Remarque, Kurt Tucholsky, Stefan Zweig und vielen anderen. In den kommenden Wochen und Monaten leerten sich die Bücherschränke der Deutschen, ohne daß die meisten überhaupt begriffen weshalb.

Gift im Bücherschrank

Karl-Albert saß im Zimmer des Vaters vor dem alten eichenen Bücherschrank und kramte. Reihe für Reihe las er die Titel der Bücher und die Namen der Verfasser. Zuweilen sah er auch in die Zeitung, die er auf dem Schreibtisch ausgebreitet hatte. Dann suchte er weiter im Bücherschrank. Jetzt hatte er etwas entdeckt, ein Buch, mit dem etwas besonderes los sein mußte. Er nahm es heraus und legte es auf einen größeren Bücherstoß, den er schon auf dem Teppich aufgeschichtet hatte.

Ein Schlüssel rasselte in der Wohnungstür, kräftige Männerschritte wuchteten über den Flur. Karl-Albert hörte nicht, daß der Vater nach Hause gekommen war, so sehr beschäftigte ihn seine Arbeit. Da stand der Obersekretär Gerber in der Tür seines Arbeitszimmers: „Junge, was machst du denn da?" Bei dem Anruf schreckte Karl-Albert ein wenig zusammen, dann drehte er sich um und zeigte auf den Haufen Bücher. „Du, Vater, die werden wir als Altpapier verkaufen." Gerber kannte seinen Jungen, der kam manchmal mit so ausgefallenen Sachen an. So lachte er nur: „Meine guten Bücher soll ich als Altpapier verkaufen? Aber ich weiß schon, du brauchst Geld für ein Fahrtenmesser, was? Also schieß schon los, wieviel?" Der Junge blieb ganz ernst: „Das sind Judenbücher, Vater. Weißt du, sowas gehört nicht in unseren Bücherschrank."

„Ach so", sagte der Vater, ein wenig erstaunt, und griff nach einem der Bücher: „Ludwig Fulda, Talisman", las er laut den Titel vor und fügte hinzu „aber Junge, du wirst dich irren. Ludwig Fulda galt früher als ein ganz großer Dichter, der gehörte damals sogar der deutschen Dichter-Akademie an . . ."

Eben trat Rolf, der ältere der beiden Brüder, ins Zimmer. Er hatte schon seine HJ.-Uniform an und wollte zum Heimabend. Überrascht blieb er stehen: „Was ist denn hier los?"

„Denk dir", sagte Gerber, „der Junge will die Werke von Ludwig Fulda auf den Scheiterhaufen werfen, von dem Mann, der zu meiner Zeit für den Schillerpreis vorgeschlagen war. Ist das nicht ulkig?"

Rolf fand das gar nicht ulkig, er blieb ernst: „Ludwig Fulda war Jude."

„Aber Kinder, das ist doch nicht möglich" entsetzte sich der Vater. Da griff Karl-Albert nach dem Zeitungsblatt: „Hier steht's, Vater, und es sind noch eine ganze Menge Namen genannt, alles jüdische Schriftsteller."

„Seit wann liest du denn schon die Zeitung?" fragte Gerber den 11jährigen Jungen. „Du solltest lieber die Nase in deine Schulbücher stecken."

„In der Schule lesen wir auch die Zeitung", verteidigte sich Karl-Albert. „Der Lehrer sucht uns meist ein paar Aufsätze aus, davon liest dann jeder einen Abschnitt. Manchmal liest er auch selber vor und erklärt uns dann alles. Neulich hat er auch gesagt, wir sollten ruhig zu Hause einmal in die Zeitung gucken, da stände manches drin, was auch wir Jungen schon wissen müßten. Siehst du, Vater, da habe ich nun gleich auch was entdeckt, hier die Sache mit den jüdischen Schriftstellern."

Der Vater wußte zunächst keine Antwort, bückte sich nach dem Scheiterhaufen auf dem Teppich und legte die Bücher auf den Schreibtisch. Wenn sein Junge eine Sache so energisch verfolgte, dann steckte meist auch etwas dahinter; das wußte Gerber. „Na, denn zeig mal, was du entdeckt hast", sagte er freundlich. Außerdem war er neugierig, was nun bei der ganzen Sache herauskommen würde. Karl-Albert nahm ein Buch auf: „Hier, Georg Ebers — Eine ägyptische Königstochter. Du hast noch mehr von ihm im Schrank stehen, eine ganze Reihe von Romanen."

„Ebers war doch ein großer Forscher und Romanschriftsteller. Früher wurden seine Sachen viel gelesen."

„Aber er war ein Jude."

Gerber schüttelte den Kopf. Der Junge hatte schon das nächste Buch ergriffen: „Der Fall Mauritius, von Jacob Wassermann. Auch ein Jude! Dann: Olga Wohlrück . . ."

„Die Romane hat Mutter immer so gern gelesen", sagt der Vater. „Also eine Jüdin, diese Olga Wohlrück — wer hätte das gedacht. Man hatte ja gar keine Ahnung davon. Ihre Romane erschienen damals immer in den Zeitschriften. Es dauerte Mutter schon zu lange, bis ich das nächste Heft mitbrachte."

Rolf tat es fast leid, daß der Vater so in Verlegenheit gebracht wurde. Nun meinte er: „Siehst du, Vater, damals war eben ganz Deutschland von Büchern überschwemmt, die von Juden geschrieben waren. Fast nur jüdische Bücher wurden gekauft, die machten das große Geschäft — und vergifteten das deutsche Volk. Jüdische Verleger beherrschten den ganzen deutschen Buchhandel, und wenn die Buchhandlungen leben wollten, dann waren sie gezwungen, den jüdischen Schund zu verkaufen. Ich denke, du hast von der Zeit, als in Deutschland die Juden regierten, doch auch wirklich die Nase voll. Wir müssen jetzt daran gehen, alles auszumerzen, was noch an jüdischem Einfluß vorhanden ist. Gerade in den Bücherschränken steckt überall noch das jüdische Gift. Sei froh, daß Karl-Albert so eifrig die Zeitung liest. Hier hast du ein Beispiel, wie wichtig das ist."

Der Obersekretär nahm die Brille ab, legte sie auf den Schreibtisch. Noch kämpfte es in ihm, dann sagte er entschlossen: „Ihr habt recht, so kann das nicht weitergehen. Gibt es denn nicht irgendwo ein Verzeichnis über jüdische Schriftsteller?"

„Augenblick", sagte Rolf, ging in sein Zimmer und kam mit einem Buch zurück: „Hier, Theodor Fritsch „Handbuch der Judenfrage"; da ist die ganze Gesellschaft jüdischer Schmierfinken aufgezählt. Warte mal, ich will dir gleich eine kleine Blütenlese aufschlagen."

Hastig griff Gerber nach dem Buch, las und las. „Mein Gott, all die Schriftsteller, von denen früher in den Zeitungen ein so großes Geschrei gemacht wurde, das waren ja Juden." Er legte das Buch auf den Tisch: „Also nun paßt mal auf, Jungens! Am Sonnabendnachmittag habe ich Zeit, da wird der Bücherschrank von allem jüdischen Gift gereinigt, und ihr sollt mir dabei helfen."

»Die öffentliche Verbrennung undeutscher Schriften und Bücher auf dem Opernplatz in Berlin durch Studenten der Berliner Universitäten«.

Der Kampf gegen die beiden Großkirchen und ihre Vertreter, die Pfarrer, begann bereits, nachdem der Tag von Potsdam mit der Vortäuschung einer positiven Haltung gegenüber religiösem Zeremoniell kaum vorüber war. Die Hoffnung auf eine freie, ungehinderte Religionsausübung, die sich die katholische Kirche durch den Abschluß des Konkordats vom 22. 6. 1933 zu sichern versuchte, wurde bald zunichte: bereits im August 1933 erreichte den Erzbischof von Freiburg, Dr. Conrad Groeber, eine Anfrage des Apostolischen Nuntius in Berlin über die Zahl der Verhaftungen von Geistlichen.

10675 No. 7912.

APOSTOLISCHE NUNTIATUR
—
DEUTSCHLAND

BERLIN W. 10, den 5.August 1933.
Rauchstr. 21

Euere Exzellenz!

In den letzten Monaten sind mir häufig Berichte eingegangen, bezw. ist davon in der Presse geschrieben worden, daß einige katholische Priester (Welt- und Ordensgeistliche) in Schutzhaft genommen worden sind. Um die Wahrheit über diese Vorkommnisse genau feststellen zu können, bitte ich Eure Exzellenz, mir ganz vertraulich mitteilen zu wollen, ob und wieviel katholische Priester (auch Ordenspriester) innerhalb Ihrer Diözese in den letzten Monaten inhaftiert wurden resp. noch sind (Schutzhaft und Verhaftung), und aus welchen Gründen. Es wäre mir sehr angenehm, wenn Sie mir Ihre geschätzte Ansicht über die gegen die betreffenden Geistlichen vorgebrachten Gründe der Verhaftung vertraulich mitteilen würden. Es wird ergebenst gebeten, mir diese geschätzte Antwort wenn möglich innerhalb 8 Tagen zukommen zu lassen.

Mit dem Ausdruck meiner tiefen Verehrung und größten Wertschätzung habe ich die Ehre zu verbleiben

Euer Exzellenz
ganz ergebenster
Cesare Orsenigo
Erzbischof von Ptolemais,
Apostolischer Nuntius.

iner Exzellenz
chwürdigstem Herrn Dr.Conrad GROEBER
Erzbischof von Freiburg
F r e i b u r g

Pfarrer, die nicht bereit waren, in ihren Kirchen Parteifahnen zu dulden, zogen den Zorn der Parteioberen als Allererste auf sich.

Neue schwarze Gemeinheiten

Inschutzhaftnahme des Pfarrers Thoma von Schonach — Große Disziplin der SA. verhindert unschöne Szenen in der Kirche

Zu der in unserer gestrigen Ausgabe gebrachten Meldung erfahren wir noch folgende Einzelheiten:

Am Sonntag, den 20. August hat den schon lange als maßloser Hetzer gegen die NSDAP. bekannten Pfarrer Thoma sein Schicksal ereilt. Anläßlich der goldenen Jubiläumsfeier des Schonacher Turnvereins waren am Vormittag sämtliche Vereine der Gemeinde unter dem Vorantritt der dortigen SA.-Formationen zu einer kirchlichen Feier zum Gedenken der im Weltkriege Gefallenen im Gotteshause versammelt. Herr Pfarrer Thoma wandte sich nun vor aller Augen an den Führer der SA. mit folgenden haßerfüllten Worten:

„Mir wäre es lieber gewesen, Ihr wäret draußen geblieben. Ich sehe das nicht gern.

(Unter Hinweis auf die Sturmfahne!) **Es ist eine Parteifahne.“** Als der Führer ihm antwortete **„Das ist mein Befehl, hier zu stehen“**, antwortete der Geistliche:

„Ich weiß wohl, sie können ja nichts dafür.“ Eine ungeheure Erregung erfaßte die Menge, als dieser Ausspruch des Pfarrers vernommen wurde, und nur der großen Disziplin unserer SA. ist es zu verdanken, daß es nicht bereits im Gotteshaus zu unschönen Szenen gekommen ist.

Es ist ja nicht das erste Mal, daß diesem Pfarrer ein solches reichsfeindliches Vorgehen vorgeworfen werden kann. Soweit es ihm möglich war, hat er auch die dortige Jugend in grauenhafter Weise verdorben, so daß z. B. seine von ihm betreuten Jungscharen noch im Juli „Heil Moskau“ und „Frei Heil“ rufen konnten und die Jungmädchen-Gruppe an Festtagen der nationalen Erhebung sich weigerte, das Horst-Wessel-Lied zu singen und die Hand zu heben, und unflätige Liedchen und Verse auf das neue Reich kolportierte. **Mit dem Vorgehen am Sonntag in aller Oeffentlichkeit im Heiligtum der Kirche war nun das Maß voll.**

Man muß sich nur darüber wundern, daß es diesem Schädling möglich war, bis zu dem letzten Vorkommnis ungeschoren seine reichsfeindliche Gesinnung in dem geschilderten Maße zu betätigen.

Wie wir hören, wurde Pfarrer Thoma noch am Sonntagnachmittag **auf Veranlassung des Villinger Bezirksamtes in Schutzhaft genommen und in das Gefängnis nach Villingen übergeführt.** Inzwischen aber ist **Herr Pfarrer** Thoma bereits wieder aus der **Haft** entlassen mit der Auflage allerdings, daß er sein altes Betätigungsgebiet nicht wieder betreten darf.

Wir erwarten von seiten des erzbischöflichen Ordinariats, eine rigorose Sühne für die gemeine staatsfeindliche Wühlarbeit dieses Geistlichen. Ein solcher Seelsorger besitzt unseres Erachtens nicht die minimalsten Voraussetzungen, die an den seelsorgerlichen Beruf vor allen Dingen auch unserer Jugend gegenüber im Dritten Reiche unbedingt erforderlich sind. Hier müssen Garantien geschaffen werden, um solch gröbliche Verletzungen des Volksfriedens von seiten ehemaliger zentrumsfanatischer geistlicher Herren ein für allemal unmöglich zu machen.

Die Jugend durch ein „besseres" Programm zu überzeugen und damit der Kirche zu entfremden, war einer der nächsten strategischen Programmpunkte.

DEUTSCHES JUNGVOLK
IN DER HITLERJUGEND

Geheim! | Geheim!

Verteilt an: Jungbannstab
Beauftragte des Jungbannführers
Stammführer

Zur Kenntnis an:
Gebiet 22
Kreisleitungen

Allgemeine Anweisung!

Befehl I/36 (folgt I.–III.)
Für die Beauftragten:

Betrifft Bubenrudel. Wie ich bereits in der Führertagung vom 4. und 5. Juli ausgeführt habe, soll zukünftig das Bubenrudel weiter ausgebaut werden, um den Abwehrkampf gegen die Zersetzungsarbeit der katholischen Aktion besser führen zu können. Da hierbei äußerst vorsichtig zu Werke gegangen werden muß, darf in der Auswahl der Führer keine Vorsichtsmaßnahme außer acht gelassen werden. Nur solche Führer, die vom SD überprüft wurden und außerdem, soweit es sich um Lehrer handelt, vom NSLB als geeignet beurteilt wurden, können für diese Arbeit verwendet werden.
Die Arbeit, die ihnen zufällt, ergibt sich aus der Aufgabe:
1. Unmerkliches Überwachen des Religionsunterrichtes bzw. der sog. Bibelstunden unter Feststellung der jeweiligen täglichen Tendenz.
2. Gründung sog. Erzählerkreise zur Erfassung derjenigen Altersstufen (7–9jährige), die durch die Gegenarbeit weltanschaulich am meisten gefährdet sind. (Freiwillig – Je besser d. Erzähler, desto größer sein Zuhörerkreis.)
3. Entgegenwirken einer *Minderwertigkeitstendenz* in der Bibelstunde am Vormittag durch Erzählen von Anekdoten, Sagen, Kurzgeschichten aus der Bewegung und der deutschen Geschichte nachmittags, die in der gleichen Weise heroische Weltanschauung vertreten.
4. Damit verbunden: Spiele, Bastelarbeit, Singen von Klotzliedern usw.
5. Auftreten als Autoritätspersonen gegenüber den Eltern als Ausgleich des Einflusses unseres Gegners. – Deshalb einwandfreie Lebensführung und absolutes Vorbild für die Kleinen im Hinblick auf die schwere Verantwortung. Zwang darf in keiner Weise angewendet werden.
Die Beauftragten sehen sich um geeignete Leute um, holen über dieselben bei obenbezeichneten Stellen vertrauliche Beurteilung ein. Behörden und sonstige Stellen sind unter gar keinen Umständen mit dieser Sache vertraut zu machen.
Bei dieser Gelegenheit möchte ich anführen, daß alle Beobachtungen, auch die kleinsten über die Arbeit der katholischen Aktion an mich persönlich unter Umgehung des Dienstweges von allen Führern zu melden sind. Von mir aus werden sie dann allen in Frage kommenden Stellen zusammengestellt zugeleitet.
Nur belegte Ereignisse sind brauchbar ...
Dieses Rundschreiben ist absolut vertraulich zu behandeln.

gez. [redacted]
Der Führer d. Jungbannes 306

Als diese Bemühungen offenbar nicht rasch genug zu Erfolg führten, schreckte man auch vor größeren Aktionen nicht mehr zurück: bald waren es nicht nur die Geistlichen, die dem Haß der Menge ausgeliefert waren, sondern auch die Bischöfe.

Erstürmung des Bischöflichen Palais und Verhöhnung des Bischofs von Würzburg.

Bericht des Bischofs von Würzburg, Matthias Ehrenfried.

Am Samstag vor dem Weißen Sonntag, 7. April 1934, versammelte sich gegen 1/2 3 Uhr nachmittags eine Menge Neugieriger längs der Häuser um den großen Platz vor dem Bischofspalais. Da das Braune Haus vis-a-vis dem Palais liegt, dachte der Bischof harmlos an irgend eine geplante Veranstaltung der Nationalsozialisten. Aber schon eine Viertelstunde später rückte eine große Menschenmasse im Zuge vor das Palais und gegen 3 Uhr war der ganze Platz dicht von Demonstranten besetzt. Nach der Schätzung des Bischofs waren es über tausend Mann. Es konnte sich nicht um eine zufällige Zusammenkunft von Menschen, sondern um einen vorbereiteten Überfall handeln. Glaubwürdige Zeugen berichten, daß bereits vormittags das Vorhaben den Beteiligten mündlich durch Boten bekannt gegeben sei. Es hätten ja auch sonst nicht schon vorher hunderte von Neugierigen und Mitwissern am Platze sein können. Auch war für die Demonstration, wie im folgenden gezeigt wird, ein fertiges Programm festgesetzt.

Etwa ein Drittel der Menschenmenge trug die Uniform der Nationalsozialisten und der H.J. auch die anderen waren Nationalsozialisten. Denn wie der Bischof genau sah, erhoben sie die Hand zum deutschen Gruß und zum Ruf "Heil Hitler". Mit erhobener Hand stimmten sie auch das Horst-Wessel-Lied an. Die Demonstration wurde sogar zu einer Kundgebung für das dritte Reich. Immer wieder erscholl der Ruf: "Wer hat uns vom Bolschewismus errettet ? - Hitler".

Zuerst wurden Sprechchöre gehalten. Der erste Redner verlas den Artikel der Mainfränkischen Zeitung von Dr. Dengel über das Verbot der Erstkommunion in Waldbüttelbrunn am 8. April. Dieses war erfolgt, weil der Pfarrer am Gründonnerstag in Schutzhaft genommen war und die Kinder nicht vollends für die Erstkommunion vorbereitet werden konnten.

Dann kam aber dieser Gegenstand nicht mehr zur Rede, Ein Zeichen, daß die Demonstration ganz anderes beabsichtigte **Vielmehr wandte sich der Sprechchor gegen die katholischen Jugendvereine. Deutlich hörte der Bischof folgende Rufe: "Was soll mit den katholischen Jugendverbänden geschehen ? - Sie sollen ver-**

recken. - Was muß mit den schwarzen Jugendführern geschehen ? - Sie müssen nach Dachau ! - Sie sollen gehängt werden".

Dann kam das Traurigste. Einer verlas den Ostergruß des Hl. Vaters Pius XI. an die katholischen Jugendverbände; bei jedem Satze schrie die Masse: "Pfui" Die Volksmasse wuchs immer gefährlicher an. Sie schrie zum Bischof empor: "Heraus mit ihm!" "Holt ihn heraus!" - "Was soll mit dem Bischof von Würzburg geschehen ?" - "Er muß nach Dachau!" "Was soll dort mit ihm geschehen ?" "Er soll aufgehängt werden!" "Was ist der Bischof von Würzburg?" "Ein Landesverräter! Ein Volksverräter!" Der Bischof hat wenigstens zehnmal diese Beleidigungen gehört. Er verständigte die Polizei. Diese konnte aber nur sechs Mann schicken, welche die Verteidigung des Portals übernahmen, aber nicht Herr wurden.

Als die Masse rief: "Heraus mit der Politik aus der Kirche!" trat der Bischof an das Fenster und sprach zum Volk hinunter: "Wir tragen die Politik nicht in die Kirche. Wir verteidigen die Rechte der Kirche. Wir fürchten uns nicht!" Darauf warf die Masse des Volkes Schuhnägel und Sand durch das Fenster des Bischofszimmers.

Da die Demonstranten die verstärkte Polizei nicht überrennen und die Tür nicht eindrücken konnten, holten einige einen großen Balken, etwa 4 m lang und 40 cm im Umfang (4x10 cm). Die Vordersten hängten sich an den Balken, und nun begann die Erbrechung des Portals. Zwei Polizisten wurden dadurch nicht unerheblich verletzt. Als das Portal eingedrückt war, gelang es der Polizei noch die Vorhalle zu halten und den Aufgang in die Gemächer des Bischofs zu sperren. Die Gauleitung war von irgendeiner Seite verständigt worden. Sie erschienen im Auto noch vor Erbrechung des Portals, griff aber nicht ein.

Erst als die Türe gesprengt war und sie wahrscheinlich Schlimmeres befürchtete, drang sie in das Bischöfliche Palais und vermochte den Demonstranten Ruhe zu gebieten.

Der Polizeiinspektor erklärte dem Bischof, er könne dessen Sicherheit nicht unter allen Umständen garantieren und kündigte ihm für die Nacht die Schutzhaft an. Darauf erwiderte der Bischof: "Ich freue mich, daß ich der erste Bischof bin, der in Schutzhaft kommt". Dieses offene Wort des Bischofs war den Herren sehr unangenehm. Sie warfen ihm vor: er provoziere die Schutzhaft. Das bestritt der Bischof, blieb aber bei seiner Erklärung.

Tags darauf begann der Bischof seine Visitationsreisen. Statt dem Bischof in irgendeiner Form Genugtuung zu geben, verbot die Gauleitung der Nationalsozialisten der Partei und den Behörden des Staates, sich am Empfang zu beteiligen oder dafür Mittel zur Verfügung zu stellen.

Das katholische Empfinden ist aber noch so lebendig, daß in den bisher besuchten Pfarreien sich Bürgermeister und Staatsbeamte beteiligen - wenn auch als Privatpersonen.

Diesen authentischen Bericht bezeugt

O b e r s i n n , den 16.April 1934.

gez. Matthias Ehrenfried

Bischof von Würzburg.

Als klar wurde, daß diese Aktionen von höchster Stelle geplant und angeordnet, daß das Konkordat gebrochen und alle Versprechungen von seiten Hitlers hinfällig waren, erließ der Papst im April 1937 die Enzyklika „Mit brennender Sorge".

Mit brennender Sorge und steigendem Befremden beobachten Wir seit geraumer Zeit den Leidensweg der Kirche, die wachsende Bedrängnis der ihr in Gesinnung und Tat treubleibenden Bekenner und Bekennerinnen inmitten des Landes und des Volkes, dem St. Bonifatius einst die Licht- und Frohbotschaft von Christus und dem Reiche Gottes gebracht hat.

Trotz mancher schwerer Bedenken haben Wir daher Uns damals den Entschluss abgerungen, Unsere Zustimmung nicht zu versagen. Wir wollten Unsern treuen Söhnen und Töchtern in Deutschland im Rahmen des Menschenmöglichen die Spannungen und Leiden ersparen, die andernfalls unter den damaligen Verhältnissen mit Gewissheit zu erwarten gewesen wären. Wir wollten allen durch die Tat beweisen, dass Wir, einzig Christus suchend und das was Christi ist, niemandem die Friedenshand der Mutterkirche verweigern, der sie nicht selbst zurückstösst.

Wenn der von Uns in lauterer Absicht in die deutsche Erde gesenkte Friedensbaum nicht die Früchte gezeitig hat, die Wir im Interesse Eures Volkes ersehnten, dann wird niemand in der weiten Welt, der Augen hat, zu sehen, und Ohren, zu hören, heute noch sagen können, die Schuld liege auf Seiten der Kirche und ihres Oberhauptes. Der Anschauungsunterricht der vergangenen Jahre klärt die Verantwortlichkeiten. Er enthüllt Machenschaften, die von Anfang an kein anderes Ziel kannten als den Vernichtungskampf.

Jedes Wort dieses Sendschreibens haben Wir abgewogen auf der Wage der Wahrheit und zugleich der Liebe. Weder wollten Wir durch unzeitgemässes Schweigen mitschuldig werden an der mangelnden Aufklärung, noch durch unnötige Strenge an der Herzensverhärtung irgend eines von denen, die Unserer Hirtenverantwortung unterstehen und denen Unsere Hirtenliebe deshalb nicht weniger gilt, weil sie zur Zeit Wege des Irrtums und des Fremdseins wandeln.

Aber der Vernichtungskampf, den der Papst anprangerte, ging weiter. Hitlers Haß auf die Geistlichkeit, die für ihn neben den Lehrern zu den meistgehaßten Berufständen gehörten, wurde keinerlei Zwang mehr unterworfen und trat in aller Brutalität zu Tage.

(Der größte Volksschaden sind unsere Pfarrer beider Konfessionen. Ich kann ihnen jetzt die Antwort nicht geben, aber alles kommt in mein großes Notizbuch. Es wird der Augenblick kommen, da ich mit ihnen abrechne ohne langes Federlesen. Ich werde über juristische Zwirnsfäden in solchen Zeiten nicht stolpern. Da entscheiden nur Zweckmäßigkeitsvorstellungen. Ich bin überzeugt, in zehn Jahren wird das ganz anders aussehen. Denn um die grundsätzliche Lösung kommen wir nicht herum. Glaubt man, daß es notwendig ist, die menschliche Gesellschaft auf einer Sache aufzubauen, die man als Unwahrheit erkannt hat, so ist die Gesellschaft gar nicht erhaltenswert. Glaubt man, daß die Wahrheit genügend Fundament sein kann, dann verpflichtet einen das Gewissen, für die Wahrheit einzutreten und die Unwahrheit auszurotten.
Jedes Jahrhundert, das sich mit dieser Kulturschande weiterhin belastet, wird von der Zukunft gar nicht mehr verstanden werden. Wie der Hexenwahn beseitigt werden mußte, so muß auch dieser Rest beseitigt werden! Dazu ist aber ein gewisses Fundament notwendig.)

Daß er nicht mehr bereit war, „langes Federlesen“ zu machen, bewies die steigende Zahl der Verhöre und Verhaftungen, die unter allen möglichen Vorwänden stattfanden.

Erzbischöfliches Ordinariat

Nr. 14969

Freiburg i. Br., den 22. November 1940.

Einvernahme von Seelsorgegeistlichen der Erzdiözese Freiburg durch die Geheime Staatspolizei.

Die nachstehende Übersicht beruht auf den durch Ord.Erlaß Nr.12980 vom 3.Oktober ds.Js. eingeforderten Berichten der Dekanate. Abgesehen davon, dass einige Dekanate ihre Mitteilungen bisher noch nicht eingesandt haben, sind diese Erhebungen nicht überall gleichmässig durchgeführt worden; die relativ geringe Zahl in einzelnen Dekanaten wird wesentlich auf diesen Umstand zurückzuführen sein. Jm Übrigen dürfte das Einschreiten der Polizeigewalt, vielleicht von den grösseren Städten abgesehen, wo die Disziplinarfälle verhältnismässig seltener sind, in den verschiedenen Landesteilen zahlenmässig ziemlich gleichmässig sein.

Die festgestellten Zahlen sind also Mindestzahlen; sie beziehen sich nur auf jene Priester, die im Oktober ds.Js. dem aktiven Seelsorgerstand angehörten; nicht berücksichtigt sind die seit 1933 verstorbenen und die in den Ruhestand versetzten

Seelsorger, die nachweisbar ebenfalls in erheblicher Zahl unter polizeilichen Untersuchungen und Eingriffen zu leiden hatten.

Nicht berücksichtigt, wenigstens in der Regel, sind auch die nicht seltenen Vorladungen vor die Amtsgerichte bezw. Landräte oder die durch Gendarmeriebeamte im Auftrag der Staatpolizei oder der Gerichte in den Pfarrhäusern vorgenommenen polizeilichen Handlungen.

Die eingegangenen Berichte weisen im ganzen ein Einschreiten der Geh.Staatpolizei gegen 354 Seelsorger nach; die wirkliche Ziffer dürfte aber 4oo erreichen und überschreiten. Somit musste ein ganz erheblicher Prozentsatz unserer Seelsorger die mit den polizeilichen Untersuchungen verbundenen Aufregungen über sich ergehen lassen.

Eine nicht geringe Zahl von Seelsorgern wurde wiederholt, teilweise in zahlreichen Fällen, vor die Staatspolizei geladen, bezw. von den Beamten dieser Behörde besucht.

Die Folgen dieser Einvernahmenbezw. Erhebungen waren:
in 256 Fällen ohne irgend welche Strafmassnahmen,
in 53 Fällen Verwarnung bezw. Verweis,
in 37 Fällen Schulverbot,
in 34 Fällen Haft-, Gefängnis- oder Zuchthausstrafen,
in 34 Fällen Beschlagnahme von Akten oder Vereinsvermögen,
in 23 Fällen Geldstrafen,
in 9 Fällen Orts-, Bezirks- oder Landesverweisung.
Jn 26 Fällen wurde ein eingeleitetes Strafverfahren eingestellt, in 23 Fällen griff die Amnestie Platz mit dem Ziel der Verfahrenseinstellung oder Nachlass kleinerer Strafen, in 1 Falle (Augenstein) erfolgte Freisprechung durch das Sondergericht.

Die Tatbestände, auf Grund deren das Einschreiten der Geh.Staatspolizei erfolgte, waren sehr mannigfaltig. Die Fälle betrafen:
Ausübung des Predigtamtes (127)
Religionsunterricht (49)
Jugendorganisationen und Seelsorge (83)
Verlesen bezw. Verteilen von Enzykliken und Hirtenbriefen (39)
Seelsorge der Polen (24)
Beflaggung und Glockengeläute (18)
Rundbriefe etc. an Kriegsteilnehmer (14)
Verstoss gegen das Sammlungsgesetz (28)
Äusserung in Privatgesprächen (16)
Film über Eucharistischen Kongreß in Budapest (13)
Äusserungen über WHW, HJ usw. (9)
Wallfahrten (5)
Ministrantenbetreuung (6)
Frauenhilfswerk für Priester (4)
Fahndung nach verbotenen Zeitschriften (3)
Fahndung wegen anonymen Briefs (3).

Die Gläubigen begannen sich zu wehren. Auch wenn es der Kampf Davids gegen Goliath war, er wurde ausgetragen; dem Gottesdienst wurden der Kirchenchor und die Orgelmusik versagt, die Weihwassergefäße blieben leer und an Sonntagen wurde nur mit den Glocken geläutet, die an den übrigen Tagen auch zu hören waren.
Jenseits dieses Kleinkrieges auf unterster Ebene gab es jedoch auch einen Kampf auf höchster Ebene – den Kampf der Bischöfe, vor allem des Bischofs von Münster, Graf von Galen, um das Leben der Geisteskranken, der Alten, der Hilflosen, den Kampf um das „unwerte" Leben. Daß Widerstand erfolgreich sein konnte, wenn er konzentriert von unterschiedlichen Seiten, ohne Rücksicht auf die eigene Person und bis zum Äußersten geführt wurde, zeigt die Einstellung der Euthanasie auf Grund dieser Aktionen.
Die Protestanten, die in ihrer Großzahl die Ideen der neuen Machthaber zunächst akzeptierten, wählten den Pfarrer Ludwig Müller, der an der Spitze der „Deutschen Christen" stand, die sich als „SA Jesu Christi" betrachteten, zum „Reichsbischof".
All diejenigen, die sich dazu nicht bereitfanden, versuchte der Berliner Pfarrer Martin Niemöller in der „Bekennenden Kirche" um sich zu sammeln. Am 31. Mai 1934 tagte in Wuppertal-Barmen die Bekenntnissynode der Deutschen Ev. Kirche und gab die „Theologische Erklärung zur gegenwärtigen Lage der Deutschen Evangelischen Kirche" heraus.
Die Verbreitung dieser Erklärung wurde verboten, Pfarrer, die hinter ihr standen, kamen in Schutzhaft oder in Konzentrationslager, in denen sie, ebenso wie ihre katholischen Kollegen, allenfalls noch den polnischen und litauischen Geistlichen gegenüber eine winzige Vorrangstellung hatten.

Abschrift

Wirtschafts- Verwaltungshauptamt
Amtsgruppenchef D
- Konzentrationslager -
D I/1 / Az.: 14 c 9 / Ot./ U.-
Geheim Tgb.-Nr. 243 / 42

Oranienburg, den 21. April 1942.

Eingangsstempel:
Konzentrationslager Groß-Rosen
Kommandantur
Eingang: 22.APR. 1942

Betreff: Arbeitseinsatz der Geistlichen.
Bezug: SS-Wirtschafts-Verwaltungshauptamt Ch.Po/Us. vom 18.4.42.
Anlagen: keine

Geheim

An die
Lagerkommandanten der
Konzentrationslager
Da., Sah., Bu., Mau., Flo., Neu., Au., Gr.-Ro., Natz., Nie., Stu., Arb., Rav., Kriegsgef.-Lager Lublin.
Abdruck an: Chef des Amtes D II im Hause.

Der Reichsführer-SS und Chef der Deutschen Polizei hat angeordnet, daß die polnischen und litauischen Pfaffen richtig arbeiten sollen, d.h. also zu allen Arbeiten herangezogen werden dürfen. Die deutschen, holländischen, norwegischen Geistlichen usw. sollen jedoch nach wie vor nur in den Heilkräutergärten beschäftigt werden.

Der Vollzug dieser Anordnung ist hierher zu melden.

I.V.

gez. Unterschrift

SS-Obersturmbannführer

Die Grenzen zwischen Opposition, passivem und aktivem Widerstand waren fließend. Das Nichtbesitzen von „Mein Kampf" oder das Nichtanhören einer Rippentroprede, das Verharren in der Kirche bei kritischen Äußerungen eines Pfarrers konnte genau so zur Anzeige führen, wie das Verweigern des deutschen Grußes oder das Erzählen eines politischen Witzes. Gelegentlich genügte auch eine kritische Äußerung im Freundeskreis, die binnen 24 Stunden den Betreffenden hinter Gitter und später aufs Schafott brachte, wie z. B. bei dem Schriftsteller und Textdichter Erich Knauf, der den Text zu einem der bekanntesten und beliebtesten Lieder jener Zeit, „Heimat deine Sterne", geschrieben hatte.

Reichsanwaltschaft beim Volksgerichtshof
Geschäftsnummer 4 J 777/44
— Staatsanwaltschaft —
Kostenrechnung
in der Strafsache gegen Erich Knauf

Gebühr gem. §§ 49, 52 SGKG für Todesstrafe	300,-
Postgebühren gem. § 72,1 SGKG	1,84
Gebühr gem. § 72,6 für den als Pflichtverteidiger bestellt gewesenen Rechtsanwalt [redacted] Berlin-Lichterfelde-Ost, Gärtnerstraße 10a	81,60
für die Strafhaft vom 6. 4. 44 bis 2. 5. 44.	44.–
Kosten der Strafvollstreckung: Vollstreckung des Urteils	158,18
hinzu Porto für Übersendung der Kostenrechnung . . .	—,12
zusammen:	585,74

Zahlungspflichtig: Die Erben des Erich Knauf, z. Hd. von Frau Erna Knauf, Berlin-Tempelhof, Manfred-von-Richthofen-Str. 13. bei Fa. Gilbert, Mach.

Gesamtzahl der Festnahmen:

	Altreich und Ostmark	Protektorat und Ostgebiete	Insgesamt
Kommunismus und Marxismus	544	530	1074
Opposition	1518	2278	3796
Kath. } Kirchen= bewegung	80	336	416
Ev. } Kirchen= bewegung	12	./.	12
Juden	162	314	476
Wirtschaft	200	34	234
Arbeitsnieder= legungen	7729	827	8556
Verbotener Um= gang mit Polen oder Kriegsgef.	531	65	596
Gesamtzahl:	10 776	4 384	15 160

Daß es Widerstand trotzdem gab, in den unterschiedlichsten Schattierungen, daß es diesen Widerstand vor allem aus den Reihen der Arbeiter und Angestellten gab, zeigte das Studium von mehr als 5 000 Seiten Gestapoakten und eine Monatsstatistik der Gestapo von 1942 vielleicht am deutlichsten.

Da tauchten bei den täglichen Verhaftungen in einer Stadt beispielsweise von 28 aufgeführten Personen allein 22 Angehörige der Reichsbahn auf, Hausfrauen, Büroangestellte, Schneiderinnen stehen neben Schlossern, Schreinern, Straßenbahnschaffnern — unzählige Kleingruppen auf verlorenem Posten, da Kontakte untereinander, von wenigen Ausnahmen abgesehen, selten waren. Die Zahl deren, die tagtäglich wider den Stachel löckten, sei es durch das Verteilen von Broschüren, Boykottierung des Arbeitsdienstes, Demonstrationen, oder auch nur durch langsames Arbeiten, war größer, als es sich die Machthaber sicher je vorgestellt hatten.

KPD, und andere marxistische Organisationen.

Der "Sender der europäischen Revolution" richtete am 27.August 1941 erneut "an die revolutionären Vertrauensleute" den Aufruf:

> "Arbeitet gerade jetzt während des Abnutzungskrieges langsam, damit Hitler sich schneller zu Tode siegt."

Der Propagierung der gleichen Parole galt eine Sendung am 2.September 1941, in der auf die Folgen der Luftangriffe hingewiesen und gesagt wurde, dass durch spätes Erscheinen auf der Arbeitsstelle oder durch vorgebliche Müdigkeit die Produktion vermindert werden könne.

Am 6.9.1941 verbreitete der Sender Daventry GSA in englischer Sprache einen Aufruf des britischen Obersten B r i t t o n zu der

> "am 8.September 1941 beginnenden Woche der langsamen Arbeit".

In dieser Sendung wurden die Frauen und Arbeiter Europas außerhalb Englands aufgefordert, die Produktion zu verlangsamen und auf eine möglichst niedrige Grenze zu reduzieren, weil Deutschland ohne die Hilfe der Werktätigen Europas den Krieg nicht fortsetzen könne. Die Sendung wurde am gleichen Tage in französischer und am 8.September 1941 auch in tschechischer, holländischer und deutscher Sprache gebracht.

Der an die deutschen Arbeiter gerichtete Aufruf hatte u.a. folgenden Wortlaut:

> "Wenn alle ausländischen Bergarbeiter in Deutschland und alle Arbeiter in den von den Deutschen besetzten Gebieten nur eine halbe Minute vergeuden, dann verlieren die Deutschen so viel Kohle, wie notwendig wäre, um Treibstoff für einen Luftangriff auf London durch 500 Flugzeuge herzustellen.

Selbst eine pausenlose Überwachung, wie sie die „Meldungen aus dem Reich" darstellten, konnte es nicht verhindern, daß Flugblattaktionen fast jeden Tag und über ganz Deutschland verstreut stattfanden.

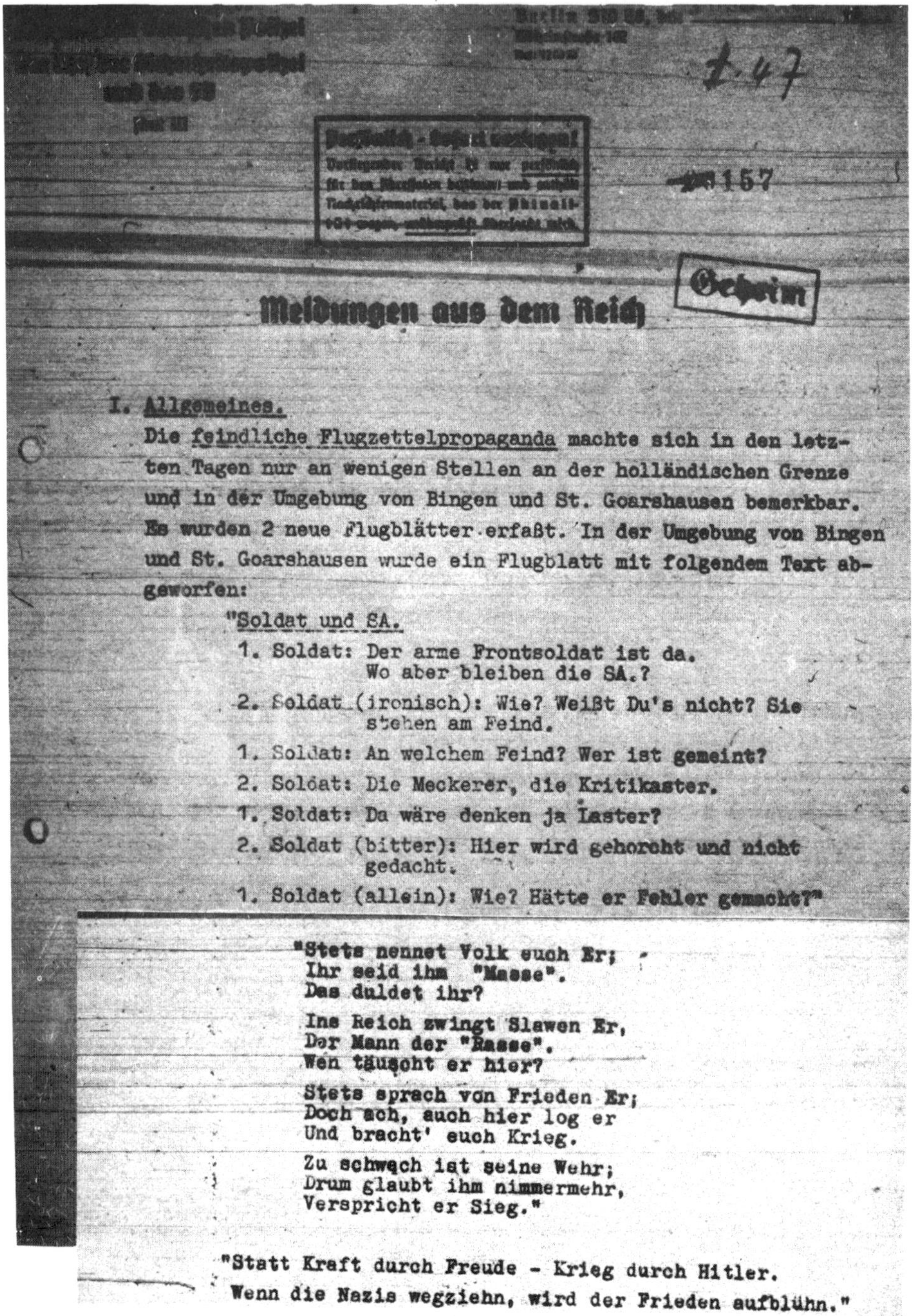

Geheim

Meldungen aus dem Reich

I. Allgemeines.

Die feindliche Flugzettelpropaganda machte sich in den letzten Tagen nur an wenigen Stellen an der holländischen Grenze und in der Umgebung von Bingen und St. Goarshausen bemerkbar. Es wurden 2 neue Flugblätter erfaßt. In der Umgebung von Bingen und St. Goarshausen wurde ein Flugblatt mit folgendem Text abgeworfen:

"Soldat und SA.

1. Soldat: Der arme Frontsoldat ist da.
Wo aber bleiben die SA.?

2. Soldat (ironisch): Wie? Weißt Du's nicht? Sie stehen am Feind.

1. Soldat: An welchem Feind? Wer ist gemeint?

2. Soldat: Die Meckerer, die Kritikaster.

1. Soldat: Da wäre denken ja Laster?

2. Soldat (bitter): Hier wird gehorcht und nicht gedacht.

1. Soldat (allein): Wie? Hätte er Fehler gemacht?"

"Stets nennet Volk euch Er;
Ihr seid ihm "Masse".
Das duldet ihr?

Ins Reich zwingt Slawen Er,
Der Mann der "Rasse".
Wen täuscht er hier?

Stets sprach von Frieden Er;
Doch ach, auch hier log er
Und bracht' euch Krieg.

Zu schwach ist seine Wehr;
Drum glaubt ihm nimmermehr,
Verspricht er Sieg."

"Statt Kraft durch Freude - Krieg durch Hitler.
Wenn die Nazis wegziehn, wird der Frieden aufblühn."

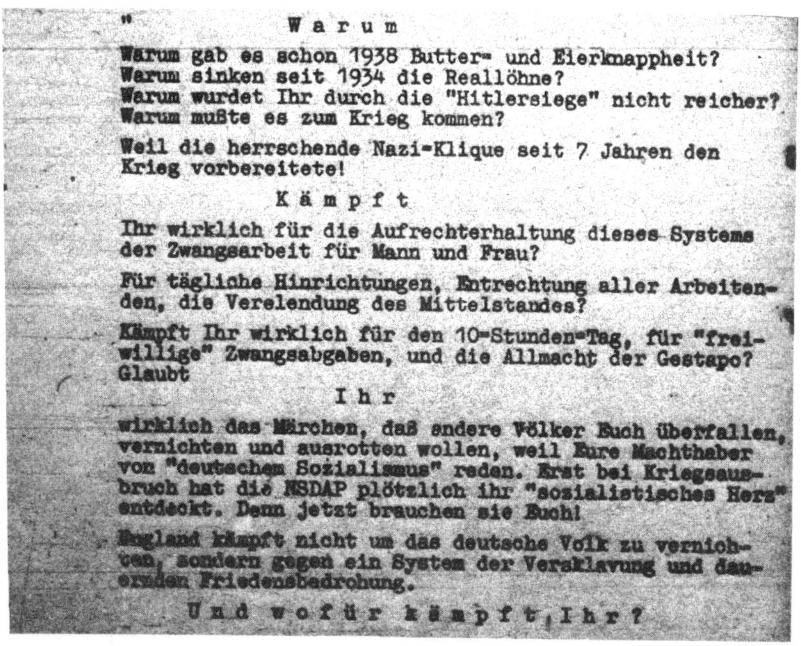

"Warum

Warum gab es schon 1938 Butter- und Eierknappheit?
Warum sinken seit 1934 die Reallöhne?
Warum wurdet Ihr durch die "Hitlersiege" nicht reicher?
Warum mußte es zum Krieg kommen?

Weil die herrschende Nazi-Klique seit 7 Jahren den Krieg vorbereitete!

Kämpft

Ihr wirklich für die Aufrechterhaltung dieses Systems der Zwangsarbeit für Mann und Frau?

Für tägliche Hinrichtungen, Entrechtung aller Arbeitenden, die Verelendung des Mittelstandes?

Kämpft Ihr wirklich für den 10-Stunden-Tag, für "freiwillige" Zwangsabgaben, und die Allmacht der Gestapo?
Glaubt

Ihr

wirklich das Märchen, daß andere Völker Euch überfallen, vernichten und ausrotten wollen, weil Eure Machthaber von "deutschem Sozialismus" reden. Erst bei Kriegsausbruch hat die NSDAP plötzlich ihr "sozialistisches Herz" entdeckt. Denn jetzt brauchen sie Euch!

England kämpft nicht um das deutsche Volk zu vernichten, sondern gegen ein System der Versklavung und dauernden Friedensbedrohung.

Und wofür kämpft, Ihr?

Weshalb dieser Widerstand im Ganzen gesehen so wenig Erfolg hatte, weshalb er vertröpfelte, in tausend Einzelaktionen sich verlor und deshalb Stück für Stück niedergeprügelt werden konnte, gehört mit zu den Unverständlichkeiten aus dieser Zeit. Die Vorstellung, was gewesen wäre, wenn all diese Akte der Widersetzung geballt an einem einzigen Tag stattgefunden hätten, unterstützt von den Militärs, eine konzentrierte Aktion, die es unmöglich gemacht hätte, den Staatsapparat an allen Stellen gleichzeitig einzusetzen führt zu der Frage, weshalb so etwas nie geschah. Es hat vermutlich weniger damit zu tun, daß die Vorbereitung eines solchen Tages X wohl kaum geheim durchzuführen gewesen wäre und die Kommunikation unter den einzelnen Gruppen unmöglich schien. Es hat vielmehr mit jener Haltung zu tun, wie sie in dem Brief eines Stadtpfarrers zu Tage tritt und wie es sie millionenfach gab zu jener Zeit, – bei der „Masse", die Hitler verachtete, ohne deren aktive oder passive Mithilfe, ohne deren Korruptheit, Karrieresüchtigkeit, Manipulierbarkeit dieses Regime jedoch niemals funktioniert hätte:

„Aber manchmal habe ich den Eindruck, daß Pfarrer sich unnötig auf's politische Gebiet verirren aus vermeintlicher Loyalität. Soviel ich weiß, verlangt weder eine staatliche noch eine kirchliche Stelle von uns auf der Kanzel irgend eine direkte oder indirekte Stellungnahme zur Frage der Juden und Halbarier. So wenig wir zur Kritik berufen sind, so wenig sind wir zu Beifallskundgebungen oder Begründungen oder Entschuldigungen staatlicher Maßnahmen berufen. Wir wollen doch von ganzem Herzen dankbar sein, daß wir, so wie die Lage mir derzeit erscheint, schweigen dürfen zu diesen Dingen." (7. 12. 38)

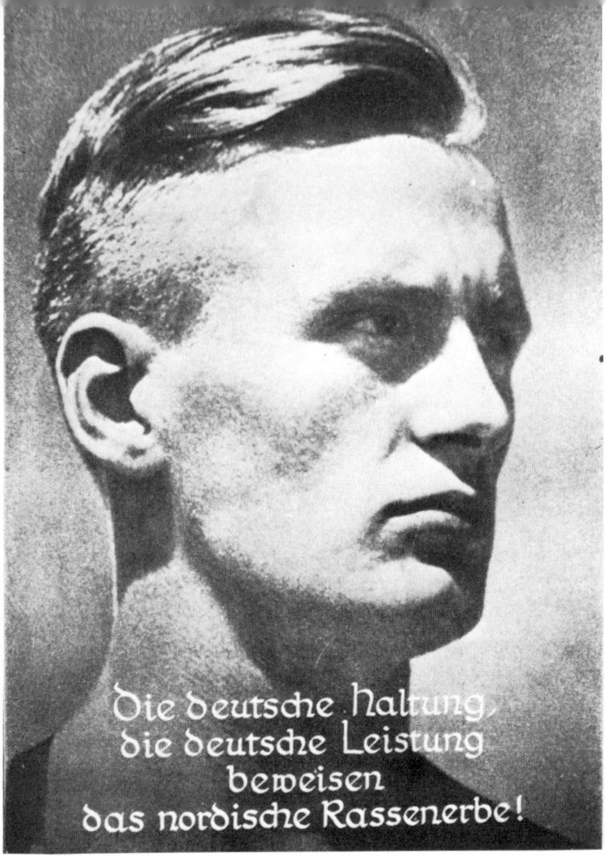
Die deutsche Haltung,
die deutsche Leistung
beweisen
das nordische Rassenerbe!

Dies alles
entsprang
den gleichen
Gehirnen:

RASSEN-
BEWUSSTSEIN,
GLÜCKLICHE
JUGEND,
BLUT- UND
BODEN-MYTHUS,
GRÖSSE
UND DER WEG
INS GAS

Expansion und Krieg 1938-1945

Wenn uns dieser Krieg eine Viertel-Million Tote und 100 000 Verkrüppelte kostet, sie sind uns in dem Geburtenüberschuß wiedergeschenkt, den das deutsche Volk von der Machtübernahme an aufweisen kann. Sie werden uns in vielfacher Zahl wiedererstehen in den Siedlungen, welche ich dem deutschen Blut im Osten schaffe.

Hitler, Tischgespräche 28. 1. 42

Schülerzeichnungen zum Thema Wehrgemeinschaft bei einem Preisausschreiben in „Hilf mit"

Vorbereitung des Krieges und erste Eroberungen

Es kann Hitler nicht vorgeworfen werden, daß er das Volk nicht rechtzeitig, umfassend und in aller Klarheit über seine Pläne, seine Vorstellungen, seine Ziele informierte. Bereits 1924 während seiner Festungshaft in Landsberg am Lech, als die Partei verboten war, die meisten ihrer Köpfe einsaßen und eine zukünftige Kanzlerschaft nur als absolute Utopie betrachtet hätte werden können, schrieb er in „Mein Kampf":

> *Wenn die deutsche Nation den Zustand ihrer drohenden Ausrottung in Europa beenden will, dann hat sie nicht in den Fehler der Vorkriegszeit zu verfallen und sich Gott und die Welt zum Feind zu machen, sondern dann wird sie den gefährlichsten Gegner erkennen müssen, um mit der gesamten konzentrierten Kraft auf ihn einzuschlagen. Und wenn dieser Sieg erfochten wird durch Opfer an anderer Stelle, dann werden die kommenden Geschlechter un-*

seres Volkes uns dennoch nicht verurteilen. Sie werden die schwere Not und die tiefen Sorgen und den dadurch geborenen bitteren Entschluß um so mehr zu würdigen wissen, je strahlender der daraus entsprossene Erfolg sein wird.

Denn daß auch die Wiederherstellung der Grenzen des Jahres 1914 nur mit Blut zu erreichen wäre, dürfte kaum für irgend jemand fraglich erscheinen. Nur kindlich-naive Geister mögen sich in dem Gedanken wiegen, auf Schleich- und Bettelwegen eine Korrektur von Versailles herbeiführen zu können. Ganz abgesehen davon, daß ein solcher Versuch eine Talleyrand-Natur voraussetzen würde, die wir nicht besitzen. Die eine Hälfte unserer politischen Existenzen besteht aus sehr geriebenen, aber ebenso charakterlosen und überhaupt unserem Volke feindlich gesinnten Elementen, während die andere sich aus gutmütigen, harmlosen und willfährigen Schwachköpfen zusammensetzt. Zudem haben sich die Zeiten seit dem Wiener Kongresse geändert: Nicht Fürsten und fürstliche Mätressen schachern und feilschen um Staatsgrenzen, sondern der unerbittliche Weltjude kämpft für seine Herrschaft über die Völker. Kein Volk entfernt diese Faust anders von seiner Gurgel als durch das Schwert. Nur die gesammelte konzentrierte Stärke einer kraftvoll sich aufbäumenden nationalen Leidenschaft vermag der internationalen Völkerversklavung zu trotzen. Ein solcher Vorgang ist und bleibt aber ein blutiger.

Heute werde ich nur von der nüchternen Erkenntnis geleitet, daß man verlorene Gebiete nicht durch die Zungenfertigkeit geschliffener parlamentarischer Mäuler zurückgewinnt, sondern durch ein geschliffenes Schwert zu erobern hat, also durch einen blutigen Kampf.

Wir Nationalsozialisten haben jedoch noch weiter zu gehen: Das Recht auf Grund und Boden kann zur Pflicht werden, wenn ohne Bodenerweiterung ein großes Volk dem Untergang geweiht erscheint. Noch ganz besonders dann, wenn es sich dabei nicht um ein x-beliebiges Negervölkchen handelt, sondern um die germanische Mutter all des Lebens, das der heutigen Welt ihr kulturelles Bild gegeben hat. Deutschland wird entweder Weltmacht oder überhaupt nicht sein. Zur Weltmacht aber braucht es jene Größe, die ihm in der heutigen Zeit die notwendige Bedeutung und seinen Bürgern das Leben gibt.

Staatsgrenzen werden durch Menschen geschaffen und durch Menschen geändert.

Damit ziehen wir Nationalsozialisten bewußt einen Strich unter die außenpolitische Richtung unserer Vorkriegszeit. Wir setzen dort an, wo man vor sechs Jahrhunderten endete. Wir stoppen den ewigen Germanenzug nach dem Süden und Westen Europas und weisen den Blick nach dem Land im Osten. Wir schließen endlich ab die Kolonial- und Handelspolitik der Vorkriegszeit und gehen über zur Bodenpolitik der Zukunft.

Als glückliche Bestimmung gilt es mir heute, daß das Schicksal mir zum Geburtsort gerade Braunau am Inn zuwies. Liegt doch dieses Städtchen an der Grenze jener zwei deutschen Staaten, deren Wiedervereinigung mindestens uns Jüngeren als eine mit allen Mitteln durchzuführende Lebensaufgabe erscheint!

Deutschösterreich muß wieder zurück zum großen deutschen Mutterlande, und zwar nicht aus Gründen irgendwelcher wirtschaftlicher Erwägungen heraus. Nein, nein: Auch wenn diese Vereinigung, wirtschaftlich gedacht, gleichgültig, ja selbst wenn sie schädlich wäre, sie müßte dennoch stattfinden. Gleiches Blut gehört in ein gemeinsames Reich. Das deutsche Volk besitzt so lange kein moralisches Recht zu kolonialpolitischer Tätigkeit, solange es nicht einmal seine eigenen Söhne in einen gemeinsamen Staat zu fassen vermag. Erst wenn des Reiches Grenze auch den letzten Deutschen umschließt, ohne mehr die Sicherheit seiner Ernährung bieten zu können, ersteht aus der Not des eigenen Volkes das moralische Recht zur Erwerbung fremden Grund und Bodens. Der Pflug ist dann das Schwert, und aus den Tränen des Krieges erwächst für die Nachwelt das tägliche Brot.

Diese beiden Ziele – die Vereinigung aller Deutschen in einem gemeinsamen Reich und danach das „moralische Recht" zur Erwerbung fremden Grund und Bodens – verfolgte Hitler nach seiner Machtübernahme zielstrebig, wenn auch mit politischen Taschenspielertricks. Während er das Volk mit Friedensparolen im Sicheren wiegte („Was konnte ich anders wünschen als Ruhe und Frieden?", „Deutschland braucht den Frieden und es will den Frieden", Reichstagsrede vom 21. 5. 1935), liefen die Fabriken bereits auf Hochtouren, um das zukünftige Kriegspotential bereitzustellen, auch wenn diese Wiederaufrüstung und die Wiedereinführung der Wehrpflicht 1935 gegen den Versailler Vertrag verstieß.

Der Chef sprach sich beim Abendessen sehr abfällig über die Haltung der Zentralbehörden nach dem Zusammenbruch 1918/1919 aus.

Wenn man ernstlich die Tendenz der Abrüstung in Deutschland habe beseitigen wollen, habe auch der Versailler Vertrag genügend Möglichkeiten gelassen. Wer hätte uns daran hindern können, Schnellboote in großer Zahl zu bauen, zumal der Bau von Einheiten ihrer Tonnage durch das Diktat nicht begrenzt gewesen sei! Bei allen anderen Kriegsschiffen hätte man die Tonnage um ein Vielfaches größer bauen können, als man offiziell anzugeben genötigt gewesen sei.
Daß zum Beispiel seine schweren Kreuzer insbesondere im Tiefgang den offiziellen Maßen in keiner Weise entsprochen hätten, hätte ja auch kein Mensch gemerkt. Ebenso hätte man das 100 000-Mann-Heer zu einer reinen Unteroffiziers- und Offiziersschule ausbauen können und durch Herabsetzung der Dienstzeiten auf einige wenige Jahre so viele Menschen durch die Wehrerziehung durchlaufen lassen können, daß man notfalls immer ein Heer von 800 000 bis 900 000 Mann zur Verfügung gehabt hätte.
Nur Angsthasen hätte man selbstverständlich mit diesen Dingen nicht belasten dürfen. Als er den ersten Auftrag gegeben habe, wieder 21-cm-Geschütze zu bauen, habe irgendein nachgeordneter Angsthase statt der von ihm befohlenen 60 nur 6 in Auftrag gegeben gehabt. Er habe diesen Herrschaften dann erst einmal klar machen müssen, daß – wenn man schon einmal Vertragsbestimmungen umgehe – es absolut keine Rolle spiele, in welchem Umfang man den Bestimmungen zuwiderhandle. Kein Mensch hätte uns auch daran hindern können, an der deutsch-französischen Grenze Beton-Bunker zu bauen und sie als Keller von Kinderheimen, Krankenhäusern und dergleichen zu tarnen. Bei Ausbruch eines deutsch-französischen Krieges hätte man dann immer ein unserem Westwall ähnliches Bunkersystem zur Verfügung gehabt.

Da Devisen knapp waren, um den für die Rüstungsindustrie gestiegenen Rohstoffbedarf aus dem Ausland zu tätigen, der Export gedrosselt wurde, um mehr „Kanonen statt Butter" zu produzieren, so die Parole Görings, geriet Deutschland in zunehmendem Maße in eine Verschuldung, die bei Kriegsende 380 Milliarden betrug (1928: 7 Milliarden). Aber an diesen buchungsmäßigen „Gewinnrechnungen" sich zu orientieren, lag nicht im Interesse Hitlers, die Bedürfnis-

se der Politik standen im Vordergrund (Göring, 1936). Und zunächst ging es auch um völlig andere Probleme. Nicht allein ein bis an die Zähne bewaffneter Staat war nötig, um die Ideen Hitlers – einen zukünftigen Krieg – in die Wirklichkeit umzusetzen, es gehörte zunächst einmal eine Absicherung nach den unterschiedlichsten Richtungen dazu, um diesen Krieg nicht in einen Zweifrontenkrieg hineinzumanövrieren, also die Suche nach geeigneten Bündnispartnern.
Bereits im Juli 1933 trat Hitler dem von Mussolini angeregten Vier-Mächte-Vertrag (Italien, Deutschland, Frankreich und Großbritannien) bei, der der Sicherung des Friedens dienen sollte, von England und Frankreich jedoch nicht ratifiziert wurde. Am 26. Januar 1934 folgte ein Nichtangriffs- und Freundschaftspakt mit Polen, am 18. Juni 1935 mit England ein Flottenabkommen, das Deutschland eine Aufrüstung seiner Marine in Höhe von 35 % gegenüber der britischen Seestärke zugestand. Am 25. Oktober 1936 wurde mit Italien, nachdem dieses durch seinen Angriff auf Abessinien vom Völkerbund verurteilt und damit in die Isolation gezwungen wurde, die „Achse-Berlin-Rom" vertraglich gesichert und im gleichen Jahr die Annäherung an Japan durch den Antikominternpakt zusammen mit Italien vollzogen. Nichtangriffspakte wurden außerdem mit Dänemark, Estland und Lettland geschlossen. Die Krönung dieser Bündnispolitik jedoch bildete ein Freundschaftsvertrag mit der Sowjetunion. Daß Hitler hier gleich einige Fliegen mit einer Klappe schlug – ein Austausch von Wirtschaftsgütern in großem Umfange, die Aufteilung Polens, bevor es überhaupt zu einer Kampfhandlung gekommen war, und die Hoffnung auf eine Rückendeckung zugleich – wäre seinen Gegnern klar geworden, wenn sie seinen früheren Aussagen vertraut hätten. Was Hitler nämlich von Bündnispolitik wirklich hielt, hatte er bereits 1924 in „Mein Kampf" niedergeschrieben.

Man wende nun nicht ein, bei einem Bund mit Rußland müsse nicht gleich an einen Krieg gedacht werden, oder wenn, könne man sich auf einen solchen gründlich vorbereiten. Nein. Ein Bündnis, dessen Ziel nicht die Absicht zu einem Kriege umfaßt, ist sinn- und wertlos. Bündnisse schließt man nur zum Kampf. Und mag die Auseinandersetzung im Augenblick des Abschlusses eines Bündnisvertrages in noch so weiter Ferne liegen, die Aussicht auf eine kriegerische Verwicklung ist nichtsdestoweniger die innere Veranlassung zu ihm. Und man glaube ja nicht, daß etwa irgendeine Macht den Sinn solch eines Bundes anders auffassen würde. Entweder eine deutsch-russische Koalition bliebe auf dem Papier allein stehen, dann wäre sie für uns zweck- und wertlos, oder sie würde aus den Buchstaben des Vertrages in die sichtbare Wirklichkeit umgesetzt – und die andere Welt wäre gewarnt. Wie naiv, zu denken, daß England und Frankreich in einem solchen Falle ein Jahrzehnt warten würden, bis der deutsch-russische Bund seine technischen Vorbereitungen zum Kampf beendet haben würde. Nein, das Unwetter bräche blitzschnell über Deutschland herein.
So liegt schon in der Tatsache des Abschlusses eines Bündnisses mit Rußland die Anweisung für den nächsten Krieg.

Das Nahziel – „gleiches Blut gehört in ein gemeinsames Reich" – nahm Hitler 1938 in Angriff. Nachdem 1935 bereits das Saargebiet mit einer Abstimmung von 90 % die Rückkehr nach Deutschland gewünscht hatte und wieder eingegliedert worden war, sollte das „Selbstbestimmungsrecht" der Österreicher und Sudetendeutschen nun diese in das Reich zurückführen. Was Österreich anbetraf, so wartete Hitler allerdings erst gar nicht dessen Entscheidung ab – am 12. März 1938 marschierten deutsche Truppen unter dem Jubel der Bevölkerung (die Aktion wurde als „Unternehmen Otto" bezeichnet) in Österreich ein.
Dem Unternehmen Otto folgte im gleichen Jahr die Planung des „Fall Grün", des Angriffs auf die Tschechoslowakei.

Daß auch dieses Unternehmen erfolgreich und ohne Waffengewalt verlief, verdankte es nicht dem Zurückweichen Hitlers, der bereits hier zum Krieg entschlossen war, sondern der Vermittlung der Westmächte durch das Vierer-Abkommen in München vom 29. 9. 1938.
Drei Tage vor Abschluß dieses Vertrages, der Hitler nunmehr auch kampflos die Heimholung der Sudetendeutschen gestattete, hatte er noch einmal ausdrücklich versichert: „Ich bin Herrn Chamberlain dankbar für alle seine Bemühungen. Ich habe ihm versichert, daß das deutsche Volk nichts anderes will als Frieden; allein ich habe ihm auch erklärt, daß ich nicht hinter die Grenzen unserer Geduld zurückgehen kann. Ich habe ihm weiter versichert und wiederhole es hier, daß es – wenn dieses Problem gelöst ist – für Deutschland in Europa kein territoriales Problem mehr gibt!"

Das „territoriale Problem" stand genau drei Wochen später bereits zur Debatte – der Geheimbefehl über die „Erledigung der Resttschechei" wurde am 21. 10. 38 herausgegeben, die endgültige deutsch-tschechoslowakische Grenze Ende November festgelegt. Im März des darauffolgenden Jahres wurde der tschechische Staatspräsident mit der Drohung, man werde sonst Prag bombardieren, gezwungen, das Schicksal des tschechischen Volkes und Landes vertrauensvoll in die Hände des Führers zu legen: das Protektorat Böhmen und Mähren entstand, die Slowakei wurde ein selbständiger Staat.
Zwar ließen sich die Westmächte nun, nach diesem Akt der in keiner Weise mehr getarnten Aggression, nicht weiter bluffen und schlossen sich zusammen, aber die Aktion gegen den Staat, den sie mit ihren Garantieerklärungen zu schützen hofften, lief bereits an.
Am 11. April 1939 gab Hitler die Weisung für den „Fall Weiß" – die militärischen Vorbereitungen zum Überfall auf Polen hatten begonnen.

Einmarsch in das Sudetenland. 9. Oktober 1938

Die Fronten

Was aber den Goten, den Warägern
und allen einzelnen Wanderern
aus germanischem Blut nicht gelang –
das schaffen jetzt wir,
ein neuer Germanenzug,
das schafft unser Führer,
der Führer aller Germanen.
Jetzt wird der Ansturm
der Steppe zurückgeschlagen,
jetzt wird die Ostgrenze
Europas endgültig gesichert,
jetzt wird erfüllt, wovon germanische Kämpfer
in den Wäldern und Weiten
des Ostens einst träumten.
Ein dreitausendjähriges Geschichtskapitel
bekommt heute seinen glorreichen Schluß.
Wieder reiten die Goten,
seit dem 22. Juni 1941 –
jeder von uns ein germanischer Kämpfer!

Der Angriff auf Polen war nicht nur die unmittelbare Fortsetzung der bisherigen Strategie Hitlers, was die Verwirklichung seiner bereits 1924 geäußerten Ziele betraf. Sie war auch die Bestätigung des afrikanischen Sprichwortes „Geschliffene Schwerter tanzen zum Feind."
Bereits 1937 war die Aufrüstung an einem Punkt angelangt, die sie für Hitler zu einem Produkt einer Verschwendung gemacht hätte, wenn dieses Riesenaufgebot an Menschen und Kriegsmaterial, das inzwischen bereitstand, nun nicht auch seinen Einsatz gefunden hätte. Am 5. November dieses Jahres fand in der Reichskanzlei eine Besprechung statt, die Oberst Hoßbach protokollierte:

Der Führer stellt einleitend fest, daß der Gegenstand der heutigen Besprechung von derartiger Bedeutung sei, daß dessen Erörterung in anderen Staaten wohl vor das Forum des Regierungskabinetts gehörte, er – der Führer – sähe aber gerade im Hinblick auf die Bedeutung der Materie davon ab, diese im Kreise des Reichskabinetts zum Gegenstand der Besprechung zu machen. Seine nachfolgenden Ausführungen seien das Ergebnis eingehender Überlegungen und der Erfahrungen seiner 4 1/2 jähr. Regierungszeit; er wolle den anwesenden Herren seine grundlegenden Gedanken über die Entwicklungsmöglichkeiten und -notwendigkeiten unserer außenpolitischen Lage auseinandersetzen, wobei er im Interesse einer auf weite Sicht eingestellten deutschen Politik seine Ausführungen als seine testamentarische Hinterlassenschaft für den Fall seines Ablebens anzusehen bitte.
Der Führer führte sodann aus:
Das Ziel der deutschen Politik sei die Sicherung und die Erhaltung der Volksmasse und deren Vermehrung. Somit handele es sich um das Problem des Raumes.
Die deutsche Volksmasse verfüge über 85 Millionen Menschen, die nach der Anzahl der Menschen und der Geschlossenheit des Siedlungsraumes in Europa einen in sich so fest geschlossenen Rassekern darstellte, wie er in keinem anderen Land wieder anzutreffen sei, wie er andererseits das Anrecht auf größeren Lebensraum mehr als bei anderen Völkern in sich schlösse. Wenn kein dem deutschen Rassekern entsprechendes politisches Ergebnis auf dem Gebiet des Raumes vorläge, so sei das eine Folge mehrhundertjähriger historischer Entwicklung und bei Fortdauer dieses politischen Zustandes die größte Gefahr für die Erhaltung des deutschen Volkstums auf seiner jetzigen Höhe. Ein Aufhalten des Rückganges des Deutschtums in Österreich und in der Tschechoslowakei sei ebenso wenig möglich, als die Erhaltung des augenblicklichen Standes in Deutschland selbst. Statt Wachstum setzt Sterilisation ein, in deren Folge Spannungen sozialer Art nach einer Reihe von Jahren einsetzen müßten, weil politische und weltanschauliche Ideen nur solange von Bestand seien, als sie die Grundlage zur Verwirklichung der realen Lebensansprüche eines Volkes abzugeben vermöchten. Die deutsche Zukunft sei daher ausschließlich durch die Lösung der Raumnot bedingt, eine solche Lösung könne naturgemäß nur für eine absehbare etwa 1 - 3 Generationen umfassende Zeit gesucht werden.
Die einzige, uns vielleicht traumhaft erscheinende Abhilfe läge in der Gewinnung eines größeren Lebensraumes, ein Streben, das zu allen Zeiten die Ursache der Staatenbildung und Völkerbewegung gewesen sei. Daß dieses Streben in Genf und bei den gesättigten Staaten keinem Interesse begegne, sei erklärlich. Wenn die Sicherheit unserer Ernährungslage im Vordergrund stünde, so könne der hierfür nötige Raum nur in Europa gesucht werden, nicht aber ausgehend von liberalistisch-kapitalistischen Auffassungen in der Ausbeutung von Kolonien. Es handelt sich nicht um die Gewinnung von Menschen, sondern von landwirtschaftlich nutzbarem Raum. Auch die Rohstoffgebiete seien zweckmäßiger im unmittelbaren Anschluß an das Reich in Europa und nicht in Übersee zu suchen, wobei die Lösung sich für ein

bis zwei Generationen auswirken müsse. Was darüber hinaus in späteren Zeiten notwendig werden solle, müsse nachfolgenden Geschlechtern überlassen werden. Die Entwicklung großer Weltgebilde gehe nun einmal langsam vor sich, das deutsche Volk mit seinem starken Rassekern finde hierfür die günstigsten Voraussetzungen inmitten des europäischen Kontinents. Daß jede Raumerweiterung nur durch Brechen von Widerstand und unter Risiko vor sich gehen könne, habe die Geschichte aller Zeiten – Römisches Weltreich, Englisches Empire – bewiesen. Auch Rückschläge seien unvermeidbar. Weder früher noch heute habe es herrenlosen Raum gegeben, der Angreifer stoße stets auf den Besitzer.
Zur Lösung der deutschen Frage könne es nur den Weg der Gewalt geben, dieser niemals risikolos sein kann. Die Kämpfe Friedrich des Großen um Schlesien und die Kriege Bismarcks gegen Österreich und Frankreich seien von unerhörtem Risiko gewesen und die Schnelligkeit des preußischen Handelns 1870 habe Österreich vom Eintritt in den Krieg ferngehalten. Stelle man an die Spitze der nachfolgenden Ausführungen den Entschluß zur Anwendung von Gewalt unter Risiko, dann bleibe noch die Beantwortung der Fragen „wann" und „wie". Hierbei seien drei Fälle zu entscheiden: Fall 1: Zeitpunkt 1943–1945.
Nach dieser Zeit sei nur noch eine Veränderung zu unseren Ungunsten zu erwarten. Die Aufrüstung der Armee, Kriegsmarine, Luftwaffe sowie die Bildung des Offizierskorps seien annähernd beendet. Die materielle Ausstattung und Bewaffnung seien modern, bei weiterem Zuwarten läge die Gefahr ihrer Veralterung vor. Besonders der Geheimhaltungsschutz der „Sonderwaffen" ließe sich nicht immer aufrechterhalten. Die Gewinnung von Reserven beschränke sich auf die laufenden Rekrutenjahrgänge, ein Zusatz aus älteren unausgebildeten Jahrgängen sei nicht mehr verfügbar. Im Verhältnis zu der bis dahin durchgeführten Aufrüstung der Umwelt nähmen wir an relativer Stärke ab. Wenn wir bis 1943/45 nicht handelten, könne infolge des Fehlens von Reserven jedes Jahr die Ernährungskrise bringen, zu deren Behebung ausreichende Devisen nicht verfügbar seien. Hierin sei ein „Schwächungsmoment des Regimes" zu erblicken. Zudem erwarte die Welt unseren Schlag und treffe ihre Gegenmaßnahmen von Jahr zu Jahr mehr. Während die Umwelt sich abriegele, seien wir zur Offensive gezwungen.
Wie die Lage in den Jahren 1943/45 tatsächlich sein würde, wisse heute niemand. Sicher sei nur, daß wir nicht länger warten können. Auf der einen Seite die große Wehrmacht mit der Notwendigkeit der Sicherstellung ihrer Unterhaltung, das Älterwerden der Bewegung und ihrer Führer, auf der anderen Seite die Aussicht auf Senkung des Lebensstandardes und auf Geburteneinschränkung ließen keine andere Wahl als zu handeln. Sollte der Führer noch am Leben sein, so sei es sein unabänderlicher Entschluß, spätestens 1943/45 die deutsche Raumfrage zu lösen. Die Notwendigkeit zum Handeln vor 1943/45 käme im Fall 2 und 3 in Betracht.

Hitler war klar, daß Polen nicht in der Manier der bisherigen Eroberungen eingenommen werden konnte: „Zur Zeit befinden wir uns in einem Zustand nationalen Hochgefühls in gleicher Gesinnung mit zwei anderen Staaten: Italien und Japan. Die zurückliegende Zeit ist wohl ausgenützt worden. Alle Schritte waren folgerichtig auf das Ziel ausgerichtet. Nach 6 Jahren ist die heutige Lage folgende: Nationalpolitische Einigung der Deutschen ist erfolgt außer kleinen Ausnahmen. Weitere Erfolge können ohne Bluteinsatz nicht mehr errungen werden." (Besprechung am 23. 5. 39)
Daß mit dem „Fall Weiß" ein zweiter Weltkrieg heraufbeschworen wurde, war Hitler ganz sicher mit letzter Konsequenz nicht klar, vor allem wegen der bisher von England geführten Appeasementpolitik.

Der Befehl zum Angriff kam am 31. 8. 39. Hitler gab ihn – trotz aller Vermittlungsversuche der Westmächte –, nachdem in der Nacht zuvor der Reichsführer der SS, Himmler, von SS-Leuten in polnischen Uniformen einen Überfall auf den deutschen Sender Gleiwitz vortäuschen ließ. Noch am gleichen Abend stellten England und Frankreich ein Ultimatum, das den sofortigen Stopp der Truppen befahl. Zwei Tage später, nach einer weiteren vergeblichen Forderung, erklärten sie Deutschland den Krieg.
Der Feldzug gegen Polen war ein Blitzkrieg – innerhalb von 3 Wochen war die polnische Armee überrannt, die Sowjetunion und Deutschland teilten sich wie abgesprochen die Beute: die baltischen Länder und Ostpolen fielen an Rußland, Deutschland machte aus den west- und zentralpolnischen Gebieten die Reichsgaue Westpreußen und Wartheland und das Generalgouvernement.
Von dem Erfolg berauscht und nun natürlich nicht länger bemüht, seine Expansionsgelüste mit dem Mantel des Pazifismus zu verhüllen, traf Hitler, nachdem ein Friedensangebot an England und Frankreich kein Gehör fand, bereits im Oktober Vorbereitungen für eine Westoffensive, die Aktion „Sichelschnitt".
Die Operationen waren zunächst auf den November 1939 geplant, verschoben sich aber dann bis zum Frühjahr. Gleichzeitig mit der Vorbereitung zur Aktion „Sichelschnitt" gab es den „Fall Weserübung", die Besetzung Norwegens und Dänemarks.
Im Juni 1940, nachdem nun auch Italien mit in den Krieg eingetreten war, hatte Hitler nicht nur die neutralen Staaten Belgien und Holland niedergeworfen, sondern auch Frankreich trotz seiner Festigungslinie, dem Maginotwall, besiegt – am 22. Juni wurde der Waffenstillstand geschlossen, im gleichen Eisenbahnwaggon im Wald von Compiègne, dem Platz der Niederlage des 1. Weltkrieges. Ein kleiner Rest Frankreichs unter der Regierung von Marschall Petain in Vichy blieb unbesetzt, das übrige Frankreich stand unter der Herrschaft einer deutschen Militärverwaltung, die in der Wahl ihrer Mittel, den immer noch schwelenden Widerstand dieses Volkes zu brechen, nicht gerade zurückhaltend war.

Abschließende Stellungnahme zur Frage der Zweckmäßigkeit der Geiselerschießungen.

Es dürfte außer Zweifel stehen, daß bei der Bekämpfung der Mitte 1941 einsetzenden aktiven französischen Widerstandsbewegung harte Maßnahmen des Militärbefehlshabers erforderlich und wirksam waren. Sicherlich hat der Rückgriff auf die Geiselhaftung abschreckend gewirkt und das Seinige dazu beigetragen, daß die Saboteure im französischen Volk zunächst verhältnismäßig isoliert blieben. Überdies hat er die französische Regierung und auch die französische Polizei zu einem wirksamen Kampf gegen den Terrorismus mobilisiert, denn es galt, die bei jedem unaufgeklärten Attentat drohende Geiselerschießung zu vermeiden.
Bedenklich scheint jedoch auch bei nachträglicher Beurteilung der im Oktober 1941 erfolgte Übergang zu Massenerschießungen. Zwar hat sich die durch ihn ausgelöste akute Krise in der deutsch-französischen Zusammenarbeit überwinden lassen, aber es ist anzunehmen, daß das Übermaß in der gewählten Reaktion die ursprünglich abschreckende Wirkung der Gegenmaßnahmen aufgehoben hat und daß bei der Bevölkerung die Attentäter mehr und mehr zu Helden wurden. Ohne Zweifel ist bei den Landeseinwohnern infolge der Massenerschießungen unwägbar ein erster Stachel gegen die Besatzungsmacht zurückgeblieben, dessen endgültige Auswirkungen wohl auch heute noch nicht voll zu übersehen sind.
Zur Erschießung dreier Geiseln wegen kommunistischen Anschlags vom 3. 9. werden folgende Führerbemerkungen zur Beachtung mitgeteilt:

1) *Die Vergeltungsmaßnahme an den drei Kommunisten (Geiseln) ist viel zu milde: Ein deutscher Soldat sei ihm mehr wert als drei französische Kommunisten. Der Führer erwartet, daß in solchen Fällen mit den schärfsten Vergeltungsmaßnahmen geantwortet werde.*
2) *Die Erschießung von drei Geiseln könne er nur als die* erste *Sofortmaßnahme gelten lassen; wenn der Mörder nicht in kurzer Frist ausgeliefert werde, seien wenigstens 50 weitere Erschießungen vorzunehmen, und zwar in erster Linie* **führende** *Kommunisten.*
3) *Neufestsetzung von wenigstens 300 neuen Geiseln sei geboten.*
4) *Beim nächsten Mordanschlag seien mindestens 100 Erschießungen sofort vorzunehmen für einen Deutschen. Ohne solche drakonischen Vergeltungen werde man der Dinge nicht Herr.*

Es wird um fernschriftlichen Bericht gebeten, welche Gründe für Beschränkung der Erschießungen auf drei Geiseln maßgeblich gewesen sind. Ferner wird gebeten, rechtzeitige Meldung derartiger politischer Ereignisse an OKH sicherzustellen. Bislang liegt nur Meldung über Attentat an Heeresfeldpolizeichef vor.

Es ist nicht bekannt geworden und bei der Einstellung aller nachgeordneten Dienststellen auch völlig ausgeschlossen, daß im Zusammenhang mit den Erschießungen irgendwelche unnötigen Grausamkeiten begangen worden sind. Durch dienstliche Erklärungen der Beteiligten sind z. B. auch die Meldungen der Feindpropaganda widerlegt, wonach dem oben erwähnten, für den Fall Nantes erschossenen Mann mit nur einem Bein vor der Erschießung seine Prothese abgenommen und er am Boden liegend exekutiert worden sei. Im Gegenteil, es wurde ihm zur Erleichterung beim Gehen selbstverständlich ein Stock zur Verfügung gestellt, er konnte sich auf dem Richtplatz aufrecht bewegen und ist auch stehend erschossen worden.

Inzwischen hatte sich Hitler bereits seinem nächsten Gegner zugewandt, England, das er zunächst durch die Luftwaffe zu besiegen hoffte und dann durch das Unternehmen „Seelöwe", die Invasion. Da sich inzwischen zwei neue Kriegsschauplätze ergeben hatten – Italien hatte in Afrika und auf dem Balkan Kämpfe begonnen, die bereits nach kurzer Zeit die Unterstützung des Bündnispartners Deutschland erforderten – unterblieb die Invasion Englands, und der „Fall Barbarossa", der Angriff auf die Sowjetunion, den Hitler bereits Ende 1940 beschlossen hatte, mußte von dem geplanten Angriffstermin, Mai 1941, um 5 Wochen verschoben werden. Es ist müßig, sich vorzustellen, was gewesen wäre, wenn Hitler nicht durch den sogenannten „Stahlpakt" mit Italien zur Bündnishilfe verpflichtet gewesen wäre. Fest steht, daß durch diese Verschiebung des Angriffs ein Faktor mit in diesen Kampf gebracht wurde, gegen den auch ein bis zum äußersten entschlossenes Heer und das beste Kriegsmaterial machtlos waren – der russische Winter, der viel zu früh in diesem Jahr einsetzte. Die deutschen Truppen, im Dezember 1941 kurz vor Moskau und keineswegs für ihn ausgerüstet, waren ihm nicht gewachsen. Der Siegeszug von Hitlers Armee kam zum Stillstand, Moskau wurde nicht genommen.

Fast gleichzeitig war Hitler gezwungen, auch Amerika den Krieg zu erklären: die Japaner hatten den amerikanischen Flottenstützpunkt Pearl Harbor angegriffen. Amerika reagierte darauf mit einer Kriegserklärung und Italien und Deutschland mußten auf Grund des Dreimächtepakts mit in diesen Kampf einsteigen, obwohl Hitler bisher alles vermieden hatte, was Amerika mit auf diesen Kriegsschauplatz hätte bringen können, der ohnehin kaum mehr überschaubar war.

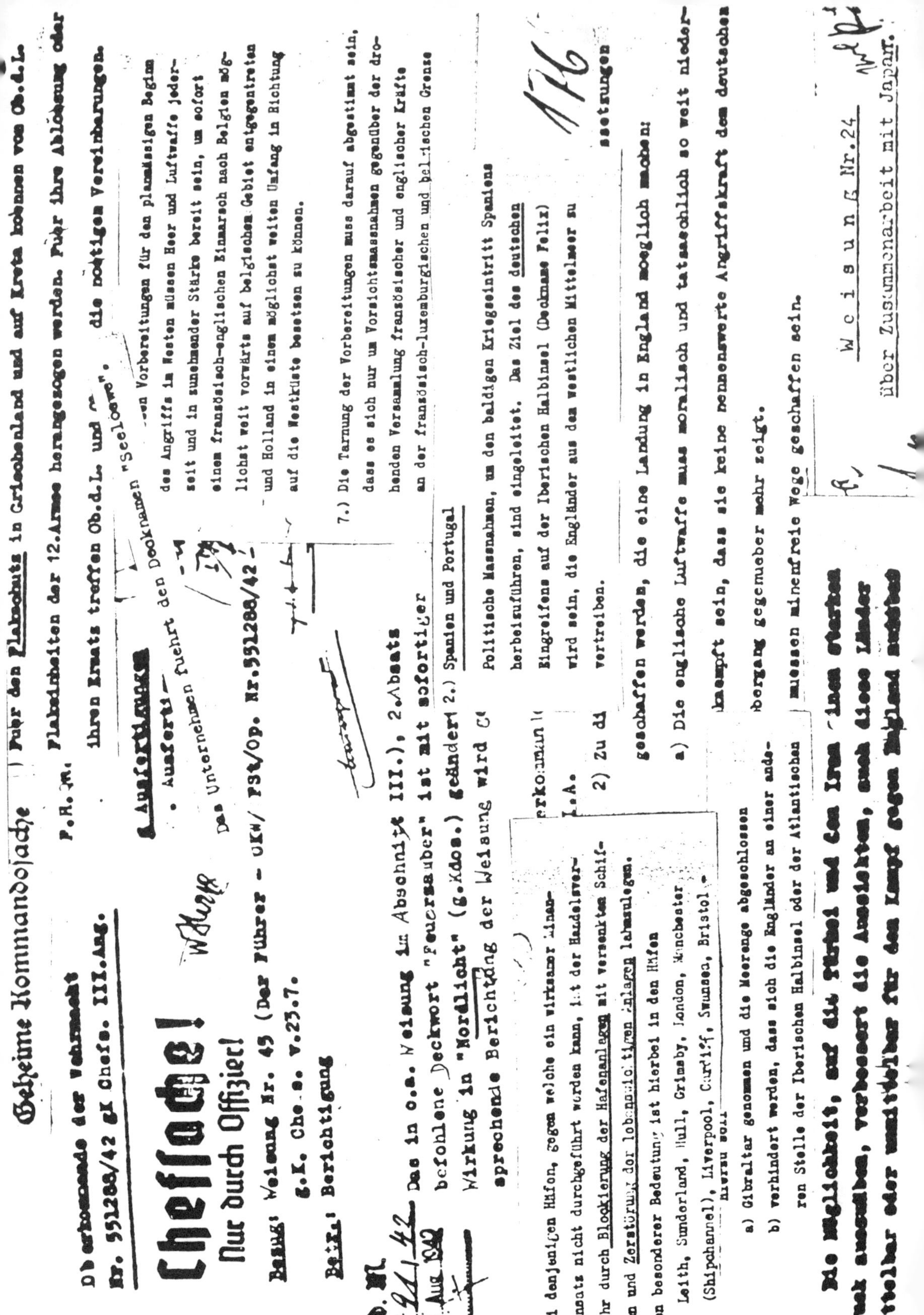

Führerweisungen: Fast die halbe Welt befand sich 1942/43 im Krieg

Aktionen im Rahmen des Kriegsgeschehens

Die Vernichtung „lebensunwerten" Lebens – das Euthanasie-Programm

Der Staat muß dabei als Wahrer einer tausendjährigen Zukunft auftreten, der gegenüber der Wunsch und die Eigensucht des einzelnen als nichts erscheinen und sich zu beugen haben. Er hat die modernsten ärztlichen Hilfsmittel in den Dienst dieser Erkenntnis zu stellen. Er hat, was irgendwie ersichtlich krank und erblich belastet und damit weiter belastend ist, zeugungsunfähig zu erklären und dies praktisch auch durchzusetzen.

Adolf Hitler, „Mein Kampf"

Zwischen dieser Idee und ihrer „Durchsetzung" lagen 15 Jahre – am 1. Sept. 1939 gab Hitler einen geheimen Erlaß heraus, der den Beginn eines umfangreichen Vernichtungsprogramms geisteskranker Menschen war: „Reichsleiter Bouhler und Dr. med. Brandt sind unter Verantwortung beauftragt, die Befugnisse namentlich zu bestimmender Ärzte so zu erweitern, daß nach menschlichem Ermessen unheilbaren Kranken bei kritischster Beurteilung ihres Krankheitszustandes der Gnadentod gewährt werden kann."

Zur Durchführung dieser Aktion „Gnadentod", die unter der Tarnbezeichnung T 4 (nach Tiergarten 4, der Straße des betreffenden Büros in Berlin) lief, wurde zunächst eine „Gemeinnützige Stiftung für Anstaltspflege" gegründet, die die Finanzierung übernahm, die „Reichsarbeitsgemeinschaft Heil- und Pflegeanstalten" bereitete mit Hilfe von „Gutachtern" die Erfassung der Kranken in den einzelnen Anstalten mittels Fragebögen vor und die „Gemeinnützige Krankentransportgesellschaft m.b.H." sorgte für die „Verlegung" der Kranken in die eigens zu diesem Zwecke eingerichteten Vergasungsanstalten: Schloß Grafeneck in Württemberg, Hadamar bei Limburg, Bernburg an der Saale, Hartheim bei Linz und Sonnenstein in Sachsen.

Eine der ersten Anstalten, die für die Großaktion bereit gestellt wurde, war Grafeneck, in der Ende Januar/Anfang Februar 1940 mit dem Vergasen begonnen wurde, nachdem bereits zu Beginn des Jahres die ersten Experimente sowohl mit CO-Gas wie mit Injektionen in der Anstalt Brandenburg gelaufen waren.

Aber trotz aller Geheimhaltung ließ es sich nicht vermeiden, daß die Bevölkerung im Umkreis dieser Heil- und Pflegeanstalten sehr rasch über die wahren Vorgänge unterrichtet war. Das graue SS-Auto, mit dem die Kranken herbeigebracht wurden, wurde bald als Mordkiste bezeichnet und für die ständig rauchenden Schornsteine der Krematorien konnte es bald auch keine andere Erklärung mehr geben als die von Massentötungen.

Absberg, den 24. Februar 1941.

...ndarmerieposten Absberg, Landkr. Gun=
...zenhausen, Reg. Bez. Oberfr./Mittelfr.

An den Landrat Gunzenhausen.

Betreff: Fortschaffen von Anstaltsinsassen.

Zum fernmündlichen Auftrag vom 24.ds.wird folgendes berichtet:
"Am 21.ds.gegen 10 Uhr fuhr ein grosser Omnibus durch Absberg in das Ottilienheim. Der Omnibus fuhr nicht durch die offene, sondern durch die mit Toren versehenene Einfahrt, in den Anstaltshof. Die Tore wurden sofort wieder zugemacht.
Nach etwa 1 Stunde verliess der Omnibus vollbesetzt die Anstalt und fuhr in der Richtung gegen Geiselsberg.
Da das ganze Jahr hindurch kein so grosser Omnibus nach Absberg kommt, war es der Bevölkerung auffällig und sie vermuteten, dass Anstaltsinsassen fort-geschafft werden.
Bei der ersten Abfahrt des Omnibuses war niemand in oder vor der Anstalt.
Gegen 15 Uhr kam wiederum der Omnibus, fuhr durch das gleiche Einfahrtstor in den Anstaltshof, welches gleich wieder geschlossen wurde und verliess diesen nach etwa 1 Stunde wieder voll=besetzt mit Anstaltsinsassen.
Da gerade bei der Einfahrt des Omnibuses Schulschlüss war, standen etwa 20 bis 25 Schulkinder und 4 bis 5 erwachsene Personen vor dem Ottilienheim und warteten, bis der Omnibus abge=fahren war. Einige der dortstehenden Frauen, die Mitleid mit den Mädchen und Frauen hatten, weinten.
Bei der Abfahrt durch Absberg standen viele Leute vor den Häu=sern und winkten den Mädchen und Frauen zu.
Dass es aber zu Tumultzenen oder Schimpfungen gekommen ist, ist nicht der Fall. Es ist aber nicht ausgeschlossen, dass ein und der

andere mit der Fortschaffung der Anstaltsinsassen nicht einverstan=
den war.

Äusserungen hierüber wurden aber nicht laut.

Die Bevölkerung in A-b.sberg, beider Konfessionen, sind gut christ-
lich und können einzelne unter sich über die Fortschaffung der Mäd=
chen und Frauen aufgehalten haben, fügen sich aber sonst jeder behörd=
lichen Anordnung. und lassen sich zu Ausschreitungen nicht hinreissen

Jch habe deshalb den Herrn Landrat von dem Abholen der Anstaltsinsas
sen nicht verständigt, weil ich der Meinung war, dem Herrn Landrat ist
es selbst bekannt und weil es zu keinerlei Zwischenfällen gekommen i

Wenn ich im geringsten feststellen hätte können oder missliebliche Ä
sserungen gefallen wären, würde ich den Bericht an den Herrn Landrat
nicht unterlassen haben.

Wie ich feststellte, gingen am Freitag den 21.ds. sämtliche Anstalts=
insassen zur Kommunion, aber nicht nur die fortkamen, sondern alle.

Da die Frau Oberin [redacted] eine Kranke Person ist und
es ihr zu schwer gefallen ist , es den Betroffen zu sagen, dass sie h
te fort kommen, hat sie den Herrn Pfarrer [redacted] [redacted] von hier er
sucht, er möge es ihnen eröffnen.

Kurz vor Ankunft des Omnibuses, liess die Frau Oberin die Betroffene
in einem Saal kommen, wo es ihnen dann [redacted] eröffnet hat.

Der Frau Oberin war es schon längere Zeit bekannt, dass in der nächs
Zeit so und soviele Anstaltsinsassen abholt werden, hat es aber weder
den Pfarrer noch ihren Mitschwestern gesagt. Es war ihr auch verboten
die Angehörigen vor der Abholung zu verständigen.

Es war weder mir, noch der hies. Bevölkerung bekannt, dass Leute aus de
Anstalt fort kommen.

Vm.

[redacted]

297

„Was dort geschieht ist ein Geheimnis und ist es doch nicht mehr. Somit ist dort die schlimmste Stimmung ausgebrochen, und es bleibt meines Erachtens nur übrig, an dieser Stelle die Verwendung dieser Anstalt einzustellen und allenfalls in einer klugen und vernünftigen Weise aufklärend zu wirken ..." heißt es in einem Brief Himmlers vom 19. 12. 40, nachdem er die Schließung Grafenecks anbeordert hatte.
Aber eine „kluge Aufklärung" war zu diesem Zeitpunkt bereits nicht mehr möglich.

Inzwischen häuften sich nämlich die Fehlgriffe (eine Familie hatte zwei Urnen bekommen, eine Todesnachricht enthielt als Todesursache Blinddarmentzündung, obwohl der Blinddarm des Betreffenden bereits seit Jahren entfernt war, eine Sterbeurkunde war ausgestellt worden, obwohl der Betreffende noch lebte) und die Todesanzeigen in den Zeitungen zeigten stets die gleichen Texte („Nach Mitteilung der Heil- u. Pflegeanstalten verschieden“, „Wie bereits erwartet, erhielten wir die Nachricht“, etc).

Betr.: Heil- und Pflegeanstalten.

Folgende Ausführungen bitte ich persönlich zur Kenntnis zu nehmen und dann den Bogen zu vernichten.

Seit einiger Zeit werden die Jnsassen der Heil-und Pflegeanstalten von einer Kommission, die auf Befehl höchster Stelle arbeitet, beucht. Die Kommission hat den Auftrag festzustellen, welche Jnsassen für einen Transport nach bestimmten Anstalten, in Frage kommen. Die Kommission fällt ihren Entschluss nach den Unterlagen der Anstalt. Die Kranken die dann abtransportiert werden, werden nochmals in der von der Kommission bestimmten Anstalt untersucht und dann wird entschieden, ob man sie von ihren Leiden befreien soll.

Der Leichnam selbst wird verbrannt und die Asche den Angehörigen zur Verfügung gestellt. Kleine Fehler in der Benachrichtigung können natürlich immer unterlaufen und werden sich in Zukunft auch nicht vermeiden lassen. Die Kommission selbst ist ängstlich darauf bedacht, alle Fehler zu vermeiden. Jch könnte Jhnen noch weitere Mitteilung machen, möchte dies aber unterlassen und Sie bitten, mich bei einem Besuch in der Gauleitung aufzusuchen.

Jch glaube, dass wir die Tat, die für den einzelnen betroffenen Menschen ausserordentlich schwerwiegend ist, als Nationalsozialisten begrüssen können. Jch bitte Sie deshalb, auch allen Gerüchten und Meckereien mit dem nötigen Nachdruck mit unserer Anschauung über die Dinge aufzutreten.

Nürnberg, den 6.12.1940. Heil Hitler!

Nationalsozialistische Deutsche Arbeiterpartei Gau Franken

[redacted]
Gaustabsamtsleiter.

Daß diese Aktion Proteste auslösen mußte, war klar; daß das Echo, das sie im Ausland haben würden, selbst Parteidienststellen nicht völlig gleichgültig war, war jedoch fast verwunderlich.

Standartenführer [redacted]
München, Darerstr.

München, 22. November 1940

An
Obergruppenführer [redacted]

Obergruppenführer!

Ich lege anbei im Nachgang zu meiner Meldung vom 15. 11. etliche schriftliche Unterlagen in unbeglaubigten Abschriften vor, die sich ein Angehöriger meiner früheren Abteilung beschafft hat.
Der zusammenfassende Bericht stellt nach meiner Auffassung die Dinge richtig dar.
Aus den Papieren geht – das scheint mir beachtlich – einwandfrei hervor, daß sich Gesuchsteller aller Art in der Angelegenheit mehr und mehr an die Kirchen und ihre Vertreter wenden, da Partei- und Staatsstellen ihre Anfrage unbeantwortet lassen. Die Folge, die das haben muß, liegt auf der Hand. Daß daneben der Weitergabe in das Ausland Tür und Tor geöffnet ist, muß ebenfalls beachtet werden.
Im gleichen Zusammenhang weise ich darauf hin, daß große Teile der Ärzteschaft schon jetzt nicht mehr damit rechnen, von Patienten über etwa vorhandene erbgesundheitliche Mängel in der Familie des Kranken überhaupt oder doch wahrheitsgetreu unterrichtet zu werden und daß weite Volkskreise unter dem Gesichtspunkt der im Bericht dargestellten Ereignisse selbst der Reichstuberkulose-Untersuchung – einem Werk von größter Bedeutung – nur Mißtrauen entgegenbringen.

Da keinerlei klare Rechtslage bestand, weder ein Gesetz noch eine Verordnung existierte, wuchs die Verunsicherung in der Bevölkerung immer mehr, und Ärzte und Anstaltsleiter versuchten, hohe und höchste Stellen zu einer Stellungnahme zu veranlassen.

[redacted]
Leiter der Heil- und Pflegeanstalt
für Schwachsinnige und Epileptische.

Stetten, den 6. 9. 1940

An den
Herrn Reichjustizminister
Dr. F r a k

Berlin

Hochverehrter Herr Reichsminister:

Die Maßnahmen, die z. Zt. an geistig Kranken aller Art vorgenommen werden, haben in weiten Kreisen des Volks ein Gefühl völliger Rechtsunsicherheit entstehen lassen. Es werden aus den Anstalten solche Kranke ohne Einholung der Zustimmung der Angehörigen oder Sorgeberechtigten in andere Anstalten verlegt, aus denen dann nach kurzer Zeit die Mitteilung erfolgt, daß die Betreffenden an irgend einer Krankheit gestorben seien. Angesichts der Fülle der Todesnachrichten ist das Volk davon überzeugt, daß diese Kranken beseitigt werden.
Da auch aus der von mir geleiteten Anstalt am 10. und 13. 9. je 75 der mir anvertrauten Kranken in eine solche Anstalt verlegt werden sollen, erlaube ich mir die Frage: Ist es möglich, daß eine solche Maßnahme vollzogen wird, ohne daß ein diesbezügliches Gesetz darüber verkündigt worden ist? Ist nicht jeder Staatsbürger verpflichtet, jeder nicht durch die Gesetze gedeckten, ja durch die Gesetze verbotenen Handlung unter allen Umständen Widerstand entgegenzusetzen, auch wenn sie von staatlichen Organen vollzogen wird?

Infolge der völligen Heimlichkeit und Undurchsichtigkeit, in der diese Maßnahmen vollzogen werden, entstehen nicht nur die wildesten Gerüchte im Volke, (z. B. daß auch wegen Alters oder im Weltkrieg erworbenen Verletzungen arbeitsunfähige Leute beseitigt worden seien oder beseitigt werden sollten), sondern auch der Eindruck, als ob bei der Auswahl der von dieser Maßnahme betroffenen Personen eine völlige Willkür herrsche.
Wenn der Staat tatsächlich die Ausrottung dieser Kranken oder doch gewisser Arten dieser Geisteskrankheiten durchführen will, müßte da nicht ein klares, vor dem Volk offen verantwortetes Gesetz verkündigt werden, das jedem einzelnen die Gewähr sorgfältiger Prüfung seiner Todesverfallenheit oder Lebensberechtigung bieten und auch den Angehörigen die Möglichkeit zur Äußerung geben würde, ähnlich wie das beim Gesetz zur Verhütung erbkranken Nachwuchses der Fall ist?
Mit Rücksicht auf die weiterhin unseren Anstalten anvertrauten Kranken bitte ich dringend darum, alles zu tun, damit die Durchführung dieser Maßnahmen mindestens so lange ausgesetzt wird, bis eine klare Rechtslage geschaffen ist.

Heil Hitler!

Der massivste Protest kam von kirchlicher Seite, am deutlichsten jedoch von den katholischen Bischöfen. Erzbischof Dr. Conrad Gröber schrieb am 1. 8. 1940 an den Leiter der Reichskanzlei, Reichsminister Lammers, einen Brief, in dem die Kirche folgendes Angebot machte: „Wir erklären uns bereit, auf caritativem Wege für alle die Unkosten aufzukommen, die dem Staat durch die Pflege der zum Tod bestimmten Geisteskranken erwachsen." Graf von Galen, Bischof von Münster, erstattete 1941 bei der Staatsanwaltschaft Anzeige wegen Mord und berichtete über diese Aktion in aller Öffentlichkeit in seiner Predigt am 3. August in der St.-Lamberti-Kirche in Münster.

Als ich von dem Vorhaben erfuhr, Kranke aus Mariental abzutransportieren, um sie zu töten, habe ich am 28. Juli bei der Staatsanwaltschaft, beim Landgericht in Münster und bei dem Polizeipräsidenten in Münster Anzeige erstattet durch eingeschriebenen Brief mit folgendem Wortlaut: „Nach mir zugegangenen Nachrichten soll im Laufe dieser Woche (man spricht vom 31. Juli) eine große Anzahl Pfleglinge der Provinzialheilanstalt bei Mariental in Münster als sog. „unproduktive Volksgenossen" nach der Heilanstalt Eichberg überführt werden, um dann alsbald, wie es nach solchen Transporten aus anderen Heilanstalten nach allgemeiner Überzeugung geschehen ist, vorsätzlich getötet zu werden.
Da ein derartiges Vorgehen nicht nur den göttlichen und natürlichen Sittengesetzen widerstreitet, sondern auch als Mord nach § 211 des Reichsstrafgesetzbuches mit dem Tode zu bestrafen ist, erstatte ich gemäß § 139 des RStrGB. pflichtgemäß Anzeige und bitte, die bedrohten Volksgenossen unverzüglich durch Vorgehen gegen die den Abtransport und die Ermordung beabsichtigten Stellen zu schützen und mir von dem Veranlaßten Nachricht zu geben."
Nachricht über ein Einschreiben der Staatsanwaltschaft und der Polizei ist mir nicht zugegangen.

Daß Aktionen dieser Art normalerweise längst den Weg in Schutzhaft und KZ bedeutet hätten, man jedoch den Zorn der Gläubigen nicht durch Maßnahmen dieser Art weiter schüren wollte, blieben als Gegenmaßnahmen nur Akte kleinlicher Rache und übler Verleumdung, die die perfiden Arbeitsmethoden des Systems vielleicht am deutlichsten charakterisieren.

Geheim!

BERLIN W8, DEN 22.9.43
WILHELMSTR. 77

DER GENERALKOMMISSAR DES FÜHRERS
FÜR DAS SANITÄTS- UND
GESUNDHEITSWESEN

An den

Reichsführer-SS

Berlin

Prinz Albrechtstrasse
Prinz Albrecht-Palais

Reichsführer!

Dem Führer habe ich in diesen Tagen vorgetragen, dass der Bischof von Münster, Galen, besondere Bedenken wegen der Verlegung von Geisteskranken aus Heil- und Pflegeanstalten luftgefährdeter Gebiete in die Ausweichgebiete erhoben hat. In früheren Schreiben an den Oberpräsidenten in Westfalen hat er Nachfragen gehalten, von denen der Führer sagte, dass sie den Bischof nichts angehen.

Ich erhalte nun heute in Abschrift ein neues Schreiben vom 28.8.43, das ich Ihnen zur Kenntnis gebe. Ich verweise dabei auf den rot angestrichenen Teil dieses Briefes. Ich habe wegen des angeführten Kaufmanns Edmund N[redacted] die ärztlichen Unterlagen der Landes Heil- und Pflegeanstalt Eichberg/Rheingau beigelegt, die auf Grund der Anfrage des Oberpräsidenten in Wiesbaden zusammengestellt worden sind. Ich darf um Rückgabe der Anlagen nach Kenntnisnahme bitten.

Mit Heil Hitler!

(Prof. Brandt)

Anlagen zurückerbeten!

0/30

27/10/43

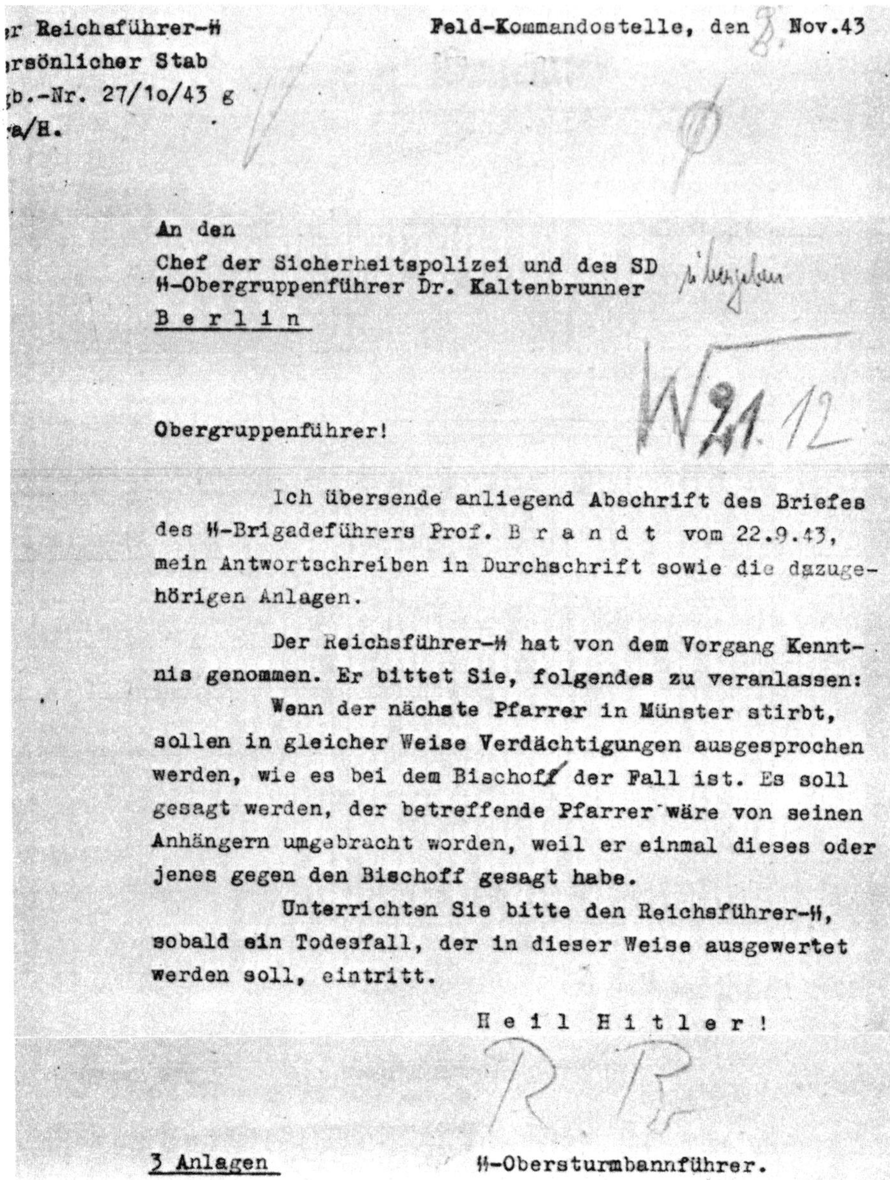

ɪr Reichsführer-SS
ɪrsönlicher Stab
ɡb.-Nr. 27/10/43 g
'a/H.

Feld-Kommandostelle, den 8. Nov.43

An den
Chef der Sicherheitspolizei und des SD
SS-Obergruppenführer Dr. Kaltenbrunner
Berlin

Obergruppenführer!

Ich übersende anliegend Abschrift des Briefes des SS-Brigadeführers Prof. B r a n d t vom 22.9.43, mein Antwortschreiben in Durchschrift sowie die dazugehörigen Anlagen.

Der Reichsführer-SS hat von dem Vorgang Kenntnis genommen. Er bittet Sie, folgendes zu veranlassen:

Wenn der nächste Pfarrer in Münster stirbt, sollen in gleicher Weise Verdächtigungen ausgesprochen werden, wie es bei dem Bischoff der Fall ist. Es soll gesagt werden, der betreffende Pfarrer wäre von seinen Anhängern umgebracht worden, weil er einmal dieses oder jenes gegen den Bischoff gesagt habe.

Unterrichten Sie bitte den Reichsführer-SS, sobald ein Todesfall, der in dieser Weise ausgewertet werden soll, eintritt.

H e i l H i t l e r !

3 Anlagen

SS-Obersturmbannführer.

Als Hitler am 24. 8. 41 auf Grund der Proteste das Programm stoppen ließ – der Befehl dazu wurde mündlich gegeben – waren rund 80 000 Menschen den Weg in die Gaskammer gegangen.

Noch bevor die „Aktion T 4“ beendet wurde, war sie bereits im März 1941 erweitert worden, und zwar in einem Bereich, in dem man hoffen konnte, daß der Widerstand weniger groß sein würde als bei den Geisteskranken: erfaßt wurden nun zusätzlich auch die kranken, schwachen und nicht mehr arbeitsfähigen Häftlinge der KL.

Die Aktion trug diesmal die Tarnbezeichnung „Geheime Reichssache 14 f 13" und „Gutachter" stellten genau wie zuvor bei den Geisteskranken die sogenannten „Invalidentransporte" zusammen.
Nur kurze Zeit später wurden hierzu dann auch jüdische Häftlinge herangezogen, die weder körperlich noch geistig „invalid" waren, sondern nur auf Grund ihrer Verhaftungsursachen auf den Fragebögen registriert wurden („jüdische Dirne", „Rasseschänder").
Auch im Rahmen dieser Aktion, deren Transporte im Schnellverfahren zusammengestellt wurden, dürften etwa 30 000 bis 40 000 Häftlinge umgebracht worden sein.

<u>Brief vom 19.11.1941 aus Fürstenberg</u>
(KZ Ravensbrück)
"... Ich erfuhr schon beim Adjutanten, dass nur 259 Häftlingen infrage kommen, die vom Gr.F. SS für Untersuchung und Begutachtung vorgesehen seien. Also nur höchstens 2 Tage für 2 Mann ([redacted] und ich) Arbeit ..."

<u>Brief vom 3.9.1941 aus München</u>
(KZ Dachau)
"... Es sind nur 2.000 Mann, die sehr bald fertig sein werden, da sie am laufenden Band nur angesehen werden ..."

<u>Brief vom 26.11.1941 aus Weimar</u>
(KZ Buchenwald)
"... Danach untersuchten wir noch bis gegen 16^{00} h, u. zwar ich 105 Pat., [redacted] 78 Pat., sodass also damit endgültig als erste Rate <u>183 Bögen</u> fertig waren. Als zweite Portion folgten nun insgesamt 1200 Juden, die sämtlich nicht erst "untersucht" werden, sondern bei denen es genügt, die Verhaftungsgründe (oft sehr umfangreich!) aus der Akte zu entnehmen u. auf die Bögen zu übertragen. Es ist also eine rein theoretische Arbeit, die uns bis Montag einschliesslich ganz bestimmt in Anspruch nimmt, vielleicht sogar noch länger. Von dieser zweiten Portion (Juden) haben wir heute dann noch gemacht: ich 17, [redacted] 15.
Punkt 17^{00} H "warfen wir die Kolle weg" und gingen zum Abendessen... "

Die Entwicklung in den Konzentrations- und Vernichtungslagern

Von euch werden die meisten wissen, was es heißt, wenn 100 Leichen beisammen liegen, wenn 500 daliegen oder wenn 1000 daliegen. Dies durchgehalten zu haben, und dabei – abgesehen von Ausnahmen menschlicher Schwächen – anständig geblieben zu sein, das hat uns hart gemacht. Dies ist ein niemals geschriebenes und niemals zu schreibendes Ruhmesblatt unserer Geschichte.

Heinrich Himmler, 4. Oktober 1943
bei der SS-Gruppenführertagung in Posen

Als der Krieg an allen Fronten die Zahl der Arbeitsfähigen in der Heimat von Monat zu Monat reduzierte, war die ursprüngliche Idee der Umerziehung in den KL auf Null gesunken. Nun galt nur noch der Wunsch, an alle nur möglichen Arbeitskräfte heranzukommen, und jedes Mittel war dazu recht.

Abschrift.
von Abschrift

Chef der Sicherheitspolizei
und des SD
?.Nr. IV - 656/42 geheim

Berlin, 17.12.1942

G E H E I M !

(Handschriftlicher Vermerk)
Verkürtzter Zusatz
an die K.Lager

Als Geheim

an alle Befehlshaber der Sicherheitspolizei u.d. SD
" " Inspekteure der Sicherheitspolizei u.d. SD
" " Kommandeure der Sicherheitspolizei u.d. SD
" " Leiter der Staatspolizei(leit)stellen

nachrichtlich

an den Chef des SS-Wirtschafts- und Verwaltungshauptamtes
SS-Obergruppenführer P o h l
an alle Höheren SS- und Polizeiführer
an den Inspekteur der Konzentrationslager

Aus kriegswichtigen, hier nicht näher zu erörternden Gründen, hat der RFSS und Chef der Deutschen Polizei am 14.12. 1942 befohlen, dass bis Ende 1943 spätestens mindestens 35 000 arbeitsfähige Häftlinge in die Konzentrationslager einzuweisen sind.

Um diese Zahl zu erreichen, ist folgendes erforderlich:

1) Ab sofort (zunächst bis zum 1.II.1943) werden Ost- oder solche fremdvölkische Arbeiter, welche flüchtig gegangen oder vertragsbrüchig geworden sind und nicht den verbündeten, befreundeten oder neutralen Staaten angehören, unter Beachtung der unter Ziffer 3) aufgeführten notwendigsten Formalitäten auf dem schnellsten Wege den nächstgelegenen Konzentrationslagern eingeleifert.

Dritten Dienststellen gegenüber muss gegebenenfalls jede einzelne dieser Massnahmen als unerlässliche sicherheitspolizeiliche Massnahme unter entsprechender sachlicher Begründung aus dem Einzelfall heraus dargestellt werden, sodass Beschwerden vermieden, jedenfalls aber ausgeräumt werden.

2) Die Befehlshaber und Kommandeure der Sicherheitspolizei und des SD und die Leiter der Staatspolizei(leit)stellen überprüfen sofort unter Zugrundelegung eines besonders scharfen und

engen Mass-Stabes

a) die Hafträume
b) die Arbeitserziehungslager.

Alle arbeitseinsatzfähigen Häftlinge sind, wenn es sachlich und menschlich irgendwie zu vertreten ist, sofort nach den folgenden Richtlinien in das nächstgelegene KZ zu überstellen, z.B. auch dann, wenn Strafverfahren demnächst eingeleitet werden oder werden sollen. Nur solche Häftlinge welche im Interesse des weiteren Ermittlungsverfahrens unbedingt in Einzelhaft verbleiben müssen, können weiterhin belassen werden.

Es kommt auf jede einzelne Arbeitskraft an!

Die Überprüfung ist sofort in Angriff zu nehmen. Jedes Zurückhalten von arbeitsfähigen Häftlingen ist verboten. Ausnahmen bedürfen meiner Genehmigung.

3) Die Häftlinge, welche bis zum 1.II.1943 in ein KZ überstellt werden, werden unter Bezug auf diesen Erlass lediglich listenmässig (laufende Nummer, Vor- und Zuname, Geburtszeit und - ort, Wohnort, Grund der Festnahme mit Stichworten) erfasst. Eine Liste geht an das RSHA und gilt als Sammelantrag sowohl für Schutzhaft als auch für die Überweisung in ein KZ, wobei die Bestätigung vorausgesetzt werden kann.

Für Ostarbeiter, d.h. für solche, welche das Kennzeichen Ost zu tragen haben, genügt die Angabe der Zahlen der Festgenommenen.

Ein Durchschlag geht mit dem Transport an den Kommandantendes Konzentrationslagers, während ein weiterer Durchschlag bei der einweisenden Dienststelle verbleibt.

Um die erforderliche Auswertung zu erleichtern, sind die Listen einseitig so zu beschreiben, dass zwischen den einzelnen Personalangaben der Häftlinge soviel Raum freibleibt, dass die Listen ausgeschnitten werden können.

Die Listen sind an das Reichssicherheitshauptamt, Referat IV C 2, einzusenden.

I.V.
gez. [redacted]
(L.S.)

Beglaubigt:
gez. [redacted]
Pol.Ob.Sekr.

Die Ausbeutung der Häftlinge, vor allem in den Rüstungsbetrieben, geschah systematisch und brutal. Die Arbeitszeit betrug oft bis zu 14 Stunden am Tag, und die Kapos trieben es bisweilen noch schlimmer als die SS selbst.

4. Wegen der Karabiner-Fabbikation habe ich den beiliegenden Brief an Minister S p e e r geschrieben.
Seien Sie doch so gut und schreiben Sie mir, wenn in Zukunft eine derartige Frage nicht recht vorangeht, unverzüglich persönlich. Ich glaube, daß wir im jetzigen Zeitpunkt unerhört viel persönlich bei den Werken draußen sein müssen, um mit der Peitsche unserer Worte anzutreiben und mit unserer Energie an Ort und Stelle zu helfen. Der Führer rechnet derartig stark mit unserer Produktion und unserer Hilfe und damit, daß wir uns durch alle Schwierigkeiten durchboxen, sie über den Haufen werfen und eben produzieren. Ich bitte Sie und G l ü c k s herzlich, es darf keine Woche vergehen, wo nicht einer von Ihnen unvermutet in dem oder in jenem Lager ist und antreibt, antreibt, antreibt.

Durch ein raffiniertes Prämiensystem wurden sie zu immer höheren Leistungen angespornt, für die es dann Vergünstigungen gab, Hafterleichterung, Verpflegungszulagen, Geldprämien, Tabakwarenbezug, Bordellbesuch. Zu den Hafterleichterungen zählten häufigerer Briefwechsel – die monatlichen zwei Briefe durften auf vier erhöht werden – und Haarschnitt, d. h. reichsdeutsche Häftlinge durften sich mit Genehmigung des Lagerkommandanten die Haare stehen lassen. Die Geldprämien, die in Form von Prämienscheinen gewährt wurden, konnten nur innerhalb des Lagers genutzt werden. Wurden sie für den Bordellbesuch eingesetzt, so verdiente die Abtl. D in Berlin selbst hier nochmals an den Häftlingen – die Frauen erhielten von den 2 RM lediglich 45 Pfennige, 1,50 ging nach Berlin zur „Zurückstellung".
Wer in den Steinbrüchen von Mauthausen Sklavenarbeit leistete oder in den unterirdischen, von der Umwelt völlig abgeschlossenen Bauten in Mittelbau-Dora mit dem Bau der V 2 beschäftigt war, konnte diese Verpflegungszulagen dringend gebrauchen. Er hatte nur dann eine Überlebenschance, wenn er über eine mehr als robuste Gesundheit verfügte.

Oranienburg, den 28. Dez. 1942.

S. S. Wirtschaftsverwaltungshauptamt
Amtsgruppe Konzentrationslager
D III/as : 14 h (KL) 82, 42 Lg/Wy
Geh.Tgb.-Nr. 66/42.21, Ausfertigung.

Geheim!
abgez. Pister/Schobert

Betreff: Ärztliche Tätigkeit
in den Konz.-Lagern
Bezug ohne Anlagen: 1

AN DIE 1. LAGERÄRZTE DER KONZ.-LAGER

Da., Sn., Bu., Neu., Au., Rav., Flo., Lu., Stu., Gr.-Ro., Nied., Natz., Hinz., Mor., Herzog., Mau.

In der Anlage haben wir eine Aufstellung über die laufenden Zu- und Abgänge in sämtlichen Konz.-Lagern zur Kenntnisnahme übersandt. Aus derselben geht hervor, daß von 136 000 Zugängen rd. 70 000 durch Tod ausgefallen sind. Mit einer derartig hohen Todesziffer kann niemals die Zahl der Häftlinge auf die Höhe gebracht werden, wie es der Reichsführer-SS befohlen hat. Die 1. Lagerärzte haben sich mit allen ihnen zur Verfügung stehenden Mitteln dafür einzusetzen, daß die Sterblichkeitsziffern in den einzelnen Lagern wesentlich herabgehen. Nicht derjenige ist der beste Arzt in einem Konz.-Lager, der glaubt, daß er durch unangebrachte Härte auffallen muß, sondern derjenige, der die Arbeitsfähigkeit durch Überwachung und Austausch an die einzelnen Arbeitsstellen möglichst hoch hält ...
Der Reichsführer-SS hat befohlen, daß die Sterblichkeit unbedingt geringer werden muß. Aus diesem Grund wird Obiges befohlen, und es ist monatlich über das Veranlaßte an den Chef des Amtes D/III zu berichten. Erstmalig am 1. Februar 1943.

gez. [redacted]
SS-Brigadeführer und Generalmajor
der Waffen-SS.

War dies nicht der Fall, so gehörte er recht bald zu denjenigen, die für die sogenannten „Invalidentransporte" zusammengestellt wurden und in den Heil- und Pflegeanstalten zur Vergasung kamen, oder er starb durch Hunger, Krankheit oder bei den Versuchen, die gewissenlose Ärzte durchführten.

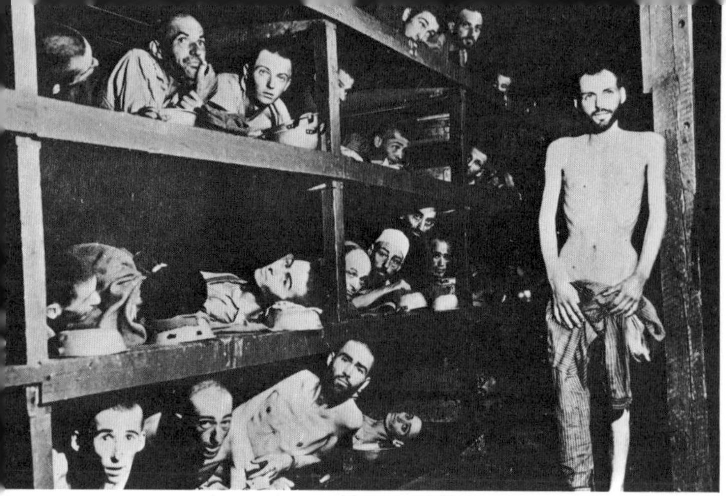

Buchenwald, Häftlinge nach der Befreiung im April 1945

morgens:
350 g Brot als Tagesration
½ l Ersatzkaffee

mittags:
6 mal wöchentlich:
1 l Rüben- oder Weißkohlsuppe
1 mal wöchentlich:
1 l Nudelsuppe

abends:
4 mal wöchentlich:
20–30 g Wurst oder Käse
und ¾ l Tee

3 mal wöchentlich:
1 l Suppe

Woran stirbt man in Dachau?

Der größte Prozentsatz der im KL Sterbenden stirbt Hungers: entweder direkt an Hungertyphus oder aber an dessen Folgen, an Mangelkrankheiten mit ödematösen und avitaminösen Symptomen. Oedematöse Mangelkrankheiten sind vor allem Oedeme (Wassersucht des Kopfes und der Gliedmassen) und Ascites (Bauchwassersucht); avitaminöse Mangelkrankheiten sind vornehmlich Furunkulose, Skorbut und übelst riechende Phlegmone. Im Bad kann man's so recht sehen, wie sonst nur aus blauer Haut und Knochen bestehende Gefangene einen prall wassergefüllten Abdomen haben: es sind ca. 40 Prozent der Häftlinge. Ascites führt via Atemnot und Herzschwäche – zumindest im KL – meist zum Tode. 30 Prozent der Gefangenen hat Skorbut (Zahnbluten, Zahnausfall, Haarausfall, Blaufärbung der Haut), Furunkulose (oft ist der ganze Körper mit Furunkeln bedeckt) und Phlegmone (eine meist bei den Zehen beginnende übelriechende Fäulnis), die zur Abnahme der Gliedmassen und – infolge der chirurgischen Unzulänglichkeiten – zum Tode führt.
Die Auspeitschungen sind meist nicht tödlich; doch führen die Nierenschläge oft zu schweren Entzündungen und Verletzungen.
Stirbt ein Häftling Hungers oder an Mißhandlungen, so werden die Angehörigen natürlich nicht von der wahren Todesursache in Kenntnis gesetzt: nicht einmal die Behörden (Standesämter) dürfen sie erfahren. SS-Reichsarzt Dr. Grawitz hat ausdrücklich Befehl erteilt, daß auf den für die Behörden bestimmten Leichenschauscheinen als Todesursache nur „zivile" Krankheiten wie Lungenentzündung, Rippenfellentzündung usw. angegeben werden dürfen. Strengstens verboten wurde die eine Zeitlang üblich gewesene Bezeichnung „Todesursache: Allgemeine Körperschwäche". Die Leichenschauscheine werden oft schon für einige Tage im voraus ausgefüllt und vom Lagerarzt unterschrieben; der Schreiber der Totenkammer, ein langjähriger Häftling, hat dann nur noch Namen und Daten des Gestorbenen einzusetzen. Praktisch geht das so vor sich: Der Lagerarzt betritt die Schreibstube und fragt: „Schreiber, Sie Arschloch, genug Blanko?" Antwort: „Nein, Herr Sturmbannführer, ich habe nur noch zehn Blanko für Pneumonie (Lungenentzündung), vierzig Häftlinge werden aber heute sterben!" Antwort des Lagerarztes: „Stellen Sie noch 30 Scheine aus auf Pleuritis exsudativa dextra (rechtsseitige Rippenfellentzündung)! Also, Arschloch, die nächsten 30 krepieren an Pleuritis!"
Als das KL Dachau im September 1939 aus Propagandagründen vorübergehend aufgelöst worden war, sind die Insassen auf die Lager Buchenwald, wo es besser ist als in Dachau, und Flossenbürg und Mauthausen, wo es bedeutend schlechter ist, verteilt worden. Von den am

26. September 1939 nach Mauthausen (oder, wie die Häftlinge sagen: Mordhausen) überführten 1650 Gefangenen waren im Januar 1940 bereits 950 verhungert oder erfroren: sie mußten bei 30 Grad Kälte ohne Mantel, in dünnstem Anzug, zerrissener Wäsche (die erst nach drei Monaten gewechselt wurde) im Steinbruch schaffen, die Brecheisen ohne Handschuhe anfassen usw. und hatten feierabends und sonntags Strafexerzieren. Wer sich zum Arzt meldete, dem befestigte er sofort die – Totenmarke an Zehe und Hals, ließ ihn zu den Toten in einen Schuppen werfen, in den es hineinschneite und mit dem nächsten Leichentransport (die Leichen wurden nackt wie geschlachtete Schweine auf einen Wagen geworfen) ins Krematorium gefahren.

Zwar ging es den Planern der KL während des Krieges zunächst um die Bereitstellung von Arbeitskräften, daß jedoch der Profit, der sich aus der Arbeit dieser Häftlinge, die von der SS für 4 bis 6 RM pro Tag an die Firmen ausgeliehen wurden, beträchtlich war, zeigt die Entgeltforderung, die allein für die weiblichen Häftlinge nur für Buchenwald für einen Monat über 2 Millionen betrug.

Buchenwald
(Frauen)

Zusammenstellung der Forderungsnachweise für Monat Dezember 1944

Arbeitsstellen:	*Entgelt:*	Fach-Arb.	Hilfs-Arb.	Betrag: Prämien:
Amtsggruppe C:		–	–	–.–
W.-Betriebe:		–	–	–.–
SS-Dienststellen:		–	–	–.–
Rüstungsbetriebe:				
ATG-Maschinenbau GmbH	/4.+	–	12 229	48.916.–
B-Eisenach	/4.+	–	5 401	21.604.–
Dortmund-Hoerder Hüttenv.	/4.+	–	14 987	59.948.–
Fabrik Allendorf GmbH	/4.+	–	23 017	92.068.–
Fabrik Hessisch-Lichtenau	/4.+	–	16 453	65.812.–
Gerätebau GmbH	/4.+	–	16 011	64.044.–
Hasag, Altenburg	/4.+	–	64 729	258.916.–
" , Leipzig	/4.+	–	122 243	488.972.–
" , Meuselwitz	/4.+	–	33 368	133.472.–
" , Schlieben	/4.+	–	7 134	28.536.–
" , Lpzg.-Taucha	/4.+	–	33 857	135.428.–
Heeres-Munitionsanstalt T.	/4.+	–	3 761	15.044.–
I.G.Farbenindustrie AG	/4.+	–	10 169	40.676.–
Junkers-Flugzeug- u. Mot.W.	/4.+	–	31 669	126.676.–
Kabel- u. Leitungswerke	/4.+	–	8 487	33.948.–
Krupp, Essen	/4.+	–	10 783	43.132.–
Lippstädter Eisen u. Met.W.	/4.+	–	18 983	75.932.–
Polte-Werke, Duderstadt	/4.+	–	22 527	90.108.–
" " , Magdeburg	/4.+	–	69 743	278.972.–
Rheinmetall Borsig	/4.+	–	28 356	113.424.–
Westf.-Anh.Sprengstoff AG	/4.+	–	17 885	71.540.–
Westf. Metall-Industrie	/4.+	–	6 264	25.056.–
			578 056	2.312.224.–
Kriegsw. Betriebe:		–	–	–.–
	Zus.:	–	578 056	2.312.224.–

Aber nicht nur zu Lebzeiten war die Rentabilität dieser Menschen ein Faktor, der genau kalkuliert war. Selbst nach ihrem Tode ließ sich aus ihnen noch Kapital schlagen: das Zahngold wurde herausgebrochen und die abgeschnittenen Frauenhaare der Rüstungsindustrie, vor allem für U-Boot-Abdichtungen, zugeführt.

Betrifft: Verwertung der abgeschnittenen Haare.

An die
Kommandanten der K.L.
Arb., Au., Bu., Da., Flo., Gr.-Ro., Lu., Maut./Gu., Na., Nie., Neu., Rav., Sahs., Stutth., Mor., SS SL Hinzert.

Der Chef des SS-Wirtschafts-Verwaltungshauptamtes, SS-Obergruppenführer Pohl, hat auf Vortrag angeordnet, daß das in allen KL anfallende Menschenschnitthaar der Verwertung zugeführt wird. Menschenhaare werden zu Industriefilzen verarbeitet und zu Garn versponnen. Aus ausgekämmten und abgeschnittenen Frauenhaaren werden Haargarnfüßlinge für U-Bootsbesatzungen und Haarfilzstrümpfe für die Reichsbahn angefertigt.

Es wird daher angeordnet, daß das anfallende Haar weiblicher Häftlinge nach Desinfektion aufzubewahren ist. Schnitthaar von männlichen Häftlingen kann nur von einer Länge von 20 mm an Verwertung finden.

SS-Obergruppenführer Pohl ist deshalb einverstanden, daß zunächst versuchsweise das Haar der männlichen Häftlinge erst dann abgeschnitten wird, wenn dieses nach dem Schnitt eine Länge von 20 mm besitzt. Um durch das Längerwachsen der Haare die Fluchterleichterung zu verhindern, muß dort, wo der Kommandant es für erforderlich hält, eine Kennzeichnung der Häftlinge in der Weise erfolgen, daß mit einer schmalen Haarschneidemaschine mitten über den Kopf eine Haarbahn herausgeschnitten wird.

Es wird angestrebt, die Verwertung der in allen Lagern anfallenden Haare durch Errichtung eines Verwertungsbetriebes in einem KL durchzuführen. Nähere Anweisungen über die Ablieferung der gesammelten Haare folgt noch.

Die Mengen der monatlich gesammelten Haare, getrennt nach Frauen- und Männerhaaren, sind jeweils zum 5. eines jeden Monats, erstmalig zum 5. September 1942, nach hier zu melden.

gez. Glücks,
SS-Brigadeführer und
Generalmajor der Waffen-SS

In die KL wurden nicht nur die mißliebigen „Volksschädlinge" eingeliefert, sondern während des Krieges auch ausgesonderte russische Kriegsgefangene, vor allem Offiziere, Komsomolzenführer und Politruks, falls sie nicht bereits unmittelbar nach ihrer Gefangennahme erschossen wurden.

Betrifft: Vollstreckung von Todesstrafen an sowjet-russischen Kriegsgefangenen
Vorgang: ohne
Anlagen: 1 Anlage

In der Anlage übersende ich die Abschrift des Befehls des OKW. v. 29. 12. 41 – Az. 2 f 24. 1921/1/Kriegsgef. (I6) Fr. 4411/41 g.s. (1) – betr. Vollstreckung von Todesstrafen an sowjetischen Kriegsgefangenen zur gefl. Kenntnisnahme.
Um jeden Zweifel auszuschließen, ordne ich an, daß

1. die Vollstreckung der durch Wehrmachtsgerichte gegen sowjetische Kriegsgefangene verhängten Todesurteile in keinem Fall durch Angehörige der Sicherheitspolizei und des SD erfolgen darf
2. von der Wehrmacht übergebene, sowjetische Kriegsgefangene in derartigen Fällen entweder in Einverständnis mit dem Lagerkommandeur in ihrem Stammlager oder in nächstgelegenem Konzentrationslager durch fremdvölkische Häftlinge zu hängen sind. Der Kommandant des Konzentrationslagers ist gegebenenfalls vorher entsprechend zu verständigen. Abschließend ist mir kurz zu berichten.

Ich bitte, die Führer aller Einsatzkommandos entsprechend anzuweisen und ihnen die in der Anlage beigefügten Unterlagen zum Hausgebrauch zuzuleiten.

Da sie der Meinung der Machthaber nach zu den „Untermenschen“ gehörten und außerdem die Genfer Konvention für sie nicht zutraf, gehörten sie zu der Kategorie von Häftlingen, die absolut vogelfrei waren und für die keinerlei Recht, nicht einmal der Form nach, bestand. Sie wurden fast ausnahmslos sofort nach Übernahme in das Lager der Exekution zugeführt, die von ihren eigenen Landsleuten zu vollstrecken war.
Als Belohnung für diese „Arbeit“ wurden die Betreffenden mit drei Zigaretten abgefunden.

Reichssicherheitshauptamt
IV D 2 - 240/42 gRs. - 4 -

Berlin, den 18.Juli 1942

Geheim!

Schnellbrief !

An
alle Kommandeure der Sicherheitspolizei
und des SD
alle Staatspolizei-leit-stellen

27. JULI 1942

Nachrichtlich
an
alle Höheren SS- und Polizeiführer
alle Befehlshaber und Inspekteure
der Sicherheitspolizei und des SD.

Betrifft: Abfindung von Schutzhäftlingen bei der Durchführung von Exekutionen.

Reichsführer-SS hat in Abänderung seiner früheren Weisung "Erlass vom 3.9.1940 B.Nr. S-IV 826/40 gRs. -" befohlen, dass polnische bzw. sowjetrussische Schutzhäftlinge, welche Exekutionen ihresgleichen zu vollziehen haben, nicht mehr wie bisher 5 Reichsmark, sondern lediglich nur noch 3 Zigaretten erhalten sollen.

In Vertretung:
gez. [redacted] ,

Beglaubigt:
Kanzleiangestellte.

Auschwitz-Birkenau, Selektion auf der Rampe

Als nach dem Krieg in Deutschland die ersten Prozesse gegen NS-Verbrechen geführt wurden, galt Auschwitz für lange Zeit als das Konzentrationslager überhaupt. Die Zeugen, die es aus diesem Lager gab – und sie waren auf Grund seiner Größe zahlreich – berichteten von den Massenvernichtungen, die bereits mit der Selektion bei der Ankunft in Auschwitz II (Birkenau) an der Rampe begannen und bei der die Arbeitsfähigen von den Nichtarbeitsfähigen sofort getrennt wurden. Die Nichtarbeitsfähigen – nur dem Augenschein nach beurteilt – wurden unmittelbar danach in die Gaskammern gebracht, die übrigen dem Arbeitslager in Auschwitz I zugeführt. Das Lager bestand also aus zwei Teilen, dem Vernichtungslager in Birkenau und dem übrigen Lager. Die Verhältnisse in Lublin-Maydanek waren ähnlich, bei beiden handelte es sich um sogenannte Mischlager.

Anders jedoch war die Situation bei den Vernichtungslagern, die weit ab vom Reich in Polen errichtet wurden – wohl auch im Hinblick auf die Schwierigkeiten, die sich bei der 1942 eingestellten Gnadentod-Aktion trotz aller Geheimhaltung bei der Bevölkerung ergeben hatten. Diese reinen Vernichtungslager, bei der selbst die mit der Ausführung betrauten jüdischen Personen, die sogenannten Arbeitsjuden, von Zeit zu Zeit den gleichen Weg gingen wie die Häftlinge, befanden sich in Sobibor, Treblinka und Belzec und liefen unter der Tarnbezeichnung „Aktion Reinhard“. Hier wurde der Mord, für den es in den übrigen KL bei den Planern immer noch Bemäntelungen gab, seien es nun Menschenversuche oder Arbeitermangel, zum bis ins letzte geplanten Massenmord. Die Todesart war auch hier das Gas, jedoch nicht nur die Gaskammern wie in Auschwitz, sondern Autos, wie sie vor allem bei dem Sonderkommando Kulmhof (55 km von Lodz und 150 km von Posen) verwendet wurden. Da immer wieder Zweifel auftauchen, ob es diese Gasautos denn überhaupt gegeben habe, sei hier ein Briefwechsel zwischen Herstellerfirma und Auftraggeber (erst 1960 in Alexandria bei Washington entdeckt) in Auszügen, jedoch bis zur Preisangabe, wiedergegeben, der wohl keinerlei Zweifel mehr an diesen Vorgängen läßt.

II D 3 a (9) Nr. 214/42 g.Rs.

Berlin, den 5 Juni 1942

I. Vermerk:

Einzigste Ausfertigung.

Betrifft: Technische Abänderungen an den im Betrieb eingesetzten und an den sich in Herstellung befindlichen Spezialwagen.

Seit Dezember 1941 wurden beispielsweise mit 3 eingesetzten Wagen 97 000 verarbeitet, ohne daß Mängel an den Fahrzeugen auftraten. Die bekannte Explosion in Kulmhof ist als Einzelfall zu bewerten. Ihre Ursache ist auf einen Bedienungsfehler zurückzuführen. Zur Vermeidung von derartigen Unfällen ergingen an die betroffenen Dienststellen besondere Anweisungen. Die Anweisungen wurden so gehalten, daß der Sicherheitsgrad erheblich heraufgesetzt wurde.

Die sonstigen bisher gemachten Erfahrungen lassen folgende technische Abänderungen zweckmäßig erscheinen:

1.) Um ein schnelles Einströmen des CO unter Vermeidung von Überdrucken zu ermöglichen, sind an der oberen Rückwand zwei offene Schlitze von 10 x 1 cm lichter Weite anzubringen. Dieselben sind außen mit leicht beweglichen Scharnierblechklappen zu versehen, damit ein Ausgleich des evtl. eintretenden Überdruckes selbsttätig erfolgt.

2.) Die Beschickung der Wagen beträgt normalerweise 9 - 10 pro m^2. Bei den großräumigen Saurer-Spezialwagen ist eine Ausnutzung in dieser Form nicht möglich, weil dadurch zwar keine Überlastung eintritt, jedoch die Geländegängigkeit sehr herabgemindert wird. Eine Verkleinerung der Ladefläche erscheint notwendig. Sie wird erreicht durch Verkürzung des Aufbaues um ca. 1 m. Vorstehende Schwierigkeit ist nicht, wie bisher, dadurch abzustellen, daß man die Stückzahl bei der Beschickung vermindert. Bei einer Verminderung der Stückzahl wird nämlich eine längere Betriebsdauer notwendig, weil die freien Räume auch mit CO angefüllt werden müssen. Dagegen reicht bei einer verkleinerten Ladefläche und vollständig ausgefülltem Laderaum eine erheblich kürzere Betriebsdauer aus, weil freie Räume fehlen.

5.) Die bisher angebrachten Beobachtungsfenster können entfallen, da sie praktisch nie benutzt werden. Bei der Fertigung weiterer Fahrzeuge wird durch den Fortfall der Fenster mit Bezug auf die schwierige Anbringung und dichte Abschließung derselben erhebliche Arbeitszeit eingespart.

6.) Die Beleuchtungskörper sind stärker als bisher gegen Zerstörungen zu sichern. Das Eisengitterwerk ist so hoch gewölbt über den Lampen anzubringen, daß eine Beschädigung der Lampenfenster nicht mehr möglich ist. Aus der Praxis wurde vorgeschlagen, die Lampen entfallen zu lassen, da sie angeblich nie gebraucht werden. Es wurde aber in Erfahrung gebracht, daß beim Schließen der hinteren Tür und somit bei eintretender Dunkelheit immer ein starkes Drängen der Ladung nach der Tür erfolgte. Dieses ist darauf zurückzuführen, daß die Ladung bei eintretender Dunkelheit sich nach dem Licht drängt. Es erschwert das Einklinken der Tür. Ferner wurde festgestellt, daß der auftretende Lärm wohl mit Bezug auf die Unheimlichkeit des Dunkels immer dann einsetzt, wenn sich die Türen schließen. Es ist deshalb zweckmäßig, daß die Beleuchtung vor und während der ersten Minuten des Betriebes eingeschaltet wird. Auch ist die Beleuchtung bei Nachtbetrieb und beim Reinigen des Wageninnern von Vorteil.

Der Chef der Sicherheitspolizei
und des SD

II D 3 a (9) B.Nr. 668/42

Berlin, den 23. Juni 1942

1.) Vermerk:

Lt. Vorgang II D 3 a -1737/41- sind bei der Fa. [redacted] 30 Spezialaufbauten für angelieferte Fahrge - stelle in Auftrag gegeben. 20 Fahrzeuge sind bereits fertiggestellt und ausgeliefert.

Die letzten 10 Fahrgestelle wurden jetzt ange- liefert und sollen mit Aufbauten versehen werden. Ob- wohl die Firma [redacted] nicht in der Lage ist, die aus der Erfahrung notwendig gewordenen Abänderungen im laufenden Bauplan zu berücksichtigen, hat der Gruppenleiter auf Vorschlag entschieden, daß trotz- dem alle Aufbauten bei der Firma [redacted] gefertigt werden, da die in Erwähnung gezogene Firma [redacted] in [redacted] für eine Geheimhaltung nicht geeignet erscheint. (Tschechische Firma im rein tschechischen Gebiet mit tschechischen Arbeitern).

Es wird vorgeschlagen, bei der Firma [redacted] die im nachfolgenden Schreiben aufgeführten Änderun- gen bei zunächst 1 Aufbau auszuführen und praktisch zu erproben. Änderungen, die zum Zwecke der Geheim- haltung dort nicht berücksichtigt werden können, sind in eigener Werkstatt vorzunehmen.

Rf/Hb
167/42g

Geheim

1.) Schreiben:

An das
krim. tech. Institut
beim Reichskriminalpolizeiamt

Berlin.

In der Anlage reiche ich den Vorgang des Standortarztes K.L. Mauthausen zurück.

Die von uns gefertigten Sonderwagen sind z.Zt. alle gemäss Befehl des Chefs der Sicherheitspolizei und des SD im Einsatz. Es sind weitere Wagen in Beschaffung, deren Lieferung aber abhängig ist von der Zurverfügungstellung der Fahrgestelle durch den Generalbevollmächtigten für das Kraftfahrwesen. Zu welchem Zeitpunkt die Bereitstellung durch den GBK erfolgt, lässt sich noch nicht sagen und es ist ferner damit zu rechnen, dass nach Bereitstellung noch eine Umbauzeit von ca. 8 - 14 Tagen für die einzelnen Wagen benötigt wird. Nach diesem Zeitpunkt wäre ich bereit, dem K.L. Mauthausen für eine bestimmte Zeit einen derartigen Sonderwagen zur Verfügung zu stellen. Zur gegebenen Zeit werde ich Sie unterrichten, soblad der Wagen einsatzfähig ist.

Da ich annehme, dass das K.L. Mauthausen nicht unbestimmte Zeit bir zur Verfügungstellung warten kann, bitte ich die Beschaffung von Stahlflaschen mit Kohlenoxyd bzw. andere Hilfsmitteln zur Durchführung von dort aus in die Wege zu leiten.

2.) II D 3 a - Major [redacted] - zur Kenntnis und Wvl. bei Fertigstellung neuer Sonderwagen.

I.A.

[redacted]

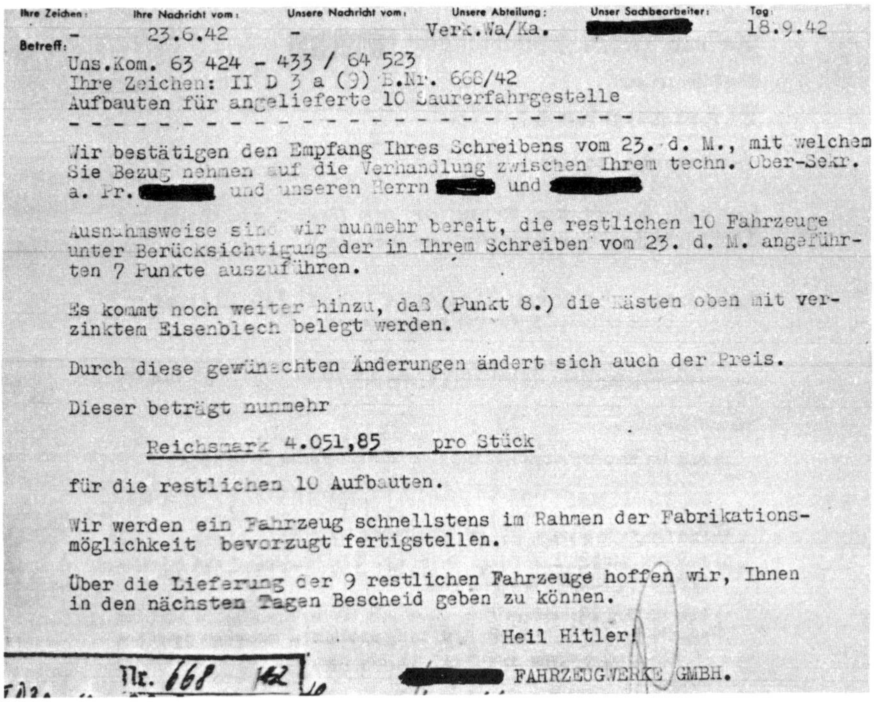

Ihre Zeichen:	Ihre Nachricht vom:	Unsere Nachricht vom:	Unsere Abteilung:	Unser Sachbearbeiter:	Tag:
-	23.6.42	-	Verk.Wa/Ka.	[redacted]	18.9.42

Betreff: Uns.Kom. 63 424 - 433 / 64 523
Ihre Zeichen: II D 3 a (9) B.Nr. 668/42
Aufbauten für angelieferte 10 Saurerfahrgestelle

Wir bestätigen den Empfang Ihres Schreibens vom 23. d. M., mit welchem Sie Bezug nehmen auf die Verhandlung zwischen Ihrem techn. Ober-Sekr. a. Pr. [redacted] und unseren Herrn [redacted] und [redacted]

Ausnahmsweise sind wir nunmehr bereit, die restlichen 10 Fahrzeuge unter Berücksichtigung der in Ihrem Schreiben vom 23. d. M. angeführten 7 Punkte auszuführen.

Es kommt noch weiter hinzu, daß (Punkt 8.) die Kästen oben mit verzinktem Eisenblech belegt werden.

Durch diese gewünschten Änderungen ändert sich auch der Preis.

Dieser beträgt nunmehr

Reichsmark 4.051,85 pro Stück

für die restlichen 10 Aufbauten.

Wir werden ein Fahrzeug schnellstens im Rahmen der Fabrikationsmöglichkeit bevorzugt fertigstellen.

Über die Lieferung der 9 restlichen Fahrzeuge hoffen wir, Ihnen in den nächsten Tagen Bescheid geben zu können.

Heil Hitler!

Nr. 668/42

[redacted] FAHRZEUGWERKE GMBH.

Die Gaswagen, die teilweise bereits bei der Aktion „Gnadentod" eingesetzt und erprobt worden waren, wurden auf Befehl Himmlers nun auch hier zur Massenvernichtung verwendet, nachdem die vorangegangenen Massenerschießungen vor allem bei Frauen und Kindern eine zu große Belastung bei den Erschießungskommandos hervorgerufen hatten und es Himmler selbst einmal, als er einer solchen beiwohnte, übel geworden war.
Anfang Dezember 1941 begann die Vernichtungsaktion in Kulmhof, zu der zunächst die Juden aus den umliegenden Dörfern und Städten herangebracht wurden, denen man mitteilte, sie kämen zu einem Arbeitseinsatz nach Deutschland, vorher müsse jedoch die übliche Desinfektion durchgeführt werden. Die Tötung geschah mit Kohlenmonoxyd, teils mit Abgasen, die mit einem Schlauch ins Innere der Wagen geleitet wurden, teils mit Flaschengas. Sie dauerte etwa 10 Minuten. Danach wurden die Leichen von dem jüdischen Arbeitspersonal aus den Wagen genommen und in riesigen Massengräbern beigesetzt. Da die darüber geworfene Erde nur knapp einen Meter betrug, drang der Verwesungsgeruch bald weit über das gut getarnte und hermetisch abgeriegelte Gebiet hinaus. 1942 wurden die Leichen deshalb wieder ausgegraben und sowohl in Verbrennungsöfen als auch in großen, dafür hergerichteten Gruben verbrannt. Die Männer des jüdischen Arbeitskommandos, die bereits nach kurzer Zeit nicht mehr arbeitsfähig und auch nicht mehr arbeitswillig waren, wurden von Zeit zu Zeit durch Neuankömmlinge ersetzt und abends im Wald nach ihrer letzten Arbeit erschossen.
Das Sonderkommando Kulmhof wurde im Frühjahr 1943 aufgelöst, zum Abtransport der angefallenen Kleiderberge, etwa 370 Waggons, wurden in Posen beim Wirtschaftsamt 900 Lastwagen mit Anhängern angefordert. Die Wertgegenstände der Toten, vor allem Brillanten, Uhren, Silber und Zahngold konnten von den Angehörigen des Sonderkommandos und Wehrmachtsangehörigen angekauft werden.

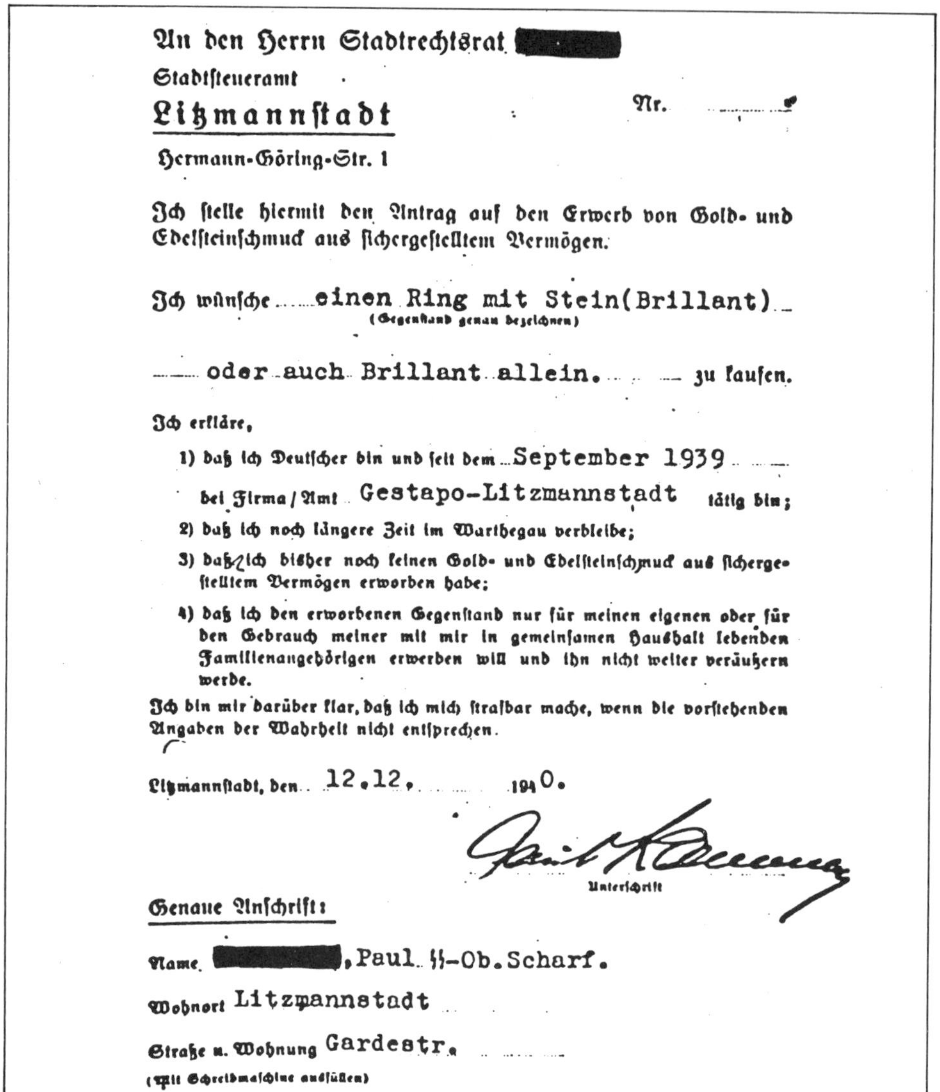

An den Herrn Stadtrechtsrat [redacted]

Stadtsteueramt

Litzmannstadt Nr. ....

Hermann-Göring-Str. 1

Ich stelle hiermit den Antrag auf den Erwerb von Gold- und Edelsteinschmuck aus sichergestelltem Vermögen.

Ich wünsche ....einen Ring mit Stein(Brillant)..
(Gegenstand genau bezeichnen)

........oder auch Brillant allein.......... zu kaufen.

Ich erkläre,

1) daß ich Deutscher bin und seit dem ..September 1939....
bei Firma / Amt Gestapo-Litzmannstadt tätig bin;

2) daß ich noch längere Zeit im Warthegau verbleibe;

3) daß ich bisher noch keinen Gold- und Edelsteinschmuck aus sichergestelltem Vermögen erworben habe;

4) daß ich den erworbenen Gegenstand nur für meinen eigenen oder für den Gebrauch meiner mit mir in gemeinsamen Haushalt lebenden Familienangehörigen erwerben will und ihn nicht weiter veräußern werde.

Ich bin mir darüber klar, daß ich mich strafbar mache, wenn die vorstehenden Angaben der Wahrheit nicht entsprechen.

Litzmannstadt, den .. 12.12. .... 1940.

Unterschrift

Genaue Anschrift:

Name [redacted], Paul. SS-Ob.Scharf.

Wohnort Litzmannstadt ....

Straße u. Wohnung Gardestr. ....

(Mit Schreibmaschine ausfüllen)

Über 2 Millionen RM flossen in die Kassen der SS, die sich ohnehin durch die SS-eigenen Betriebe von Jahr zu Jahr mehr füllten. (Wie z. B. die Klinker Zement G.m.b.H. in Bielitz mit einem Stammkapital von 2 Millionen Mark, die Prager Baumaterialien-Fabriken mit einem Grundkapital von 16 Millionen Mark, die Deutsche Ausrüstungswerke mit Betriebsstätten in Auschwitz, Buchenwald, Dachau, Lemberg, Lublin, Ravenbrück etc. mit einem Stammkapital von 520 000.- Mark, die Deutsche Versuchsanstalt für Ernährung und Verpflegung G.m.b.H., zu der unter anderem die Landwirtschaft und Pfeffermühle Dachau, Gärtnerei und Geflügelfarm Ravensbrück etc. gehörten, der Nordland-Verlag G.m.b.H., Stammkapital 1 Million und die Deutschen Wirtschaftsbetriebe G.m.b.H. mit einem Stammkapital von 16 Millionen Mark).

Das Lager Kulmhof wurde im Frühjahr 1944 – Januar 1945 erneut in Betrieb genommen, beim Näherkommen der Sowjets in der Nacht vom 17./18. 1. dann aufgelöst. Die Zeit der Toten allein in diesem Lager dürfte nach Schätzungen für die 1. Periode 1941-43 bei rund 145 000 Menschen liegen, für die 2. Periode mindestens 7000 betragen.
Als die Alliierten im Frühjahr 1945 die Lager befreiten, waren die Menschenmassen, für die einst der Platz kaum reichte, zu Skelettbergen geschrumpft. Von denen, die überlebten, starben Tausende in den ersten Wochen nach Befreiung, – die Umstellung auf ein Leben, in dem der Hunger nicht mehr regierte, konnte von vielen nicht mehr geleistet werden.

Die Befreiung.

Kaum waren unsere Türen offen, begann aus allen Häusern der Sturm auf die Küche. Hunderte drangen in die Küche, in die Bäckerei, in die Keller ein.
Die Brote flogen von den Regalen, die Gebisse schnappten zu. Wie betend stand mancher, der ein Brot wie ein Kind in den Armen hielt und biß weinend von oben hinein. Hunderte kämpften untereinander im Keller. Sauerkrautfässer wurden zerstampft, Sirupfässer platzten und die Gesichter tauchten in die dicken Lachen am Boden und sogen. Ein halbes Rind hing von der Decke. Die Männer sprangen hinauf, klammerten sich im Reitsitz an das Fleisch und bissen hinein. Eine Traube von Männern hing an dem Rind und biß und biß und würgte. Einige bissen in Margarinewürfel durch das Papier, sie fraßen einen ganzen Würfel aus mit stieren, zitternden Augen. Schließlich fiel das Rind vom Haken in Sirup und Sauerkraut und zerstampfte Brote. Und die Männer balgten sich, stießen und warfen sich zu Dutzenden in Verzückung über das Fleisch und stöhnten und würgten und röchelten. Ein dumpfes, stampfendes Geräusch war das einzige, was aus dem Keller nach oben drang, das dumpfe Murren eines gewaltigen Tieres mit hunderten von Beinen, eines stampfenden Tausendfüßlers, das Tier hieß Hunger.

Appell in einem KZ *Bild unten: Alliierte nach Kriegsende in einem KZ*

Judenverfolgung und Endlösung

Von einem Journalisten in die Schweiz geschmuggeltes Foto, vermutlich Theresienstadt.

Wenn es dem internationalen Finanzjudentum inner- und außerhalb Europas gelingen sollte, die Völker noch einmal in einen Weltkrieg zu stürzen, dann wird das Ergebnis nicht die Bolschewisierung der Erde und damit der Sieg des Judentums sein, sondern die Vernichtung der jüdischen Rasse in Europa!

Adolf Hitler in der Reichstagsrede vom 30. 1. 39

Als der 17jährige deutsche Jude Herschel Grynszpan aus Rache, Wut und Verzweiflung über seine nach Polen deportierten Eltern am 7. November 1938 in Paris den deutschen Gesandtschaftsrat Ernst vom Rath erschoß, konnte er kaum voraussehen, welche Folgen diese Tat haben würde. Sie waren das Resultat eines über Jahre hinweg gezüchteten Hasses, einer Rassenideologie, für die Juden „Parasiten der Menschheit" waren und eine „Seuche", die es „auszumerzen" galt:

Die Nachwirkungen dieser vor 1933 zersetzenden jahrzehntelangen Infektion sind sogar noch bis heute in den Völkern zu spüren. Es bedarf einer angestrengten Arbeit, um auch die letzten Spuren dieser Seuche auszumerzen und Europa auf die natürliche und einzig richtige Bahn des Lebens zurückzuführen.
Die Lösung der Judenfrage ist daher über die Grenzen des Reiches hinaus heute eine Lebensfrage der Völker Europas geworden. (...)
Bei derartigen Auseinandersetzungen und Vorgängen können humanitäre Grundsätze überhaupt nicht herangezogen werden, ebensowenig wie bei einer Desinfektion eines Körpers oder verseuchten Raumes. Es muß hier ein vollständig neues Denken Platz greifen. Nur ein solches Denken kann wirklich zu der letzten Entscheidung führen, die in unserer Zeit fallen muß, um die große schöpferische Rasse in ihrem Bestand und in ihrer großen Aufgabe in der Welt zu sichern.

„Humanitäre Grundsätze" galten denn auch gewiß nicht mehr bei dem, was in der darauffolgenden Nacht geschah: Synagogen brannten, Geschäfte wurden demoliert, jüdische Frauen und Mädchen vergewaltigt, Warenhäuser und Wohnungen zerstört und geplündert. In der politischen Gedenkrede zum 9. November 1938, die Goebbels am nächsten Tag in München hielt, wurde dies als „spontaner Ausdruck der berechtigten und verständlichen Empörung des deutschen Volkes über den feigen jüdischen Meuchelmord" deklariert. Ein direkter Befehl von höchster Stelle existierte nicht, Anweisungen wurden telephonisch oder mündlich weitergegeben und die Art der Aktionen blieb der Phantasie der einzelnen Einsatzleiter – SA in Zivil, HJ, SS oder fanatisierten Parteigenossen – überlassen. Die Bevölkerung, obwohl zumindest teilweise entsetzt und erschreckt, reagierte stumm, d. h. eine Hilfestellung ihren jüdischen Mitbürgern gegenüber blieb aus, ebenso der Löscheinsatz der Feuerwehr.

In der Fasanenstraße brannte die riesige Synagoge. Von der Kantstraße her sah es aus, als feiere man ein Fest darin. Alle Fenster waren hell erleuchtet, aber dann verdunkelte sich das festliche Licht zu einem düsteren Rot, als die ersten Rauchballen aus dem Dach herausplatzten. Eine murmelnde Menschenmenge stand in der Straße. Viele schwiegen, aber viele billigten das Feuer. Die rot erleuchteten Haßgesichter der Volksgenossen starrten befriedigt in den düster schwelenden Bau der Synagoge.
Als ich weiterging, sah ich die modernen Löschwagen der Feuerwehr tatenlos stehn. Die Feuerwehrleute standen schwatzend zusammen, zündeten Zigaretten an und lachten. Im Vorgarten eines Nachbarhauses saßen einige und spielten Skat. Die den Brand zu bekämpfen beauftragt waren, spielten Skat neben dem Brand.
Stolz und trotzig standen die arischen Mietshäuser neben der Synagoge, aber einige Jahre später verwandelten sie sich in genau solche Ruinen. Da spielten die Feuerwehrmänner nicht mehr Skat. Sie mögen tot sein heute, ihre Trumpfhand gelähmt, ihr Lachen verweht, die Karten zertreten. Und die Ruinen sind alle gleich.

Zerstörtes jüdisches Geschäft in Magdeburg

Ausgebrannte Synagoge in Magdeburg

Die „Reichskristallnacht", in Berlin in den Tagen darauf so genannt wegen den die Straßen bedeckenden Glasscherben der demolierten Fensterscheiben, hatte die Verhaftung von rund 20 000 Juden zur Folge, der Gesamtschaden, den die Juden selbst zu begleichen hatten, wurde auf mehrere hundert Milliarden RM geschätzt. Außerdem wurde ihnen eine „Sühneleistung" von einer Milliarde RM auferlegt, die an den Staat zu zahlen war, der sich überdies noch die gesamte Versicherungssumme aneignete.
Das Pogrom war ebenfalls der äußere Anlaß oder Vorwand zu jenem völlig „neuen Denken", das dann zu der „letzten Entscheidung dieser Zeit" führte – der „Endlösung" der Judenfrage.
Während in den nächsten Wochen und Monaten weitere Erlasse und Verordnungen erschienen (bis Kriegsende waren es mehr als 250), die den Lebensbereich der Juden immer mehr einschränkten, wurden in dem obersten Führergremium Überlegungen angestellt, welche Mög-

lichkeiten dabei zu verfolgen seien. In den Vordergrund rückten drei Pläne: Die Auswanderung, die Ghettoisierung und der sogenannte „Madagaskarplan". Für die Auswanderung wurde 1939 das „Zentralamt für jüdische Auswanderung" gegründet, das eine Zwangsauswanderung unter Zurücklassung von Besitz und Vermögen vorsah, die Fahrt in ein fremdes Land mußte ebenfalls aus Eigenmitteln finanziert werden. Die Planung von Großghettos im Osten, Lodz und Warschau, stieß nicht auf allgemeinen Beifall, bescherte aber als Nebenprodukt offenbar die Idee des Judensterns, der im Sept. 1941 im Altreich eingeführt wurde, nachdem er zwei Jahre zuvor bereits im Generalgouvernement Vorschrift war.

Das Zweite, um die Juden herauszubekommen, muesste eine Auswanderungsaktion fuer das Judentum im uebrigen Reich sein, die sich auf mindestens 8 bis 10 Jahre erstreckt. Wir kriegen im Jahr nicht mehr als hoechstens 8–10000 Juden heraus. Es bleibt also eine Unzahl Juden drin. Durch die Arisierungen und die sonstigen Beschraenkungen wird natuerlich das Judentum arbeitslos. Wir erleben eine Verproletarisierung des zurueckbleibenden Judentums. Ich muss also in Deutschland solche Massnahmen treffen, dass sie auf der einen Seite den Juden isolieren, damit er nicht in den normalen Lebenskreis des Deutschen eintritt. Ich muss aber auf der anderen Seite Moeglichkeiten schaffen, die den Juden auf einen engsten Kundenkreis beschraenken, aber eine bestimmte Betaetigung zulassen, in der Rechtsanwaltsfrage, Arztfrage, Friseurfrage usw.. Diese Frage muesste auch geprueft werden.

Fuer die Isolierung moechte ich rein polizeilich einige Vorschlaege kurz unterbreiten, die auch wegen ihres psychologischen Einflusses auf die oeffentliche Meinung von Wert sind, z.B. die persoenliche Kennzeichnung des Juden, indem man sagt: Jeder Jude im Sinne der Nuernberger Gesetze muss ein bestimmtes Abzeichen tragen. Das ist eine Moeglichkeit, die viele anderen Dinge erleichtert – in bezug auf Ausschreitungen sehe ich keine Gefahr– die uns auch das Ver-
haeltnis zum auslaendischen Juden erleichtert.

Goering: Eine Uniform!

Heydrich: Ein Abzeichen. Dadurch koennte man auch die Schaeden abstellen, die dadurch entstehen, dass die auslaendischen Juden, die sich in ihrem Aeusseren nicht von inlaendischen Juden unterscheiden, in Mitleidenschaft gezogen werden.

Goering: Aber lieber Heydrich, Sie werden nicht darum herumkommen, in ganz grossem Massstab in den Staedten zu Ghettos zu kommen. Die muessen eschaffen werden.

Der „Madagaskarplan" sah eine Deportation aller europäischen Juden auf die Insel Madagaskar vor, ein Plan, der dann jedoch von den Kriegsereignissen überholt wurde.
All diese Pläne, deren Ausführung sich teilweise überlappte, für die Befehle gegeben und kurz darauf wieder rückgängig gemacht wurden, wie z. B. bei der Planung des Ghettos in Warschau, führten offenbar nicht zu dem erhofften Erfolg und so beauftragte Göring im Juli 1941 den Chef der Sicherheitspolizei und des SD, SS-Gruppenführer Heydrich, einen Gesamtplan zur Durchführung der angestrebten Endlösung auszuarbeiten.

Berlin, den 31. 7. 1941

DER REICHSMARSCHALL DES GROSSDEUTSCHEN REICHES,
BEAUFTRAGTER FÜR DEN VIERJAHRESPLAN,
VORSITZENDER
DES MINISTERRATS FÜR DIE REICHSVERTEIDIGUNG

An den Chef der Sicherheitspolizei und des SD
SS-Gruppenführer H e y d r i c h
B e r l i n

In Ergänzung der Ihnen bereits mit Erlaß vom 24. Januar 1939 übertragenen Aufgabe, die Judenfrage in Form der Auswanderung oder Evakuierung einer den Zeitverhältnissen entsprechend möglichst günstigen Lösung zuzuführen, beauftrage ich Sie hiermit, alle erforderlichen Vorbereitungen in organisatorischer, sachlicher und materieller Hinsicht zu treffen für eine Gesamtlösung der Judenfrage im deutschen Einflußgebiet in Europa.

Sofern hierbei die Zuständigkeiten anderer Zentralinstanzen berührt werden, sind diese zu beteiligen.

Ich beauftrage Sie weiter, mir in Bälde einen Gesamtentwurf über die organisatorischen, sachlichen und materiellen Vorausmaßnahmen zur Durchführung der angestrebten Endlösung der Judenfrage vorzulegen.

Göring

Im Januar des darauffolgenden Jahres lagen diese Pläne vor und Heydrich legte sie in Berlin in einer Besprechung – die später als die sogenannte „Wannsee-Konferenz" in die Geschichte eingehen sollte – vor.
Die Konferenz, an der außer Heydrich und anderen Führungsspitzen auch der SS-Obersturmbannführer Eichmann teilnahm – der Mann, der im RSHA mit der technischen Organisation der Judenfragen betraut war und für seine „Verdienste" noch im März 1945 mit dem Kriegsverdienstkreuz 1. Kl. mit Schwertern ausgezeichnet wurde – brachte eine Wende in der bisherigen Strategie: nun endlich gab es andere Lösungsmöglichkeiten, die auch ohne Scheu klar formuliert wurden, wenn auch in der üblichen Tarnsprache.

Der Öffentlichkeit gegenüber wurde diese Entscheidung, die endgültige Vernichtung der Juden, als „zweckentsprechender Arbeitseinsatz“ getarnt.

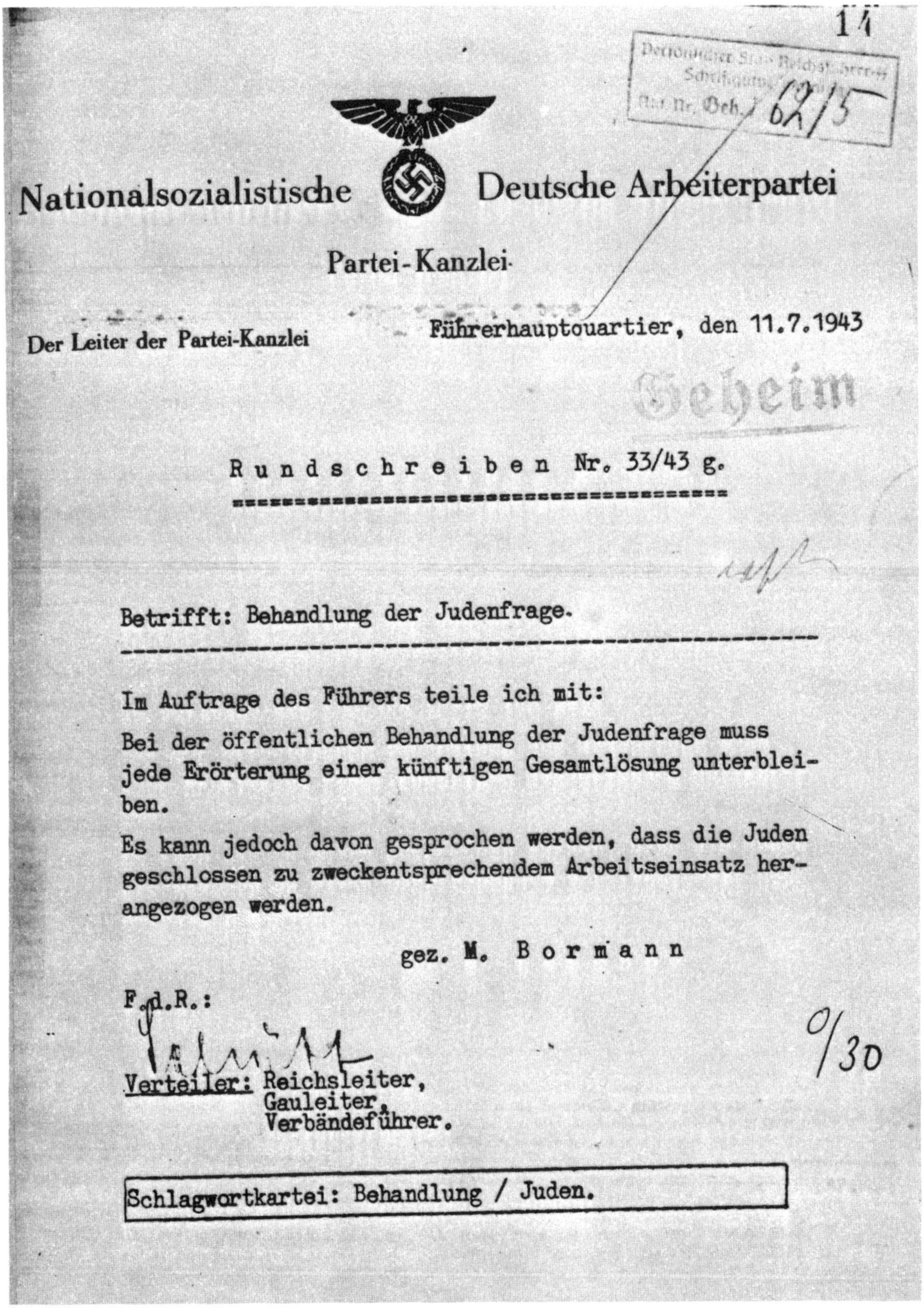
14

Nationalsozialistische Deutsche Arbeiterpartei

Partei-Kanzlei

Der Leiter der Partei-Kanzlei

Führerhauptquartier, den 11.7.1943

Geheim

Rundschreiben Nr. 33/43 g.

Betrifft: Behandlung der Judenfrage.

Im Auftrage des Führers teile ich mit:

Bei der öffentlichen Behandlung der Judenfrage muss jede Erörterung einer künftigen Gesamtlösung unterbleiben.

Es kann jedoch davon gesprochen werden, dass die Juden geschlossen zu zweckentsprechendem Arbeitseinsatz herangezogen werden.

gez. M. Bormann

F.d.R.:

Verteiler: Reichsleiter,
Gauleiter,
Verbändeführer.

Schlagwortkartei: Behandlung / Juden.

Die Umsetzung der Pläne geschah rasch, systematisch und umfassend; die zynische Reaktion der Durchführenden ließ sich kaum mehr überbieten.

Dr.-Ing Ganzenmüller
Staatssekretär im Reichsverkehrsministerium
Stellvertretender Generaldirektor
der Deutschen Reichsbahn

Berlin W 8 den 28. Juli 1942
Voßstraße 35
Fernruf 12 00 30

Persönlicher Stab Reichsführer-SS
Schriftgutverwaltung
Akt. Nr. RR 94

Herrn
SS-Obergruppenführer W o l f

Berlin SW 11
Prinz-Albrecht-Str 8
- Persönlicher Stab des
Reichsführers SS -

Geheim

Sehr geehrter Pg Wolff!

Unter Bezugnahme auf unser Ferngespräch vom 16. Juli teile ich Ihnen folgende Meldung meiner Generaldirektion der Ostbahnen (Gedob) in Krakau zu Ihrer gefälligen Unterrichtung mit:

"Seit dem 22.7. fährt täglich ein Zug mit je 5 000 Juden von Warschau über Malkinia nach Treblinka, außerdem zweimal wöchentlich ein Zug mit 5 000 Juden von Przemysl nach Belzek. Gedob steht in ständiger Fühlung mit dem Sicherheitsdienst in Krakau. Dieser ist damit einverstanden, daß die Transporte von Warschau über Lublin nach Sobibor (bei Lublin) solange ruhen, wie die Umbauarbeiten auf dieser Strecke diese Transporte unmöglich machen (ungefähr Oktober 1942)."

Die Züge wurden mit dem Befehlshaber der Sicherheitspolizei im Generalgouvernement vereinbart. SS- und Polizeiführer des Distrikts Lublin, SS-Brigadeführer Globotschnigg, ist verständigt.

Heil Hitler!
Ihr ergebener
Ganzenmüller

AR 10/19/42

Führer-Hauptquartier,
13. August 42.

Persönlicher Stab Reichsführer-SS
Schriftgutverwaltung
Akt. Nr. AR/ 94

An den
Herrn Staatssekretär im Reichsverkehrsministerium
Stellvertretender Generaldirektor der Deutschen Reichsbahn
Dr.-Ing. G a n z e n m ü l l e r

B e r l i n W 8
Voßstrasse 35.

Lieber Parteigenosse G a n z e n m ü l l e r !

Für Ihr Schreiben vom 28.7.1942 danke ich Ihnen - auch im Namen des Reichsführer-SS - herzlich. Mit besonderer Freude habe ich von Ihrer Mitteilung Kenntnis genommen, dass nun schon seit 14 Tagen täglich ein Zug mit je 5.000 Angehörigen des auserwählten Volkes nach Treblinka fährt und wir doch auf diese Weise in die Lage versetzt sind, diese Bevölkerungsbewegung in einem beschleunigten Tempo durchzuführen. Ich habe von mir aus mit den beteiligten Stellen Fühlung aufgenommen, so dass eine reibungslose Durchführung der gesamten Massnahmen gewährleistet erscheint. Ich danke Ihnen nochmals für die Bemühungen in dieser Angelegenheit und darf Sie gleichzeitig bitten, diesen Dingen auch weiterhin Ihre Beachtung zu schenken.

Mit besten Grüssen und

H e i l H i t l e r !

Bald befanden sich nicht nur die Juden Deutschlands auf dem Weg nach Osten, sondern auch die aus ganz Europa und der übrigen Welt, soweit sie greifbar waren (Holland z. B. hielt 20 000 seiner jüdischen Mitbürger bis zum Kriegsende in sicheren Verstecken zurück, trotz Androhung härtester Strafen).

Ungarischer Innenminister hat SS-Obersturmbannführer Eichmann mitgeteilt, daß Ungarische Regierung mit Zustimmung Reichsverwesers am 25. d. M. mit Evakuierung Juden aus Stadtgebiet Budapest beginnen würde. Reichsverweser habe nur Evakuierung begrenzter Anzahl von Juden zugestimmt, Regierung sei jedoch entschlossen, mit Ausnahme bereits ab-

gesonderter getaufter Juden mit Stichtag vom 1. Januar 1941 und sonstiger Ausnahme — Juden sowie einer besonderen Gruppe von 3 000 Juden, deren Ausnahmebehandlung Reichsverweser persönlich angeordnet hat, sämtliche Juden zu evakuieren. Konzentrierung beginnt am 25. August wie vorgesehen in 3 Lagern. Erster Transport mit 6 Zügen, insgesamt 20 000 Juden sollen 27. August, in der Folgezeit täglich 3 Züge mit 9 000 Juden fahren. Konzentrierung erfolgt ausschließlich durch ungarische Gendarmerie, die zu diesem Zweck besonders zusammengezogen wird.

Gegen die geplante Verschickung der angegebenen Anzahl von Juden aus dem besetzten französischen Gebiet, aus den Niederlanden und aus Belgien zum Arbeitseinsatz in das Lager Auschwitz bestehen grundsätzlich keine Bedenken seitens des Auswärtigen Amtes. Im Hinblick auf die psychologischen Rückwirkungen darf ich aber bitten, zunächst die staatenlosen Juden zu verschicken, um dadurch schon in weitgehendem Maße das Kontingent der in die Westgebiete zugewanderten fremdländischen Juden zu erfassen, das in den Niederlanden allein gegen 25 000 Juden beträgt. Aus dem gleichen Grunde beabsichtigt die Militärverwaltung in Brüssel zunächst nur polnische, tschechische, russische und sonstige Juden auszuwählen.

Das Reichssicherheitshauptamt fragte fernmündlich an, ob im Zuge der Abschiebung der Juden aus Deutschland nach dem Osten die slowakischen und kroatischen Juden mit erfaßt werden können.

M. E. bestehen dagegen keine Bedenken, denn der Slowakische und auch der Kroatische Staat gehen von sich aus mit den schärfsten Mitteln gegen die Juden vor.

Es wird angeregt, aus Gründen der Courtoisie die Frage über die Deutsche Gesandtschaft in Preßburg bzw. Agram mit den Regierungen der Slowakei und Kroatien besprechen zu lassen. Beiden Regierungen sollte anheimgestellt werden, die Juden ihrer Staatsangehörigkeit in angemessener Frist aus Deutschland abzuberufen oder sie von deutscher Seite in die Ghettos im Osten abschieben zu lassen.

Unter den Angehaltenen befanden sich weiter etwa 45 bis 50 Argentinier, die bei meinem Abgang noch in Belsen waren, etwa 600 Südamerikaner sowie insgesamt höchstens 70 bis 80 Juden britischer und nordamerikanischer Staatsangehörigkeit.

Die Ghettoisierung wurde in der Weise durchgeführt, daß die Juden gezwungen wurden, in zwei großen Stadtbezirken Wohnung zu nehmen, die bisher schon fast ausschließlich von Juden bewohnt wurden. Der eine dieser Bezirke liegt im westlichen, der andere im östlichen Teil der Stadt. Die außerhalb der beiden Ghettos gelegenen jüdischen Geschäfte können beibehalten werden, müssen jedoch durch ein Plakat mit der Aufschrift „Jüdisches Geschäft, Eßpalxóv Karàβyρμα" gekennzeichnet sein. Die Straßen Boulevard Nikis und Odos Taimiaki dürfen von Juden mit Ausnahme der Inhaber und Angestellten dort befindlicher Geschäfte nicht betreten werden.
Die Erfassung der hiesigen Juden anläßlich der Durchführung dieser Maßnahmen ergab, daß etwa 56 000 Juden in Saloniki ansässig sind, die fast ausnahmslos zur Gruppe der Sepharden (Spaniolen) gehören.

Die Kosten für die „Wohnsitzverlegung“ hatten die Juden selbst zu tragen, sie waren von Stadt zu Stadt verschieden.

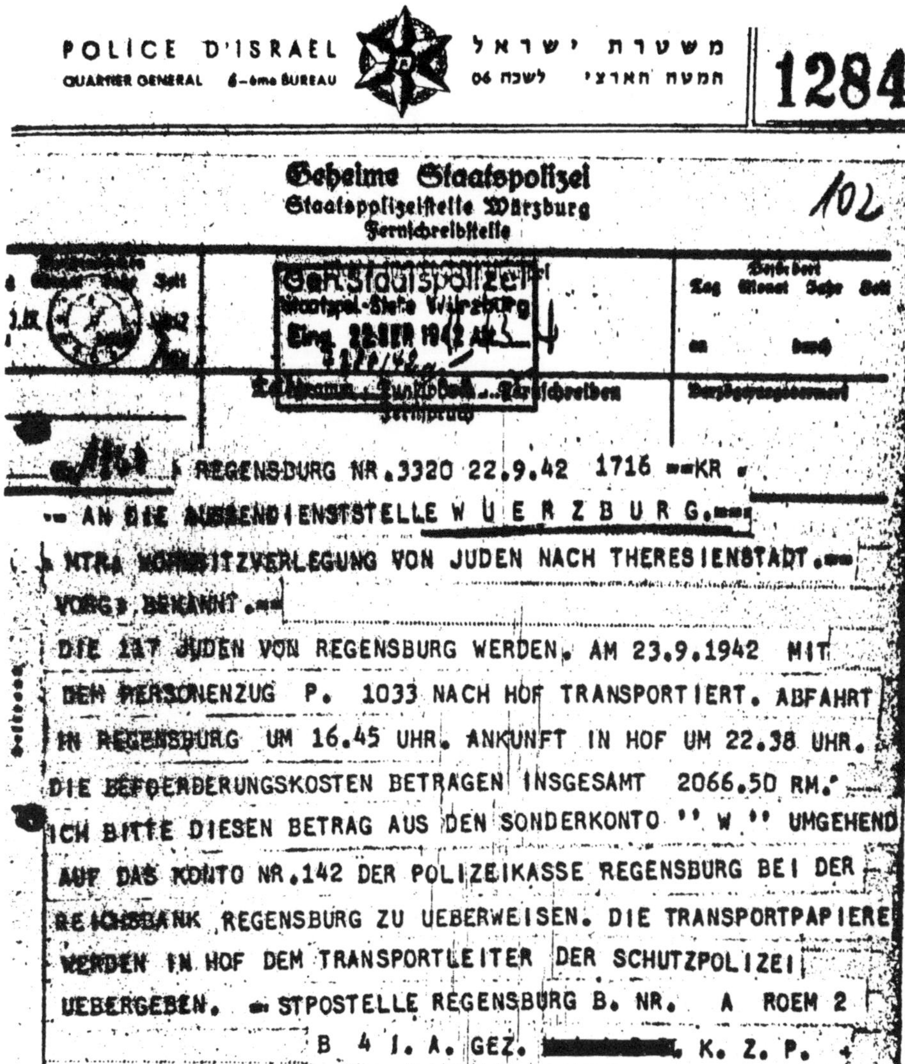

REGENSBURG NR.3320 22.9.42 1716 =KR
AN DIE AUSSENDIENSTSTELLE W U E R Z B U R G.
BTRF.: WOHNSITZVERLEGUNG VON JUDEN NACH THERESIENSTADT.
VORG.: BEKANNT.
DIE 117 JUDEN VON REGENSBURG WERDEN AM 23.9.1942 MIT
DEM PERSONENZUG P. 1033 NACH HOF TRANSPORTIERT. ABFAHRT
IN REGENSBURG UM 16.45 UHR. ANKUNFT IN HOF UM 22.38 UHR.
DIE BEFOERDERUNGSKOSTEN BETRAGEN INSGESAMT 2066.50 RM.
ICH BITTE DIESEN BETRAG AUS DEN SONDERKONTO " W " UMGEHEND
AUF DAS KONTO NR.142 DER POLIZEIKASSE REGENSBURG BEI DER
REICHSBANK REGENSBURG ZU UEBERWEISEN. DIE TRANSPORTPAPIERE
WERDEN IN HOF DEM TRANSPORTLEITER DER SCHUTZPOLIZEI
UEBERGEBEN. = STPOSTELLE REGENSBURG B. NR. A ROEM 2
B 4 I. A. GEZ. [redacted] K. Z. P. +

Das Vermögen, Wertpapiere und Wertgegenstände wurden vom Staat eingezogen, über den mit preußischer Exaktheit durchgeführten Vollzug berichtet ein Merkblatt über die Evakuierung.

Im nächsten Raum (Raum II) hat der Jude, der bereits bei Abholung dem Beamten seine Vermögensliste, evtl. Wertpapiere und sonstige Papiere, übergeben hat, sämtliche bei sich tragende Ausweispapiere, Wertpapiere, unerlaubte Schmuckgegenstände, usw. abzugeben. Gleichzeitig sind von den Juden außerhalb Nürnbergs die RM. 60,- Transportkosten mit abzugeben und zu

buchen. Für die Juden Nürnbergs erfolgt Einhebung der Transportkosten bereits vorher über die Kultusgemeinde. Belassen wird ihnen lediglich die Kennkarte, Gebrauchsuhr und Ehering. Hierauf werden die Juden im Raum III körperlich durchsucht auf versteckte, mitgeschmuggelte Wertpapiere, usw. (Entkleiden, Frauen getrennt in Sonderräumen).
Nach Wiederankleidung wird dem Juden (oder der Jüdin) im Raum IV die Einziehung und Beschlagnahme seines (ihres) Vermögens durch Zustellungsurkunde (Gerichtsvollzieher) bekanntgegeben und gleichzeitig auf seiner (ihrer) Kennkarte der Stempel „Evakuiert“ aufgedruckt. Hierauf wird er (sie) der SS-Wache übergeben, die ihn (sie) nunmehr in das endgültige Sammellager verbringt. Ein Verlassen dieses Sammellagers oder Verkehr mit den noch nicht behandelten Juden ist unter allen Umständen zu verhindern. Seine (ihre) Marschverpflegung Reisegepäck, usw., Eßgeschirr, darf er (sie) mitnehmen.
Am 29. 11. 41 ist bis vormittags 8 Uhr ein Arbeitskommando der Juden zusammenzustellen, mit Hilfe dessen die Verladung des Ghettogepäcks und Ghettogerätes in Güterwagen durchzuführen ist. (Pol. Sekr.).

Was in diesen Menschen vorging, die von Raum zu Raum Stück für Stück ihrer Persönlichkeit beraubt wurden – behalten werden konnten lediglich Uhr, Kennkarte und Ehering – zeigt ein Dokument, das ob seiner Unscheinbarkeit und Unbedeutendheit gewiß nicht zu den aussagekräftigsten gehört – die Registrierung versteckter Gegenstände. Die Hoffnung, auch jetzt noch, auf ein zukünftiges Leben, in dem beispielsweise eine Hängematte, eine Mundharmonika oder ein Fläschchen Parfüm noch von irgendwelcher Bedeutung sein und der Besitz eines Eisernen Kreuzes oder eines Frontkämpferehrenkreuzes Achtung abfordern konnte, erscheint trister als das gläubige Vertrauen zu Beginn dieses Regimes, daß Hitler durch Judenverfolgungen ganz gewiß nicht ins Mittelalter zurückfallen würde.

V e r z e i c h n i s

der am 26./27. 11. 1941 anläßlich der Evakuierung von Juden aus Würzburg bei der körperlichen Durchsuchung u. a. abgenommenen Waren:

13 spitze Küchenmesser
95 Taschenmesser
5 Rasiermesser
1 Etui mit einem Rasiermesser und zwei Scheren
1 Etui mit Frieurhandwerkszeug
1 Haarschneidemaschine
2 Stück Rasierseife
1 Rasiermesser-Schärfapparat
1 Reisenecessaire
2 Mundharmonikas
5 Weckeruhren
1 Ledergürtel
1 Eisernes Kreuz II. Klasse
1 Verdienstkreuz II. Klasse
2 Frontkämpferehrenkreuze
2 Lorgnetten
diverse Nagelfeilen und Manikürgegenstände
1 kleiner Spiegel
2 Damenschirme
3 Spazierstöcke
42 Fläschchen Parfüm
18 Flaschen Medikamente
verschiedene Tabletten (Medikamente)
1 Karton mit Streichholzschachteln
5 Päckchen Tee, 1 Säckchen Tee
1 Päckchen Pumpernickel
2 Dosen Kakao
1 Päckchen Kakao
1 Säckchen Kakao
diverse Süßigkeiten (Schokolade, Bonbon usw.)
diverse Fleischbrühwürfel
1 Päckchen Mühlenfrank
1 Glas Honig
40 verschiedene Zigaretten
3 Tabakspfeifen
1 Heizkissen
2 Füllfederhalter mit Etuis
1 Hängematte

Daß die Deportationen der Juden nicht nur im bevölkerungspolitischen Sinn einen Baustein in der Durchführung des rassenideologischen Programms darstellten, sondern darüber hinaus auch wirtschaftliche und finanzielle Interessen befriedigt werden konnten, zeigten die Verhandlungsbemühungen für die sogenannten „Austauschjuden", die in Bergen-Belsen untergebracht waren und die nicht anders verliefen, als befürchtet: von den rund 6000 zum Austausch angebotenen Häftlingen gelangten nur 358 in die Freiheit.

Wenn im normalen Geschäftsleben man merkt, daß der Gegenpartner die Geduld und die Nerven verliert, so ist die Taktik möglich, daß man die Verhandlungen weiter verzieht, doch in unserem Falle dürfen wir nicht vergessen, daß es um Hunderttausende von Menschenleben geht, die uns teuer sind und die durch einen bloßen Hauch des erregten Gegners ausgelöscht werden können.
Sehen wir andererseits an, was der Gegenpartner erreichen will. Er ist vom guten Willen beseelt, die Judenausrottung einzustellen, wenigstens gilt dies für die Mitglieder der Verhandlungsdelegation. Dies bedeutet aber eine ideologische Umstellung einer bisherigen politisch-weltanschaulichen Richtung, die auch noch heute ihre starren und einflußreichen Vertreter hat. (Eichitsch). Angesichts des Umstandes aber, daß die Aschkenas ungeheuren Bedarf an wichtigen Gütern, Lastautos etc. haben, konnte das Argument großer Lieferungen von den Vertretern des blinden Hasses nicht mehr überwunden werden. Dieses Argument aber heißt im Budget einer Großmacht viele Hundert Millionen Sfrs. oder sogar Dollars. Das zu erklären, daß wir zunächst einen kleinen Probeposten von einigen Tausend- oder Zehntausend austauschen wollen, heißt den Mißerfolg der ganzen Aktion offen auszusprechen.
Der Vertrag muß daher, um die mit uns verhandelnde Delegation in die Lage zu versetzen, einen Erfolg melden zu können, beispielsweise auf 200 000 Menschen lauten und als Gegenwert z. B. Lieferungen im Werte von Sfrs. 300 000 000.- beinhalten. Dies würde Eichitsch und Konsorten überwinden, wenn aber dies nicht geschieht, dann sind alle Teufel los und die bisherigen Verhandlungen werden, statt zum Segen, zum Fluche jener werden, die von den Deportierten irgendwie bis heute am Leben geblieben sind.
Selbstverständlich glaube ich nicht daran, daß auch nur ein Teil dieser Transaktion zur Abwicklung gelangen wird. Wahrscheinlich wird ein allerwinzigster Bruchteil als a conto gebraucht werden und diesem gegenüber, im Banne der großen Zahlen, wird das Leben der übrigen bewahrt sein bis zu dem hoffentlich baldigen Tage, wo die Macht des Bösen bricht.
Nicht unerwähnt möchte ich lassen, daß meiner Überzeugung nach auch der Gegenpartner weiß, oder zumindest ahnt, daß der zustandekommende Schluß bloß zu einem kleinen Teile die nötige Abwicklungszeit finden wird. Aber um prinzipiell durchzudringen, kann die zu S. M. entsandte aschkenazische Delegation bloß mit einem vollklingenden Erfolg zu seinem Chef zurückkehren.
Ich habe es für wichtig gehalten, auf die obigen Punkte hinzuweisen und darauf aufmerksam zu machen, daß wir entgegen sonstiger geschäftlicher Gepflogenheit gezwungen sind, und nunmehr unverzüglich in die Gedanken und Gemütswelt unserer Gegner einzufühlen.
Zunächst muß dafür gesorgt werden, daß die Abwicklung der Transaktion auf Basis einer gewissen Norm automatisch erfolgt. Zu diesem Zwecke muß festgestellt werden, wieviel pro Kopf als Wert der zu liefernden Gegenleistungen entfällt. Wenn z. B. wie oben erwähnt für 200 000 Menschen Waren im Werte von Sfrs. 300 000 000,- geliefert werden, dann entfallen Sfrs. 1.500,- pro Kopf. Ich möchte die unsererseits erhobene Einwendung, daß eine solche Vorabredung nach Menschenhandel klingt und durch irgendeine andere Formel zu umgehen wäre, auf Grund der gesammelten Erfahrungen dringendst bestreiten. Zunächst was

die moralische Seite dieses Einwandes betrifft, möchte ich bemerken, daß wir uns ob dieses Menschenhandels nicht zu schämen brauchen. Wir sind es, die diese Menschen freikaufen und sicherlich nicht zu Sklaven. Wenn also dieser Handel den Verkäufer nicht geniert, uns dient er gewiß zur Ehre.
Aus diesem ergibt sich die nachteilige Situation, in die wir im Verlauf unserer bisherigen Transaktion geraten sind. Wir haben als Zeichen unseres guten Willens verschiedene Werte in Kaspi Brillanten, Gold, Wertpapieren und Sochora zu liefern versprochen und demgegenüber war zuerst die Rede von 6 000 Menschen, die herauszuschicken waren. Hieraus wurden dann 1 500 und schließlich 500, aus denen endlich 320 ins Ausland gelangten und nun wird nach langem Betteln der Versand von weiteren 180 versprochen. Dabei sind dennoch wir es, denen schwer vorgeworfen wird, daß ein Teil unserer versprochenen Sochoraleistungen nicht eingehalten worden ist und wir daher unseren guten Willen überhaupt nicht bekundet hätten.

Wie groß der Profit der M-Aktion aus beschlagnahmten Wohnungen, Häusern, Hotels gewesen sein mag, läßt sich wohl kaum mehr ermitteln. Daß die damit Beauftragten nicht nur für die Kasse des Staates arbeiteten, sondern bisweilen in ihre eigene Tasche, veranlaßte die Dienststellen zu dem Hinweis, daß diese Möbel nur noch Bombengeschädigten zur Verfügung gestellt werden durften.

Allgemeine Dienstanweisung GEHEIM 10

Auf Grund der uns gegebenen Führerbefehle vom 8.2.1942, 21.2.1942 und 31.12.1941 ist die Dienststelle Westen mit der Durchführung der Verwertung von jüdischen Wohnungen beauftragt. Aus grundsätzlichen Erwägungen soll

1. die Beschlagnahme möglichst wenig Aufsehen erregen, gegebenenfalls als Repressalie hingestellt werden.

2. die Beschlagnahme nur in Frage kommen, soweit der jüdische Besitzer nicht mehr anwesend und die Wohnung unbewohnt ist.
Die Eigenart dieses Auftrages, sowie seine rascheste und reibungslose Durchführung setzen voraus, dass mit militärischen Dienststellen, sowohl als auch den Dienststellen des SD und sonstiger polizeilicher Dienststellen engste Fühlungnahme gehalten wird, wobei jederzeit die besonderen Belange der Beteiligten zu wahren sind. Daher hat sich bei Aufnahme der Tätigkeit durch die Aussenstelle meines Geschäftsbereichs der Leiter der Aussenstelle grundsätzlich vor Beginn seiner Arbeit mit dem SD und den militärischen Dienststellen in Verbindung zu setzen und diese von seinem Auftrag zu unterrichten. Die Arbeitsweise kann dann mit den zuständigen genannten Dienststellen besprochen werden, gegebenenfalls ist diesen Stellen Rechnung zu tragen.
Die Art der Durchführung dieses Auftrages wird dann jeweils den örtlichen Gegebenheiten anzupassen sein.
Zu Punkt 2 der Beschlagnahme ist noch genauestens zu beachten, dass

Wohnungseinrichtungen jüdischer Besitzer folgender Nationalitäten nicht zu erfassen sind: Amerikaner, Engländer, Italiener, Rumänen, Spanier, Finnen, Portugiesen, Schweizer, Dänen, Schweden, Türken, Ungarn, Griechen und Argentinier, ebenso Wohnungen von Juden, die für deutsche Firmen und in der Forst- und Landwirtschaft arbeiten. Ferner Wohnungen von Juden, die sich in Kriegsgefangenschaft befinden.

Falls es sich um eine jüdische Wohnung handelt, zu der räumlich getrennt noch ein Geschäftsbetrieb (Laden, Warenhaus, Werkstätte, usw.) gehört, ist nur die Wohnung des Juden zu erfassen, da über den Geschäftsbetrieb der Militärbefehlshaber entscheidet, der seinerseits gegebenenfalls einen arischen Verwalter einsetzt. Ebenso verfügt der Militärbefehlshaber über Sach - und Geldwerte jüdischer Herkunft, die sich in Banken oder Geschäften befinden.

Werden in Wohnungen Devisen, sonstige Wertmittel, Schmucksachen usw. erfasst, so sind diese gemäss Anordnung des Herrn Reichsmarschalls des Grossdeutschen Reiches sicherzustellen und genauestens aufzuführen, danach gegen Quittung dem jeweils zuständigen Devisenschutzkommando zu übergeben.

Falls grössere Mengen Lebensmittel anfallen sollen, sind diese der Wehrmacht zuzuführen.

Alle Mitarbeiter der Aussenstellen sind mir für eine reibungslose Abwicklung des Auftrages persönlich verantwortlich. Die im Aussendienst tätigen Mitarbeiter werden von mir, bzw. dem Abschnittsleiter mit dem entsprechenden Ausweise versehen, der sie zur Durchführung ihres Auftrages in einem bestimmten Gebiet berechtigt.

gez.: [redacted]

DRK - Oberstführer
Leiter der Dienststelle Westen

Hitlers Wahnvorstellungen, am 13. Februar 1945 noch einmal geäußert, erfüllten sich nicht – das jüdische Volk wurde nicht ausgerottet, wie er es mit Stolz darzustellen versuchte.

> *Ich war immer vollständig korrekt bei der Behandlung der Juden. Am Vorabend des Krieges warnte ich sie zum letzten Mal. Ich sagte ihnen, daß sie, wenn sie erneut einen Krieg heraufbeschwören würden, nicht verschont bleiben würden, und daß ich die Parasiten in ganz Europa ausrotten würde, und zwar dieses Mal ein für alle Mal. Diese Warnung erwiderten sie mit einer Kriegserklärung, und bewiesen, daß überall in der Welt wo ein Jude war, dort auch gleichzeitig ein unerbittlicher Gegner des nationalsozialistischen Deutschland war.*
> *Nun, wir haben das jüdische Geschwür entfernt, und die zukünftige Welt wird uns ewig dafür dankbar sein.* *13. 2. 1945*

Wie viele der Deportierten jedoch die „Endlösung“ überstanden, war schon damals kaum exakt zu ermitteln. Der Bericht des Inspekteurs für Statistik, Dr. Korherr, der bis zum 31. 12. 42 reicht, ist daher wirklich, wie von ihm bezeichnet, nur als „erster vorläufiger Bericht“ anzusehen.

XVII/4

pekteur für Statistik   Berlin, 23.3.1943

Nr.36/g.Rs. Dr.K./K.

Geheime Reichssache

ꞩꞩ-Obersturmbannführer Dr.R. B r a n d t
Pers.Stab Reichsführer-ꞩꞩ
B e r l i n

Lieber Pg. B r a n d t !

Gemäß Befehl des Reichsführers -Geheim- vom 18.1.1943, Tgb.Nr.32/2/43 g und den entsprechenden Befehlen des Reichsführers an das Reichssicherheitshauptamt habe ich dem Reichssicherheitshauptamt den in Abschrift beifolgende[n] Bericht über "Die Endlösung der europäischen Judenfrage" als ersten vorläufigen Bericht zur Verfügung gestellt.

Ein endgültiger, ausgebauter Bericht mit tadellosem Zahlenmaterial und mit einer hieb- und stichfesten Bilanz über die zahlenmäßige Entwicklung des Judentums dürfte am besten vielleicht für den Stand vom 1.Juli, 1.Oktober oder 31.12.1943 nach sorgfältiger Vorbereitung der zunächst noch sehr widersprechenden zahlenmäßigen Unterlagen zu erstellen sein. Ich wäre Ihnen dankbar, wenn Sie dem Reichsführer einen diesbezüglichen Vorschlag machen würden, zugleich wäre ich für Mitteilung dankbar, welche Einzelfragen aus dem Bericht der Reichsführer besser ausgearbeitet oder zurückgestellt haben will.

Anlage: 1 Bericht
        (16 Blätter)

H e i l   H i t l e r !

Die Gesamtzahl der Juden auf der Erde schätzt man um das Jahr 1937 im allgemeinen auf rund 17 Millionen, wovon über 10 Millionen auf Europa entfallen. Sie häufen bzw. häuften sich in Europa vor allem in den von Deutschland besetzten früheren polnisch-russischen Gebieten zwischen Ostsee und Finnischem Meerbusen und dem Schwarzen und Asowschen Meer, daneben in den Handelsmittelpunkten und im Rheingebiet Mittel- und Westeuropas und an den Küsten des Mittelmeers.

Von 1937 bis Anfang 1943 dürfte die Zahl der Juden in Europa teils durch Auswanderung, teils durch den Sterbeüberschuß der Juden in Mittel- und Westeuropa, teils durch die Evakuierungen vor allem in den völkisch stärkeren Ostgebieten, die hier als Abgang gerechnet werden, um schätzungsweise 4 Millionen zurückgegangen sein. Dabei darf nicht übersehen werden, daß von den Todesfällen der sowjetrussischen Juden in den besetzten Ostgebieten nur ein Teil erfaßt wurde, während diejenigen im übrigen europäischen Rußland und an der Front überhaupt nicht enthalten sind. Dazu kommen die uns unbekannten Wanderungsströme der Juden innerhalb Rußlands in den asiatischen Bereich hinüber. Auch der Wanderungsstrom der Juden aus den europäischen Ländern außerhalb des deutschen Einflusses ist eine weitgehend unbekannte Größe. Insgesamt dürfte das europäische Judentum seit 1933, also im ersten Jahrzehnt der nationalsozialistischen deutschen Machtentfaltung, bald die Hälfte seines Bestandes verloren haben.

Eine Teilbilanz war auch bereits früher gezogen worden. Sie bestand in einem rauchenden Schornstein, einer nüchternen Zahl und einem Pfeil, der nach Osten zeigte – „Endlösung" eines SS-Lagerkommandanten, für den Zahlen vermutlich nichts anderes bedeuteten als mit Stolz erbrachte Leistung innerhalb der Vierjahrespläne.

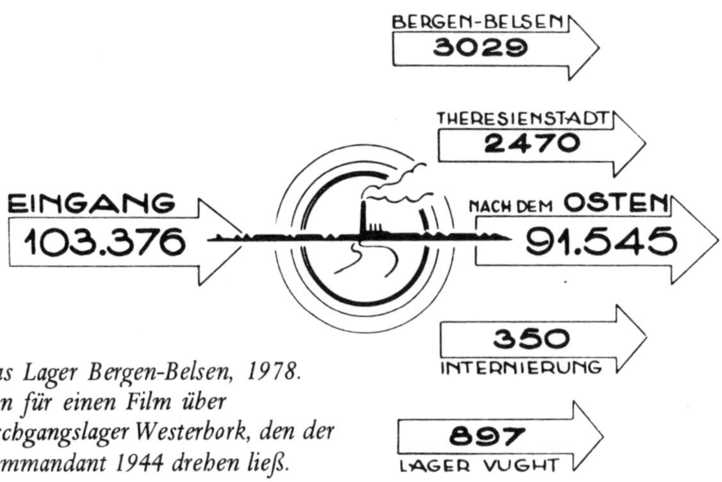

Aus: Das Lager Bergen-Belsen, 1978. Vorspann für einen Film über das Durchgangslager Westerbork, den der Lagerkommandant 1944 drehen ließ.

Maßnahmen in den besetzten Gebieten – Die Aktionen der Einsatzgruppen

Nicht erst seit dem Attentat am 20. Juli 1944 war klar, daß die Offiziere nicht in ihrer Gesamtheit hinter den Taten ihres Führers standen, Hitler wußte dies bereits um einiges früher. Da er nicht annehmen konnte, daß die zum Teil noch in der preußischen Tradition erzogenen Generäle zu einem Vernichtungsprogramm jenseits vom eigentlichen Kriegsgeschehen bereit waren, ließ er bereits zu Beginn des Kriegsfeldzuges im Osten sogenannte „Einsatzgruppen“ zusammenstellen, die sich aus Angehörigen der Gestapo, der Kriminalpolizei, dem SD und später auch noch aus Polizei-Bataillonen und der Waffen-SS zusammensetzte. Eine dieser Einheiten hat die Geschehnisse von damals in einem Tagebuch festgehalten, das im folgenden in Auszügen wiedergegeben ist.

Auswärtiger – Einsatz

Der Einheit

Feldpost Nr. 44762 D

in der Zeit vom 9. 6. 1941

bis

Laut Erlaß des R.F.SS und Chef der Deutschen Polizei im R.M.d.J. O.Kdo. I O (3) 1 Nr. 56/41 wurde unser ehemaliges A.Btl. Wien-Kagran in Pol.Btl.

322 umgegliedert und stand ab 16.4.1941 für einen besonderen Einsatz dem R.F.44 u. Ch. d. D. Pol. zur persönlichen Verfügung. Pol. Btl. 322 wurde Radfahr-Btl.

Nach einer Wartezeit von mehrals 7 Wochen wurde das Btl. lt. Erlaß des Reichs-Führers am 9. 6. 1941 nach Warschau in Marsch gesetzt, um dort in den Verband des

Pol. Rgt. „Mitte"

aufgenommen zu werden.

7. 6. 1941

10⁰⁰

Verabschiedung des Btl. durch den Inspekteur der Ordnungs-Polizei-Wien Generalmajor Dr. [redacted]

In einer kurzen Ansprache wies der Inspekteur auf die Bedeutung des bevorstehenden Einsatzes hin und ermahnte alle, gerade in Feindesland seine Pflicht zu erfüllen.

Mit einem Treuschwur und Sieg Heil auf den Führer schloß der Inspekteur sein Ansprache die mit dem Singen des „Deutschland- und Horst Wessel Liedes" ausklang.

9. 7. 41 5⁰⁰

Abfahrt des Vorkommandos unter Führung von Hptw.- [redacted] und s. M.G. Zug.

7⁰⁰

Abfahrt der Kompanie.

7³⁰

Abfahrt der Kraftwagen.

8⁰⁰

Eintreffen der Kompanie im Dulag 5km westlich Bialystock.

Die Komp. bezieht Unterkunft in einer ehem. russ. Kaserne.

12. 7. 41

Während der Nacht Eintreffen von 11.000 Gefangenen

Zgw Hanzelner fordert für die Gefangenenwache 10 Mann Verstärkung an.

Zahl der Gefangenen im Lager 25.000

21⁰⁰

Gemütliches Beisammensein vor der Unterkunft im Freien. Ausschank von 2 Fässer Bier.

14.7.41

Während der Nacht 40 Juden bei Fluchtversuch erschossen.

27.7.41

11^{00} Kompaniechefsbesprechung in Bialowice

Die wohlverdiente Sonntagsruhe ging durch einen neuen Einsatzbefehl der Kompanie verloren.
14^{00} Abfahrt der Komp nach Teremyski zwecks abbrennen der Ortschaft.
Die Ortschaft bestand aus 72 Gehöften mit 174 Scheunen und Stallungen
15^{00} Beginn des Abbrennens.
Wetterlage sehr günstig. Ein Übergreifen des Brandes auf die umliegenden Getreidefelder und Waldungen fand nicht statt.

14.8.41

4^{00} Durchführung der Judenaktion in Narewka-Mala.
Es wurden 259 Frauen und 162 Kinder mittels Lkw. nach Kobryn umgesiedelt.
282 Juden wurden erschossen.

14^{00} Baden der Kompanie im Narewka.
21^{00} Gemütliches Beisammensein am Lagerfeuer, Ausschank von Bier.

15. 8. 41

7^{00} Liquidierung der im Gefangenensammellager Bialowieza untergebrachten Juden.
Es wurden 77 Juden männlichen Geschlechts im Alter von 16 bis 45 Jahren erschossen.
5 jüdische Schneider, 4 jüdische Schuster und 1 jüdischer Uhrmacher wurden nicht erschossen, da sie als Arbeitskräfte für die Komp. dringend gebraucht wurden.

16.8.41.

14^{00} Fahrt mit der Urwaldbahn durch den Bialowiecer Urwald. Diese Fahrt wurde bei strahlendem Sonnenschein durchgeführt und gab den Männern einen nochmaligen Überblick über unser großes Betätigungsfeld während der Einsatzzeit, in Bialowieca.

1.9.41

5^{30} Durchführung der Exekution der am Vortage festgenommenen Juden etwa 10 km ostwärts Minsk, nördl der Autobahn Minsk–Smolensk–Moskau.
Es wurden 3 Exekutionskommandos gestellt. Das Kommando der 9 Komp. erschoß insgesamt 330 Juden (davon 40 Jüdinnen).

3.10.41.

Exekution der Juden in Nähe des Waldlagers. 555 Juden beiderlei Geschlechts wurden erschossen.

Diese Einsatzgruppen – im Rußlandfeldzug in vier Gruppen, A, B, C, D, mit einzelnen Einsatzkommandos unterteilt – waren nicht der Wehrmacht unterstellt, sondern unmittelbar dem Reichsführer-SS, Himmler. Ihre Aufgabe bestand in der systematischen Ausrottung ganzer Volksgruppen – Juden, Polen, Russen, Zigeuner –, die in einem fast nahtlos ineinander übergehenden Vernichtungsprogramm erfaßt wurden.

r Reichsstatthalter
im Reichsgau Wartheland

Posen, den 1. Mai 1942.
Schloßfreiheit 13
Fernsprecher Nr. 1083 34

P. 802/42.

Geheime Reichssache!

Persönlich!

An

Reichsführer-SS Heinrich H i m m l e r,
Führerhauptquartier.

Reichsführer!

Die von Ihnen im Einvernehmen mit dem Chef des Reichssicherheitshauptamtes SS-Obergruppenführer Heydrich genehmigte Aktion der Sonderbehandlung von rund 100.000 Juden in meinem Gaugebiet wird in den nächsten 2 – 3 Monaten abgeschlossen werden können. Ich bitte Sie um die Genehmigung, mit dem vorhandenen und eingearbeiteten Sonderkommando im Anschluß an die Judenaktion den Gau von einer Gefahr befreien zu dürfen, die mit jeder Woche katastrophalere Formen annimmt.

Es befinden sich im Gaugebiet ca. 230.000 bisher erkannte Tbc-Kranke polnischer Volkszugehörigkeit. Von diesen wird die Zahl der mit offener Tuberkulose behafteter Polen auf ca. 35.000 geschätzt. Diese Tatsache hat in immer erschreckenderem Maße dazu geführt, daß Deutsche, welche vollkommen gesund in den Warthegau gekommen sind, sich angesteckt haben. Insbesondere wird auch die Ansteckungsgefahr bei deutschen Kindern mit immer größerer Wirkung gemeldet. Eine ganze Reihe namhafter führender Männer, insbesondere auch aus der Polizei, sind in der letzten Zeit angesteckt worden und fallen durch die notwendig gewordene Behandlung für den Kriegseinsatz aus. Die effektiv immer größer werdenden Gefahrenmomente sind auch von dem Stellvertreter des Reichsgesundheitsführers Pg. Professor Dr. [redacted] sowie von dem Führer Ihres Röntgen-Sturmbanns, SS-Standartenführer Professor Dr. [redacted] erkannt und gewürdigt worden.

Wenngleich auch im Altreich mit entsprechend drakonischen Maßnahmen gegenüber dieser Volkspest nicht durchgegriffen werden kann, glaube ich es doch verantworten zu können, Ihnen vorzuschlagen, hier im Warthegau die Fälle der offenen Tbc. innerhalb des polnischen Volkstums ausmerzen zu lassen. Selbstverständlich dürfte nur derjenige Pole einer solchen Aktion überstellt werden, bei dem amtsärztlich nicht nur die offene Tuberkulose, sondern auch deren Unheilbarkeit festgestellt und bescheinigt worden ist.

Bei der Dringlichkeit dieses Vorhabens bitte ich möglichst schnell um Ihre grundsätzliche Genehmigung, damit jetzt während der ablaufenden Aktion gegen die Juden bereits die Vorbereitungen zum anschließenden Anlaufen der Aktion gegenüber den offen mit Tbc. behafteten Polen mit allen Vorsichtsmaßnahmen getroffen werden können.

Heil Hitler!

[redacted]

Die Tötungsaktionen, denen auf Grund des „Kommissarbefehls“, des „Kugelerlasses“ und des „Kommandobefehls“ auch Tausende von sowjetischen Kriegsgefangenen zum Opfer fielen, fanden überwiegend durch Massenerschießungen statt, teilweise auch mit den als „Entlausungswagen“ getarnten Gaswagen, wie sie in den Vernichtungslagern zum Einsatz kamen.

Staatsrat Dr. [redacted] O.U., den 11. April 1942

SS-Gruppenführer

F.P.Nr. 18.739

Lieber Kamerad [redacted]

[...] Darf ich diese Gelegenheit benutzen, um Ihnen anliegend die Abschrift eines Briefes von mir an den Reichsführer vom 15. Januar 1942 zu übersenden, auf den ich bis heute ohne Antwort geblieben bin. Ich möchte nicht erinnern, weil solche Dinge wie ich weiss Zeit brauchen und ich mich nicht für berechtigt halte, den Reichsführer an die Erledigung einer Sache zu erinnern. Immerhin weiss ich, dass Sie für diese Dinge Interesse haben und warum ich Sie jetzt darauf aufmerksam mache, hat einfach seinen Grund darin, dass demnächst diese Frage mehr als akut wird. Schon vor Monaten habe ich alles an Juden im hiesigen Lande greifbare erschiessen und sämtliche Judenfrauen und -Kinder in einem Lager konzentrieren lassen und zugleich mit Hilfe des SD einen "Entlausungswagen" angeschafft, der nun in etwa 14 Tagen bis 4 Wochen auch die Räumung des Lagers endgültig durchgeführt haben wird, was allerdings seit Eintreffen von [redacted] und Übergabe dieser Lagerdinge an ihn, von ihm weitergeführt worden ist. Dann ist derAugenblick gekommen, in dem die unter der Genfer Konvention im Kriegsgefangenenlager befindlichen jüdischen Offiziere nolens volens hinter die nicht mehr vorhandenen Angehörigen kommen und das dürfte immerhin leicht zu Komplikationen führen.

Werden nun die Betreffenden entlassen, so werden sie im Augenblick der Ankunft ihre endgültige Freiheit haben, aber wie ihre Rassengenossen nicht allzulange und damit dürfte dann diese ganze Frage endgültig erledigt sein. Das einzigste Bedenken könnten Rückwirkungen auf unsere Gefangenen in Canada sein, falls herauskommt, dass die Freigelassenen hier nicht frei herumlaufen... ich persönlich teile diese Bedenken nicht.

Mit den besten Wünschen für Ihr persönliches Wohlergeben, besten Grüssen und

Heil Hitler !

bin ich wie stets

Ihr getreuer

[redacted]

Die Gesamtheit der Juden ganzer Staaten wie z. B. Litauen fielen diesem Ausrottungsprogramm zum Opfer. „In Litauen gibt es keine Juden mehr“, meldete das EK 3 Anfang 1942 an die Sicherheitspolizei in Riga und teilte auf die dortige Anfrage die Zahl der Exekutionen mit.

Befehlshaber der Sicherheitspolizei und des SD.
Kauen

Aufgenommen Zeit Tag Monat Jahr von . durch	Raum für Eingangsstempel	Befördert Zeit Tag Monat Jahr an durch
Fs.-Nr. 394	Telegramm — Funkspruch — Fernschreiben Fernspruch	Verzögerungsvermerk

\+ SIPO RIGA NR. 1331 6.2.42 1155 =SCHL=
A) AN EK 1 A REVAL. -
B) EK 1 B MINSK. -
C) AN EK 3 KOWNO. ==
BETRIFFT: EXEKUTIONEN. ==
ERBITTE UMGEHEND MITTEILUNG UEBER ANZAHL DER DURCHGEFUEHRT EXEKUTIONEN GETRENNT NACH
A) JUDEN,
B) KOMMUNISTEN,
C. PARTISANEN,
D) GEISTESKRANKE.
E) SONSTIGE. (NAEHERE ANGABEN), VON DER GESAMTZAHL WAREN WIEVIEL FRAUEN UND KINDER? =
DER BDF DER SIPO UND DES SD. OSTLAND.- ROEM. 2 - 260/42
\- I.A. GEZ. [redacted] SS-STUBAF.

Fs.-Nr. 412	Telegramm — Funkspruch — Fernschreiben Fernspruch	Verzögerungsvermerk Pz. – 1.2.42

An die Gruppe A in Riga

Betr. Exekutionen bis zum 1. Februar 1942 durch das EK. 3.
Bezug: Dortiges FS. Nr: 1331 vom 6.2.42

A: Juden 136421
B: Kommunisten 1064 (darunter 1 Kommissar 16 Unterpolitruk 5 Politruk)
C: Partisanen 56
D: Geisteskranke 653
E: Polen 44. russische Kriegsgefangene 28. Zigeuner 5. Armenier 1.
Gesamtzahl: 138.272. davon Frauen 55556. Kinder 34464.

Ich kann heute feststellen, daß das Ziel, das Judenproblem für Litauen zu lösen, vom EK. 3 erreicht worden ist. In Litauen gibt es keine Juden mehr, außer den Arbeitsjuden incl. ihrer Familien.

Das sind in Schaulen ca. 4 500
in Kauen ca. 15 000
in Wilna ca. 15 000.

Diese Arbeitsjuden incl. ihrer Familien wollte ich ebenfalls umlegen, was mir jedoch scharfe Kampfansage der Zivilverwaltung (dem Reichskommissar) und der Wehrmacht eintrug und das Verbot auslöste: Diese Juden und ihre Familien dürfen nicht erschossen werden.
Das Ziel, Litauen judenfrei zu machen, konnte nur erreicht werden, durch die Aufstellung eines Rollkommandos mit ausgesuchten Männern unter Führung des SS-Obersturmführer, der sich meine Ziele voll und ganz aneignete und es verstand, die Zusammenarbeit mit den litauischen Partisanen und den zuständigen zivilen Stellen zu gewährleisten.
Die Durchführung solcher Aktionen ist in erster Linie eine Organisationsfrage. Der Entschluß, jeden Kreis systematisch judenfrei zu machen, erforderte eine gründliche Vorbereitung jeder einzelnen Aktion und Erkundung der herrschenden Verhältnisse in dem betreffenden Kreis. Die Juden mußten an einem Ort oder an mehreren Orten gesammelt werden. An Hand der Anzahl mußte der Platz für die erforderlichen Gruben ausgesucht und ausgehoben werden. Der Anmarschweg von der Sammelstelle zu den Gruben betrug durchschnittlich 4 bis 5 km. Die Juden wurden in Abteilungen zu 500, in Abständen von mindestens 2 km, an den Exekutionsplatz transportiert. Welche Schwierigkeiten und nervenaufreibende Arbeit dabei zu leisten war, zeigt ein willkürlich herausgegriffenes Beispiel:
In Rokiskis waren 3208 Menschen 4 1/2 km zu transportieren, bevor sie liquidiert werden konnten. Um diese Arbeit in 24 Stunden bewältigen zu können, mußten von 80 zur Verfügung stehenden litauischen Partisanen über 60 zum Transport, bzw. zur Absperrung eingeteilt werden. Der verbleibende Rest, der immer wieder abgelöst wurde, hat zusammen mit meinen Männern die Arbeit verrichtet. Kraftfahrzeuge stehen zum Transport nur selten zur Verfügung. Fluchtversuche, die hin und wieder vorkamen, wurden ausschließlich durch meine Männer unter eigener Lebensgefahr verhindert. So haben z. B. 3 Mann des Kommandos bei Mariampole 38 ausbrechende Juden und kommunistische Funktionäre auf einem Waldweg zusammengeschossen, ohne daß jemand entkam. Der An- und Rückmarsch betrug zu den einzelnen Aktionen durchweg 160 – 200 km. Nur durch geschickte Ausnutzung der Zeit ist es gelungen, bis zu 5 Aktionen in einer Woche durchzuführen und dabei doch die in Kauen anfallende Arbeit so zu bewältigen, daß keine Stockung im Dienstbetrieb eingetreten ist.
Die Aktionen in Kauen selbst, wo genügend einigermaßen ausgebildete Partisanen zur Verfügung stehen, kann als Paradeschießen betrachtet werden, gegenüber den oft ungeheuerlichen Schwierigkeiten die außerhalb zu bewältigen waren.
Sämtliche Führer und Männer meines Kommandos in Kauen haben an den Großaktionen in Kauen aktiv teilgenommen. Lediglich ein Beamter des Erkennungsdienstes war infolge Krankheit von der Teilnahme befreit.
Ich betrachte die Judenaktionen für das EK 3 in der Hauptsache als abgeschlossen. Die noch vorhandenen Arbeitsjuden und Jüdinnen werden dringend gebraucht und ich kann mir vorstellen, daß nach dem Winter diese Arbeitskräfte dringendst weiter gebraucht werden. Ich bin der Ansicht, daß sofort mit der Sterilisation der männlichen Arbeitsjuden begonnen wird, um eine Fortpflanzung zu verhindern. Wird trotzdem eine Jüdin schwanger, so ist sie zu liquidieren.

Die Haltung der an diesen Aktionen beteiligten Führer der Einsatzkommandos, ihr Stolz auf vollbrachte Leistung, 5 Aktionen innerhalb einer Woche, das „Paradeschießen", die „Organisationsfrage" einwandfrei gelöst zu haben, dies alles hatte sehr wenig mehr mit dem Bild des neuen Menschentyps zu tun, den Hitler schaffen wollte. Dagegen sehr viel mehr mit dem seit Beginn des Regimes aufgebauten Feindbildes, dem sogenannten „Untermenschen".

(...) So wie die Nacht aufsteht gegen den Tag, wie sich Licht und Schatten ewig feind sind – so ist der größte Feind des erdebeherrschenden Menschen der Mensch selbst.
Der Untermensch – jene biologisch scheinbar völlig gleichgeartete Naturschöpfung mit Händen, Füßen und einer Art von Gehirn, mit Augen und Mund, ist doch eine ganz andere, eine furchtbare Kreatur, ist nur ein Wurf zum Menschen hin, mit menschenähnlichen Gesichtszügen – geistig, seelisch jedoch tiefer stehend als jedes Tier. Im Inneren dieses Menschen ein grausames Chaos wilder, hemmungsloser Leidenschaften: namenloser Zerstörungswille, primitivste Begierde, unverhüllteste Gemeinheit. Untermensch – sonst nichts!
Denn es ist nicht alles gleich, was Menschenantlitz trägt. – Wehe dem, der das vergißt!
Was diese Erde an großen Werken, Gedanken und Künsten besitzt – der Mensch hat es erdacht, geschaffen und vollendet, ersann und erfand, für ihn gab es nur ein Ziel: sich hinaufzuarbeiten in ein höheres Dasein, das Unzulängliche zu gestalten, das Unzureichende durch Besseres zu ersetzen.
So wuchs die Kultur.
So wurde der Pflug, das Werkzeug, das Haus.
So wurde der Mensch gesellig, so wurde Familie, so wurde Volk, so wurde Staat. So wurde der Mensch gut und groß. So stieg er weit über alle Lebewesen empor.
So wurde er Gottes Nächster!
Aber auch der Untermensch lebte. Er haßte das Werk des anderen. Er wütete dagegen, heimlich als Dieb, öffentlich als Lästerer – als Mörder. Er gesellte sich zu seinesgleichen.
Die Bestie rief die Bestie. –
Nie wahrte der Untermensch Frieden, nie gab er Ruhe. Denn er brauchte das Halbdunkle, das Chaos.
Er scheute das Licht des kulturellen Fortschritts.
Er brauchte zur Selbsterhaltung den Sumpf, die Hölle, nicht aber die Sonne. –
Und diese Unterwelt der Untermenschen fand ihren Führer: – den ewigen Juden! (...)

Über die Ausmaße des Ausrottungsprogramms sind wir über die „Ereignismeldungen UdSSR" unterrichtet, die Berichte, die in unregelmäßigen Abständen an das Reichssicherheitshauptamt gingen und die im folgenden in Auszügen wiedergegeben sind:

In Brest-Litowsk hat die Ordnungspolizei mit Unterstützung des dortigen Einsatztrupps 4435 Personen liquidiert. Es befanden sich darunter 400 Groß- und Weißrussen. Eine ganze Anzahl von NKWD-Gebäuden wurden nach politischem Material durchsucht. Mehrere Karteien, Listen usw. konnten sichergestellt werden.

In Minsk ist nunmehr die gesamte jüdische Intelligenzschicht (Lehrer, Professoren, Rechtsanwälte usw. mit Ausnahme der Mediziner) liquidiert worden.

Einsatzgruppe C.

Standort K i e w.
Das Sonderkommando 4 a hat in Zusammenarbeit mit Gruppenstab und zwei Kommandos des Polizei-Regiments Süd am 29. und 30. 9. 41 in Kiew 33 771 Juden exekutiert.

Einsatzgruppe D.

Standort N i k o l a j e w.
Die Freimachung des Gebietes durch die Kommandos von Juden und kommunistischen Elementen wurde fortgesetzt. Insbesondere wurden in der Berichtszeit die Städte Nikolajew und Cherson von Juden freigemacht und noch vorhandene Funktionäre entsprechend behandelt. Vom 16. 9. bis 30. 9. wurden 22 467 Juden und Kommunisten exekutiert. Gesamtzahl 35 782.

Einsatzgruppe C

Standort K i e w meldet:

Sicherheitspolizeiliche Maßnahmen.

Das Sonderkommando 4 a hat nunmehr die Gesamtzahl von über 51 000 Exekutionen erreicht. Die bisher durchgeführten Exekutionen wurden von diesem SK, abgesehen von der am 28. und 29. 9. in Kiew stattgefundenen Sonderaktion, zu der 2 Kommandos des Polizeiregimentes Süd abgestellt waren, ohne jede fremde Hilfe erledigt. Bei den Exekutierten handelt es sich in der Hauptsache um Juden und zum kleineren Teil um politische Funktionäre, sowie Saboteure und Plünderer.
Vom EK 5 wurden in der Zeit vom 7. 9. – 5. 10. 207 politische Funktionäre, 112 Saboteure und Plünderer, sowie 8 800 Juden liquidiert.
Das Sonderkommando 4 b hat in der Zeit vom 13. – 26. 9. 103 politische Funktionäre, 9 Saboteure und Plünderer und 125 Juden exekutiert.
Unter den Juden Umans wurde ein gut funktionierendes Nachrichtennetz festgestellt. Durch die Juden wurden nicht nur ihre eigenen Rassegenossen, sondern auch die ukrainische Bevölkerung über zahlreiche Vorkommnisse an der Front und im Hinterland – zum großen Teil zutreffend – unterrichtet. Über die in der Umgebung durchgeführten Aktionen gegen Juden hatten diese jeweils außerordentlich rasch Kenntnis.
Zur Bekämpfung dieser Gefahrenquelle in Uman wurde eine zweitägige Aktion festgesetzt. Entgegen der Planung kam es in Uman bereits am 21. 9. 1941 zu Ausschreitungen gegen die Juden durch Angehörige der Miliz unter Beteiligung zahlreicher deutscher Wehrmachtsangehöriger.
Die jüdischen Wohnungen sind während dieser Vorkommnisse sämtlich demoliert und aller Gebrauchs- und Wertgegenstände beraubt worden. Auch hieran waren fast ausschließlich Angehörige der Wehrmacht beteiligt. Stichprobenartige Durchsuchungen in Wohnungen von Milizangehörigen, die sofort nach Eintreffen eines Zuges des Einsatzkommandos 5 in Uman vorgenommen wurden, blieben ergebnislos.

Durch die planlosen Ausschreitungen gegen die Juden in Uman hat die Systematik der Aktion des Einsatzkommandos 5 naturgemäß außerordentlich gelitten. Vor allem wurde nunmehr eine große Anzahl Juden vorzeitig gewarnt und verließ fluchtartig die Stadt. (...)
Im übrigen wurden am 22. und 23. 9. 41 durch das Einsatzkommando 5 in Uman 1412 Juden exekutiert.

B. Vollzugstätigkeit.

Was die eigentliche Exekutive anbelangt, so sind von den Kommandos der Einsatzgruppe C. bisher etwa 80 000 Personen liquidiert worden.
Darunter befinden sich etwa 8 000 Personen, denen aufgrund von Ermittlungen eine deutschfeindliche oder bolschewistische Tätigkeit nachgewiesen werden konnte.
Der verbleibende Rest ist aufgrund von Vergeltungsmaßnahmen erledigt worden.
Mehrere Vergeltungsmaßnahmen wurden im Rahmen von Großaktionen durchgeführt. Die größte dieser Aktionen fand unmittelbar nach der Einnahme Kiews statt; es wurden hierzu ausschließlich Juden mit ihrer gesamten Familie verwandt.
Die sich bei Durchführung einer solchen Großaktion ergebenden Schwierigkeiten – vor allem hinsichtlich der Erfassung – wurden in Kiew dadurch überwunden, daß durch Maueranschlag die jüdische Bevölkerung zur Umsiedlung aufgefordert worden war. Obwohl man zunächst nur mit einer Beteiligung von etwa 5000 bis 6000 Juden gerechnet hatte, fanden sich über 30 000 Juden ein, die infolge einer überaus geschickten Organisation bis unmittelbar vor der Exekution noch an ihre Umsiedlung glaubten.
Wenn auch bis jetzt auf diese Weise insgesamt etwa 75 000 Juden liquidiert worden sind, so besteht doch schon heute Klarheit darüber, daß damit eine Lösung des Judenproblems nicht möglich sein wird. Es ist zwar gelungen, vor allem in kleineren Städten und auch in den Dörfern eine restlose Bereinigung des Judenproblems herbeizuführen; in größeren Städten dagegen wird immer die Beobachtung gemacht, daß nach einer solchen Exekution zwar sämtliche Juden verschwunden sind, kehrt aber alsdann nach einer bestimmten Frist ein Kommando nochmals zurück, so wird immer wieder eine Anzahl von Juden festgestellt, die ganz erheblich die Zahl der exekutierten Juden übersteigt.
Die Zahl der durch das Sonderkommando 4 a durchgeführten Exekutionen hat sich inzwischen auf 55 432 erhöht.
In der Summe der in der zweiten Hälfte des Monats Oktober 1941 bis zum Berichtstage durch das Sonderkommando 4 a Exekutierten sind wiederum neben einer relativ geringen Anzahl von politischen Funktionären, aktiven Kommunisten, Saboteuren usw. in erster Linie Juden, und hier wieder ein großer Teil von durch die Wehrmacht überstellten jüdischen Kriegsgefangenen enthalten. In Borispol wurden auf Anforderung des Kommandanten der dortigen Kriegsgefangenenlager durch einen Zug des Sonderkommandos 4 a am 14. 10. 41 752 und am 18. 10. 41 357 jüdische Kriegsgefangene, darunter einige Kommissare und 78 vom Lagerarzt übergebene jüdische Verwundete erschossen.
Die Zahl der durch das Einsatzkommando 5 Exekutierten betrug am 20. 10. 41 insgesamt 15 110. In der Zeit vom 13. 10. 41 bis 19. 10. 41 sind davon 20 politische Funktionäre, 21 Saboteure und Plünderer und 1847 Juden erschossen worden. Eine besonders starke seelische Belastung der mit der Durchführung beauftragten Männer des Einsatzkommandos 5 stellte die am 18. 10. 41 vorgenommene Liquidation von 300 geisteskranken Juden der Kiewer Irrenanstalt dar.

Von den ursprünglich in Dnjepropetrowsk vorhandenen etwa 100 000 Juden sind rund 70 000 vor dem Einmarsch unserer Truppen geflüchtet. Von den etwa 30 000 übrigen sind ungefähr 10 000 am 13. 10. 41 von einem Kommando des Höheren SS- und Polizeiführers erschossen worden.
Bis zum Berichtstage sind durch das Einsatzkommando 6 weitere 1 000 Juden erschossen worden, wobei es sich nicht vermeiden ließ, aus Gründen des erheblichen Facharbeitermangels jüdische Handwerker, die zur Vornahme dringender Instandsetzungsarbeiten usw. gebraucht werden, vorerst noch am Leben zu lassen.

Insgesamt wurden in der Zeit vom 6. 11. bis 20. 11. 41 67 Personen exekutiert. Anläßlich einer Sonderaktion am 20. 11. 41 wurden 855 Personen beseitigt. Vom Skdo. 1 b wurden in Minsk in der Zeit vom 7. bis 11. 11. 41 insgesamt 6624 Juden erschossen.

Am 6. und 7. November 1941 wurde die schon länger geplant gewesene Judenaktion in Rowno durchgeführt, bei der rund 15 000 Juden erschossen werden konnten. Die Organisation lag auf Befehl des Höheren SS- und Polizeiführers in den Händen der Ordnungspolizei. Das Außenkommando Rowno des Einsatzkommandos 5 war an der Durchführung maßgeblich beteiligt.

Die Gesamtziffer der durch das Einsatzkommando 5 standrechtlich Erschossenen betrug am 10. 11. 1941 29 644.

In der Zeit vom 2. November bis einschließlich 8. Nov. 1941 wurden vom EK 5
15 politische Funktionäre,
21 Saboteure und Plünderer,
10 650 Juden und
414 Geiseln
erschossen.

Allein in der „Intelligenz-Aktion", die gegen die führende Oberschicht der Polen gerichtet war, dürften etwa 60 000 bis 80 000 Menschen den Tod gefunden haben, durch die Einsatzgruppen insgesamt bis April 1942 rund 560 000. (Zahlen nach Dr. Rückerl)

Der Kampf gegen die Widerstandsgruppen

„Weil ich den Führer für den Vollstrecker des Bösen in der Geschichte halte", war die Antwort eines der Widerstandskämpfer auf die Frage des Präsidenten des Volksgerichtshofes, Roland Freisler, weshalb er sich an dem Attentat des 20. Julis beteiligt habe.
Es war der einzige Aufstand während des 3. Reiches mit dem Ziele eines Staatsstreiches. Mit Hilfe des Heeres sollte die Gestapo und die SS ausgeschaltet werden. Dieser Aufstand machte jedoch klar, wie hoch die Hürden waren, die bei einer Aktion dieser Reichweite zu überspringen waren. Den Eid, den sie einst auf den Führer geleistet hatten („Ich schwöre bei Gott diesen heiligen Eid, daß ich dem Führer des deutschen Reiches und Volkes, Adolf Hitler, dem obersten Befehlshaber der Wehrmacht, unbedingten Gehorsam leisten und als tapferer Soldat jederzeit bereit sein will, für diesen Eid mein Leben einzusetzen."), vermochten nur wenige der höchsten Offiziere zu brechen und „Menschenrecht vor Staatsrecht" zu setzen.
Da diese Widerstandsgruppe des 20. Juli, die Gruppe um Claus Graf Schenk von Stauffenberg, lange Zeit auch im Ausland für Widerstand schlechthin galt und in der Literatur eine Fülle von Informationen darüber zu finden sind, seien die Fakten nur in Kurzfassung wiedergegeben.
Pläne, den Staat zu stürzen, gab es bereits 1938. Der Chef des Generalstabes, Generaloberst Beck, hatte bereits vor dem Angriff auf die Tschechoslowakei – von dem er annahm, daß er Deutschland in einen weltweiten Krieg stürzen würde – Kontakte mit anderen Generälen aufgenommen, die ebenfalls ihr Mißfallen über diesen Akt der Aggression kundgetan hatten. Kontakte mit England sicherten jedoch nicht die nötige Unterstützung, der Erfolg des Münchner Abkommens ließ die Pläne zunächst unwirksam werden. Als jedoch klar wurde, daß Hitlers Expansionspläne auch nach dem Fall von Polen nicht zu Ende sein würden, gab es eine Reihe von Attentatsversuchen, die auf die Planung der obersten Militärs zurückgingen, jedoch zu keinem Erfolg führten. Hitler stand unter dem Schutz der „Vorsehung", wie er in den jeweiligen Ansprachen danach dem deutschen Volk mitteilte. Auch die übrigen Versuche, im Alleingang den Führer zu beseitigen, wie z. B. das Attentat des Schreiners Georg Elsner im Münchner Bürgerbräukeller 1939, scheiterten.
Im Frühjahr 1943, als abzusehen war, daß der Krieg nicht mehr zu gewinnen war, nahm der Plan „Walküre", an dem inzwischen auch der frühere Oberbürgermeister aus Leipzig, Karl Friedrich Goerdeler, Generalstabschef Halder und weitere Offiziere arbeiteten, konkretere Form an, Oberst Graf Schenk von Stauffenberg wurde zum Kopf der Verschwörung.
Jedoch auch die folgenden Versuche – einer der Offiziere war bereit, sich mit Hitler in die Luft zu sprengen, andere scheiterten an den Umständen – führten zu keinem Ziel. Als der Plan am 20. Juli 1944 schließlich zur Ausführung kam – die von Stauffenberg in das Führerhauptquartier eingeschleuste Bombe explodierte während einer Lagebesprechung in der Wolfsschanze –, blieb Hitler annähernd unverletzt, obwohl Menschen um ihn herum starben.

Inzwischen liefen die Vorbereitungen zum Umsturz teils planmäßig, teils unplanmäßig ab, Befehle der Verschwörer und der Hitlergetreuen überkreuzten sich. In Frankreich wurden bereits führende Köpfe der SS und des SD festgenommen, das Wichtigste jedoch, die Ausschaltung des Deutschlandsenders, gelang nicht und so ließ die Nachricht aus dem Führerhauptquartier, daß Hitler lebe, schon nach Stunden jeglichen weiteren Widerstand sinnlos erscheinen.
Noch in der gleichen Nacht wurden Graf von Stauffenberg und drei weitere Offiziere standrechtlich erschossen, in den Tagen und Wochen darauf kam es zu einer bis dahin noch nicht gekannten Verhaftungswelle. In den Prozessen vor dem Volksgerichtshof wurden bis Kriegsende von rund 7 000 Verhafteten etwa 5 000 zum Tode verurteilt und im Zuchthaus Plötzensee hingerichtet. Hitler ließ den Prozeß mit einer hinter einer Hakenkreuzfahne versteckten Kamera mitfilmen, auch einen Teil der Hinrichtungen.
Die zweite aus den übrigen Gruppen herausragende Widerstandsbewegung war die „Weiße Rose", ein Freundeskreis von Münchner Studenten (Hans und Sophie Scholl, Alexander Schmorell, Willi Graf u. a.), die vor allem durch Flugblattaktionen zum Widerstand aufrufen wollte.

AUFRUF AN ALLE DEUTSCHE!

Der Krieg geht seinem sicheren Ende entgegen. Wie im Jahre 1918 versucht die deutsche Regierung alle Aufmerksamkeit auf die wachsende U-Bootgefahr zu lenken, während im Osten die Armeen unaufhörlich zurückströmen, im Westen die Invasion erwartet wird. Die Rüstung Amerikas hat ihren Höhepunkt noch nicht erreicht, aber heute schon übertrifft sie alles in der Geschichte seither Dagewesene. Mit mathematischer Sicherheit führt Hitler das deutsche Volk in den Abgrund. Hitler kann den Krieg nicht gewinnen, nur noch verlängern! Seine und seiner Helfer Schuld hat jedes „Maß" unendlich überschritten. Die gerechte Strafe rückt näher und näher!

Was aber tut das deutsche Volk? Es sieht nicht und es hört nicht. Blindlings folgt es seinen Verführern ins Verderben. Sieg um jeden Preis, haben sie auf ihre Fahne geschrieben. Ich kämpfe bis zum letzten Mann, sagt Hitler – indes ist der Krieg bereits verloren.

Deutsche! Wollt Ihr und Eure Kinder dasselbe Schicksal erleiden, das den Juden widerfahren ist? Wollt Ihr mit dem gleichen Maße gemessen werden, wie Eure Verführer? Sollen wir auf ewig das von aller Welt gehaßte und ausgestoßene Volk sein? Nein! Darum trennt Euch von den nationalsozialistischen Untermenschentum! Beweist durch die Tat, daß Ihr anders denkt! Ein neuer Befreiungskrieg bricht an. Der bessere Teil des Volkes kämpft auf unserer Seite. Zerreißt den Mantel der Gleichgültigkeit, den Ihr um Euer Herz gelegt! Entscheidet Euch, eh' es zu spät ist!

Wir weisen eindrücklich darauf hin, daß die Weiße Rose nicht im Solde einer ausländischen Macht steht. Obgleich wir wissen, daß die nationalsozialistische Macht militärisch gebrochen werden muß, suchen wir eine Erneuerung des schwerverwundeten deutschen Geistes von Innen her zu erreichen. Dieser Wiedergeburt muß aber die klare Erkenntnis aller Schuld, die das deutsche Volk auf sich geladen hat, und ein rücksichtsloser Kampf gegen Hitler und seine allzuvielen Helfershelfer, Parteihelfer, Quislinge usw., vorausgehen. Mit aller Brutalität muß die Kluft zwischen dem besseren Teil des Volkes und allem, was mit dem Nationalsozialismus zusammenhängt, aufgerissen werden. Für Hitler und seine Anhänger gibt es auf dieser Erde keine Strafe, die ihren Taten gerecht wäre. Aber aus Liebe zu kommenden Generationen muß nach Beendigung des Krieges ein Exempel statuiert werden, daß niemand auch nur die geringste Lust je verspüren sollte, Ähnliches aufs neue zu versuchen. Vergeßt auch nicht die kleinen Schurken dieses Systems, merkt Euch die Namen, auf-daß keiner entkomme! Es soll ihnen nicht gelingen, in letzter Minute noch nach all diesen Scheußlichkeiten die Fahne zu wechseln und so zu tun, als ob nichts gewesen wäre!

Die Gruppe wurde, nachdem Hans und Sophie Scholl am 18. Februar 1943 in der Münchner Universität einen Koffer mit Flugblättern in aller Öffentlichkeit verteilt und den Rest von der Galerie aus in den Lichthof fallen ließ, zusammen mit ihrem Professor verhaftet und hingerichtet. Sie hatte ebenso wenig zu einem Staatsstreich verhelfen können wie die übrigen Widerstandsgruppen, die aus den unterschiedlichsten Richtungen in der Bevölkerung entstanden waren: die bereits 1929 von Walter Löwenheim gegründete Gruppe „Neu Beginnen", in der sich Sozialdemokraten und Kommunisten zusammenfanden, der „Kreisauer Kreis" in dem neben Eugen Gerstenmaier und Graf Helmuth James von Moltke sowohl Protestanten, Katholiken als auch Sozialisten arbeiteten, die Wissenschaftler der „Mittwochsgesellschaft", die Verbindung zu Admiral Canaris, dem Chef der Abwehr, hatten oder die „Rote Kapelle", die von Harro Schulze-Boysen und Dr. Harnack geleitet wurde und über ein geschickt aufgebautes Funknetz an die Sowjetunion Nachrichten aus dem politischen und militärischen Bereich übermittelte.

Der Chef der Sicherheitspolizei
und des SD
IV A 2 – B. Nr. 330/42gRs-

Berlin SW 11,
den 24. Dezember 1942
Prinz-Albrecht-Straße 8

Schnellbrief

Geheime Reichssache!

An
den Reichsführer-SS und Chef der
Deutschen Polizei,

Feld-Kommandostelle.

Betrifft: Rote Kapelle
Bezug: Meine laufende Berichterstattung, zuletzt vom 12. 12. 1942 – IV A 2 – B. Nr. 330/42gRs-.

Nach dem augenblicklichen Stand der Ermittlungen ergibt sich für den Aufbau der „Roten Kapelle" in Frankreich folgendes Gesamtbild:

Dem Grand-Chef alias „Gilbert" stand als persönlicher technischer Sekretär der Funktionär

„André II" ([redacted])

zur Seite, der über eigenes Funkprogramm, einen Chiffrierschlüssel und Kurierverbindungen verfügte. Er konnte inzwischen ausgehoben werden. Außer seinem technischen Sekretär unterstanden dem Grand-Chef 7 technische selbständige Gruppen, die gleichfalls eigene Funkanweisung, Schlüssel und Kurierverbindungen hatten. Im einzelnen handelt es sich um folgende:

1) **„André I" (Jude [redacted])**
mit Verbindungen zur Wirtschaft und Industrie.
Die Gruppe ist ausgehoben.

2) **„Harry" (Jude [redacted])**
bezog militärische und politische Informationen vom II. Büro in Vichy.
Die Gruppe ist ausgehoben.

3) **„Professor" ([redacted])**
bezog Informationen aus weißrussischen, monarchistischen und religiösen Kreisen.
Die Gruppe ist ausgehoben.

4) **„Ärztin"** (Ann[redacted])
bezog politische Informationen vom Kreis um Petain.
Die Gruppe ist ausgehoben.

Die restlichen 3 Gruppen konnten in ihrer Besetzung noch nicht erkannt werden, bezogen jedoch Informationen vor allem politischer Art, und zwar:

5) aus den Kreisen um Darlan, Giraud und Weygand,

6) aus sonstigen politischen Gruppen,

7) aus verschiedenen Behörden und Verwaltungen, u. a. auch aus Dakar.

Über die Tätigkeit des „Andre I" ([redacted]) habe ich bereits berichtet. (. . .)

Günther Weisenborn, Schriftsteller, berichtet über die Arbeit in dieser Gruppe:

Als ich ihm mitteilte, daß ich eventuell am „Großdeutschen Rundfunk" in der Informationsabteilung angestellt werden könne, sagte H.:
„Das mußt Du unbedingt annehmen."
Es war im November 1941, und ich hatte bis dahin als freier Schriftsteller gelebt. Eine große Chance wartete dort für unsere Gruppe. Ich wurde angestellt, und gewöhnte mich an die kontrollierende SS, aber ich war zutiefst entsetzt, als ich in den ersten Wochen einen gründlichen Einblick in die gewitzten Techniken und die emsigen Praktiken der NS-Entstellung bekam. Hier in der Weißglut der Nachrichtenzentrale, ständig am Draht von Goebbels und Fritzsche gelenkt, bekam ich eine fürchterliche Bestätigung von der absoluten Verruchtheit des Naziregimes. Die geheimen Anweisungen in ihrer nackten Brutalität, die dnb-Blau-Kommentare, die geheimen Lageberichte der SS, die I-Tendenzen, ein hitziger Lügenabsud, dessen Extrakt täglich durch sechzehn Millionen Radioapparate in die Ohren unseres Volkes geträufelt wurde und der jedes oppositionelle Gefühl des wehrlosen Volkes betäubte und seine vernichterischen Instinkte alarmierte.
Der Abteilungsleiter im Funkhaus gab mir eine der üblichen Greuelmeldungen und sagte: „Dies muß unbedingt gebracht werden. Anordnung von oben!" Die Nachricht besagte, daß im letzten Jahr in der Sowjetunion 32 000 Ärzte getötet worden seien, um damit die Vernichtung der bürgerlichen Intellektuellen dort zu dokumentieren.
Ich diktierte die Nachricht, fügte jedoch eine Null hinzu, wie man das in der Zerstreutheit eben tut. Die Sekretärin merkte nichts. Die Nachricht ging auf Wachs und über den Sender. Abends verkündete der Großdeutsche Rundfunk also in sechs Sprachen, daß in einem Jahr nicht weniger als 320 000 Ärzte in Rußland getötet worden seien.
Jeder Dummkopf mußte merken, daß es soviel Ärzte in einem Land nicht gibt, daß unmöglich jeden Tag 800 Ärzte getötet werden können, daß diese ganze Meldung eine gemeine Lüge war, daß der Großdeutsche Rundfunk gemeine Lügen verbreitete.
Es gab natürlich ein heftiges Nachspiel, aber es blieb beim Diktierfehler. Diese Meldung wurde prompt von Moskau und London aufgegriffen und diente als Beweis für die Lügenhaftigkeit des Berliner Rundfunks. Der gewaltige Großdeutsche Rundfunk wurde bloßgestellt durch eine einzige Null.

Gruppen, die das System ablehnten und zu beseitigen hofften, gab es nicht nur im Altreich. Es gab sie vor allem in den eroberten Gebieten. Sie kämpften in den Oststaaten als Partisanen hinter den Linien, in Frankreich in der „Résistance" und in Polen in der „Heimatarmee". Für die in den nordischen Ländern und in Frankreich kämpfenden Gruppen galten im Falle ihres Aufgreifens besondere Richtlinien. Sie fielen unter die sogenannte „Nacht- und Nebel-Aktion", d. h., sie verschwanden spurlos in einem KL (meist in Natzweiler), das sie nicht mehr lebend verlassen sollten. Ihre Angehörigen erhielten keinerlei Nachricht über ihren Verbleib.

Der Befehlshaber der Sicherheits-
polizei und des SD Oslo
- IV D 1 - 456/43 g

Oslo, den 14.10.43

868

An das
Reichssicherheitshauptamt
- IV C 2 -

Berlin

Nacht und Nebel

Betrifft: Schutzhaft gegen den/~~die~~ norwegische(n) Staatsangehörigen [redacted] geb. 30.1.19 in Kragerö, wohnh. [redacted].

Vorgang: Bericht v. 30.7.43 - IV D 1 - 11376/42 -.

Anlagen: -2-

Ich bitte, gegen den/~~die~~ norwegische(n) Staatsangehörige(n)

[redacted]

bis auf weiteres Schutzhaft (Stufe I) in einem KL in Deutschland anzuordnen und bei ihm (ihr) die Beziehungen zu dritten Personen, insbesondere zu den Angehörigen, als unzulässig zu erklären.

Festnahme: 9.3.43 Überstellung nach Deutschland: 29.7.43 KL Natzweiler

Schutzhaftkarteikarte - I P Karte ~~und Vernehmungsniederschrift~~ sind beigefügt.

Tatbestand: S. war leitend in einer Nachrichtengruppe der Mil.-Org. tätig, deren Aufgabe es war, militärische Ausspähergebnisse an die norwegische Legation in Schweden weiterzugeben. Er hat in dieser Eigenschaft Ausspähmaterial auf dem Kurierwege erhalten und weiter vermittelt. Ausserdem erhielt die Nachrichtengruppe aus Schweden Propagandamaterial und Radioempfänger.

Im Auftrage:

Es gab außerdem eine Gruppe, die den aussichtslosesten Kampf kämpfte, der je in diesem Regime geführt wurde. Sie führte ihn trotzdem, obwohl sie wußte, daß am Ende dieses Kampfes nur eines stehen konnte, der Tod – der Kampf der Juden im Warschauer Ghetto.
Am 16. Februar 1943 bat Himmler um einen Vorschlag zur Vernichtung des Ghettos, in dem sich zu jener Zeit etwa 60 000 Juden befanden.

Dokument No. NO-2494
OFFICE OF CHIEF OF COUNSEL
FOR WAR CRIMES.

Der Reichsführer - SS
Tgb. Nr. 38/33/43

Feld -Kommandostelle ,
den 16. Febr. 1943

Persönlicher Stab Reichsführer -SS

Schriftgutverwaltung
Akt. Nr. Geh./343

G e h e i m !

An den
Höheren SS - und Polizeiführer O s t
SS - Obergruppenführer [redacted]
K r a k a u

Aus Sicherheitsgründen ordne ich an, dass das Ghetto Warschau nach der Herausverlagerung des Konzentrationslagers abzureissen ist, wobei alle irgendwie verwertbaren Teile der Häuser und Materialien aller Art vorher zu verwenden sind.

Die Niederreissung des Ghettos und die Unterbringung des Konzentrationslagers ist notwendig, da wir Warschau sonst wohl niemals zu Ruhe bringen werden und das Verbrecherunwesen bei verbleiben des Ghettos nicht ausgerottet werden kann.

Für die Niederlegung des Ghettos ist mir ein Gesamtplan vorzulegen.
Auf jeden Fall muss erreicht werden, dass der für 500.000 Untermenschen bisher vorhandenes Wohnraum ,der für Deutsche niemals geeignet ist, von der Bildfläche verschwindet und die Milionenstadt Warschau, die immer ein gefährlicher Herd der Zersetzung und des Aufstandes ist, verkleinert wird.

gez. H i m m l e r

2/. Chef der Sicherheitspolizei und des SD
durchschriftlich mit der Bitte um Kenntnisnahme übersandt.

I.A. gez. Unterschrift
Chef "P" hat auch B ......
Durchschlag erhalten SS - Obersturmbannführer

Der Kampf begann am 19. 4. 43 in der Morgenfrühe. 36 gut ausgerüstete Kampfeinheiten mit rund 2 000 Mann kämpften gegen Männer, Frauen, Kinder, die sich mit selbstgebastelten Handgranaten und alten Karabinern verteidigten, mit Waffen, die sie aus dem „arischen" Stadtteil Warschaus auf halsbrecherischen Wegen in das Ghetto eingeschleust hatten. Der Kampf dauerte vier Wochen. Am 16. Mai war er beendet und der SS-Brigadeführer Stroop, SS- und Polizeiführer im Distrikt Warschau, berichtete: „Das ehemalige jüdische Wohnviertel Warschau besteht nicht mehr". Wie dieser Kampf verlaufen war, zeigen die täglichen Meldungen, die General Stroop per Fernschreiben nach Krakau schickte.

TÄGLICHE MELDUNGEN.

Abschrift. *SSD-Fernschreiben*

Absender: Der SS- und Polizeiführer im Distrikt Warschau

Az.: *I ab St/Gr 16 07-Tgb. Nr. 516/43 geh.* *Warschau den 20. 4. 1943*
Betr: *Ghettoaktion.*

An den
Höheren SS- und Polizeiführer Ost
Krakau.

Verlauf der Aktion im Ghetto am 19. 4. 43:
Abschließung des Ghettos ab 3.00 Uhr. Um 6.00 Uhr Ansetzen der Waffen-SS in Stärke von 16/850 zur Durchkämmung des Restghettos. Sofort nach Antreten der Einheiten Feuerüberfall der Juden und Banditen. Der eingesetzte Panzer und die beiden SPW wurden mit Molotow-Cocktails (Brandflaschen) beworfen. Panzer brannte 2-mal. Bei diesem Feuerüberfall des Gegners wurde zunächst ein Ausweichen der eingesetzten Verbände bewirkt. Verluste beim ersten Einsatz 12 Männer (6 SS-Männer, 6 Trawniki-Männer). Etwa 8.00 Uhr zweiter Einsatz der Verbände unter Kommando des Unterzeichneten. Trotz Wiederholung eines geringeren Feuerüberfalles hatte dieser Einsatz den Erfolg, daß die Gebäudekomplexe planmäßig durchkämmt werden konnten.
Es wurde erreicht, daß der Gegner sich von den Dächern und höher gelegenen, eingerichteten Stützpunkten in die Keller, bezw. Bunker und Kanäle zurückzog. Bei der Durchkämmung wurden nur etwa 200 Juden erfaßt. Anschließend wurden Stoßtrupps auf bekannte Bunker angesetzt, mit dem Auftrage, die Insassen hervorzuholen, die Bunker zu zerstören. Judenerfassung hierdurch etwa 380. Es wurde der Aufenthalt der Juden in der Kanalisation festgestellt.
Fortsetzung am 22. 4. 43, 7.00 Uhr.
Außer den zu verlagernden Juden wurden 150 Juden bezw. Banditen kampfmäßig erledigt, etwa 80 Banditen wurden innerhalb der Bunker durch Sprengung vernichtet. Der Gegner kämpfte heute mit den gleichen Waffen wie am Vortage, insbesondere mit selbstgefertigten Sprengkörpern. Muster sind beim SS-und Polizeiführer zurückbehalten. Festgestellt wurden erstmalig Angehörige der jüd. weibl. Kampforganisation (Haluzenbewegung).
Erbeutet wurden: Gewehre, Pistolen, Handgranaten, Sprengkörper, Pferde und SS-Uniformstücke.
Eigene Verluste: 2 Orpo, 2 SS-Angehörige, 1 Trawnikimann
(Verwundungen leichter Art). *gez. Stroop*

24. 4.
Da diese Juden zum Teil Widerstand leisteten, gab ich den Befehl zum Ausbrennen. Erst nachdem der Straßenzug und zu beiden Seiten sämtliche Höfe in hellen Flammen standen, kamen die Juden, zum Teil brennend aus den Häuserblocks hervor, bezw. versuchten sich durch Sprung aus den Fenstern und Balkonen auf die Straße, auf die sie vorher Betten, Decken und sonstige Teile geworfen hatten, zu retten. **Immer wieder konnte man beobachten, daß trotz der großen Feuersnot Juden und Banditen es vorzogen, lieber wieder ins Feuer zurückzugehen, als in unsere Hände zu fallen.** *Immer wieder schossen die Juden bis fast zur Beendigung der Aktion, sodaß noch fast am Ende dieses Tages die Pioniergruppe unter MG-Schutz in ein besonders starkes Betonhaus eindringen mußte.*
Ende der heutigen Aktion: Am 25. 4. 43 um 1.45 Uhr.

25. 4.
Im Verlaufe der heutigen Aktion wurden mehrere Häuserblocks niedergebrannt. Dieses ist die einzige und letzte Methode, um dieses Gesindel und Untermenschentum an die Oberfläche zu zwingen.
Es wurden wiederum Waffen, Brandflaschen, Sprengkörper und größere Mengen Geld und Devisen erbeutet.

28. 4.
Durch Erfolg des heutigen Tages erhöht sich die Zahl der insgesamt erfaßten bezw. vernichteten Juden auf **33 401**. *In dieser Zahl sind die verbrannten und in den Bunkern vernichteten Juden nicht erfaßt.*
Eigene Kräfte: wie am Vortage. Verluste: 3 Verwundete (davon 1 Polizei- 2 Waffen-SS.) Ende der Aktion 22.00 Uhr. Fortsetzung am 29. 4. 43, 10.00 Uhr.

gez. Stroop

Az.: *I ab St/Gr 16 07 Tgb.Nr. 652/43 geh.* *Warschau, den 16. Mai 1943*
Betr: *Ghetto-Großaktion.*
Verlauf der Großaktion am 16. 5. 43, Beginn 10.00 Uhr:
Das ehemalige jüdische Wohnviertel Warschau besteht nicht mehr. Es wurden 180 Juden, Banditen und Untermenschen vernichtet. Mit der Sprengung der Warschauer Synagoge wurde die Großaktion um 20.15 Uhr beendet.
Zustand des Ghettos bei Abbruch der Großaktion:
Bis auf 8 Gebäde 6 Polizeiunterkunft, Krankenhaus und vorgesehene Unterkunft für Werkschutz, ist das ehem. Ghetto vollständig zerstört. Soweit nicht Sprengungen durchgeführt wurden, stehen nur noch die Brandmauern. Aus den Ruinen sind aber noch Steine und Schrott in unübersehbarer Menge zu verwerten.

Der SS- und Polizeiführer
im Distrikt Warschau
gez. Stroop
SS-Brigadeführer
und Generalmajor der Polizei.

Der totale Krieg

Ich frage euch: Wollt ihr den totalen Krieg? Wollt ihr ihn, wenn nötig, totaler und radikaler, als wir ihn uns heute überhaupt noch vorstellen können?
Ich frage euch: Gelobt ihr mit heiligem Eid der Front, daß die Heimat mit starker Moral hinter ihr steht und ihr alles geben wird, was sie nötig hat, um den Sieg zu erkämpfen?

Joseph Goebbels bei seiner Rede über den totalen Krieg im Berliner Sportpalast am 18. 2. 1943

Trauerfeier für die Opfer des Krieges in Köln, 1944/45

„Heroismus ist nicht nur auf dem Schlachtfeld notwendig, sondern auch auf dem Boden der Heimat."

Hitlerrede vom 26. 2. 1934 in München

Anfang 1943 hatte dieser Satz Hitlers seine volle Gültigkeit gewonnen.
Ein Bombenangriff folgte auf den anderen, Massenevakuierungen von alten Leuten und Schulkindern aus den zerbombten Städten fanden statt, und die Opfer- und Einsatzbereitschaft der Frauen wurde in einem Maße gefordert wie nie zuvor. Selbst beim Tod ihrer Männer, die für die „Herrlichkeit" Deutschlands sterben durften – wie ihnen in standardisierten Briefen mitgeteilt wurde – war Stolz noch immer eine der Tugenden, die abverlangt wurden.

Oblt.[redacted]
Einheit: 06105

Im Felde, den 2.Februar 1942

Sehr verehrte Frau [redacted] !

Schmerzlichst bewegt muss ich Ihnen die traurige Mitteilung machen, dass am 26.1.42 Ihr lieber Mann, der Stabswachtmeister Karl S[redacted].bei den schweren Abwehrkämpfen, die die Kompanie in der Mitte des Ostens zu bestehen hatte, als tapferer Soldat gefallen ist.

Ich spreche Ihnen zu diesem schweren Verlust meine und meiner Kompanie herzlichste Anteilnahme aus. Die Kompanie wird dem Gefallenen für alle Zukunft ein ehrendes Andenken bewahren.

Möge Ihr grosser Schmerz um Ihren lieben Mann durch den Gedanken gemindert werden, dass er sein Leben für die Zukunft und die Herrlichkeit Deutschlands gegeben hat. Seien Sie stolz in Ihrer Trauer um den lieben Gefallenen, genau wie wir seine Kameraden, auf ihn unendlich stolz sind.

Ihr Mann ruht inmitten anderer Kameraden in Bjeloje. Sobald es der Kompanie möglich sein wird, werden wir Ihnen das Eigentum des Gefallenen übersenden. Sollten Sie noch nähere Einzelheiten über den Tod Ihres Mannes wissen wollen, so bin ich zu jeder Auskunft gern bereit.

Mit freundlichem Gruss bin ich Ihr

Helmut [redacted]

Oberleutnant und Kompanie - Chef

Evakuierung Berlins 1943

An der Front hatte sich die Situation inzwischen ebenfalls geändert. Die Zeit der Blitzkriege war längst vorüber, der Verlust Stalingrads mit den 90 000 Gefangenen der 6. Armee, die den Weg nach Sibirien antraten, deutete die Wende dieses Krieges an. Die Offensive ging fast an allen Fronten an den Feind: Im November 1942 waren britische und amerikanische Truppen in Marokko und Algerien gelandet, und das Afrikakorps unter Erwin Rommel kapitulierte am 13. 5. 43 mit 250 000 Mann, nachdem der Zweifrontenkrieg nicht mehr aufrechtzuerhalten war. Im Westen war die Arbeit am Atlantikwall zwar fortgeschritten, jedoch keinesfalls so, daß man einer Invasion, bei der man auch mit dem Einsatz von Kampfgas rechnete, mit Gelassenheit entgegensehen konnte. Der U-Boot-Kampf, der noch bis Ende 1942 den Alliierten große Verluste beigebracht hatte, wurde durch die verstärkte Radarkontrolle eingeschränkt und die als Wunderwaffen deklarierten fliegenden Bomben, die V 1 und V 2, mit einer Reichweite von 370 und 500 km, kamen nicht mehr voll zum Einsatz. Selbst die nach Kamikaze-Manier eingesetzten Ein-Mann-U-Boote und die Jagdflugzeuge, die sich mit der Besatzung auf das Ziel herabstürzten, waren nicht mehr fähig, eine Änderung herbeizuführen, da sie nur punktuell eingesetzt werden konnten und die Verluste in keinem Verhältnis zu dem Erfolg standen.
Daß die Parole, die bei Goebbels Rede im Berliner Sportpalast am 18. 2. 43 als Spruchband über dem Rednerpult stand „Totaler Krieg – kürzester Krieg" keine Gültigkeit mehr hatte, wurde zu Beginn des Jahres 1944 klar. Jetzt galten andere Parolen, die von der „verbrannten Erde" z. B., als sogenannte „ARLZ-Maßnahmen" angeordnet.

Wirtschaftsstab Ost *Berlin, den 3. 3. 44*
Stab Abt. I/Ia
Br.Nr.: 208/44 gKdos

Geheime Kommandosache

Entwurf

Betr: *Maßnahmen zur Sicherung der Bereitschaft für den Fall von wirtschaftlichen Auflokkerungs-, Räumungs-, Lähmungs- und Zerstörungsmaßnahmen (ARLZ-Maßnahmen) im Ostland.*

Um jederzeit eine rasche und reibungslose Anpassung der Maßnahmen der im Reichskommissariat Ostland eingesetzten zivilen und wehrwirtschaftlichen Dienststellen an durch die Kampflage gebotene Erfordernisse sicherzustellen, ordnen der Reichsminister für die besetzten Ostgebiete und der Chef Wi Stab Ost im gegenseitigen Einvernehmen für ihre Zuständigkeitsbereiche an:

I. **Organisatorische Vorbereitungen von ARLZ-Maßnahme.**

Auflockerung, Räumung und Bergung, Lähmung und Zerstörung sind kalendermäßig für die einzelnen Verwaltungsbezirke, gegliedert nach den bisherigen fachlichen Zuständigkeiten bis zur jeweiligen untersten deutschen Gliederung oder Dienststelle, so vorzubereiten, daß auf Grund dieser Unterlagen jederzeit die Durchführung von entsprechenden Maßnahmen bei einem Auslösungsbefehl der verantwortlichen militärischen Kommandobehörde gesichert ist. (...)

VII. **Geheimhaltung.**

Für alle in den vorhergehenden Ziffern angeordneten Maßnahmen ist ein verstärkter Geheimhaltungsschutz zu gewährleisten. Dementsprechend ist die Zahl der Mitglieder der Arbeitsstäbe und der mit der Bearbeitung Beauftragten in den Gebieten und Dienststellen auf ein Mindestmaß zu beschränken. Alle Beteiligten sind zu strengster Geheimhaltung durch Unterschriftsvollzug besonders zu verpflichten.
Unteren Stellen gegenüber sind die angeordneten Erhebungen und Weisungen mit den Versorgungserfordernissen der H. Gr., Konzentration kriegswichtiger Fertigung usw. zu begründen. Die Kalender sind als „Orientierungsbücher" zu bezeichnen. Die Beteiligung der einheimischen Selbstverwaltung ist auf jeden Fall verboten. Schriftliche Weisungen für die Durchführung der Vorbereitungsmaßnahmen sind nur an besonders verpflichtete Personen oder ihre persönlich benannten Vertreter zu richten. Erforderliche Einweisungen in die Technik der ARLZ-Maßnahmen sind möglichst mündlich vorzunehmen.

Im Juli erfolgte der Erlaß über den totalen Kriegseinsatz und am 25. 9. erging ein Aufruf an das ganze Volk, alle Männer zwischen 16 und 60 wurden zum „Volkssturm“ aufgerufen.

Erlass des Führers

über die Bildung des deutschen Volkssturms

Nach 5 jährigem schwersten Kampf steht infolge des Versagens aller unserer europäischen Verbündeten der Feind an einigen Fronten in der Nähe oder an den deutschen Grenzen. Er strengt seine Kräfte an, um unser Reich zu zerschlagen, das deutsche Volk und seine soziale Ordnung zu vernichten, sein letztes Ziel ist die Ausrottung des deutschen Menschen.

Wie im Herbst 1939 stehen wir nun wieder ganz allein der Front unserer Feinde gegenüber. In wenigen Jahren war es uns damals gelungen, durch den ersten Großeinsatz unserer deutschen Volkskraft die wichtigsten militärischen Probleme zu lösen, den Bestand des Reiches und damit Europas für Jahre hindurch zu sichern. Während nun der Gegner glaubte, zum letzten Schlag ausholen zu können, sind wir entschlossen, den zweiten Großeinsatz unseres Volkes zu vollziehen.
Es muß und wird uns gelingen, wie in den Jahren 1939–41 ausschließlich auf unsere eigene Kraft bauend, nicht nur den Vernichtungswillen der Feinde zu brechen, sondern sie wieder zurückzuwerfen und so lange vom Reich abzuhalten, bis ein die Zukunft Deutschlands, seiner Verbündeten und damit Europa sichernder Friede gewährleistet ist.

Dem uns bekannten totalen Vernichtungswillen unserer jüdisch-internationalen Feinde setzen wir den totalen Einsatz aller deutschen Menschen entgegen.

Zur Verstärkung der aktiven Kräfte unserer Wehrmacht und insbesondere zur Führung eines unerbittlichen Kampfes überall dort, wo der Feind den deutschen Boden betreten will, rufe ich daher alle waffenfähigen deutschen Männer zum Kampfeinsatz auf. Ich befehle:

1.) Es ist in den Gauen des großdeutschen Reiches aus allen waffenfähigen Männern im Alter von 16 bis 60 Jahren der Deutsche Volkssturm zu bilden. Er wird den Heimatboden mit allen Waffen und Mitteln verteidigen, soweit sie dafür geeignet erscheinen.

2.) Die Aufstellung und Führung des Deutschen Volkssturmes übernehmen in ihren Gauen die Gauleiter. Sie bedienen sich dabei vor allem der fähigsten Organisatoren und Führer der bewährten Einrichtungen der Partei, SA, SS, des NSKK und der HJ.

3.) Ich ernenne den Stabschef der SA Schepmann zum Inspekteur für die Schießausbildung und den Korpsführer NSKK Kraus zum Inspekteur für die motortechnische Ausbildung des Deutschen Volkssturms.

4.) Die Angehörigen des Deutschen Volkssturms sind während des Einsatzes Soldaten im Sinne des Wehrgesetzes.

5.) Die Zugehörigkeit der Angehörigen des Deutschen Volkssturmes zu außerberuflichen Organisationen bleibt unberührt. Der Dienst im Deutschen Volkssturm geht aber jedem Dienst in anderen Organisationen vor.

6.) Der Reichsführer SS ist als Befehlshaber des Ersatzheeres verantwortlich für die militärischen Organisationen, die Ausbildung, Bewaffnung und Ausrüstung des Deutschen Volkssturmes.

7.) Der Kampfeinsatz des Deutschen Volkssturmes erfolgt nach meinen Weisungen durch den Reichsführer SS als Befehlshaber des Ersatzheeres.

8.) Die militärischen Ausführungsbestimmungen erläßt als Befehlshaber des Ersatzheeres Reichsführer SS Himmler, die politischen und organisatorischen in meinem Auftrage Reichsleiter Bormann.

9. Die nationalsozialistische Partei erfüllt vor dem deutschen Volk ihre höchste Ehrenpflicht, indem sie in erster Linie ihre Organisationen als Hauptträger dieses Kampfes einsetzt.

Führerhauptquartier, den 25. September 1944 gez. **Adolf Hitler**

»Das deutsche Volk steht auf«

Grenzland-HJ beim Einsatz, September 1944

Vorbeimarsch der Freiwilligen des Volkssturms vor Dr. Goebbels nach ihrer Vereidigung, November 1944

Die Ausbildung dazu war mehr als mangelhaft. Im Schnellverfahren wurden die Männer, die keinerlei Uniform mehr trugen und nur durch eine Armbinde gezeichnet waren, vor allem im Gebrauch der Panzerfaust ausgebildet, weil das die einfachste und wirkungsvollste Methode war, überhaupt noch einen Erfolg zu erzielen – die feindlichen Panzer erreichten ihre Ziele wenigstens mit einer Verzögerung.

Die Meldungen aus dem Führerhauptquartier ließen zwischen den Zeilen das kommende Geschehen ahnen, von Sieg war nur noch selten die Rede, dagegen sehr viel vom „verbissenem" hinhaltenden Kampf.

ER MUSS GEFUEHRT WERDEN MIT DEM HEILIGEN HASZ
EINEM FEIND GEGENUEBER, DER EINEN ERBARMUNGSLOSEN
AUSROTTUNGSKRIEG GEGEN DAS DEUTSCHE VOLK FUEHRT,
DEM JEDES MITTEL DAFUER RECHT IST UND DER OHNE
JEDEN HOEHEREN ETHISCHEN ZWECK NUR DIE VERNICHTUNG
DEUTSCHLANDS UND DADURCH DER EUROPAEISCHEN KULTUR
IM AUGE HAT..-
DER KAMPF MUSS EIN HARTER UND ERBARMUNGSLOSER
SEIN, NICHT NUR GEGEN DEN FEIND, SONDERN AUCH
GEGEN JEDEN FUEHRER UND JEDE TRUPPE, DIE IN DIESER
ENTSCHEIDENDEN STUNDE VERSAGEN SOLLTEN..-
SO WIE BEI DEN KAEMPFEN AUF SIZILIEN, AM
RAPIDO-FLUSS UND BEI ORTONA MUSS DER FEIND
ERKENNEN, DASS DIE DEUTSCHE KAMPFKRAFT UNGEBROCHEN
IST UND DASS DIE GROSSINVASION DES JAHRES 1944 EIN
UNTERFANGEN IST, DAS IM BLUTE DER ANGELSAECHSISCHEN
SOLDATEN ERSTICKEN WIRD..=
(GEZ.) A D O L F H I T L E R] OKW / WFST/ OP NR.
77 232/44 G.K. CHEFS.+

Geheime Kommandosache Chefsache!
Nur durch Offizier
01531
Marinenachrichtendienst

Eingegangen	Weiter an	Tag	Uhrzeit	durch
von durch				
Verzögerungsvermerk				

380

Fernschreiben von

IN VERBISSENEM , HINHALTENDEM KAMPF DEM FEIND
JEDEN FUSSBREIT BODENS STREITIG ZU MACHEN.
OERTLICHE EINBRUECHE MUESSEN IN KAUF GENOMMEN
WERDEN. ES DARF ABER NICHT ZUR EINSCHLIESSUNG
STAERKERER KRAEFTEGRUPPEN KOMMEN.-

Aber obwohl die Rüstungsindustrie unter Albert Speer mit Hilfe von Zwangsarbeitern, Kriegsgefangenen, KZ-Häftlingen und einem Heer von Frauen Höchstleistungen zustande brachte – im Frühherbst 1944 hatte die Munitionsherstellung ihren höchsten Stand während des Krieges erreicht, im Dezember waren es die Panzer, die Schiffe und die Flugzeugproduktion stieg auf rund 40 000 gegenüber etwa 15 000 von 1942 – war der Siegeszug der Feinde auch nicht mehr durch den Bau von Panzergräben und Wällen aufzuhalten. Damit begann die letzte Verzweiflungsphase dieses ungleichen Kampfes: nun wurden nicht mehr militärische Stellungen wie Brückenköpfe und Frontabschnitte verteidigt, sondern Straßen, Häuser, Bahnhöfe, Plätze, gegen Ende nur noch Trümmerhaufen.

Das Ende

Auf der Mauer stand mit Kreide:
Sie wollen den Krieg.
Der es geschrieben hat
Ist schon gefallen.
Bert Brecht

Anfang Februar 1945 begann Hitler im Führerhauptquartier in Berlin mit einer Arbeit, die nach dem Krieg zuerst in Frankreich unter dem Titel: „Le Testament Politique de Hitler“ erschien, aber im eigentlichen Sinne kein Testament ist. Er schrieb nieder, was er für das Resümee seines Lebens, seiner Politik hielt. Gedanken, die zwar keineswegs neu, aber insofern interessant sind, weil man vielleicht in dieser Situation, zu diesem Zeitpunkt andere erwartet hätte.

„Werwölfe", (8 - 14 Jahre alt), die von den Amerikanern gefangen genommen wurden.

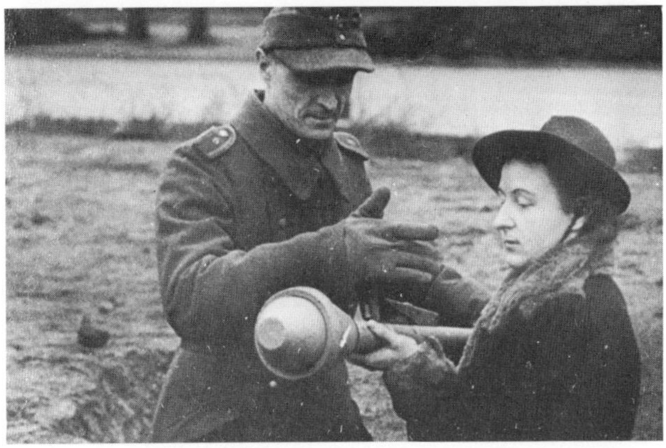

Ausbildung an der Panzerfaust

Stattdessen noch einmal das Kreisen um ein Thema, das ihn selbst jetzt noch mit messianischem Haß erfüllte, das Judentum.

Und so ist es offensichtlich, daß in dieser grausamen Welt, in die uns zwei Kriege wieder gestürzt haben, die einzigen weißen Menschen mit der Chance zu überleben und sich weiterzuentwickeln, die sind, die es gelernt haben, zu leiden, und die immer den Mut für den Kampf bis zum Tode behalten, auch wenn es hoffnungslos ist. Und nur die Völker, die sich als fähig erwiesen haben, aus ihrem System das tödliche Gift des Judentums auszuschneiden, werden das Recht haben, diese Qualitäten für sich in Anspruch zu nehmen.

(2. 4. 1945)

Während Hitler in seinem bombensicheren Bunker, den er kaum mehr verließ, Bormann seine Gedanken diktierte, ging draußen der Kampf mit aller Brutalität weiter. Wer nicht bereit war, bis zum Äußersten zu kämpfen, wurde standrechtlich erschossen, die Verordnung dazu wurde am 15. 2. 1945 erlassen. Es gab kaum eine größere Stadt, vor deren Toren nicht an behelfsmäßig gezimmerten Galgen Soldaten und Hitlerjungen aufgeknüpft wurden. Um den Hals trugen sie ein Schild mit der Aufschrift: „Ich hänge hier, weil ich nicht an den Führer glaubte".
Als das Kontingent der Männer beim Volkssturm nicht ausreichte, erging im Februar 1945 ein weiterer Aufruf, jetzt wurde auch für Frauen und Mädchen der Umgang mit der Panzerfaust und mit Spaten und Schippe zur alltäglichen Beschäftigung. Aber der Feind konnte auch damit nicht zum Stillstand gezwungen werden. Stadt um Stadt wurde erobert, einen Ring um den anderen schloß sich. Trotzdem wurde der Irrsinn des Durchhaltenwollens noch einen Schritt weitergetrieben — „Werwolf"-Einheiten wurden zusammengestellt, die jüngsten unter ihnen waren 12jährige Pimpfe, bisweilen noch darunter. Ihre Aufgabe war es, hinter den feindlichen Linien als Partisanen weiter zu kämpfen und so die Verteidigung um jeden Preis fortzusetzen.

Aber das Volk war inzwischen müde geworden. Die Bereitschaft, statt Hakenkreuzfahnen weiße Bettücher aus den Fenstern zu hängen, um dem Feind den Willen zur Aufgabe kundzutun, stieg von Tag zu Tag. Auch die Entscheidung der Bürgermeister, ihre Stadt entweder ruhmreich dem Erdboden gleich zu sehen oder, sie zwar weniger ehrenvoll, aber dafür halbwegs unbeschädigt dem Gegner zu übergeben, ging immer mehr zu letzteren hin, wenn Hitler auch jetzt noch nicht bereit war, dies zu glauben:

Es ist ein Kampf, der von beiden Seiten bis zur äußersten Erschöpfung geführt werden muß; und was uns angeht, wir wissen, daß wir kämpfen werden, bis zum Sieg oder bis zum letzten Blutstropfen. Es ist ein grausamer Gedanke. Es erfüllt mich mit Entsetzen, daran zu denken, daß unser Reich von den Siegern in Stücke gehackt, unsere Leute den wilden Exzessen der Bolschewiken und amerikanischen Gangster ausgesetzt werden könnten. Aber sogar diese Vorstellung erschüttert mein unüberwindliches Vertrauen in die Zukunft des deutschen Volkes nicht. Je mehr wir leiden, desto ruhmreicher wird die Wiedererrichtung des ewigen Deutschland sein! Diese Eigenheit des deutschen Geistes, in Lethargie zu verfallen, wenn es sicher scheint, daß die Existenz des Landes auf dem Spiel steht, wird uns einmal mehr von Nutzen sein. Ich selbst allerdings könnte es nicht ertragen, während der Übergangszeit, die dem Untergang des dritten Reiches folgen würde, in Deutschland zu leben. (2. 4. 1945)

Die Konsequenz dieses letzten Satzes zog er am 30. 4. nachmittags kurz vor halb vier. Nachdem ihn in der Nacht vom 28. auf den 29. die Nachricht erreicht hatte, daß Himmler ohne sein Wissen – wie zuvor bereits Göring – versucht hatte, mit dem Gegner Verhandlungen aufzunehmen, war die Entscheidung gefallen. Zusammen mit Eva Braun, die er am Tage zuvor geheiratet

Um den Kampfgeist aufrecht zu halten und neu anzufachen, ließ Hitler noch in den letzten Kampftagen 20 Hitlerjungen in das zerstörte Berlin kommen und zeichnete sie mit dem Eisernen Kreuz aus. Eine der letzten Aufnahmen Hitlers. (Aus: Deutsche Wochenschau, 1945)

September 1944, Holland: Deutsche Soldaten in englischer Gefangenschaft

Massengefangenenlager im Ruhrgebiet, 1945

hatte, beging er Selbstmord, die Leichen wurden unmittelbar danach im Hof vor dem Bunker mit Benzin übergossen und verbrannt.

Hitler hinterließ zwei Testamente. Ein privates, das kurze Angaben über seinen privaten Nachlaß enthielt, und ein politisches, das neben den nochmaligen Haßtiraden auf das Judentum, seine Nachfolge regeln sollte. Himmler und Göring wurden wegen ihrer Verhandlungstaktik aus der Partei ausgestoßen, Goebbels zum Kopf einer neuen Regierung ernannt und Admiral Dönitz zu seinem Nachfolger bestimmt.

Dem Elend der darauffolgenden Wochen, Monate und Jahre hatte sich Hitler, der sich für „Europas letzte Hoffnung" hielt (Führerhauptquartier, 26. 2. 45) und Feigheit bei den anderen unbarmherzig mit dem Tode bestrafte, nun selber feige entzogen. Seine Soldaten, die strahlenden Sieger von einst, starben jetzt, nachdem der Schrecken des Krieges vorüber war, zu Tausenden in den Gefangenenlagern – an Hunger, Kälte und Flecktyphus.

Zwei von Hitlers Hoffnungen – eine frühe aus dem Jahre 1924 und eine aus den letzten Tagen des Krieges – erfüllten sich nicht.

> *Verhängnisvollerweise muß ich alles in der kurzen Zeit eines Menschenlebens vollenden. (...) Wo andere über Ewigkeiten verfügen, habe ich nur ein paar armselige Jahre. Diese anderen wissen, daß ihnen wieder andere nachfolgen werden, die ihr Werk an der Stelle, an der sie es verließen, wieder aufnehmen werden, die mit genau dem gleichen Pflug genau die gleiche Furche nachziehen werden. Ich habe nun einen Punkt erreicht, an dem ich mich frage, ob sich unter meinen unmittelbaren Nachfolgern einer finden wird, der dazu ausersehen ist, die Fackel wieder aufzunehmen und weiterzutragen, wenn sie meiner Hand entgleitet.*

Demgegenüber müssen wir Nationalsozialisten unverrückbar an unserem außenpolitischen Ziele festhalten, nämlich dem deutschen Volk den ihm gebührenden Grund und Boden auf dieser Erde zu sichern. Und diese Aktion ist die einzige, die vor Gott und unserer deutschen Nachwelt einen Bluteinsatz gerechtfertigt erscheinen läßt: Vor Gott, insofern wir auf diese Welt gesetzt sind mit der Bestimmung des ewigen Kampfes um das tägliche Brot, als Wesen, denen nichts geschenkt wird, und die ihre Stellung als Herren der Erde nur der Genialität und dem Mute verdanken, mit dem sie sich diese zu erkämpfen und zu wahren wissen; vor unserer deutschen Nachwelt aber, insofern wir keines Bürgers Blut vergossen, aus dem nicht tausend andere der Nachwelt geschenkt werden. Der Grund und Boden, auf dem dereinst deutsche Bauerngeschlechter kraftvolle Söhne zeugen können, wird die Billigung des Einsatzes der Söhne von heute zulassen, die verantwortlichen Staatsmänner aber, wenn auch von der Gegenwart verfolgt, dereinst freisprechen von Blutschuld und Volksopferung.

Adolf Hitler, „Mein Kampf"

Angesichts der 54 Millionen Tote, die dieser Krieg gefordert hatte, einem Trümmerhaufen, den Hitler nicht nur dem von ihm geführten Volk, sondern dem halben Erdball zurückließ, konnte kaum erwartet werden, daß die verantwortlichen Staatsmänner von „Blutschuld" und „Volksopferung" freigesprochen wurden. Und den Wunsch, die Fackel weiterzutragen dürfte wohl nie wieder jemand haben, der diesen Krieg miterlebt hat.

Bilanz der beiden Weltkriege

Erster Weltkrieg

Gefallene deutsche Soldaten	1 936 897
Vermißte deutsche Soldaten	100 000
Gefallene oder vermißte Soldaten der übrigen Welt	7 200 000
Verluste der Zivilbevölkerung der Welt	500 000
Menschenverluste im 1. Weltkrieg insgesamt	9 736 897

Zweiter Weltkrieg

Gefallene deutsche Soldaten	3 000 000
Vermißte deutsche Soldaten	1 300 000
Verluste der deutschen Zivilbevölkerung	500 000
Verluste durch Vertreibung und Verschleppung	2 251 500
Verluste der Deutschen durch politische, rassische und religiöse Verfolgung	300 000
Deutsche Verluste insgesamt	7 351 500
Verluste der Streitkräfte der westlichen Alliierten (ohne die Vereinigten Staaten)	610 000
Verluste der Streitkräfte der Vereinigten Staaten	229 000
Verluste der Zivilbevölkerung der westlichen Alliierten	690 000
Verluste der Streitkräfte der ost- und südosteuropäischen Länder (ohne die Sowjetunion)	1 000 000
Verluste der Zivilbevölkerung der ost- und südosteuropäischen Länder (ohne die Sowjetunion)	8 000 000
Verluste der sowjetischen Streitkräfte	13 600 000
Verluste der Zivilbevölkerung der Sowjetunion	6 700 000
Verluste der Streitkräfte der übrigen Welt, insbesondere Ostasien	7 600 000
Verluste der Zivilbevölkerung der übrigen Welt, insbesondere Ostasiens	6 000 000
Vermißte des 2. Weltkrieges, soweit als verstorben anzusehen	3 000 000
Menschenverluste im 2. Weltkrieg insgesamt	54 780 500

Kriegsbeschädigte des 1. Weltkrieges	21 100 000
Kriegsbeschädigte des 2. Weltkrieges	35 000 000

III. Erlebte Geschichte – Berichte, Interviews

Die letzten Wochen des Krieges

Mein Volk hatte nicht die Zeit gehabt, sein volles Menschentum zu erreichen. Ich hätte wirklich noch zwanzig Jahre mehr haben sollen, um diese Elite zur Reife zu bringen. Eine jugendliche Elite, die schon von Kindheit an von der nationalsozialistischen Lehre durchdrungen war. Das Drama der Deutschen ist es, nie genug Zeit zu haben. Adolf Hitler, 14. 2. 1945

Die, die von Anfang an von der Lehre Hitlers durchdrungen worden waren, waren es meist auch noch bis zu den letzten Tagen des Krieges. Zwei von ihnen, die bis zum Schluß glaubten – die Herausgeberin und ihr Verleger, beide bei Kriegsende noch keine 18 – berichten über diese „Endzeit".

Begegnung in der Nacht

Ich erinnere mich.
An Tage in einem Ameisenhaufen, in dem ein gewaltiger Stecken unbarmherzig herumgestochert hatte.
An Tage, an denen jeder etwas mit sich herumtrug, vielleicht das Unwichtigste, weil das Wichtigste bereits verloren war, aber der Wunsch, etwas zu besitzen, irgendetwas, egal was, schon fast krankhaft war.
An Tage der Flucht, an denen wir, ameisengleich, umherirrten, hierhin, dorthin, ohne überhaupt noch zu wissen vor was oder wem wir flohen – vor den Amerikanern, den Russen, den Engländern, den Marokkanern oder auch nur vor uns selbst.
Ich erinnere mich an die letzten Tage und Wochen des Krieges.
Längst waren die weißen Flecken auf der Landkarte aufgebraucht, in die man hätte flüchten können. Es war wie bei einem schlechten Schachspiel, bei dem der eine bereits fast alle schlagkräftigen Figuren und die Mehrzahl seiner Bauern eingebüßt hat und nun mit Hilfe eines einzigen Bauern versucht, seinen König zu retten, obwohl er genau weiß, daß der nächste Zug diesen schachmatt setzen wird.
Aber noch glaubten nicht alle an dieses Schachmattsetzen. Noch war der Glaube an Wunder – seien es nun neue Waffen oder irgendein anderer deus ex machina – hellwach in uns.
Und so rannten wir emsig weiter, von Kessel zu Kessel, kaum waren wir der einen Umklammerung entronnen, hingen wir schon in der nächsten – die Verschnaufpausen wurden immer kürzer. Es gab Tage dieser Flucht, da schwelgten wir im Überfluß, wir hatten zu essen, zu trinken und abends sogar ein Bett. Es gab Tage, da teilten wir den Rest unserer Feldflasche mit einem herrenlosen Schäferhund, der sich uns an irgendeinem Waldrand angeschlossen hatte. Dann

wieder gab es Zeiten, in denen wir nichts weiter hatten, als das was wir bei uns trugen, weil der Troß mit dem ganzen Gepäck bei all diesen Irrfahrten verloren gegangen war.
An solch einem Tag – es muß um den 28. April herum gewesen sein – trafen wir auf einer der Ordensburgen ein. Sie war in Sonthofen, es war kalt an jenem Tag, und wir hatten kein einziges Gepäckstück mehr. Was wir taten, taten wir also aus Not, wir bestätigten uns das gegenseitig unzählige Male und außerdem glaubten wir, das größere Anrecht zu haben als die Bevölkerung, die gerade dabei war, dieses Lager zu plündern. Daß wir mit diesen HJ-Uniformen, die wir da mitnahmen, fast unser Todesurteil unterschrieben, konnten wir damals nicht wissen.
Vorerst waren wir einfach froh, wieder eine Jacke zu besitzen, eine lange Hose, auch wenn dies alles schwarz war und nicht gerade für uns Mädchen maßgeschneidert, wir lachten, als wir uns in der Kleiderkammer betrachteten.

Und brauchten schon kurz darauf alles nicht mehr, weil wir am nächsten Tag unseren Troß wiederfanden, einen Traktor mit Anhänger und Gepäck, zu dem nun allerdings die Leute fehlten. Die Leute, das waren 13-16jährige Jungen, die in den Wochen zuvor in Schnellkursen in einem Wehrertüchtigungslager noch rasch von SS-Leuten an der Panzerfaust ausgebildet worden waren. Wir – zwei Arbeitsmaiden aus einem aufgelösten RAD-Lager in der Rhön – hatten bereits die erste große Flucht hinter uns, durch das brennende Dresden, über Hof nach Regensburg, von da aus in das Lager am Bodensee, das meine frühere JM-Gruppenführerin als Wirtschafterin leitete, bei der wir Unterschlupf suchten, da unsere Heimatstädte bereits von den Amerikanern oder Engländern überrollt waren.

Als wir vom Bodensee aufbrachen, hatte es vermutlich noch irgendeinen Befehl gegeben, wie er lautete, weiß ich nicht mehr. Ich glaube auch kaum, daß er zur Ausführung kam, obwohl die gesamte Gruppe der Jungen mit zwei der Ausbilder verschwunden war, der Wagen mit den Panzerfäusten ebenfalls. Für uns jedenfalls, drei Mädchen, einen Flakhelfer, der zu uns gestoßen war, drei weitere Ausbilder, einen von seiner Truppe versprengter Leutnant – der einzige über 18 von uns – gab es keine Befehle mehr, wir befanden uns auf der Flucht nach nirgendwo. Acht Tage lang fuhren wir durch die Lande, vermutlich bisweilen im Kreis herum, über Landstraßen, Feldwege, durch verlassene Dörfer. Wir lebten ein Soldatenleben mit offenen Feuern an Waldrändern wie die Landsknechte vergangener Zeiten, die Knobelbecher zogen wir selbst nachts nicht mehr aus, wenn wir schliefen und einer den Traktor lenkte – obwohl niemand von uns je zuvor einen Traktor gelenkt hatte. So lange wir Benzin hatten – und wir bekamen dies immer noch auf Grund unserer Uniformen – wollten wir fahren.
Als uns der Zug entgegenkam in jener Nacht, gehörte der Traktor gerade mir, der Leutnant saß neben mir auf dem Beisitz, halb eingenickt. Nur wenn ich bremste, weil wir nicht weiterkamen, schreckte er bisweilen auf. Als der Zug kam, magere Gestalten, barfuß, schlotternde gestreifte Anzüge auf dürren Körpern, angetrieben von SS-Leuten, war er für mich nichts weiter als ein Flüchtlingszug, ein entgegenkommendes Hindernis, wie Tage zuvor auch. Da wir uns entschlossen hatten, uns in dieser Gegend überrollen zu lassen, beim nächsten Dorf abzubiegen, dieses Dorf nun kam und ich links den Hang hinauffahren mußte, hielt ich an. Ich glaube kaum, daß ich über die gestreiften Anzüge nachdachte, es war ohnehin alles recht undeutlich, schemenhaft die Gestalten, die links und rechts von den Soldaten flankiert wurden, das zuckende Licht der Taschenlampen, die nur manchmal ganz kurz aufleuchteten.

Der Zug dauerte lange, der Leutnant neben mir wachte auf. Ich weiß noch, daß ich müde war, vermutlich gähnte und dann etwas sagte: „Mein Gott, hört das denn gar nicht mehr auf" oder „Woher kommen die denn bloß?" – vielleicht auch etwas anderes, auf jeden Fall etwas, das ihn zu mir herüberblicken ließ, verwundert und verblüfft.

Sein „Sag mal, Mädchen, willst du etwa sagen, daß du nicht weißt, woher die kommen?" verblüffte mich sicher genauso. Ich wußte es wirklich nicht und ich sehe heute noch sein ungläubiges Gesicht vor mir.
„Du weißt nicht, wohin die gehen?"
Ich wußte auch das nicht. Auch nicht, daß Dachau in der Nähe war oder eines der Zweiglager, die man wohl in letzter Stunde räumte. Ich wußte überhaupt nichts von all dem, was in den Jahren danach in den Prozessen bekannt wurde und ich fürchte, ich wollte es auch in dieser Stunde nicht wissen. Ich glaubte es ohnehin nicht, was er mir dann anschließend erzählte. Konzentrationslager, Judenvernichtung, Vergasung in Heil- und Pflegestätten – es prallte alles an mir ab. Ich glaubte es nicht. Auch wenn ich in einer Stadt wie Frankfurt groß geworden war, die „Kristallnacht" erlebt, die eingeschlagenen Schaufenster in der Kaiserstraße und auf der Zeil gesehen hatte, die Großmutter einer Klassenkameradin eines Tages abgeholt wurde. Es war, als ob wir alle – und dabei waren wir uns auf dem Traktor sehr rasch einig – das Visier herunterließen, auch jetzt noch. Wir wollten unsere Traumwelt nicht zerstören lassen durch kleinmütige Zweifel, wir wollten behüten, was es schon längst nicht mehr gab.
Das, was mich später, viel später erst, an mir schockierte, war nicht, daß ich es nicht gewußt hatte. Das hatten viele nicht bis zu diesem Zeitpunkt. Es war auch nicht, daß ich das, was er mir nun erzählte, während ich verbissen und im Zorn den Traktor den Hang hinaufquälte, in einem Gartenzaun hängenblieb und damit unsere Flucht zu Ende war, einfach nicht glauben wollte. Es war vielmehr die Tatsache, daß ich diesen Menschen, der mir das sagte und den ich bis dahin sympathisch gefunden hatte, nun plötzlich suspekt fand. Daß ich zornig auf ihn war, ihm innerlich vorwarf, daß wir – falls wir den Krieg überhaupt verlieren sollten – ihn wegen Leuten wie ihm verlieren würden und dies, obwohl ich wußte, daß er in Rußland und in Frankreich gekämpft hatte und etliche Orden trug.
Daß ich ihm vorwarf, daß er absprang, im falschen Augenblick absprang, und daß er fast das Einzige, was uns noch blieb, den Glauben an den Endsieg, über Bord warf.
Als unser Dorf, in dem wir uns festsetzten, Tage später von Marokkanern überrollt und wir alle von MPs umgeben mit erhobenen Händen an die Wand gestellt wurden – auf Grund unserer schwarzen HJ-Uniformen, die die Einwohner für SS-Uniformen hielten – sah ich zu ihm hinüber. Er lächelte mir zu, achselzuckend und zugleich ermutigend.
Ich weiß nicht mehr, ob ich zurücklächelte.

Ingeborg Bayer

„Werwölfe"

Die Märzsonne verbrannte das dürre Gras der Bremerhöhe, dem Hausberg der Clausthaler. In diese riesige Graskugel schoben sich im Westen die mit Schieferplatten bedeckten Häuser. Selten ein farbiger Anstrich, ein bunter Fensterladen. In diesen Häusern wohnten Studenten, Lehrkräfte der Bergwerksadademie, Handwerker, Kaufleute, kleine Beamte zusammen mit den „Fremden", Mütter jener Oberschüler, die ihre Kinder nach der Evakuierung der hannoverschen Gymnasien hierher begleitet hatten. Das Klima zwischen den Einheimischen und den neuen Untermietern war denkbar schlecht. Schließlich waren die sonst am Fremdenverkehr interessierten Bewohner Clausthal-Zellerfelds bei der Zwangseinweisung nicht gefragt worden. Man mochte die hannoverschen Damen, die so vornehm sprachen und sonst hier allenfalls einige Tage Winterurlaub verbrachten, nicht. So hielten die beiden Bevölkerungsgruppen Distanz, die durch die ständig Unfug treibenden Gastschüler noch verstärkt wurde.

Die kahle Platte der Bremerhöhe erinnert mich noch heute an die mit wenigen Haaren bewachsene Glatze unseres Geschichtslehrers Knoche. Sein Bruder soll der gehaßte Obersturmbannführer Knoche aus dem besetzten Paris gewesen sein. Unser Knoche war ein von den Schülern gefürchteter Mann. Nicht nur wegen seines brutalen Aussehens, sondern auch weil er den morgentlichen Hitlergruß zu einer Dauerstreckübung mißbrauchte. Es schien, als würde sein Durchhaltewille, sein Fanatismus durch das Herannahen des Kriegsendes immer größer. Er gehörte zu jenen dreihundertprozentigen Nazis, die sich notfalls mit bloßen Händen dem Feind entgegenstellen würden. Er sah seine große Stunde gekommen, als die Panzervorhut der Kanadier den kleinen Ort Wildemann erreicht und bald darauf der Lärm der Panzermotoren bis zum Marktplatz drang, wo er in Ausgehuniform den Müttern klarzumachen versuchte, daß nur wir, seine Jungen, mit Panzerfäusten in den Händen, in der Lage wären, den Vormarsch der feindlichen Kräfte aufzuhalten.
Wir waren begeistert. Unser Lehrer ließ sich schon vorher den Umgang mit der Panzerfaust von SS-Männern zeigen. Endlich wurden auch wir, die wir mit 15 für den Volkssturm zu jung waren, aufgerufen, zu kämpfen. Die letzten deutschen Truppen verschwanden. Es hieß, sie sollten eine Auffangstellung unterhalb des Brockens aufbauen. Wenige Monate nach Kriegsende, als wir in dieser Gegend nach Heidelbeeren suchten, fanden wir die grauenhaften Überreste der großdeutschen Wehrmacht.

Noch war Knoche da. Auf dem Marktplatz redend, gestikulierend, versuchte er die anwesenden Mütter zu überzeugen, daß nur wir, seine Jungen, den Feind aufhalten könnten. Es war sein letzter Tag, sein letzter Appell. Die Menge rückte näher, bis sie ihn berührte. Drohungen wurden laut. Immer dichter zog sich der Kreis zusammen. Eine griff ihn an, dann zwei, drei Frauen schlugen auf ihn ein, bis er zu Boden stürzte. Die Verletzungen waren so schwer, daß er zwei Tage nach Kriegsende in einem Krankenhaus seinen Verletzungen erlag.

Trotzdem schossen wir zwei Panzer ab, vergruben Munitionskästen, versteckten Waffen für den späteren Kampf als „Werwölfe" und fühlten uns als Helden. Mein Klassenkamerad Geppert hielt sich vermutlich die Panzerfaust vor den Bauch. Der Feuerstrahl durchfuhr ihn. Er starb auf der Stelle. Das Entsetzen seiner Spielgefährten und Mitschüler machte sie sprachlos. Keine Tränen, nur stammeln, sich verkriechen. Der Stadtkommandant wollte sich ergeben. Eine SS-Abteilung zog jedoch direkt vor dem Krankenhaus mit dem großen Rote-Kreuz-Zeichen auf dem Dach in Stellung. Aus vielen Fenstern hingen weiße Bettücher, als nochmals eine kleine Gruppe versprengter deutscher Soldaten die Straße hochkam. Die Zeit schien stillzustehen. Der Geschützdonner war in weite Ferne gerückt. Deutsche Soldaten liefen durch unser Haus, verfolgt von SS-Männern, die sie festnehmen wollten. Es kam zu einer wilden Schießerei. Ein SS-Mann blieb tödlich verwundet auf den Stufen der Treppe liegen, die anderen waren verschwunden. Die Soldaten besorgten sich Zivilkleider und verschwanden.

Für meinen Freund und mich war es jedoch ein Nachmittag wie schon viele andere. Geregelten Schulunterricht gab es schon lange nicht mehr. Auf dem Bahnhofsgelände, in alte Güterwaggons waren die letzten Verbündeten der Deutschen, Ungarn, eingezogen. Sie warteten gelassen das Ende des Großdeutschen Reiches ab. Es roch nach Paprika und Gulasch, nach vielen guten Sachen, die wir schon längst nicht mehr kannten. Abends tranken sie und sangen in fremder Sprache und brieten Fleisch auf großen Holzkohlefeuern zwischen den Eisenbahnschienen, auf denen kein Zug mehr fuhr. Der Bahnhof selbst war geplündert worden. Unter dem schiefen Hitlerbild der aufgebrochene Tresor. Wir bewarfen uns mit Fahrkartenstangen, stolperten über zusammengeknüllte Fahrpläne und hofften, daß die Polizei käme. Doch niemand kam. Wir fühlten uns frei, völlig frei. Keine „Goldfasane" – so nannten wir die Gauleiter wegen ihrer Unifor-

men – mehr, die uns schikanieren konnten. Nur ein blauer Frühlingshimmel, auf dem ruhig die durchkommenden Bombergeschwader in Richtung Hannover zogen.
Wir schlossen Wetten ab, ob wir unseren Lagerleiter in Zivil gesehen hatten. Flüchtlinge zogen auf kleinen Leiterwagen ihre Habseligkeiten hinter sich her. Ein trostloser Zug von KZ-Häftlingen aus Bergen-Belsen wankte bis zur evangelischen Kirche, bewacht von ukrainischen Mannschaften mit scharfen Hunden. Die Häftlinge kauerten sich auf ein Kommando auf dem Vorplatz nieder, froh, nicht mehr laufen zu müssen. Der Ruf nach Wasser, nach Brot wurde laut. Einige Frauen holten aus den nahegelegenen Häusern Eimer mit Wasser und einige Laibe Brot. Einer der Bewacher stieß mit seinem Gewehrkolben einen Eimer um und bedeutete den Frauen, daß die Gefangenen nichts entgegennehmen dürften. Die Beschimpfung der Zuschauer veranlaßte die Bewacher, die Elendsgestalten in die Kirche zu treiben. Die stärkeren Gefangenen hoben ihre kranken und verletzten Kameraden auf und zogen in das schwarze Loch der Kirche. Das Klagen verstumme, das Tor wurde verriegelt, Wachen zogen auf. Die Menschen verliefen sich, ängstliche oder zornige Blicke auf die Kirche werfend. Am nächsten Tag war die Kirche leer, nur der Schmutz und der Gestank von Schweiß und Exkrementen erinnerte noch an den Aufenthalt der Gefangenen. Wo ihr Leidensweg endete, ob hier oder später am Straßenrand, werde ich nie erfahren. Ich weiß nicht, welche Gefühle mich mehr bestimmten, der Ekel vor diesen ruhrkranken und verschmutzten Menschen oder das Mitleid. Die Wachmannschaften hatten von Verbrechern gesprochen. Glaubte ich daran? Gewiß glaubte ich es, nur um schon mein eigenes Gewissen zu beruhigen.
Am Fuße der Bremerhöhe, dort wo die Schiene der Bahnlinie von zwei Weihern begrenzt wurde, sahen wir einen Mann vor uns. Ich weiß nicht mehr, wer ihn zuerst sah. Um seine ausgemergelte Gestalt schlotterte ein langer, grauer Mantel, der die gestreifte Hose der KZ-Häftlinge nicht verdeckte. Er ging sehr langsam, blieb stehn, riß von Zeit zu Zeit die Blätter des Sauerampfers ab. Als er unser Geflüster hörte, sah er zurück und erschrak. In seinem hohlen Gesicht mit den hervorstehenden Backenknochen sah man nur noch die Augen; schwarz lagen sie in den Höhlen. Der Blick hatte etwas raubvogelartiges oder war es die Angst, die diesen Eindruck hervorrief. Als er sah, daß er Kinder vor sich hatte, versuchte er so etwas wie ein Lächeln, aber es kam über den Ansatz nicht hinaus. Er sagte etwas in einer Sprache, die wir nicht verstanden. Die zwei nackten, schmutzigen Füße im Gras, die gestreifte Hose – das mußte einer von denen sein, von gestern.
Einer von diesen Verbrechern.
Wir beschlossen, ihn der Polizei auszuliefern. So gingen wir in einem Abstand von wenigen Metern hinter ihm her. Er ging ruhig weiter. Erst als die ersten Häuser in Sicht kamen, versuchte er etwas schneller zu gehen. Dann lief er ungeschickt, fast lächerlich. Seine Beine verfingen sich im Mantel, er stürzte, raffte sich wieder auf, lief weiter, direkt auf die Polizeistation zu. Wir waren jetzt ganz dicht hinter ihm. Ein Soldat mit lässig umgehängtem Gewehr kam uns entgegen. Wir deuteten auf den Gefangenen, der mit eingesunkenen Schultern und gesenktem Kopf stehen blieb. Der Soldat nahm sein Gewehr ab und führte den Mann auf die Wache. Der stumme Blick, den uns der Gefangene zuwarf, brannte sich für immer ein.
Alles, was ich später tat, was ich politisch dachte, wonach ich aus Überzeugung handelte, dieses alles ist ohne diesen Blick, ohne dieses Erlebnis nicht denkbar.

Hans Frevert

„Führung" durch Dachau heute

Interviews mit Emigranten, Widerstandskämpfern und ehemaligen KZ-Häftlingen

„Führung" durch Dachau heute

Ich gestehe, daß ich Angst hatte vor diesem ersten Interview. Auch Angst, Dachau als Museum, als Touristenattraktion vorzufinden – „Es kommen Besucher aus der ganzen Welt" hatte man mir gesagt. Angst aber vor allem vor der „Führung".

Der, der mich führen sollte, hatte knapp drei Jahre Zwangsaufenthalt in Dachau hinter sich, von 1942 bis 1945 war er als „Politischer" dort. Er war außerdem im Internationalen Dachau-Komitee, das mitgeholfen hatte, diese Gedenkstätte aufzubauen.

Es war nicht nur die Überlegung, daß man Interviews mit jemandem, der hier drei Jahre lang Tag für Tag der Willkür von Schergen ausgeliefert war, anders führen mußte als die Interviews, die ich bisher gemacht hatte. Es war der Zweifel, ob man zu diesem Thema überhaupt Leute befragen konnte, auch jetzt, nach 30 Jahren, wo sicher manches vergessen schien. „Ich wäre froh, wenn ich es nicht mehr erzählen müßte", sagte einer, der in Auschwitz war und zunächst für ein Gespräch zugesagt hatte, „ich habe es schon so oft erzählt und nur schlechte Erfahrungen damit gemacht".

Hier, an jenem Tag im Januar, einem kalten Wintertag, an dem wir miteinander von München hinausfuhren, schien es zunächst genau umgekehrt. „Das liegt alles weit hinter mir, ich denke da nicht mehr daran. Und natürlich können Sie fragen", sagte er lächelnd, als ich meine Bedenken äußerte, „das berührt mich alles nicht mehr".

Um es vorweg zu sagen, das, was heute in Dachau zu sehen ist, ist nur noch teilweise das Lager von einst. Die einstigen Wirtschaftsgebäude sind heute Museum, in einem großen Raum werden Filme gezeigt. Von den Wachtürmen sind einige geschliffen, das Eingangstor mit der Überschrift „Arbeit macht frei" steht noch. Von den Baracken dagegen sind nur noch die Grundmauern zu sehen, zwei von ihnen sind wieder aufgebaut. Nach dem Krieg dienten sie mancherlei Zwecken, später waren Flüchtlinge darin, danach waren sie in einem Zustand, der Abreißen als das einzig Sinnvolle erscheinen ließ.

„Als sie anfingen, die Wachtürme zu schleifen, haben wir eingegriffen", sagte Herr M., während wir über den großen Appellplatz gehen, „das internationale Dachaukomitee mit den Belgiern an der Spitze sorgte dafür, daß die Baracken wieder aufgebaut wurden. Ganz so, wie sie früher waren, sind sie allerdings nicht. Man hat versucht, alle Stadien der Belegung zu zeigen. Den „normalen" Schlafraum, wo jeder noch seine Pritsche hatte mit einem Strohsack und dann die anderen, als das Lager überbelegt war.

Die „anderen" erinnern mich an Käpten Brookes Sklavenschiff, in dem die Sklaven lagen wie Sardinen. 400 waren in einem Raum, ein Waschraum für alle, ein Rundbecken dafür. „Es reichte gerade zum Darunterhinweglaufen", sagte Herr M., achselzuckend als ich ihn danach frage, wie sich hier 400 Häftlinge in einer halben Stunde, mehr Zeit gabs dafür nicht, waschen konnten.

Als wir wieder auf den großen Platz hinaustreten, versinken unsere Schuhe im Schnee. „Wenn einer ausgebrochen war, mußten wir hier Strafstehen, stundenlang, auch eine Nacht hindurch, auch wenn es 18 Grad Minus hatte oder Schnee wie jetzt. Wieviele da liegen blieben am andern Morgen, können Sie sich vorstellen".
Vergast wurde in Dachau niemand, eine Tafel in dem als „Brausebad" gekennzeichneten Raum teilt dies mit. Aber es gab andere Orte, an denen Menschen starben. In der sogenannten „Blutrinne" z. B., eine Stelle abseits der Baracken im Wald, bei der die Menschen hinknien mußten und dann durch Genickschuß getötet wurden. „Und dort drüben", Herr M. deutet auf den Platz, an dem heute drei Kirchen stehen, „dort hinten im Wald wurden die russischen Kriegsgefangenen erschossen. Fast jede Woche einmal hörten wir die Schüsse".

Versuche an Menschen gab es auch, Fleckfieber-, Malaria-, Kälteexperimente. Im Museum ist einer dieser Versuche im Bild festgehalten, durch alle Stadien hindurch; das Schlußbild zeigt das Gehirn des Häftlings, an dem festgestellt werden sollte, ob dieser Versuch auch erfolgreich war.
Endstation all dieser Menschen, die hier starben: die Krematorien. Ein Zweites wurde gebaut, nachdem das erste nicht mehr ausreichte. Ein Raum mit vier Brennkammern, 1942 gebaut, später im Bundesarchiv inde ich die Baupläne dazu. „Schauen Sie, ich war ja hier, ich weiß, daß diese Baracke – als ‚Baracke X' in den Bauplänen gekennzeichnet – hier stand, obwohl immer wieder behauptet wird, das sei alles erst nach dem Krieg von den Amerikanern gebaut worden. Auch die Leichenstapelräume gab es, die Leichen waren manchmal bis zur Decke gestapelt, wenn man mit dem Verbrennen nicht nachkam. Später, als die Kohlen knapp wurden, hat man sie außerhalb des Lagers vergraben".

Cyclon B kennt Herr M. auch. Er hat damit gearbeitet, solange er hier war. Herr M. war Desinfektor. Sein Arbeitsbereich war ein kleiner Raum innerhalb der „Baracke X" mit drei dicht verschließbaren Kammern. Hier wurden die Kleider desinfiziert, die aus anderen Lagern kamen, besonders von Auschwitz. „Manche waren von oben bis unten mit Blut verschmiert, gute Anzüge, Mäntel, das Blut war nachher genau noch so drin wie vorher".
Herr M. hat Dachau bis zum Kriegsende miterlebt. Am späten Nachmittag, schon in der Dunkelheit, als wir nach München zurückfahren, erzählt er von seiner Befreiung. Er war mit in dem illegalen Lagerkomitee, das Pläne ausarbeitete, die die geplante Vernichtung der Häftlinge in letzter Sekunde verhindern sollte.

„Das war am Mittwoch den 25. April, da hieß es plötzlich, daß 15 000 Mann in zehn Marschblocks losmarschieren sollten, ins Gebirge zum Bau einer Art Felsenfestung, niemand konnte sich vorstellen, wie man jetzt überhaupt noch auf solch eine Idee kommen konnte. Durch das ganze Durcheinander, das damals im Lager herrschte, kamen dann aber nicht 15 000 sondern nur 7500 Mann weg, ich blieb also im Lager. Wir waren natürlich alle in großer Spannung wie es weitergehen würde. Wir wußten, daß die Amerikaner und Franzosen nicht mehr weit weg sein konnten und da wir Radios hatten ich glaube es waren damals sieben illegale Radios im Lager, die Häftlinge, Radiomechaniker, zusammengebaut hatten, aus alten Radios von SS-Offizieren, die sie zu reparieren hatten, konnten wir genau mithören, wie weit der Vormarsch war. Am 28. April, früh um 5 Uhr, kam dann ein Aufruf über das Radio an die Bevölkerung: „Arbeiter legt die Arbeit nieder, Bauern verbündet euch mit den Arbeitern, kämpft gemeinsam gegen die Nazis, Soldaten verbündet euch mit den Alliierten, Eisenbahner laßt die Züge stehen." Wir wußten zunächst nicht, was das bedeutet, wir wußten nur, daß draußen schon einiges unsicher war. Der Aufruf kam alle halbe Stunde bis um halb elf. Dann kam plötzlich wieder die Stimme des Bürgermeisters und verkündete, daß alles in Ordnung sei. Gleichzeitig aber war von Dachau her

Panzerlärm zu hören. Aber der Tag ging vorbei, ohne daß weiter etwas geschah. Dann kam der Sonntag, der 29. April, und früh um fünf Uhr stellten wir plötzlich fest, daß die ganze SS verschwunden war, die ganze Wachmannschaft von früher. Dafür hatten sie SS-Leute, die zwar in unserem Lager, aber im Strafarrest waren, nochmals in SS-Uniformen gesteckt und auf die Türme gestellt. Im Lager war eine ungeheure Spannung und dann plötzlich gegen viertel nach fünf Uhr am Nachmittag hörten wir plötzlich Schreie. Wir liefen die kleine Blockstraße vor, zur Lagerstraße, und schauten zum Jourhaus, dem Kommandohaus. Und da standen sie, erst vielleicht 300 oder 400 Häftlinge, dann Tausende jubelnd, schreiend, ein Amerikaner zwischen ihnen drin, sein Helm flog vom Kopf, alles rannte zum Jourhaus, die einen humpelten, einer kroch auf allen Vieren, weil er nicht mehr laufen konnte, und alte Kameraden, harte Burschen, die jahrelang in Lagern zugebracht hatten, auf dem Bock geprügelt worden waren, mit gefesselten Armen rückwärts am Baum gehängt hatten, die am Krepieren gewesen waren, die standen da und weinten wie die Kinder."
Inzwischen sind wir in München angekommen und es geschieht etwas, was den ersten Satz dieses Nachmittags, daß dies alles vergessen sei, daß nichts mehr berühre, Lügen straft. „Wir waren frei, verstehen Sie, frei, frei, frei –" seine Hände verlassen das Lenkrad, wir verpassen eine Abzweigung, Herr M. wiederholt dieses eine Wort immer wieder. „Wissen Sie, ich habe nie darüber nachgedacht, was das eigentlich heißt, frei zu sein, kein SS-Mann kann dir mehr etwas tun, ich konnte es einfach nicht fassen, der Sturz von der Gefahr in die Freiheit, das war einfach alles zu kurz. Ich hatte nicht mehr viel für mein Leben gegeben, ich war insgesamt zehn Jahre und neun Monate in politischer Haft, es war wie ein Traum. Freiheit ist eine Kerkerblume, ich glaube, das sagt Heine einmal. Freiheit, mein Gott Freiheit, wer denkt da schon viel darüber nach, wenn man sie hat, Tag für Tag".

„Ab nach Jerusalem"

Manchmal, an fremden Orten, in fremden Häusern, sehe ich die Treppen wieder. Breite steinerne Treppen, mit einer gelbbraunen, schlierigen Maserung, auf denen der Schritt nicht sogleich verhallt. Auf denen er nachklingt, noch sekundenlang.
Manchmal träume ich auch von diesen Treppen. Selbst heute noch, nach über 40 Jahren. Von klirrenden Schritten, eisenbeschlagenen Schuhen, schwarzen Stiefeln. Damals in jenen Tagen, den ersten Tagen nach der Machtübernahme, lernte ich, auf Schritte zu achten. Auf ankommende Schritte – sie kamen nie allein, wenn sie Leute zum Verhör holten – verharrende Schritte, wenn das Türschild nicht deutlich geschrieben war, sich entfernende Schritte. Ich lernte zu unterscheiden, ob sie etwas mit mir zu tun hatten oder nicht. Ich lernte vieles in jenen Tagen und Wochen. Auch, daß ich mir bisweilen fremd gegenüberstand – die Erleichterung zum Beispiel, wenn die Schritte an unserer Tür vorübergingen, ich stehe dazu, obwohl ich wußte, daß sie nun anderen galten.
Bevor es die Zeit der Schritte gab, gab es die Zeit der Umerziehung, der Versuche dazu. Sie war kurz, aber intensiv. Schwarze Luxuslimousinen fuhren vor unseren Häuserblock – den sie die „Rote Künstlerkolonie" nannten, weil in ihm Schauspieler, Schriftsteller, Maler, Kabarettisten, Sänger, Tänzer wohnten – spieen Männer aus in schwarzen Monturen, Lautsprecher wurden aufgestellt in unserem Hof, der von vier Seiten von Häusermauern umgeben war. Das Deutschlandlied und die Horst-Wessel-Hymne brach sich an diesen Mauern und war auch noch in einer Entfernung von 3 km zu hören.
Wir hörten es stundenlang. Wir hörten es und hörten es doch nicht. Wir wuschen Salat, wickelten Babies, gossen Blumen und putzten Schuhe. Wir machten unsere Ohren taub und unsere

Münder stumm. Und wickelten Babies, putzten Schuhe, gossen Blumen und ließen die Angst nicht zu uns durch. Wir lieferten uns ihr nicht aus. Wir ließen das Visier herunter und lebten dahinter weiter.
Als sie wiederkamen, später, Tage später, mit ihren klirrenden Schuhen und ihren schwarzen Monturen, gab es kein Visier mehr, für mich kein Visier zum Herunterlassen. Ich war schutzlos. So schutzlos wie das Kind, das ich vor ein paar Tagen geboren hatte. Während die Schritte die Treppe heraufkamen, operierten sie mich gerade zu zweit in unserem Schlafzimmer. Es war nicht sonderlich gut präpariert für SS-Leute, die nach Verdächtigen suchten. An meinem Bett lag ein Brief von Kurt Tucholsky. Ein Brief, der an diesem Morgen gekommen war und der die Überschrift trug „Teure Genossin".
Daß ich weiter operiert werden durfte und nicht flankiert von den schwarzen Monturen das Haus verlassen mußte, verdankte ich zwei Umständen. Einem Berliner Schupo der noch bestehenden sozialdemokratischen Schutzpolizei, der sich breitbeinig vor der Tür postierte und mit seinem „Hier wird operiert" offenbar eine Bannmeile legte. Und einem Postkartenalbum von „Heldenfliegern des 1. Weltkrieges", das auf dem Tisch im Wohnzimmer lag und in dem die Eindringlinge mit einer geradezu kindlichen Entdeckerfreude blätterten. Während sie mir drinnen im Schlafzimmer die Wattetupfer auf die Brust legten, hörte ich sie draußen lachen.
„Mensch, guck mal, Richthofen in seinem Roten Albatros" sagte der Eine.
„Und nach 81 Siegen dann abgeknallt, diese Schweine".
„AEG-Zweisitzer, wußtest du, daß AEG Flugzeuge baut?"
„AEG – nee, aber wußtest du, daß von Boelcke der Fluglehrer von ihm war?"
„Fluglehrer, vom roten Baron? Nein, aber den Bruder haben sie, glaube ich, auch abgeschossen".
„Guck mal, da, Goering, Oberleutnant war er damals schon, fesch, fesch".
„Immelmann genau so, da, blättere mal um".
Der Besuch war Februar, Anfang Februar 1933. Und wir zogen die Konsequenzen – mein Mann ging auf Tournee ins Ausland, Finnland, Schweden, Österreich – die meisten flüchteten oder wurden verhaftet. Ein halbes Jahr später bewohnte ich den Trakt ganz allein. Ich lebte mich ein in ihn, in seine Stille, seine Einsamkeit – der Einsatz von Lautsprecherwagen lohnte ja nun schon lange nicht mehr. Es gab keine Kinder, die in dem Hof mit ihren Dreirädern ums Karree fuhren, keine Fahrradklingel durchbrach die Ruhe, nur die Spatzen lärmten wie eh und je auf der Grünfläche, die bald zu einer Wiese heranwuchs, nun, da niemand mehr bereit war, sie zu mähen.
Daß ich allein war in diesem toten Häusermeer war nicht das Schlimmste. Schlimm war, wenn ich die Geborgenheit der Mauern zum Einkaufen zu verlassen hatte. Wenn das tägliche Ritual vollzogen werden mußte – Vorhänge im Zeitlupentempo zur Seite, durch den schmalen Spalt einen Blick die Straße hinauf, hinunter, in Eile die steinernen Treppen herab, um wenig Zeit zu verlieren, das Öffnen der Haustür, wieder der Blick nach rechts, nach links, das Hasten durch die Straßen, der Einkauf in immer weiter entfernteren Lädern und über allem der Alptraum, was aus einem Säugling in einem menschenleeren Haus werden sollte, wenn dieser Einkauf eines Tages ohne Rückkehr bleiben würde – Verhaftungen gab es nicht nur nachts oder in der Morgenfrühe, es gab sie zu jener Zeit auch bereits auf offener Straße.
Daß sie wiederkommen würden, war sicher. Auch, daß es dann zu spät sein würde, wegzugehen. Und daß dieses Weggehen, falls es überhaupt noch glückte, nur eine Flucht ins Ungewisse sein würde. Länder mit fremden Sprachen schieden wegen der Sprachschwierigkeit ohnehin aus, es blieb nur die Schweiz oder Österreich.
Als mein Mann von seiner Tournee zurückkam, um mich zu holen, war die Entscheidung immer noch nicht gefallen. Sie fiel erst, nachdem wir die Wohnungstür bereits hinter uns geschlossen

hatten und ein Depeschenjunge uns ein Telegramm des Zürcher Schauspielhauses überreichte. „Engagement perfekt, Direktor Rieser". Und dem in unserer Situation fast komisch anmutenden Nachsatz: „Haben Sie einen Frack?"
Daß unser Entschluß richtig war und sich die Welt bereits geteilt hatte in Verseuchte und Unverseuchte, spürten wir schon an diesem letzten Tag. Da sich ein Möbelspediteur bereit erklärt hatte, unsere Möbel auf Schleichwegen nachzubringen, verließen wir das Haus als gingen wir auf einen Stadtbummel – mit einer Einkaufstasche und dem Kind auf dem Arm. Nach Weggang für immer sahen wir offenbar trotzdem aus. „Ab nach Jerusalem" rief uns der Würstchenverkäufer an der Ecke nach, der uns über Jahre hinweg freundlich gegrüßt hatte. Den Kniefall und Handkuß unserer Berliner Putzfrau, die auf diesen Satz hin folgten, werde ich nie vergessen – es war eine Geste, die sie ganz sicher nie zuvor in ihrem Leben getan hatte und die auch nicht gerade zu den Verhaltensnormen und der Mentalität der Berliner gehörte.
In den Wochen danach, bei der „Herbergssuche" schien mir der Satz des Würstchenverkäufers bisweilen im doppelten Sinn prophetisch zu sein – zwei Leute mit einem sechs Monate alten Kind in einem fremden Land waren für Wirte offenbar nicht immer ganz das, was sie sich unter Gästen vorstellten; wir klopften nicht nur einmal vergebens an Türen. Wir waren uns darüber im klaren, daß wir entkommen waren, fürs erste entkommen. Wir waren uns auch darüber im klaren, daß es andere Schicksale geben würde, ohne Telegramm und Arbeitsmöglichkeit gleich in der ersten Stunde in einem anderen Land.
Was wir nicht wußten, damals noch nicht wußten, war, daß wir nicht nur entkommen waren; als die ersten Nachrichten über Vernichtungslager zu uns durchsickerten, wurde uns klar, daß wir dem Tod von der Schippe gesprungen waren.

(Geschrieben nach einem Interview mit Jo Mihaly am 9. 1. 78 und 30. 3. 78)

Jo Mihaly *geb. 25. 4. 1902, Schneidemühl/Grenzmark Posen Westpreußen; Schriftstellerin (sozialkritische Themen) und pantomische Tänzerin; verheiratet mit dem Schauspieler und Regisseur Leonard Steckel; 1933 Flucht von Berlin (Piscatorbühne) nach Zürich ans Schauspielhaus.*

Ein Jahr im Untergrund

Die Entwicklung eines Menschen beginnt bekanntlich schon in der Kinderstube. So auch bei mir. Mein Vater, ein alter Sozialdemokrat, der schon um die Jahrhundertwende organisiert war, übte schon früh seinen Einfluß auf mein Denken aus. Als dann der Krieg begann, er einrücken mußte und ich 1918 in die Lehre kam als Maschinenschlosser und zehn Stunden am Schraubstock stand, da war mir ganz klar, daß etwas getan werden müsse und man sich wehren müsse. Und somit trat ich dann in die sozialistische Arbeiterjugend ein, um mich dort politisch zu betätigen. Ein Jahr später ging ich dann in die Gewerkschaft im Metallarbeiterverband, dann in die Sozialdemokratie und wurde Mitglied des Reichsbanners Schwarz-Rot-Gold. Hier mußten wir schon bald einige Auseinandersetzungen mit den Nazis führen, tätiger Art und ideologischer Art. Als die Revolution dann kam, spaltete die Jugend sich auf, ich trat zu der freien sozialistischen Jugend über. Als mein Vater vom Krieg zurückkam, merkte er, daß ich schon einen ziemlichen Linksdrall hatte und er nahm mich mit all seiner politischen Überlegenheit so ganz sachte bei der Hand und zog mich mit seinen Argumenten wieder in die Sozialdemokratie zurück.
Ich war dann in der SPD organisiert, beim Reichsbanner und glaubte eben auch meinen Teil beitragen zu müssen für die Demokratie. Es war dann sehr schwierig für mich. Meine Freunde, mit denen ich gemeinsam in der Jugendgruppe war – ich hatte vor allem einen Kameraden, der sehr intelligent und überlegen war – hatten sich schon mit den Ideen des philosophischen Materia-

lismus vertraut gemacht. Ich war damals noch zu jung und verstand das noch nicht ganz. Ich hatte mächtige Auseinandersetzungen mit meinem Vater auf der einen Seite, auf der anderen Seite mit meinem Freund. Ich verteidigte meine SPD-Auffassung mit Zähnen und Klauen gegen dessen kommunistische Auffassung, ich wetzte mich mit ihm und wollte nicht glauben, daß er recht hatte. Ich habe dann aber trotzdem seine Meinung angenommen und mich darüber wieder mit meinem Vater auseinandergesetzt, der mir haushoch überlegen war mit seinem geschichtlichen Wissen. Bei diesen Auseinandersetzungen, die hin und her gingen, Jahre um Jahre, habe ich dann gemerkt, daß ich so nicht weiter komme. Ich habe dann bei gleichzeitiger Beobachtung der ökonomischen und politischen Entwicklung zwischen 1920 und 1930 Marx studiert, Engels und eine ganze Reihe von anderen Philosophen, Kant, Fichte, Hegel. Als der Rechtsradikalismus trotz unserer Abwehr immer stärker wurde, mußte ich erkennen, daß der Weg der Sozialdemokratie falsch sein mußte. Und so bin ich dann nach einem langen inneren Ringen – ich hatte es mir nicht einfach gemacht – 1931 zur KPD übergetreten. Ich war dann sehr aktiv, war Mitglied einer Kampforganisation gegen den Faschismus und wir wehrten uns verzweifelt gegen das Aufkommen der braunen Flut.
Als Hitler an die Macht kam, bin ich – um der Verhaftung zu entgehen – sofort illegal untergetaucht, da ich bereits bekannt war. Ich war zufällig auch im Arbeitersport aktiv tätig und hatte da sehr viele Freunde, und somit war ich einer der wenigen unserer Partei, der viele illegale Quartiere hatte. Nach einigen Wochen tauchte ich wieder auf und versuchte die Verbindung mit meinen Parteigenossen aufzunehmen. Viele waren bereits verhaftet, viele hatten Angst, aber ein kleiner mutiger Rest war noch da, mit dem ich Verbindung aufnehmen konnte und so kam ich auch bald mit der Spitze der Illegalen Bewegung der KPD zusammen. Ich wurde organisatorischer Leiter, nachdem mein Vorgänger bereits gesucht wurde und bedroht war. Für jeden Stadtteil, in dem ich arbeitete, hatte ich einen anderen Namen, einen Decknamen. Zur Gedächtniserleichterung wählte ich jeweils den ersten Buchstaben des Stadtteils, z. B. für den Stadtteil Westend „Willi“, in Haidhausen hieß ich „Hans“, in Schwabing „Schorsch“, so daß ich schließlich 12 Decknamen hatte. Als ich dann in die Leitung hineinkam, in die Zentrale, wurde ich auch mit den Auslandskurieren bekannt gemacht, die aus Zürich und aus Prag kamen. Dort war ich der Sebastian, der Bastl, das war mein Zentralname.
Unsere Aufgabe als Widerstandskämpfer war, nicht mit Stahl und Eisen, Pulver und Blei und Sprengstoff zu kämpfen. Ich wehre mich ein bißchen gegen das Wort Widerstandskämpfer. Es scheint mir ein bißchen pathetisch, denn da stellt man sich so eine Gruppe harter Männer vor, die bewaffnet bis an die Zähne aus dem Dunkel hervorbrechen, dem Gegner ungeheure Verluste beibringen, sich dann kämpfend zurückziehen und wieder untertauchen – das war nicht der Fall. Unser Kampf war ein stummer, stiller Kampf. Unsere Waffe war nicht Sprengstoff, unsere Waffe waren Flugblätter, illegale Zeitungen, vom Ausland hereingeschleust, das Material der Kuriere. Ein gut verfaßtes Flugblatt, eine gut redigierte illegale Zeitung, die dem Hitler die Maske herunterriß, ihn entblößte, seine Diktatur darstellte, den ganzen Unterdrückungsapparat aufzeigte, das war es, was wir machten. Ein Flugblatt, das gut abgefaßt war, das an das Denken der Menschen appellierte, wenn so ein Flugblatt unter die Massen kam, dann hatte es eine viel größere Wirkung, z. B. bei den Arbeitern in einem Betrieb. Das gab den Arbeitern Kraft, sie erkannten, es gibt doch noch eine Kraft, die sich wehrt, die nicht nur „Heil Hitler“ brüllt und allen Befehlen gehorcht.
Wenn wir die Flugblätter verteilten, dann gingen wir in Gruppen von zehn Mann, jeder vielleicht mit 20 oder 30 Flugblättern unter dem Arm in ein Stadtviertel, in dem wir nicht bekannt waren, in die Häuser. Wir fingen oben im 4. Stock an, warfen sie links und rechts in die Briefkästen, bis zum untersten Stockwerk, jeder von uns hatte zwei Häuser, das waren im ganzen etwa

25 Häuser. Das hatte eine ungeheure Wirkung. Die Presse schrieb dann von der Wühlarbeit der bösen Kommunisten, diesen Wühlmäusen, die an der deutschen Lebenseiche nagen und die Gestapo war wütend auf uns.
Ich habe einiges erlebt auf diesem Gebiet, weil ich dann direkt in der Zentrale tätig war. Wir haben auch Flugblätter gedruckt, selbst gedruckt. Dazu ein Beispiel hier von München. Wir hatten bei einem Schlossermeister, der eine 20 m lange Baracke hatte, einen kleinen Raum, in dem wir einen Abziehapparat, Matrizen, Schreibmaschinenpapier und eine Schreibmaschine hatten und dort druckten wir eine Zeitung. Das war im Hochsommer, im Juli oder August 1933. Zur Tarnung hatte ich mir in den Raum – da ich ja Maschinenschlosser war – einen Schraubstock reingestellt mit Blech und Eisen und Hammer und Werkzeugen. Und während meine Kameraden mit dem Abziehapparat die Zeitung abzogen, habe ich herumgehämmert und herumgeschlagen. Als das Papier ausging, bin ich mit dem Rucksack und dem Fahrrad in das größte Papiergeschäft Münchens, weil es dort am einfachsten war, einzukaufen, d. h. weil es dort am wenigsten auffiel, wenn man größere Posten Papier kaufte. Ich kaufte dort etwa 5- oder 6000 Blätter Din A 4. Einen Tag später erfuhr ich durch die Zentrale, daß bereits Order bestand, daß Leute, die größere Papiermengen kauften, verdächtig waren und sofort festgehalten werden sollten. Wir haben dann in der Schlosserei die Zeitungen fertiggemacht und noch am gleichen Abend, weil wir dort bereits zwei- oder dreimal gedruckt hatten, den Raum verlassen und sind mit dem ganzen Material in eine andere Wohnung gezogen.
Da ich illegal, praktisch vogelfrei war, konnte ich zu jener Zeit natürlich nirgendwo mehr arbeiten. Ich habe dann schwarz gearbeitet. Ich war zwar Schlosser von Beruf, aber ich konnte auch ein bißchen mit dem Malerpinsel umgehen und so habe ich bei Kameraden, von denen ich wußte, daß sie sicher sind, geholfen die Wohnung zu weißeln und dabei konnte ich mir ein bißchen Geld verdienen.
Eine zweite Aktion, bei der dann das Ausland mitspielte, geschah im Januar 1934. Da kam aus der Schweiz ein Mädchen. Wir waren verabredet und hatten als Erkennungszeichen eine Illustrierte unter dem linken Arm, der Zeitpunkt war genau festgelegt, abends um halb acht am Deutschen Museum. Die Frage war ausgemacht. Man fragte z. B. nach einer Straße „Bitte, wissen Sie die Straße Sowieso“, das war meist eine Phantasiestraße, damit ja nichts passieren konnte. Das Mädchen hatte zwei Koffer mit illegalem Material am Bahnhof in der Gepäckhalle abgegeben und gab mir zwei Gepäckscheine. Da der Bahnhof fast immer von Polizei wimmelte, zuweilen auch von der Gestapo, war es gar nicht so einfach an die Koffer zu kommen. Wir waren drei Leute, einen davon habe ich gebeten, am Bahnhof in das Schaufenster eines Fotogeschäftes zu schauen und dabei den Bahnhofsplatz zu beobachten, ob sich irgendetwas Verdächtiges zeigte. Am ersten Tag klappte es leider nicht. Erst am 2. Tag kam es dann zum Klappen. Den 3. Mann von uns, ein kleiner Mann, dessen Decknamen „Willi“ war und den ich sonst überhaupt nicht kannte, bat ich, ein Taxi zu bestellen und die Gepäckscheine einem Dienstmann zu geben, der die Koffer dann abholen sollte. Ich stand an der Außenseite des Bahnhofs mit meinem Fahrrad, so daß ich sowohl den Dienstmann sehen konnte wie den „Willi“ am Taxi. Ich hatte einen Wintermantel an, an dem der oberste Knopf offen war. Es war ausgemacht, daß dann, wenn ich den Knopf zumache, der „Willi“ sofort ins Taxi steigen und wegfahren sollte, weil dann Gefahr drohe.
Als der Dienstmann herauskam, beobachtete ich genau die Tür, aber es kam niemand hinterher. Der Dienstmann übergab die Koffer dem „Willi“, der ins Taxi stieg und losfuhr. Ich fuhr mit dem Fahrrad hinterher. Ich gab ihm den Auftrag, an einer Straßenkreuzung, an der es einen Durchgang durch die Häuser gab, auszusteigen und mit der Straßenbahn weiterzufahren. Dann sollte er wieder in die Stadt zurückgehen. Ich habe ihn so lange beobachtet, bis er verschwunden

war, so daß es für ihn keine Möglichkeit gab, mich zu beobachten. Dann habe ich diesen Koffer zu einer Familie gebracht, einer Familie, die nicht organisiert war in einer Partei, sie waren nur Freunde von meinem Freund und alte Antifaschisten. Der Mann war Geiger beim Rundfunk, mein Freund spielte ebenfalls Geige. Ich habe dann meinen Freund gebeten, mir seinen alten Geigenkasten zu leihen. Wir haben die Stege herausgerissen und ich habe dann mit diesem Geigenkasten das illegale Material innerhalb von zehn Tagen aus der Wohnung herausgebracht und verteilt. Die Koffer habe ich anschließend in einer anderen illegalen Wohnung untergebracht.

Solche Aktionen wie diese Flugblattaktionen haben wir oft gemacht. Obwohl ich organisatorischer Leiter war, mußte ich bei diesen Aktionen immer dabei sein, um mit gutem Beispiel voranzugehen. Mein Bezirk ging bis weit ins bayerische Land hinein, bis Rosenheim, Passau, Freising und einer ganzen Reihe von anderen Städten.

Dieses Leben ging ein ganzes Jahr lang, bis ich dann doch eines Tages, als ich aus der Schweiz zurückkam, bei Eglisau an der Grenze verhaftet wurde. In meiner Mappe hatte ich ein illegales Schreiben. Der Text war mit unsichtbarer Tinte auf den Mittelteil einer Zeitung, auf den weißen Streifen, geschrieben. Wir hatten eine braune Lösung, mit der man über das Geschriebene strich, dann tauchte die Schrift wieder auf.

Ich kam dann nach München zur Vernehmung, das dauerte ein Jahr, dann nach Berlin vor den Volksgerichtshof und wurde dort zu 8 Jahren Zuchthaus verurteilt. Ich kam nach Amberg, das war ein Zuchthaus für Erstmalige, dort saßen die Politischen. Ich war zusammen mit meiner Untersuchungshaft 47 Monate in Einzelhaft. Als ich aus Amberg entlassen wurde, kam ich im Oktober 1942 dann nach Dachau, wo ich erst nach der Befreiung durch die Amerikaner im April 1945 entlassen wurde. (Nach einem Tonbandprotokoll von Adolf Maislinger)

Bittgang zu Himmler

B: Frau Haag, Sie waren während der Weimarer Republik Mitarbeiterin Ihres Mannes, der 1931 als jüngster Abgeordneter der KPD in den württembergischen Landtag gewählt worden war. Was geschah mit Ihnen beiden, nachdem Hitler an die Macht kam?

H: Mein Mann wurde in der gleichen Nacht verhaftet. Sie kamen morgens um fünf, durchwühlten die Wohnung, warfen die Kleider aus dem Schrank, kippten die Schubladen auf den Boden und trampelten mit ihren Stiefeln auf der Wäsche herum. Dann nahmen sie ihn mit.

B: Sie wurden vier Wochen später verhaftet, welchen Grund gab man Ihnen dafür an?

H: Der Grund war, daß der Reichstag brannte. Ich wußte nicht mal, daß er brannte. Ich war Mutter, ich hatte ein kleines Kind, aber wen kümmerte das schon? Das Kind gaben sie bei der Nachbarin ab, mich brachten sie in das Landesgefängnis Gotteszell.

B: Sie haben die folgenden Jahre abwechselnd in Gefängnissen und im KZ Lichtenburg verbracht. Als Sie 1938 schließlich entlassen wurden, versuchten Sie etwas, was für jeden — heute genau so wie damals — als Wahnsinn betrachtet werden mußte: sie versuchten zu einem Gespräch bei Himmler vorgelassen zu werden, um ihren Mann, der inzwischen von Dachau in die berüchtigten Steinbrüche von Mauthausen geschickt worden war, dort herauszuholen. Wie kamen Sie auf diese Idee, was sagten Ihre Eltern und Ihre Freunde dazu? Sie mußten sich doch darüber im klaren sein, daß Ihr Weg — ganz davon abgesehen, daß die Chancen, für Ihren Mann etwas zu erreichen, gleich Null waren — Sie geradewegs wieder da hin bringen konnte, wo Sie soeben herkamen, nämlich ins KZ.

H: Ich habe nach meinem Gefühl gehandelt und nie jemanden gefragt. Ich bin in die Prinz-Albrecht-Straße in Berlin gegangen, ins Reichssicherheitshauptamt, habe am Schalter jedes-

mal von neuem den Zettel mit den Fragen ausgefüllt und geschrieben, daß ich den Reichsführer SS sprechen möchte. Es war immer das Gleiche, die Wachen kannten mich schon allmählich, ich weiß nicht mehr, wie oft ich dort war. Bis ich dann eines Tages Glück hatte und einem Adjudanten von Himmler, einem Major, mein Anliegen vorbringen konnte. Er vermittelte dann das Gespräch.

B: Als Sie erreicht hatten, daß Ihr Mann nach 7 Jahren KZ aus Mauthausen freigelassen wurde, lebten Sie mit Ihrer Familie kaum länger als ein Jahr zusammen, dann wurde Ihr Mann, nachdem er nun rehabilitiert war, zur Wehrmacht eingezogen. Sie machten an der Berliner Charité Ihr Examen als Krankengymnastin und arbeiteten in verschiedenen Lazaretten. Und dann im Mai 1944 taten Sie wieder etwas, wozu – zumindest für einen der noch nie zuvor eine Zeile geschrieben hat – Mut gehörte, wenn auch eine ganz andere Art von Mut – Sie schrieben ein Buch. Sie schrieben auf, was Sie in den vergangenen 12 Jahren erlebt hatten. Sie schrieben es auf, obwohl noch Krieg war, obwohl die Nationalsozialisten nach wie vor die Herrscher waren. Hatten Sie von Anfang an gedacht, daß diese Aufzeichnungen einmal als Buch erscheinen würden und wie kam es überhaupt dazu?

H: Ich hatte nie mit einer Veröffentlichung gerechnet. Ich übergab die Aufzeichnungen zwei Tage nach dem Einmarsch der amerikanischen Truppen einem amerikanischen jüdischen Offizier. Dann hörte ich erst nach Wochen wieder davon. 1947 wurde das Buch als eines der ersten Widerstandsdokumente in Deutschland veröffentlicht, 1948 kam es bei Victor Gollancz in London heraus.

B: Man könnte dieses Buch „Eine Handvoll Staub" zu den politischen Büchern zählen, obwohl es für mich in eine ganz andere Kategorie gefallen ist. Ich habe Frauen gesprochen, die sich mit diesem Buch sehr stark identifizieren konnten und so war es für mich auch im eigentlichen Sinne nicht primär ein politisches Buch, obwohl es vielleicht mehr von Politik vermittelt als ein Sachbuch. Für mich war es eigentlich mehr ein Zwiegespräch, ein Brief an den Menschen, den Sie liebten, Ihren Mann. Wie stand Ihr Mann später zu diesem Buch? War es ihm zu „unpolitisch" oder sah er es anders?

H: Mein Mann war, als er aus der Gefangenschaft heimkam, absolut konform mit meinen Aufzeichnungen. (Interview mit Frau Haag am 19. 1. 1979)

Durchgangsstation – der lange Weg des Häftlings 69 733

B: Herr L., Sie haben die Zeit zwischen 1940 und 1945 aus rassischen Gründen in verschiedenen Konzentrationslagern der Nationalsozialisten verbracht. Sie waren 24 Jahre alt, als man Sie in das Gefängnis in Pforzheim und anschließend nach Karlsruhe brachte. Was geschah dann?

L: Wir wurden zunächst in winzigen Zweimannzellen mit dem Zug nach Sachsenhausen bei Oranienburg gebracht. In meiner Zelle befand sich ein Mitgefangener, der zu den Zeugen Jehovas gehörte. Man hatte ihm seine Kinder weggenommen, seine Frau war bereits hingerichtet.

B: Wie lange waren Sie in Sachsenhausen und wie wurden Sie dort behandelt?

L: Im Rundfunk und in der Presse hieß es immer wieder, Sachsenhausen sei ein „Schutzhaftlager", für mich war Sachsenhausen ein Vernichtungslager. Schon in Karlsruhe hatte mir einer der Gestapobeamten gesagt „Du Stinkjude wirst dort verrecken". Die Juden kamen innerhalb des Lagers in ein besonderes Lager, sie hatten schlimmere Bedingungen als all die übrigen. Sie hatten keine Schlafkojen, nur Strohsäcke auf dem Boden. Die Baracken waren so überfüllt, daß wir wie die Sardinen schliefen – die Füße des einen neben dem Kopf des anderen. Morgens lagen die Toten neben den Lebenden. Beim Appell hatten wir oft stunden-

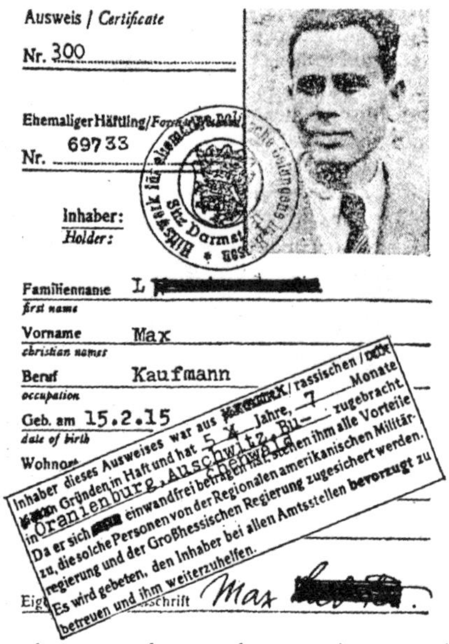
Ausweis / *Certificate*

Nr. 300

Ehemaliger Häftling/Former ...

Nr. 69733

Inhaber:
Holder:

Familienname / *first name*	L [redacted]
Vorname / *christian names*	Max
Beruf / *occupation*	Kaufmann
Geb. am / *date of birth*	15.2.15
Wohnort	
Eigenhändige Unterschrift	Max [redacted].

Inhaber dieses Ausweises war aus [redacted]/ rassischen / [redacted] Gründen in Haft und hat 5 ¼ Jahre, 7 Monate in Oranienburg, Auschwitz, Buchenwald zugebracht. Da er sich [redacted] einwandfrei betragen hat, stehen ihm alle Vorteile zu, die solche Personen von der Regionalen amerikanischen Militärregierung und der Großhessischen Regierung zugesichert werden. Es wird gebeten, den Inhaber bei allen Amtsstellen **bevorzugt** zu betreuen und ihm weiterzuhelfen.

lang zu stehen, auch wenn einer vermißt wurde, manchmal sogar die ganze Nacht. Für die Juden gab es keinerlei medizinische Betreuung, keine Erste-Hilfe-Baracke wie für die anderen. Tagsüber wurden die Schlafsäcke hochgestellt, damit wir auf dem Boden essen konnten. Mein Vater war drei Baracken von mir entfernt, die Beine gefüllt mit Wasser, Hände und Füße erfroren. Als er starb, mußte ich ihn auf meinen eigenen Schultern ins Krematorium bringen, die Asche wurde meiner Mutter zugeschickt. Sterbende wurden in den Waschraum gelegt, wegen des schrecklichen Geruchs ihrer kaputten Füße und Hände. Tausende starben aufgrund der unmenschlichen Behandlung, für manche war es sicher schlimmer, in Sachsenhausen zu sterben als in den Gaskammern von Auschwitz.

B: Sie kamen Ende 1940 mit 30 anderen jüdischen jungen Männern nach Neuengamme bei Hamburg. Welcher Unterschied bestand zwischen diesen beiden Lagern, war die Behandlung besser?

L: Neuengamme wurde als Arbeitslager bezeichnet, aber ich glaube kaum, daß das, was wir machten, als „Arbeit" bezeichnet werden kann, sondern nur als Sklaverei. Wir waren zum Graben einer Bootswerft eingesetzt und hatten ununterbrochen Sandkarren zu transportieren und das auf ganz schmalen Stegen. Wenn Gefangene, die für die schweren Karren zu schwach waren, auf diesen nassen Stegen ausrutschten und in den Schlamm fielen, dann stießen die Kapos sie oft noch tiefer hinein, so daß sie darin umkamen. Jeden Morgen blieben die Schwachen auf dem Appellplatz zurück. Es war ein fürchterlicher Anblick, wenn die Lebenden weggingen und die Toten und Schwachen zurückblieben, der Appellplatz sah aus wie ein Schlachtfeld, auf dem überall Körper herumlagen. Ich habe Lastwagen voll mit Toten gesehen; um sie zu entladen, wurden sie über den Stacheldrahtzaun hinweg auf einen anderen Lastwagen außerhalb des Zauns geworfen – so, als ob man Holz abladen würde. Meinen fürchterlichen Hunger stillte ich mit Hasenfutter, das war Anfang 1942.

B: Welches war das nächste Lager, in das man sie brachte?

L: Ich kam im Herbst 1942 nach Auschwitz. Wir wußten damals alle, daß das das Ende unseres Lebens sein würde. In Neuengamme hatte man uns gesagt, daß wir in das Vernichtungslager Auschwitz kämen. Direkt nach unserer Ankunft bekamen wir die Nummern in den Arm eintätowiert. Ich hatte die Nummer 69 733. Die SS suchte die Jugendlichen aus, die in das Arbeitslager kamen. Ich kam nach Auschwitz-Buna und arbeitete als Stahlbauer beim Aufbau der I.G. Farben-Fabrik.

B: Wie war die Behandlung an Ihrem Arbeitsplatz, wie lange hatten sie zu arbeiten?

L: Wir arbeiteten von acht bis 12 und von 13 bis 18 Uhr, die Behandlung durch die Kapos war manchmal schlimmer als die durch die SS.

B: 1942 soll es eine Thyphusepedemie in Auschwitz gegeben haben, können Sie darüber berichten?

L: In Buna waren einzelne Typhusfälle. Alle Kranken und Schwachen wurden jeden Morgen nach Auschwitz transportiert.

B: Wußten Sie etwas über die Existenz der Gaskammern? Was war allgemein bekannt darüber unter den Häftlingen? Kannten Sie Birkenau?

L: Alle Häftlinge in Buna wußten, daß es Gaskammern gab. Es war bekannt, daß die Schwachen und Kranken jeden Morgen nach Auschwitz in die Gaskammern gebracht wurden. Der schreckliche Geruch, den der Wind zu uns herübertrieb, kam nicht von der Gummifabrik, es war der Geruch von verbranntem Fleisch. Gesehen habe ich die Gaskammern nie. Hätte ich sie gesehen, könnte ich heute nicht mehr darüber erzählen.

B: Wie war Ihre Situation bei Kriegsende?

L: Im Januar 1945 wurde über den Lautsprecher bekannt gegeben, daß alle Häftlinge, die gehen konnten, nach Gleiwitz gebracht werden sollten. Der Marsch nach Gleiwitz im Schneesturm hat vielen das Leben gekostet, da die SS alle erschießen ließ, die nicht mehr gehen konnten. In Gleiwitz wurden wir in offene Kohlenwagen geladen und nach Buchenwald transportiert. Der Transport dauerte 14 Tage, alle zwei Tage gab es eine warme Suppe. Da viele durch Hunger und Kälte starben, haben wir die Toten in einem Waggon gesammelt. Mit der Zeit war der Zug so zusammengestellt: abwechselnd ein Wagen mit Toten, einer mit den noch Lebenden. Als der Zug einmal unter einer Brücke hindurchfuhr, sah ich, wie die Leute auf der Brücke schrien und weinten und die Hände über dem Kopf zusammenschlugen.

B: Buchenwald war eines der großen Auffanglager bei Kriegsende, wie waren die Verhältnisse dort, als sie ankamen?

L: Die, die in Buchenwald noch lebendig ankamen, wurden in völlig überfüllte Baracken gebracht, wir lagen dort wie die Sardinen, Typhus gab es auch. Als die Amerikaner näher kamen, hieß es, daß alle Juden umgebracht werden sollten. Sie sollten mit dem Zug zu einer bestimmten Stelle gebracht werden, dort ihr eigenes Massengrab ausheben und danach erschossen werden. Zu meinem Transport gehörte ein anderer Jude, der in Buchenwald zu den Zeugen Jehovas übergetreten war. Es gelang uns, uns auf dem Bahnsteig hinter einem Holzhaufen zu verstecken. Wir saßen dort und lasen in einigen Seiten, die der andere vom Bibelbuch „Offenbarung" besaß. Als die Nacht kam, hörten wir plötzlich über Lautsprecher: „Alle Bibelforscher zu Block 1." Einige Tage später wurden wir durch die Amerikaner befreit und ich löste mein Gelübde ein, das ich in jenen Tagen abgelegt hatte – ich ließ mich taufen.

B: Auf der Suche nach einem ehemaligen Häftling aus Auschwitz, kam ich in Kontakt mit einem Juden, der sagte ‚Ich war n u r in Buchenwald, aber ich kann Ihnen die Adresse von einem Auschwitz-Häftling geben". Wie stehen Sie zu dieser Aussage?

L: Für mich waren alle Lager gleich. Die Behandlung, die Bedingungen, die Mißhandlungen – es gab da keine Unterschiede. Die Todesgefahr war überall dieselbe. Die Gaskammern waren für mich nicht das einzige, an dem man die fürchterliche Bedrohung und das Leiden messen konnte. Die Art zu töten konnte sich ändern, der Geist blieb der gleiche.

Der Schattenvogel

Du Vogelschattenbild
auf meiner Mauerwand
im Fensterschattenkreuz
auf meiner Mauerwand
gekreuzt vom schwarzen Schattenkreuz
auf meiner Mauerwand
im bleichen Gitterfensterblick
auf meiner Mauerwand

Du Schattenbild so hold
zerbrechlich Vogelhaupt
du ängstest hin und her
du kleines Vogelhaupt
den bangen Bug des Halses
in Federn flaumig mild
dein Köpfchen klug gerundet
der Schöpfung Allgebild

Du wendest hin und her
dein kleines Vogelhaupt
und pickst die Krumen auf vom Brot
das hoffend ich gestreut
zu sehn dein lebend Bild

Seit ich zuerst dich sah
lebendig Lebensleib
im blanken Federkleid
seit ich zuerst dich sah
süßzwitschernd flatternd Flügelherz
am Gitter, daß es klang
seit ich zuerst dich sah
und von dem Schemel sprang
um bebend dir zu nahn
seit ich zuerst dich sah
und du im Flügelschlag
aufklagend mir entschwandst
ersehn ich dich so lang

Ersehn ich dich so lang
um Stund auf Stund am Tage
und streue hoch am Gitterkreuz
die Krumen vor der Nacht
daß du am Morgen findest
die Gabe dürftig dargebracht

Neidische Mauerwand
so hoch verstellt dem Blick
– oft hör ich dein Gepick
ersehnter Vogelgast
doch nichts erhascht mein Blick
als raschen Flügelschlag
ein Schnäblein gelb und schnell
zwei Äuglein blitzendflink
dein Köpfchen klug gerundet
der Schöpfung Allgeding

Ich schlief wohl ein
im Blick auf meine Mauerwand
ich schlief wohl ein zur Stunde
ich hob wohl meinen Blick
aus Traumes dunkler Runde
auf meine Mauerwand

Oh, atemraubend Glück
auf meiner Mauerwand
vor unverstelltem Blick
gekreuzt vom schwarzen Schattenkreuz
auf meiner Mauerwand
im scharfen Gitterfensterblick
des Lebensvogels schattend Ebenbild

Oh Schattenvogel du
auf meiner Mauerwand
im Fensterschattenkreuz
auf meiner Mauerwand
ich höre dein Gepick
an meines Gitters Rand
gekreuzt vom schwarzen Schattenkreuz
dein banger Bug des Halses
in Federn flaumig mild
das Haupt dir klug gerundet
der Schöpfung Allgebild

Erika Guetermann

Gedichte, in der Schutzhaft entstanden, waren keine Gedichte, die aufgeschrieben werden konnten, da weder Papier noch Bleistift erlaubt waren. Sie konnten nur durch ständiges Memorieren, das sich auf Wiederholen einzelner Sätze stützte, ‚niedergeschrieben' werden.

Erika Guetermann, *geb. 1895 in Hamburg, Journalistin, Kunst- und Theaterkritikerin, Lyrikerin; emigrierte 1938 nach Schutzhaft in Hamburg-Fuhlsbüttel nach Amerika, New York.*

Ein ganz normaler Tag oder Wenn der Krieg zu Ende ist

Zu jener Zeit – Ende 1944 – begannen die Tage alle gleich.
„Geh in den Keller und hole Wasser", sagte meine Mutter. In der Küche kam nichts weiter als ein dünnes, braunes, tröpfelndes Rinnsal. Im Stock darunter verbreiterte sich das Rinnsal zu einem dünnen Faden, in den Büroräumen, noch einen Stock tiefer, konnte man mit solchen Banalitäten nicht stören, also blieb nur der Keller. Wenn man Glück hatte, war das Wasser hier wenigstens nur hellbraun und der Sand aus den Leitungen setzte sich ohnehin ab. Ich erinnere mich an einen alten Küchentisch, der stets mit gefüllten Wassertöpfen vollgestellt war.
Das war der Beginn jener Tage damals, Wasserholen, ein mehr als karges Frühstück, dann ein Lauf zur Schule, die Hoffnung, der erste Alarm möge in Mathe kommen, und nicht ausgerechnet in Sport oder Bio. Unterricht fand ohnehin nur noch bruchstückhaft statt, und die Lehrer waren alte Damen, die teilweise wieder aus der Pensionierung zurückgeholt worden waren.
An jenem Tag, von dem ich erzählen will, schickte man uns schon um 11 Uhr nach Hause. Es waren Luftminen gefallen, auch in einer benachbarten Schule. Als wir dort vorbeikamen, waren die Räumungsarbeiten bereits im Gange und ein paar Leute standen auf der Straße. „Sie sahen aus, als ob sie schliefen", sagte jemand, „gar nicht zerfetzt". Ich wußte nicht, ob es ein Trost sein sollte. Für mich war es auf jeden Fall keiner, denn ich hörte diesen Satz an jenem Tag noch einmal. Diesmal war es eine Frau aus unserem Bekanntenkreis, eine Mutter mit einem einjährigen Kind und es war ihr Mann, der diesen Satz sagte. Er sagte ihn mechanisch vor sich hin, x-mal, wie eine hängengebliebene Schallplatte. „Sie hat nicht gelitten, es ging ganz schnell, die Lungen sind geplatzt, einfach die Lungen geplatzt. Aber sie sah aus, als ob sie schliefe . . ."
Der Satz war noch tagelang in meinen Ohren, wenn die Sirenen tönten und wir in den Luftschutzkeller rannten. So, als sei es das einzig Zurückgebliebene von dieser Frau und ihrem Kind, das sie nach 8 Jahren Kinderlosigkeit bekommen hatte.
Ich weiß noch, wie ich diese Keller haßte, das Zusammengepreßtsein mit fremden Menschen, stundenlang bisweilen, zu jeder Tages- und Nachtzeit, ihre Angst aufzunehmen, durch ihre Kleider hindurch zu spüren, zu viel von ihnen zu erfahren, wenn die Flugzeuge sich näherten. Wie das Sirren von Insekten kamen sie näher, wenn sie tiefer flogen, ging das Sirren über in ein gefährliches Brummen, wie ein riesiger Hummelschwarm, der gleichförmig dahinzog.
Der Luftschutzwart, den jedes Haus hatte, stand meistens oben an der Haustür und beobachtete den Himmel. So lange er da stand, regte sich niemand recht auf unten im Keller, wir unterhielten uns und es hätte den Gesprächen nach ebensogut ein Club von werdenden Müttern, die Babysachen strickten, sein können wie eine Gruppe von Menschen in einem Luftschutzkeller. Falls er herunterkam, zu uns in den Keller kam, – was gegen Kriegsende immer häufiger geschah –, schalteten wir um, die Gespräche tröpfelten dahin, brachen ab. Ob die Wolle, die man in einem obskuren Geschäft in der Altstadt bekam, auch weich blieb, war plötzlich nicht mehr so wichtig. Wenn er die eiserne Tür mit dem mächtigen Umlegeriegel verschloß, verstummten die Gespräche fast völlig.
Ich höre den Sand noch rieseln, wenn die Bomben fielen. Er rieselte ganz langsam, zwischen den unverputzten Backsteinen entlang, fast lautlos, wie Sand einer Eieruhr. Ich höre und spüre auch noch die Mauern beben, wenn die Bomben fielen, das Splittern der Fenster, das Knallen von Glas, – falls es überhaupt noch Glas war, das splittern konnte. Später gab es nur noch Drahtfen-

ster, die man nachlässig auf Fensterrahmen nagelte, in der folgenden Nacht flogen sie vermutlich ohnehin wieder hinaus.
Jeder hatte seinen Stuhl in diesem Keller. Alte Stühle selbstverständlich, das Älteste, was man bei der Speicherentrümpelung entdecken konnte. Die unseren waren – was ich heute erst weiß – Thonet-Stühle; das Rohrgeflecht war nicht mehr intakt und vermutlich wußte auch keiner von uns, daß es Thonet-Stühle waren. „Man könnte sie neu bespannen lassen," meinte meine Mutter jedesmal, wenn der Sitz wieder etwas mehr einriß. Aber die Apathie, „lohnt das überhaupt", ließ uns den ganzen Krieg über auf diesen alten, ausgebeulten Stühlen sitzen und sicher hätte es ohnehin niemanden gegeben, der das Material zur Reparatur gehabt hätte.
Die Frage, was noch „lohnt" war eine Frage, die wir uns fast täglich stellten. Manchmal, in schlechten Stunden, erstreckte sie sich sogar auf die Koffer, die immer gepackt im Flur standen mit dem „Allernotwendigsten" wie es hieß. Bei mir war es über lange Zeit hinweg eine Puppe, ich weiß heute noch ihren Namen, sie hieß Kurt und hatte nur noch ein Bein. Das linke Auge fehlte auch, wenn ich mich recht erinnere. Einmal lief ich zurück, weil ich den kleinen Koffer vergessen hatte, die Flak schoß bereits, aber ich wollte diese Puppe, auch wenn ich zu jener Zeit längst über das Puppenspielalter hinaus war.
Ich erinnere mich auch an meine Ängste, wenn, was selten vorkam, der Luftschutzwart nicht im Hause war. Wie sich die Stimmung sofort veränderte, sich Ratlosigkeit ausbreitete – ein Haufen hilfloser Frauen, die sich den Anschein gaben, sie würden die Situation, falls es eine geben sollte, schon auch alleine bewältigen. Ich weiß genau, daß ich nicht daran glaubte. Obwohl meine Mutter und andere Frauen eine Löschausbildung mitgemacht hatten, und wir alle gelernt hatten, mit der Gasmaske umzugehen. Für mich war nur Sicherheit, wenn dieser Mann oben an der Tür stand und den Himmel beobachtete – zwischen den Bomben und dem Keller stand er.
Was wäre, wenn man verschüttet würde, darüber wurde endlos debattiert. Auf den Boden solle man sich legen und ganz ruhig und wenig atmen, damit der Sauerstoff reiche. Aber was heißt

Großstadtbevölkerung beim Ansturm auf einen Luftschutzbunker bei Luftalarm.

Opfer eines Luftangriffs zur Identifikation in der Ausstellungshalle des Funkturms in Berlin

schon wenig atmen – wie atmet man wenig? Zwieback und Tee sollte man auch dabei haben für den Notfall. Ich weiß noch, daß wir Tee nie dabei hatten, weil die Zeit dazu nie reichte, wenn die Sirenen ertönten. Später, bei Kriegsende konnte man sie ohnehin nicht mehr auseinanderhalten. Man wußte bisweilen kaum noch, gehörte die Entwarnung noch zu dem einen Angriff und der Alarm bereits zu dem nächsten oder umgekehrt. Manchmal überlappte sich alles oder wir hörten die Entwarnung von der gegenüberliegenden Seite des Mains während bei uns noch Alarm war. Dann gab es einen Brei von hohen und auf und ab schwellenden Tönen und wir vermuteten, daß irgendwer einfach die Knöpfe verwechselt hatte. Aber natürlich wußten wir zugleich, daß das nicht sein konnte. Sie flogen ihre Einsätze nur immer rascher und pausenloser. „Sie wollen uns kirre kriegen", sagte der Luftschutzwart, „aber da werden sie sich täuschen." Und „sie" täuschten sich auch. Wir hielten durch. Aufrufe in Zeitungen und Radio hielten uns bei der Stange und machten uns jeden Tag von neuem klar, wie kurz die Zeit nur noch sein würde bis zum Endsieg. Daß im Osten bereits das Schlagwort der verbrannten Erde galt, wußten wir noch nicht zu jener Zeit.
Ich weiß noch, wie ich manchmal mit der Idee spielte, einmal, ein einziges Mal nur, nicht in diesen Keller zu gehen. Einfach oben in der Wohnung zu bleiben, weil mich das dauernde Beieinandersitzen – manchmal war es bis zu dreimal am Tag und dann auch noch in der Nacht – einfach verrückt machte. Wie Besuch, der zu oft kommt, dessen Abstände einfach zu kurz sind, als daß man noch Neugier füreinander empfinden könnte. Unser Auf-den-Bodenstarren – niemand sah den anderen an – unser tatenloses stumpfes Vorsichhinbrüten, wie Vieh, das nur darauf wartet, zur Schlachtbank geführt zu werden. Manchmal, wenn der Alarm nur kurz dauerte, keine Flugzeuggeräusche zu hören waren und keine Flak schoß, murmelte auch einer mißmutig vor sich hin: „Alles wieder umsonst".

Was unser Haus anbetraf, war das Kellergehen Gott sei Dank immer „umsonst“ – es brannte nie ab. Zwar lagen Stabbrandbomben fast bei jedem Angriff auf dem Speicher und im Hof, Bombensplitter zerfetzten unser Büffet, aber das Haus blieb stehen. Das einzige Mal, an dem wir alle in Alarmbereitschaft waren, war, als das Nachbarhaus abbrannte. Wir rannten hinauf in unsere Wohnungen, die Feuerwehr war noch nicht da, irgendwer drückte mir einen Wasserschlauch in die Hand und so spritzten wir aus den Fenstern hinüber in die Flammen. Die Wände waren heiß, aber die Brandmauer hielt. Wir gingen einen Stock höher in die Wohnung des Luftschutzwartes. Auch seine Wände waren heiß, noch heißer als die unseren. Wir legten unsere Hände darauf, ich, die ich gerade vom Löschen kam, ebenfalls – ein blutiger Handabdruck wie bei einem schlechten Krimi blieb auf der Tapete zurück. Ich weiß noch, daß wir alle lachten, vermutlich konnte man in dieser Situation nichts anderes als lachen.

Es gab eine andere, in der wir nicht lachten und sie war am gleichen Abend. Meine Mutter hatte an jenem Tag einen Kuchen gebacken, einen Stachelbeerkuchen. Die Beeren hatten wir auf dem Lande getauscht für zwei Pucki-Bände, das Graumehl hatte es als Dreingabe gegeben. Eier gabs nicht, aber wenigstens äußerlich sah das Ganze wie ein Kuchen aus, auch wenn er nicht „gedeckt“ war mit einer Fülle.

Wir ließen ihn an jenem Abend auf dem Küchentisch stehen, weil Alarm kam, weil wir ihn nicht gern in den Keller schleppen wollten. Teilen konnte man nicht zu jener Zeit, und den übrigen den Mund wässrig zu machen war noch schlimmer. Also blieb er oben in der Küche. Als wir zurückkamen vom Löschen, war der Kuchen zwar noch da, nur ein ganz klein wenig verändert. Die „Decke“, die meine Mutter nicht hatte machen können, hatte er nun – sie bestand aus Glasscherben, Hunderten von Glasscherben.

„Wenn der Krieg zu Ende ist“ sagte meine Mutter leise, „wenn der Krieg zu Ende ist“. Ich weiß noch, daß sie den Satz nie zu Ende sagte. Er blieb immer offen. Ein halber Satz, wie ein Sesam-öffne-Dich zu einem besseren Leben.

Ingeborg Bayer

Priesterweihe in Dachau

Wir hatten für die Priesterweihe den Diakon Karl Leisner, Diözese Münster. Er ist seit Jahren, ja schon vor seiner Verhaftung, die in St. Blasien wegen eines politischen Witzes erfolgte, lungenleidend. Sein Zustand ist jetzt so, daß er wahrscheinlich bald sterben muß. Wir möchten ihm daher vorher noch die Freude machen, ihn als Priester am Altare zu sehen. Eine Weihe in Titulum mortis.
Es fehlte uns die Erlaubnis der Lagerleitung.
Ist zur gültigen Weihe nicht canonisch vorgeschrieben.

Die Einwilligung des Heimatbischofs von Münster:
Wird durch illegalen Brief besorgt und trifft ein.

Ein katholischer Bischof (da der poln. Bischof tot ist) schickt uns der ewige Hohepriester: der Bischof von Clermont-Ferrand wird von der SS ins Lager eingeliefert und merkwürdigerweise, wahrscheinlich durch einen Fehler der Registratur, – kommt er nicht in den Ehrenbunker zu Niemöller, sondern zu uns. Post festum holten sie ihn allerdings weg.

Die Erlaubnis des Diözesanbischofs, des Kardinals.
Er gab sie implizite, indem er uns über den Blumenladen alles Nötige zukommen ließ.
Ich bekam also in die Abteilung gebracht: Handschuhe, Schuhe, Bischofsmütze, Pontificale und die 3 Tuniken, die der Bischof bei der Priesterweihe unter das Meßgewand anzieht. Auch das heilige Öl.

Aber wie diese gefährlichen Dinge aus der Plantage ins Lager bringen?
„In aller ihrer Not half ihnen nicht ein Bote oder Engel, sondern E R". (Is. 63,9)

Zwischen Hose und Unterhose – so unschön das klingt – verbargen wir die leichten violetten Gewänder und schritten forsch am SS-Torwächter vorbei, der ahnungslos nur unsere Köpfe zählte. Es ging alles gut, aber wir atmeten doch auf, als wir ihm außer Sicht waren. Mitgeholfen haben meine 2 Priesterkameraden Hans Jäger und Hans Schmalzl. Wujek, der polnische Kamerad, beteiligte sich ebenfalls. Am Sonntag vor Weihnachten 1944 war dann das seltene Ereignis. Leisner war todesblaß und mußte meistens sitzen. Alle Priester waren auf das Tiefste bewegt. Am Feste des hl. Erzmartyrers Stefanus feierte er die Primiz, an der ich wegen Dienst nicht teilnehmen konnte. Als ich am 9. April entlassen wurde, lebte er noch. *Pfarrer Albert Riesterer*

Weshalb wir so gut funktionierten

Manchmal, schon früher auch, nicht erst bei der Arbeit zu diesem Buch, habe ich mich gefragt, was aus uns allen – die wir bei Kriegsende noch nicht oder gerade 18 waren – wohl geworden wäre, wenn Deutschland den Krieg nicht verloren hätte.
Ich entsinne mich noch genau an den Tag, an dem ich es wirklich glaubte – es war am 8. Mai, nicht vorher. Ich entsinne mich auch noch sehr deutlich an meine Gefühle dabei, sie waren später nie mehr reproduzierbar. Falls der Halleysche Komet 1910 wirklich niedergegangen wäre,

vielleicht könnten Menschen damals ähnlich empfunden haben. Das Gefühl, vernichtet zu sein, weniger zu besitzen als die, denen der Krieg alles genommen hatte, nackt zu sein, entkleidet aller Ideale, aller Wertvorstellungen, das Gefühl einer absoluten Niederlage, aus der es, zumindest in den unmittelbaren Wochen danach, keinen Ausweg zu geben schien. Bisweilen schien es mir, als seien wir nicht am Punkt Null angekommen, sondern jenseits davon.
Ich fürchte, wir alle haben uns damals nicht allzuviel und intensiv mit uns beschäftigt. Wir wollten weg von uns, nicht mehr die sein, die wir 12 Jahre lang gewesen waren. Wir wollten das sicher alle. Deswegen haben wir vielleicht versäumt, über uns nachzudenken, weshalb alles so war, so kam, – weshalb wir so gut funktionierten. Weshalb wir abrufbar waren, zu jeder Sekunde, jeder Minute, bereit waren, für eine Idee zu kämpfen und Kopf und Kragen zu riskieren. Weshalb wir kaum mehr zu denken brauchten, um uns in Gang zu halten – wir bedienten nur noch Knöpfe in uns. Vielleicht wird es in ferner Zeit einmal Roboter geben, deren innere Organe nach und nach durch Technik ersetzt werden, Kyborgs. Vielleicht, so scheint es mir heute, daß wir damals Vorstufen von Kyborgs waren.

Ich glaube kaum, daß diese Zeit heute noch nachvollziehbar ist für den, der sie nicht erlebt hat, der nicht Situationen durchgestanden hat, wie wir sie durchzustehen hatten. Eine Prägung, die Gravuren von dieser Tiefe hinterläßt, läßt sich nicht übertragen auf jemanden, für dessen Prägungen andere Voraussetzungen gelten. Vielleicht kann man versuchen, davon zu erzählen, an Beispielen aufzuzeigen, welcher Art diese Prägung war, welche Faktoren hier ineinanderspielten, wie der Input war, der diesen phänomenalen Output ergab. Wie die Tasten beschaffen waren, auf denen bei uns gespielt wurde. Man brauchte sie nur anklingen lassen, es mußten nicht unbedingt Virtuosen sein, die das besorgten – selbst bei Stümpern waren noch Töne zu hören, der leiseste Anschlag genügte.

Ich will zunächst von den Tugenden reden, die man uns gab, oder das, was wir damals für Tugenden hielten. Daß sie bereits pervertiert waren, bevor sie bei uns ankamen, entging uns. Verantwortung z. B. gehörte dazu. Nie wieder später im Leben hatte ich ein solches Bündel Verantwortung wie damals. Mit 14 die Verantwortung für eine JM-Gruppe von 150 10-14jährigen – wenn ich mich recht erinnere, war ich die jüngste JM-Gruppenführerin im Gau Hessen, „Ingeborg geht mit uns durch dick und dünn", hieß es bei der Übernahme der Gruppe in meinem JM-Gruppentagebuch.

Ich glaube, daß dieses „Durch-dick-und-dünn-gehen" eine große Faszination für uns, die Jugend von damals, war; etwas, das besser kittete, als vieles, was heute Jugendlichen an Werten angeboten wird. Man hatte uns erzählt, daß wir zur Herrenrasse gehörten, also lebten wir auch so. Weichheit und Schwächlichsein paßte nicht zu diesem Tugendkodex. Ich weiß noch, wie wir stundenlang in glühender Sonne standen und auf Hitler warteten, der ganze Gau, die Wimpel aufgereiht, einer neben dem anderen. Als ein Mädchen umkippte, war mein erster Gedanke, Gott sei Dank, es ist keine von den deinen. Das Verlangen nach Heldentum, Größe schlug nicht nur hier um in Perversion. Man machte uns größer als wir waren, mit 14 bereits schlotterten uns unsere Kinderkleider um den Körper, und nach dem Krieg war niemand mehr da, der sie uns passend geschneidert hätte.

Damals hatten wir Aufgaben zu erfüllen, große Aufgaben, so sagte man uns. Die Liste dieser Aufgaben innerhalb der JM-Gruppe war groß. Sie ging vom Ausfahren von Kindern berufstätiger Müttern über Heilkräutersammeln für Tee für die Soldaten, für Kolonialwarenhändler klebten wir Lebensmittelmarken, wir strickten Pulswärmer und Ohrenschützer für die Ostfront, sangen in Lazaretts, schrieben Feldpostbriefe an die Front und sammelten fürs Winterhilfswerk – wer sollte je von uns auf die Idee kommen, daß dies etwa von Übel sein und keinem guten

Jungmädel betreuen kinderreiche Familien

Jungmädel beim Heilkräutersammeln

Bild rechts unten: Jungmädel sammeln für das WHW

Bild unten: Fanfarenkorps des Jungvolks

Zweck dienen könne? Der Appell an unser soziales Engagement traf auf offene Ohren und wir waren zu mehr bereit, als nur unsere Pflicht zuhause zu erfüllen.
Den Hauch der großen weiten Welt bot man uns nämlich ebenso, wir durften sehen, was unsere Soldaten erobert hatten. Mit 15 und 16 war ich bereits in Warschau, Krakau und Prag – so eng waren die Grenzen nicht, auch damals im Krieg nicht für den, der im richtigen Lager stand. In der Nähe von Warschau war ich während der Sommerferien im „Osteinsatz", umgesiedelte Bessarabiendeutsche, die dort einen Hof bekommen hatten, brauchten die Hilfe der Reichsdeutschen und wir waren bereit, diese Hilfe zu geben. Wir lernten Kühe melken, Schafe scheren, halfen auf dem Feld und hatten das Gefühl, daß dies alles eine sehr sinnvolle Arbeit sei. Die Höfe lagen nicht gerade in der Nähe unseres Lagers. Ich ging jeden Morgen drei Stunden durch Wiesen und Wälder bis zu meinem Einsatzort, allein, abends den gleichen Weg wieder zurück. Es störte uns nicht sehr, daß es Partisanen gab zu jener Zeit, daß sie in den Wäldern lebten, durch die wir gingen. Furchtlosigkeit war ebenfalls eine jener Tugenden, die für uns an oberster Stelle standen.
In Prag fanden Werkkurse statt, ich weiß nicht mehr, warum man just diesen Ort dafür wählte. Der Zeitpunkt war auch nicht gerade sonderlich günstig, 14 Tage zuvor hatte man Heidrich erschossen, und die Deutschen hatten sich dafür mit Lidice gerächt. Ich erinnere mich noch sehr deutlich an ein Erlebnis in der Straßenbahn, als ich, in Uniform, einer alten Frau meinen Platz anbot – sie sah durch mich hindurch wie durch ein Luftgebilde.

Nach Prag kam ich übrigens als einzige JM-Führerin aus dem Generalgouvernement, quasi als Abgesandte, und ich kam mit Läusen, mein ganzes Lager hatte gerade welche. Petroleum anzuwenden war nicht mehr möglich, weil man noch nach Tagen danach stank, absagen wollte ich auch nicht. „Wenn du sagst warum, ist das ganze Generalgouvernement blamiert", sagte eines der Mädchen: in diesen Dimensionen dachten wir damals. Also hielt ich durch, acht Tage lang, auch das hatte man uns beigebracht – Unbillen zu ertragen. In den Pausen zwischen den Vorträgen rannte ich aufs Klo und benutzte den Läusekamm, während der Vorträge hielt ich das Jukken aus, ohne zu kratzen – nur wer je Läuse hatte, weiß, was das bedeutet.

Nach Krakau oder noch weiter östlich kamen wir auf dem Wege der Kinderlandverschickung. Das KLV-Lager, das ich als 16jährige als Lagermädelführerin leitete, – die Zeit wurde als Pflichtjahr angerechnet – lag im äußersten Winkel des eroberten Gebietes, – abends brachten uns die Etappensoldaten das Wodkatrinken und Kartenspielen bei. Später, als die Front näherrückte, holte man uns von dort zurück, was wir als reichlich überflüssig und hysterisch empfanden. Wir fühlten uns geborgen wie in Abrahams Schoß unter dem Donner von Kanonen, machten Waldlauf und Spiele, das Schießen betraf ja nie uns, es diente lediglich dazu, den Feind endlich wieder hinter seine Linien zurückzuwerfen – so sagte man uns.

Das Bewußtsein, einer Herrenrasse anzugehören, erlitt im zweiten KLV-Lager, in Zakopane, einen erheblichen Knacks – wir waren offenbar doch nicht ganz so unsterblich, wie man uns bisweilen beibringen wollte. Nicht, daß es überhaupt noch Krankheiten gab, die wir nicht alle bereits absolviert hätten in jener Zeit, wir rollten von einer Quarantäne in die andere, Scharlach, Masern, Krätze, Mumps, Läuse, alles hatten wir schon hinter uns, manches sogar gleichzeitig. Aber dann kam der Typhus, angeblich hatte man unsere Brunnen vergiftet. Von 50 Mädchen in meinem Lager wurden 11 von der Krankheit nicht befallen, pro Tag fuhr ich zwei oder drei mit dem Panjewagen ins Lazarett. Zwei starben, die Köchin ebenfalls und die Lagermädelführerin, die das Lager vor mir geleitet hatte. Ich hatte es freiwillig übernommen, von drei vorgeschriebenen Typhusimpfungen hatte ich gerade eine. Aber sicher hätten mich auch 30 Tote nicht davon abgehalten, meine „Pflicht" zu tun, schließlich war dies Tugend Nummer eins. Als die Sache

Wellen schlug und die Reichsjugendführung eingeschaltet wurde, kamen wir in ein anderes Haus mit anderem Brunnen, aber ich fuhr trotzdem die Mädchen weiterhin ins Lazarett, jeden Tag von neuem. Als die Front noch näher kam, und alles in total überfüllten Zügen zurück ins Reich rollte, hatte das Ganze wenigstens ein Gutes – wir hatten einen Waggon für uns, plombiert, abgesondert von allen anderen wie die Aussätzigen des Mittelalters, und unsere Quarantäne war noch lange nicht zu Ende. Aber über allem hing der Hauch des „Heldentums", auch über jenen zwei Mädchen, die wir dort in Zakopane begruben, eskortiert von hohen und höchsten Führern der Reichsjugendführung aus Berlin – ich sehe uns noch stehen, abseits der großen Trauergruppe, ein Häuflein Todgeweihter, niemand kam uns näher als bis auf 10 Meter.
Weshalb wir so lückenlos funktionierten, weshalb wir nur allzu bereit waren, Hitlers neues Menschenbild mitzugestalten, weshalb wir von unserem Sendungsbewußtsein so durchdrungen waren, hatte viele Gründe. Unsere Erziehung geschah systematisch und umfassend, sie durchdrang nahezu alle Bereiche – Schule, Freizeit, Elternhaus. Wir waren „erfaßt" von ihr, von früh bis spät. Die Schlagworte dieser Erziehung verinnerlichten wir sehr rasch, die Parolen Hitlers aus „Mein Kampf" umrieselten uns ständig: „Nicht im ehrbaren Spießbürger oder der tugendsamen alten Jungfer sieht der völkische Staat sein Menschheitsideal, sondern in der trotzigen Verkörperung männlicher Kraft und in Weibern, die wieder Männer zur Welt zu bringen vermögen". „Auch dies ist im Interesse der Nation, daß sich die schönsten Körper finden und so mithelfen, dem Volkstum neue Schönheit zu schenken". „Das Mädchen soll seinen Ritter kennen lernen".
Die Schule stand voll und ganz im Dienst der Idee, der Unterricht begann morgens mit einem zackigen „Heil Hitler" und es gab kaum ein Fach, das nicht mit nationalsozialistischem Gedankengut durchsetzt gewesen wäre; Biologie, Sport, Deutsch und Geschichte in erster Linie. Die körperliche Ertüchtigung stand im Vordergrund gemäß der Forderung von Hitler: Hart wie Kruppstahl, zäh wie Leder, flink wie die Windhunde! Nicht flink wie ein Windhund zu sein, empfand ich immer als Schmach – ich lief 60 m in 13,6 sek.

Wir ertrugen diesen Krieg ohne zu murren, er mußte sein, man hatte ihn uns aufgedrängt., so lehrte man uns. Wir lebten eine Idee. Sie war unser Mantel, wenn uns kalt war, wenn wir Hunger hatten und pro Person drei Kartoffeln auf den Teller gezählt bekamen. Sie wärmte uns, wenn wir in den Kellern saßen und auf die Bomben horchten. Wir verachteten die, die beteten, wenn der Putz von den Wänden rieselte – wir waren programmiert, Helden zu sein und so waren wir es, auch wenn manches, was wir taten, nur noch als absolute Hirnlosigkeit bezeichnet werden kann.

Damals z. B., als wir zum ersten Mal etwas von denen erfuhren, die nicht unserer Meinung waren, Jugendliche, die sich diesem System widersetzten, „Edelweißpiraten" – daß es sie wirklich gab, erfuhr ich erst jetzt bei meinen Recherchen im Bundesarchiv. Damals glaubten wir nicht so recht daran. Zwar wurden die Fenster unseres Heimes einige Male eingeworfen, die Tür zertrümmert, aber wir glaubten es trotzdem nicht. Daß sie Schlagringe und Totschläger hatten, schon gleich gar nicht. Erst als es Überfälle gab, brutale Überfälle auch mit Schwerverletzten, waren wir bereit, uns abends von den Führern des Fähnleins abholen und nach Hause bringen zu lassen. Einen abendlichen Führerinnentreff deswegen abzusetzen, wäre uns nie in den Kopf gekommen.

Die Kräfte, die freigesetzt wurden in uns, waren mächtiger als alle Vernunft. Nächtliche Fackelzüge, Lagerfeuer, Zelte unter freiem Himmel, Großveranstaltungen, die „Fahnen der Freiheit", die „stärker als der Tod" waren – es war der süffigste Cocktail, der je für Jugendliche gemixt wurde. Er enthielt alles, wonach sich junge Leute wohl zu allen Zeiten sehnten, Abenteuer, Grö-

ße, Wagnis, auch Bewährung. Wir bewährten uns pausenlos. Es gab kaum einen Tag, der uns nicht die Chance dazu gab. Bucheckern sammeln, um die magere Ölration etwas aufzubessern, Ährenlesen mit krummen Rücken auf abgeernteten Feldern, Wasserschleppen aus dem Keller, Pulloverstricken aus Mullbinden und Fallschirmseide – wusch man sie, waren sie hart wie ein Brett –, Wurzeln ausgraben im Wald, um ein bißchen mehr Brennmaterial zu haben.
Diese dauernde Bewährung ließ wenig Zeit für andere Dinge, nicht einmal für unsere Pubertät. Sie ging an uns vorüber, ungelebt, nach dem Krieg wußte man auch nichts mehr mit ihr anzufangen, wieder waren andere Dinge wichtiger als wir selbst und die Kartoffeln auf dem Teller zählte man nun erst recht.
Manchmal frage ich mich, was aus all den „Tugenden" von damals geworden ist. Wo sie geblieben sind, das Gefühl von Größe zum Beispiel – vergraben, vergessen, zugeschüttet für immer? Strukturen einer bestimmten Phase, einer sensiblen Phase, lassen sich nicht auslöschen, sie klingen nach, auch heute noch, ich gestehe es. Bei dem Film von Joachim Fest „Hitler, eine Karriere", bei den Massenszenen des eingeblendeten Leni Riefenstahl-Films „Triumph des Willens", lief es mir zweimal über den Rücken – einmal rational und einmal emotional. Der emotionale Schauer, bei dem Vorbeimarsch Hitlers, sein Weg durch die lautlos stehende Menge, war der primäre – da warst du auch dabei, damals, eine unter Tausenden. Ich konnte spüren, was ich damals gespürt hatte, die Stille, nur unterbrochen durch den Klang der sich nähernden klirrenden Stiefel, das fast atemlose Warten, bis die Gruppe einen erreichte, das kaum angedeutete Lässigerwerden danach, es lief alles in mir ab, wie ein Film. Es war kein negativer Film in diesem Augenblick, die Identifikation klappte nahtlos, auch heute noch.
Der rationale Schauer kam erst später, die Bestürzung darüber, daß Abrufbarkeit offenbar nicht so rasch verjährt.

Ingeborg Bayer

Jungmädel und Pimpfe bei einer Sonnwendfeier

IV. Wehret den Anfängen

Die sich des Vergangenen nicht erinnern,
sind dazu verurteilt,
es noch einmal zu erleben.

SANTAYANA

Rechts-extremistische Umtriebe 1977-1979

„Aktionsfront Nationaler Sozialisten" bei einem Umzug am 20. 5. 78 in Hamburg mit Plakaten:
„Ich Esel glaube noch, daß in deutschen KZs Juden ‚vergast' wurden."

Ein Buch, das versucht, politische Aktualität darzustellen, muß in Kauf nehmen, von dieser Aktualität überholt zu werden. Als 1977 die Vorarbeiten zu diesem Buch begannen und das Kapitel ‚Wehret den Anfängen' geplant wurde, war Neonazismus, Neofaschismus, Rechtsextremismus kein Thema, das von der Öffentlichkeit ernst genommen wurde, weder von privater noch von offizieller Seite. Das Material, das damals vorlag, berichtete über Hakenkreuzschmierereien, antisemitische Aktionen an Schulen, Hetzparolen auf Grabsteinen jüdischer Friedhöfe — Kraftakte, die bisweilen nichts weiter auslösten als ein Achselzucken, von den Ewiggestrigen war dabei die Rede, von Politneurotikern, die man vergessen könne und am besten totschweige.

Vergleichen wir die Zahlen über rechtsextremistische Ausschreitungen von 1974 bis 1981 (1974: 136; 1981: 1824), so ergibt sich für die Delikte mit rechtsradikalem Hintergrund in diesem Zeitraum eine Steigerung von 1241 %, womit der höchste Stand seit Kriegsende erreicht wäre.

Die Zahl der ausländerfeindlichen Aktionen erfuhr von 1980 (119 Aktionen) zu 1981 (297 Aktionen) einen Zuwachs von rund 150 %, im Jahr 1982 verstärkten sich die Aktionen zunehmend. Für den Zeitraum vom 1. September 1978 bis zum Druck der 3. Auflage dieses Buches (September 1982) ergibt sich insgesamt die erschreckende Bilanz von 22 Toten von rechtsextremistischer Seite (Zahlen: Bundesjustizministerium).

Über die Ursachen dieser militanten Radikalisierung nach rechts gab es in den vergangenen Jahren nur spärliche Untersuchungen und Analysen. Der Grund dafür könnte u. a. die Tatsache sein, daß die Zahl der Mitglieder der einzelnen Organisationen zwischen 1976 und 1979 nahezu gleich blieb und die Gefährdung daher unterschätzt wurde. Für das Jahr 1981 erhöhte sich die Zahl der Mitglieder um 2500, für 1981 um 500, so daß derzeit mit einer Zahl von rund 20 300 Mitgliedern in 73 rechtsorientierten Organisationen gerechnet werden kann, deren Größe jedoch recht unterschiedlich ist: 36 Gruppen haben weniger als 20, 9 Gruppen mehr als 250 und nur 2 mehr als 4000 Mitglieder.

(Bericht des Verfassungsschutzes 1980)

Gesetzesverstöße deutscher Rechtsextremisten in den Jahren 1974–1980

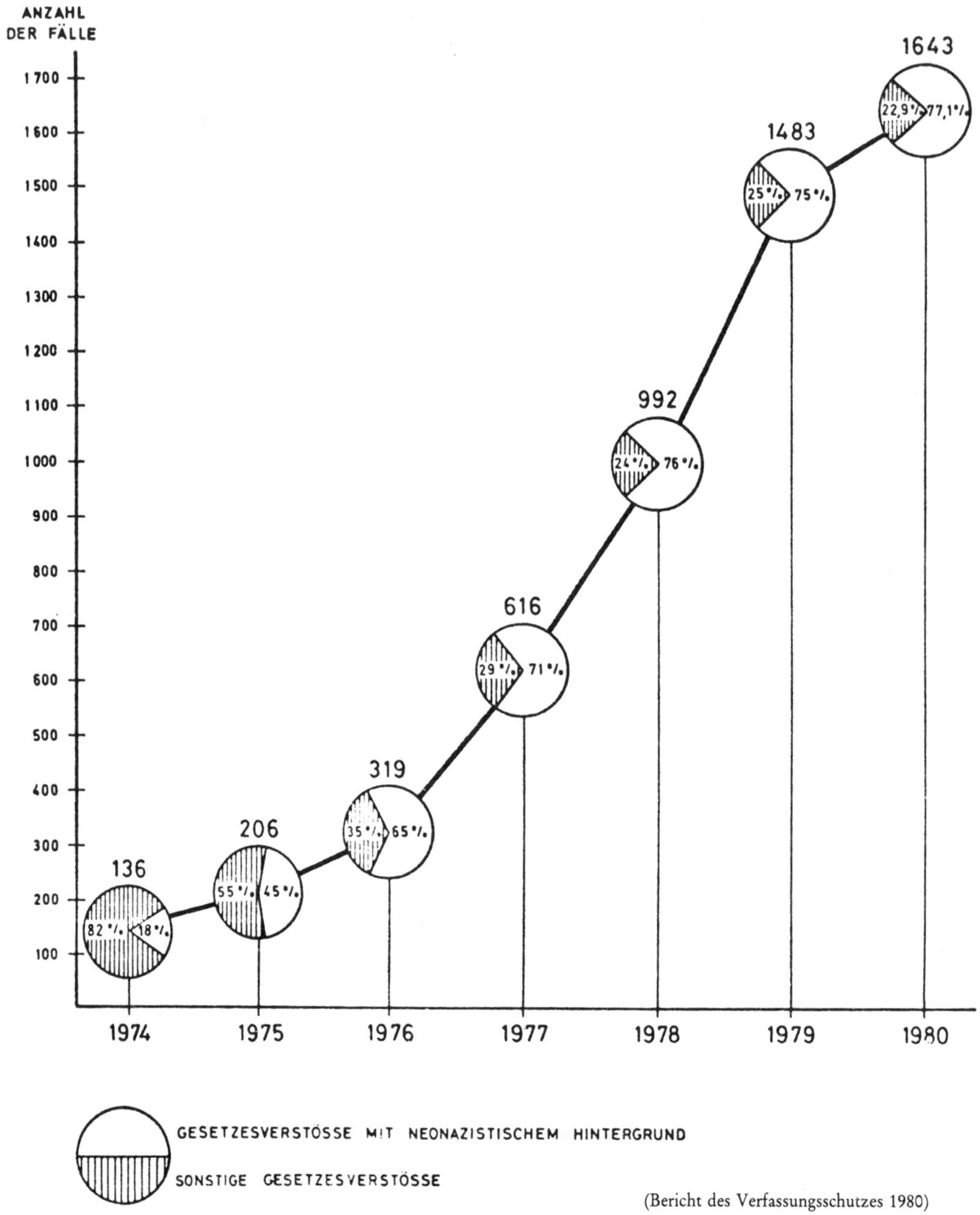

(Bericht des Verfassungsschutzes 1980)

Arten der Organisationen	Ende 1978		Ende 1979		Ende 1980	
(die Übernahme ihrer eigenen Bezeichnungen enthält keine Wertung)	Anzahl der Org.	Mitgliedschaften	Anzahl der Org.	Mitgliedschaften	Anzahl der Org.	Mitgliedschaften
Neonazistische Gruppen	24	1 000	23	1 400	22	1 200[1])
„Nationaldemokratische" Organisationen	5	10 100	6	9 500	8	8 300
„National-freiheitliche" Organisationen	7	5 600	6	6 400	6	13 500
Sonstige Vereinigungen	40	5 400	34	4 000	39	3 300
Summe	76	22 100	69	21 300	75	26 300
Zahl der Mitglieder nach Abzug der Mehrfachmitgliedschaften		17 600		17 300		19 800

[1]) Hiervon sind etwa 800 in den Gruppen tätig, während etwa 400 Gruppen besonders aktiv finanziell unterstützen. Nicht eingerechnet sind rd. 600 Personen (z. B. Alleingänger und Aktivisten zerschlagener oder aufgelöster Organisationen), die keiner der zur Zeit bestehenden Gruppen angehören, so daß von einer Gesamtzahl von rd. 1800 neonazistischen Aktivisten per Stand 31. 12. 1980 auszugehen ist.

(Bericht des Verfassungsschutzes 1980)

Daß jedoch Zugehörigkeit zu einer rechtsextremistischen Organisation nicht unbedingt identisch sein muß mit dem, was an unterschwelligem Rechtspotential bei einer weit größeren Zahl von Bürgern der Bundesrepublik vorhanden ist, zeigt das Forschungsprojekt, das im Auftrag des Bundeskanzleramtes vom SINUS-Institut in München im Zeitraum vom Mai 1979 bis April 1980 durchgeführt wurde. Hier wird sichtbar, daß der Nährboden, auf dem faschistoide Gewalt heranreifen kann, weit flächendeckender ist als bisher angenommen.

Vor der eigentlichen Befragung von rund 7000 wahlberechtigten Bundesbürgern wurde zunächst in einer Voruntersuchung — Auswertung von Schriften rechtsorientierter Verlage, Flugblätter, Zeitschriften, psychologische Interviews mit Mitgliedern rechtsextremer Verbände, Jugendgruppen, Ökogruppen, rechtskonservativer studentischer Verbindungen — die Meßwerte für die Studie festgelegt. Die Fragestellung war zuvor exakt definiert worden (u. a. Weltbild, Feindbild, Wertorientierung, Protestverhalten, möglicherweise Dispositionen, Sympathiepotential, soziologische Schichtung wie Alter, Herkunft etc.). Das Ergebnis der Untersuchung ergab folgende Zahlen: ‚*Nach dem oben festgesetzten Kriterium zählen 13 % der Wahlbevölkerung zum rechtsextremen Einstellungspotential, das heißt, 13 % aller Wähler in der Bundesrepublik verfügen über ein abgeschlossenes rechtsextremes Weltbild.*' Darüber hinaus fand das Institut ‚*daß insgesamt rund 6 % der Wahlbevölkerung rechtsextremistische Gewalttaten im Grunde billigen*'.

Was die Sozialstruktur der Befragten anbetraf, so ergaben sich folgende Aussagen:

> Überrepräsentiert waren, was die Verteilung der Rechtsorientierten auf die einzelnen Bundesländer anbetraf, Hessen und Bayern (Hessen, Anteil der Wahlbevölkerung 9 %, rechtsorientiert 13 %; Bayern, Anteil der Wahlbevölkerung 19 %, rechtsorientiert 22 %); bei den Gemeinden Dörfer mit einer Größe von 2000 bis unter 5000 Einwohner und die Kleinstädte; Personen ohne Berufsausbildung; Landwirte, Selbständige, Angehörige des öffentlichen Dienstes im einfachen und gehobenen Dienst und ungelernte Arbeiter.

Ohne Unterschied anfällig bzw. nicht anfällig für Rechtsextremismus waren Männer und Frauen gleichermaßen, die Religionszugehörigkeit spielte ebenfalls keine Rolle. Was die Altersstruktur anbetraf, so waren die 18- bis 21jährigen (8 % der Wähler) nur mit 4 % bei den Rechtsextremen vertreten, die 60- bis 69jährigen (Wahlbevölkerung 14 %) dagegen mit 20 %.

Die Ergebnisse dieser Untersuchung werfen die Fragen auf, wie es zu diesem Anwachsen eines Rechtspotentials, das nicht nur in der Bundesrepublik festzustellen ist, kommen konnte, welche Mittel der Agitation, der offenen wie der verdeckten, eingesetzt wurden, welcher Methoden sich die Vermittler von rechtsorientierten Weltbildern bedienen, welche Ziele sie anzubieten haben.

Als Einstieg werden in einer Reihe von Flugblättern zunächst Themen angeboten, die auf die Zustimmung einer breiten Masse der Unzufriedenen hoffen läßt, so u. a. in einem Flugblatt der Jungen Nationaldemokraten (JN):

Wir sind für: Kürzung der Abgeordnetendiäten, Schaffung einheitlicher Schul- und Ausbildungsverhältnisse, verstärkten Bau von Freizeiteinrichtungen, soziale Sicherung auch der jugendlichen Arbeitslosen, Durchsetzung des Rechts auf Ausbildung und Arbeit zuerst für deutsche Jugendliche und Arbeitnehmer . . .

Den breitesten Raum bei der Auswahl von Themen nimmt das Problem der Ausländerbeschäftigung ein, das nahezu in allen Flugblättern zum Ausdruck kommt:

Kein aktives oder passives Wahlrecht für Ausländer!
Die Sicherung und Durchsetzung des selbstverständlichen Hausrechtes aller Deutschen in ihrem Land, z. B. dem vorrangigen Recht gegenüber Ausländern, Arbeitsplätze zu bekommen.
Ausländer-Stopp, Deutschland den Deutschen!
Stopp dem Volkstod! Unser Volk muß leben!
Bei uns leben z. Zt. etwa 6 000 000 Angehörige fremder Rassen. Fast so gut wie niemand von denen denkt auch nur daran, freiwillig in seine Heimat zurückzukehren.

Daß man sich dieser Themen nicht nur bemächtigt, sondern sie geradezu an sich reißt, da sie für die eigene Ideologie erfolgversprechend sind, sagt Michael Kühnen, ehemaliger Leiter der ‚Aktionsfront Nationaler Sozialisten', mit Deutlichkeit:

„Das Hauptgewicht der ANS-Bewegung wird die Ausländerfrage sein, das ist ein Thema, das uns keine andere Gruppe wegnehmen kann . . . und mit dem wir auch in künftiger Zeit eine Massenbasis bekommen werden . . . die Rassenfrage . . . ist politisch jetzt nicht unbedingt so akut — außer, was die Frage der Ausländerüberflutung, der Überfremdung angeht. Aber man muß das nicht unbedingt auf die Rassenfrage stützen, die ja nun nicht so furchtbar populär ist. Es gilt eben in den eigenen Reihen das Bewußtsein dieser Rassenfrage wachzuhalten. Auch entsprechende Schulungen vorzunehmen . . . Jetzt geht es darum, Sachpositionen zu gewinnen, ein Problem zu finden, das tatsächlich die Masse der Bevölkerung als Problem bewegt und das nur von Nationalsozialisten gelöst werden kann. Das wird im wesentlichen die Ausländerfrage sein . . . Wir werden uns auf dieses Thema voll konzentrieren."

(Innere Sicherheit, Nr. 63, 1982, Informationen des BdI)

Daß jedoch nicht nur Themen der allgemeinen Unzufriedenheit aufgegriffen und abgehandelt, sondern Ziele in aller Deutlichkeit und Brutalität angesprochen werden, zeigen die folgenden Ausschnitte aus Flugblättern:

Hamburg wird braun!
Wir Hamburger Parteigenossen geloben der Reichsleitung der NSDAP, noch härter zu arbeiten, und zu kämpfen, damit unsere Nationalsozialistische Deutsche Arbeiterpartei zu einem gewichtigen Faktor in diesem Gau wird. Die Verhältnisse in Hamburg sind nicht ungünstig: Hoher Ausländeranteil, sozialistische Mißwirtschaft, Arbeitslosigkeit und weitverbreitetes Mißbehagen am Regime der Demokraten. Wir haben ein Ziel, – fangen wir an:
HAMBURG WIRD BRAUN!

EINST KOMMT DER TAG DER GROSSEN ABRECHNUNG aber nicht Auge um Auge und Zahn um Zahn, sondern im
VERHÄLTNIS 1 : 1000
DAS SCHWÖREN WIR
DER SIEG WIRD UNSER SEIN

Als Deutsche aber fordern wir:
- **Gerechtigkeit und damit Freiheit für Rudolf Hess!**
- **Härteste Bestrafung der wahren alliierten Kriegsverbrecher!**
- **Aufhebung der alliierten Racheurteile von Nürnberg!**
- **Einweisung in Arbeitslager für die Lügner in Presse, Rundfunk und Fernsehen wegen Volksverhetzung und Verunglimpfung des Andenkens Verstorbener!**
- **Standrechtliche Erschießung aller noch lebenden Verräter!**
- **Wiederherstellung der Ehre Adolf Hitlers, Rudolf Hess' und aller unschuldig Verurteilten deutschen Soldaten!**
- **Zulassung nationaler Deutscher im Fernsehen zur Verbreitung der Wahrheit! Kampf allen Ehrabschneidern und Verrätern!**

WIR ERKLÄREN ;
Die N S D A P ist nicht mitschuldig an den gegenwärtigen Zuständen in den westlichen Gebieten des Reiches, aber sie wird dafür sorgen, daß hier und in allen anderen deutschen Landen bald wieder normale Zustände herrschen werden !

Vergleicht man die Texte der Kampf- und Flugblätter und Broschüren mit denen vom Ende der Weimarer Republik, so sind sie fast ausnahmslos austauschbar. „Erfüllungsgehilfen", die „Schmach des 8. Mai 1945", die Ablehnung des „Unrechts von 1945" und der heutigen Staatsform, das übliche Demokraten -Juden- Bolschewisten-Ragout, ihr Schuldsein an allem Übel dieser Welt und vor allem wieder der fanatische Haß auf die Juden und der Wunsch ihrer Vernichtung. („Ihr werdet als Dünger auf den Farmen meines Volkes enden", riefen Mitglieder der amerikanischen NSDAP bei einer Demonstration in Chicago in die Menge).

Politik/Juden
– 300 Juden fühlen sich verstoßen. In Ostia (Italien) leben sie in einem Ghetto und müssen dort arbeiten. Die Krummnasen stehen bekanntlich der Arbeit in jeder Form mit äußerster Skepsis gegenüber, und nun stellen sie Anträge auf Einreiseerlaubnisse in andere Länder. Doch niemand will dieses Pack haben. Denn noch immer gibt es in der Welt Menschen, und nicht nur böse Deutsche, die es nicht verantworten wollen, daß Schädlinge die Kulturen anderer Völker untergraben!

Hakenkreuz-Nachrichten

– Seit der Gründung steigerte sich der Kampf der Nationalsozialisten in Hamburg Woche für Woche. Die Bevölkerung wurde von der Weiterexistenz der NSDAP durch Plakataktionen vor allem in Einkaufszentren und Geschäftsvierteln informiert. Den Krummnasen wurde durch die Verzierung ihrer Synagoge gezeigt, daß wir den wahren Urheber der Hetze gegen uns Nationalsozialisten erkannt haben. Den Behörden sagten wir den Kampf an, weil sie sich als Erfüllungsgehilfen der Besatzungsmächte mitschuldig machen am Terror gegen Deutsche, die deutsch bleiben wollen.

Der Nationalsozialismus ist nicht tot !
Er lebt in allen weißen Völkern der Erde, er ist ihre einzige und alleinige Hoffnung zum Überleben !
Das wissen die Juden und darum zittern sie vor der Abrechnung, die mit Sicherheit eines Tages auf sie kommt.
Die Juden sind ein Orientalisches Volk und gehören darum nicht zur europäischen Völkergemeinschaft.
Sie wollen, können und dürfen sich nicht mit dem Gastvolk vermischen und sie können umso besser in diesem Gastvolk leben, je schwächer und entarteter es ist.
Auch der Leitartikler Giordano weiß das und spricht deshalb von „jüdischen Gemeinschaft, die in einer fremden Gesellschaft lebt", die sie ständig zu schwächen strebt.

Alles, was tagtäglich zur Zerstörung dieser Erde geschieht, hat letztlich seine Ursache in den falschen Lehren, die seit der französischen Revolution, seit der Judenemanipation die Völker entarten lassen.
Darum schrieb ADOLF HITLER vor mehr als fünfzig Jahren in seinem Buch „Mein Kampf" (S. 69/70):

„Siegtder Jude mit Hilfe seines marxistischen Glaubensbekenntnisses über die Völker dieser Welt, dann wird seine Krone der Totenkranz der Menschheit sein, dann wird dieser Planet wieder wie einst vor Jahrmillionen menschenleer durch den Äther ziehen.
Die ewige Natur rächt unerbittlich die Übertretung ihrer Gebote".

FÜR WAS WIR ZU KÄMPFEN HABEN IST DIE SICHERUNG DES BESTEHENS UND DER VERMEHRUNG UNSERER RASSE UND UNSERES VOLKES.

ADOLF HITLER

Auch der messianische Glaube an das „Reich" das „unterirdisch" lebt, taucht wieder auf, der Wunsch nach dem -inzwischen-vierten Reich, das wieder einmal ein „großdeutsches" sein soll.

Es gibt den anderen Weg:
Es ist ein steiler, einsamer, ein schwerer Weg, auf dem nur fern das stille Licht der Ehre und Treue leuchtet. Und doch ist er ausgetreten und tief – ganze Völker sind ihn gegangen, die Freiheit und Selbständigkeit verloren hatten. Und sie alle hat er irgendwann zu einem leuchtenden Tag der Freiheit geführt. Dieser Weg beginnt mit der radikalen Verneinung. Wer nicht zu allem, was uns der Feind aufgezwungen hat, n e i n sagen kann, wird nicht eingehen in das Reich von morgen. Dieses Nein heißt, daß jeder Deutsche, der heute zwangsläufig der „Deutschen Demokratischen Republik", dem Saargebiet, der westdeutschen Bundesrepublik oder Österreich angehört oder dessen Heimat unter Fremdherrschaft gekommen ist, sich täglich sagt: Dieser Staat ist nicht mein Staat. Ich habe ihn nicht gewollt, ich will ihn nicht, und ich werde ihn nicht wollen – ich gehöre ihm nur erzwungenermaßen an – mein Staat ist das Großdeutsche Reich, das in neuer Kraft wieder auferstehen muß.
Aus diesem Nein ergibt sich mit Klarheit, daß ich und du und wir alle einem solchen Staate weder Liebe noch Treue, weder Gehorsam noch Pflicht schulden.

DAS REICH LEBT! – Man mag es geteilt haben, man mag den letzten Träger der rechtmäßigen Reichsgewalt in Spandau eingekerkert halten, Minister des Reiches gefangen gesetzt und in Nürnberg hingerichtet haben – deshalb lebt das Reich doch. Es lebt unterirdisch, wie einst in der „kaiserlosen", der schrecklichen Zeit.

Das Reich lebt heute dort, wo es keine Feinde ausrotten, keine Spitzel und Agenten vernichten können — im Herzen aller Treuen und Aufrechten des Volkes.
Es kann jeden Tag, wenn die Stunde kommt, wenn der Zeitpunkt günstig erscheint, auferstehen. Jeder reichstreue Deutsche kann, wenn er die innere Kraft sich zutraut, es aus dem Dunkel ins Licht rufen. Und weht irgendwo die Fahne des Reiches — auch nur über einer kleinen Schar, dann steht jeder, der etwa einen Unrechtsstaat ihr gegenüber schützen will, selbst im Unrecht und kann als Reichsverräter behandelt werden. Sobald das Reich wieder auftritt — und sei seine Kampfschar anfangs noch so klein — wird jeder ehrenhafte Deutsche sich ihm anschließen, werden die Behörden sich ihm unterstellen, die Unrechtsstaaten gestürzt werden.
Solange die Stunde zur Wiederaufrichtung des rechtmäßigen Reiches und zur Heimholung aller deutschen Lande, die wirklich volksmäßig deutsch waren, — fremdes Land begehren wir nicht und fremdes Volkstum wollen wir nicht vergewaltigen — noch nicht gekommen ist, schließen wir uns gesinnungsmäßig im Reich und außerhalb immer fester zusammen und arbeiten an der Zukunft. Wir wissen nicht, wie lange dieser Zustand dauern wird. Aber er soll uns nur immer härter im Ausdauern, immer treuer in der Liebe zu den toten Kameraden und zum Reich und immer unversöhnlicher in der Ablehnung des Unrechts von 1945 machen.

Für die „Kampfschar“ zur Errichtung dieses neuen Reiches, für die SA-Männer, sind Gebote aufgestellt, die den alten „Tugendkodex“ des letzten Reiches wiederspiegeln.

Die zehn Gebote des Hamburger SA-Mannes

1. **Glaube!** *Die Nationalsozialistische Deutsche Arbeiterpartei ist die Freiheitsbewegung des deutschen Volkes. In ihr verwirklicht sich die wahre Volksgemeinschaft. Sie allein wird die kommende Geschichte unseres Volkes und Reiches bestimmen. Wir werden siegen!*
2. **Gehorche!** *Wir sind die Elite, der kommende Führerorden des neuen Reiches. Befehlen darf aber nur, wer gehorchen kann. Die Bewegung beruht auf der unumschränkten Anwendung des Führerprinzips. Das bedeutet: absolute Disziplin von unten, absolute Autorität von oben; das bedeutet: der Beste soll führen! Führen aber heißt: der Bewegung und damit unserem Volk mehr und besser dienen als andere!*
3. **Kämpfe!** *Der Sieg fällt uns nicht in den Schoß, er muß hart erkämpft werden. SA-Mann ist man nicht mit dem Herzen oder mit dem Mund. SA-Mann ist man nur in der Aktion, im Kampf um ein besseres Deutschland von morgen! Unsere Bewegung bewährt sich im immerwährendem Kampf!*
4. **Sei furchtlos!** *Alle alten Mächte dieser Welt haben sich gegen uns verschworen: sie verfolgen uns, sie kerkern uns ein, sie töten uns! Doch mit all unseren Opfern bahnen wir den Weg zur strahlenden Wiedergeburt der nationalsozialistischen Bewegung und des neuen Reiches! (...)*

10. **Sei erbarmungslos!** *Eine Welt von inneren und äußeren Feinden, eine Einheitsfront von Bolschewisten, Juden und äußeren Feinden, eine Einheitsfront von Bolschewisten, Juden und Demokraten, zerstörte das Großdeutsche Reich; eine Welt von inneren und äußeren Feinden, eine Einheitsfront von Bolschewisten, Juden und Demokraten, errichtete eine Nachkriegsordnung, aufbauend auf Lüge, Betrug und Unterdrückung, eine Nachkriegsordnung, die uns Nationalsozialisten verfolgt, einkerkert, tötet. Wir schulden unseren Feinden nichts! Die nationale Revolution wird erbarmungslos, konsequent und radikal durchgeführt werden. Gegenüber Volksfeinden gibt es keine Nachsicht!*

Die Siegesgewißheit, daß dieses 4. Reich nicht ins Reich der Phantasie gehört, sondern eines Tages Wirklichkeit werden wird, ist von keinerlei Einsicht getrübt – auch nicht von der Tatsache, daß die Mehrzahl der „deutschen Volksgenossen" wohl kaum mehr ein Interesse an diesem „Führer" haben könnte, dem hier lautstark und kampfbereit Huldigungen entgegengebracht werden.

DER STURM

SA-Kampfblatt für Hamburg und Umgebung

Nr. 1 *1. Jahrgang*

Zum Geleit

Parteigenossen,
Kameraden,
Bürger von Hamburg!

Vor Euch liegt die erste Ausgabe unseres neuen SA-Kampfblattes. Der „Sturm" ist die erste nationalsozialistische Zeitung Hamburgs nach dem Krieg. Trotz der durch äußere Umstände erzwungenen primitiven Fertigung ist er aber auch ein deutliches Zeichen der organisatorischen Festigung unserer SA und des politischen Aufschwungs und der wachsenden Bedeutung der deutschen Freiheitsbewegung, der Nationalsozialistischen Deutschen Arbeiterpartei!
Mit dieser Kampfschrift berichten wir über den nationalsozialistischen Freiheitskampf, der in Hamburg vor allem vom SA-Sturm Hamburg „8. Mai" geführt wird, brechen wir das Informationsmonopol der jüdisch-demokratischen Presse, dieser Rotationssynagogen, die uns totschweigen wollen, die versuchen dem deutschen Volksgenossen die Weiterexistenz der NSDAP zu verschweigen; und nicht zuletzt werben wir natürlich auch für diese NSDAP, die unter großen Schwierigkeiten und Opfern im besetzten und zerschlagenen Nachkriegsdeutschland ihren Kampf wieder aufgenommen hat. Es ist dies ein Kampf, der von Seiten unserer Feinde mit Schikanen, Verboten und Prozessen geführt wird, denn sie haben Angst! Juden, Demokraten und Bolschewisten fürchten das Hakenkreuz, wie der Teufel das Weihwasser und dies zurecht, denn

WIR WERDEN SIEGEN!!!

Wir sind die Kämpfer der NSDAP,
Treudeutsch im Herzen, im Kampfe fest und zäh.
Dem Hakenkreuze ergeben sind wir.
Heil unserem Führer, Heil Hitler Dir!

Hamburger Volksgenossen! Lest den „Sturm", fotokopiert ihn, schreibt ihn ab, gebt ihn weiter! Wir haben Euch eine Waffe in die Hand gegeben und damit eine weitere Gefahr auf uns genommen. Nun liegt es an Euch, diese Waffen scharf zu halten, den „Sturm" zu verbreiten und damit unseren Kampf zu unterstützen, den Kampf um das

VIERTE REICH!

SA-Sturm Hamburg „8. Mai"
Die Organisationsleitung

Nicht nur das Vokabular von 1933 und nach 1945 ist austauschbar, Schrift und Symbolik sind ebenfalls übernommen und dies nicht nur bei der Darstellung des heldischen Todes, sei er nun im Krieg oder im Frieden.

Hilf mit, 4, 1937

Mut, Nr.126, 1978

Daß der Schritt vom nur rechtsextremistischen Weltbild zur Kriminalität sich bei Jugendlichen anders vollzieht, als die SINUS-Analyse auf Grund der geringen Anfälligkeit dieser Gruppe für Rechtslastigkeit vermuten läßt, zeigt das Bild der Altersstruktur der rechtsextremistischen Straftäter bei Gesetzesverstößen: hier liegt die Zahl der 14- bis 20jährigen bei 38,8 %, der bis 30jährigen insgesamt bei 69 %. In einer Studie des Bundesinnenministeriums (Neonazistische Militanz und Rechtsextremismus unter Jugendlichen) wird versucht, die Hintergründe gerade dieser jugendlichen Straftäter zu erhellen.

Analyse der Täter bei rechtsextremistischen Gesetzesverstößen

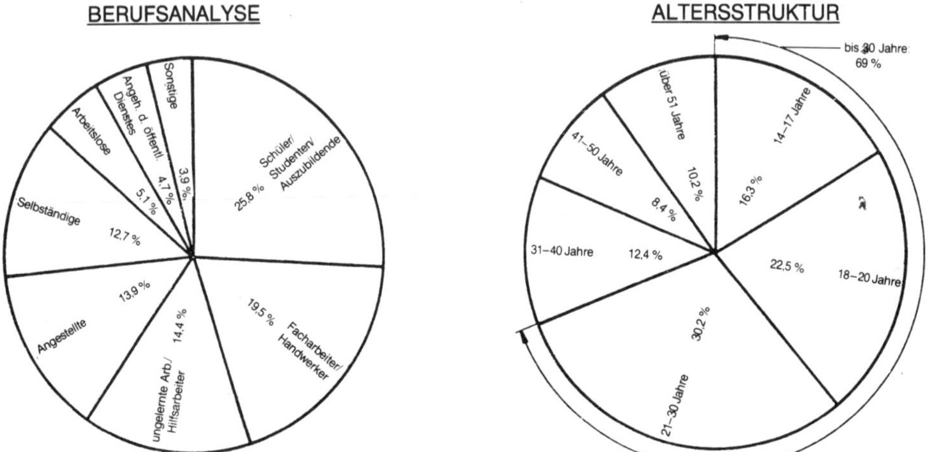

(Bericht des Verfassungsschutzes 1980)

Befragt wurden 32 Mitglieder (Durchschnittsalter knapp 21 Jahre) rechtsextremistischer Gruppen (u. a. Nationaldemokraten, Nationale Pfadfinder, neonazistische Gruppen, Wehrsportgruppe, National-Revolutionäre) im Zeitraum vom Dezember 1979 bis März 1982. Zur Vervollständigung der Studie wurden außerdem 42 Gerichtsurteile von straffällig gewordenen jugendlichen Rechtsextremisten herangezogen, deren Werdegang von der Kindheit bis zur Volljährigkeit sich folgendermaßen darstellen läßt:

Alter (ungef.)	Krisenbereich, Konfliktfeld	Orientierung, Teilhabe an Organisationen
	gestörtes Elternhaus	national, konservativ, privatistisch
14 (ff.)	Schulkrise	öffentliches Fragen, erste Stigmatisierungen
15	Probleme mit dem anderen Geschlecht	Gleichaltrigen-Gruppen, männerbündische Kameradschaft
17	Beruf, Arbeitslosigkeit	Minderwertigkeit, in-group-Orientierung
	Stigmatisierung, Auffälligkeit im Alltag	Abschluß der kurzen Orientierungsphase, Beginn der Radikalisierung von „weichen" zu „harten" Organisationen
18	Polizei, Justiz	„politisches Soldatentum", Abbruch bürgerlicher Karrieremuster

Bis es zur Mitgliedschaft in einer der organisierten Gruppen kommt, werden einige Phasen durchlaufen, von denen die Orientierungsphase vielfach über den Weg des Waffensammelns, das Interesse an Militärfahrzeugen oder Kriegsabenteuern begangen wird:

— *Die Ausbildungsphase der orientierenden Einflußgrößen bzw. der konservativ-autoritären und nationalistischen Vorprägungen steht am Anfang.*
— *Es folgt die Orientierungsphase, in der diejenige Organisation gesucht/ausgefiltert wird, der man sich zuneigt; zum Abschluß dieser Phase ist der Entschluß zum Eintritt gereift.*
— *Die Initiation, der Eintritt in eine Organisation, ist verbunden mit der Bereitschaft, die äußeren Kennzeichen, das Sprachverhalten und das Programm der ausgewählten Organisation zu übernehmen;*
— *vielfach geht die Initiation die Zugehörigkeit zur rechten Szene voraus. Möglich ist die Beteiligung an informellen Gruppen (z. B. in Schulen, auf Spielplätzen, in Kneipen/Treffpunkten), die zur Perfektionierung der Mitgliedsrolle oder zum „Aussteigen" nach Kennenlernen führen kann.*
— *Der Initiation folgt die Mitgliedschaft, die sich durch die sichtbare Abgrenzung und einen auf Gesellschaft und Staat bezogenen Änderungswillen auszeichnet.*

Dem Sog, der in dieser Phase durch das Gemeinschaftserlebnis innerhalb der Gruppen auf die Jugendlichen zukommt, kann besonders bei bereits in dieser Richtung Vorgeprägten sehr oft nicht widerstanden werden, vor allem dann, wenn sich die Ansprache der bereits Dazugehörigen ganz gezielt an die weniger Gefestigten richtet (Michael Kühnen, ehemaliger Leiter der ‚Aktionsfront Nationaler Sozialisten'):

> *„Wir sprechen innerhalb dieser Jugend verständlicherweise die an, die besonders wenig zu verlieren haben und die ein besonders hohes Maß an Unzufriedenheit mit den gegenwärtigen Lebensumständen haben. Ob es sich nun um soziale . . . Benachteiligung oder soziale Probleme bei ihnen handelt, oder ob es sich um persönliche Probleme handelt, etwa die Frage der Geborgenheit und . . . der Wunsch eben, in einer Gemeinschaft zu leben, . . . das hat natürlich auch Konsequenzen . . . Es kommt als zweites noch hinzu, daß wir hauptsächlich . . . die Arbeiterjugend ansprechen, hauptsächlich also . . . junge Menschen ansprechen, die nicht so in der Lage sind, sich zu artikulieren und sich so klar zu machen, was sie eigentlich wollen, . . . als wie zum Beispiel die linken Gruppen, die . . . mehr die Intellektuellen ansprechen. Bei uns beruht eben sehr viel auf . . . der gefühlsmäßigen Durchdringung, auf dem gefühlsmäßigen Lernen als auf dem rationalen Lernen . . ."*

Möglichkeiten der Gegensteuerung dieser militanten Radikalisierung von Jugendlichen zeigt die Studie in Ansätzen auf. Ob sie greifen, noch greifen, nachdem wir, die Erwachsenen, diese Jugendlichen in den vergangenen Jahren mit ihren Fragen allein gelassen haben — und zunächst war nichts weiter als ein Fragen, kritisch, unbequem zwar, aber immerhin ein Fragen, keine Gewalttaten —, mag dahingestellt sein. Wie groß das Potential an Wünschen, Sehnsüchten, Forderungen inzwischen angewachsen, aufgestaut ist, welche Ziele nun nur noch denkbar sind, mag ein Brief verdeutlichen, den ein jugendlicher „Volksgenosse" zu der Fernsehsendung des SWF „Blut und Ehre" schrieb (s. nächste Seite).

Blut und Ehre

Reichshauptstadt 26.7.82

Finden Sie es richtig unsere große Vergangenheit
derart herabzuwürdigen?
Es ist eine Lüge zu behaupten, der Jugend ginge
es heute besser als im III. Reich.
Denn damals kümmerte man sich um die Garanten
der Zukunft, aber das jetzige System läßt seine Jugend
verrotten. Diese Demokratie läßt der Jugend zuviel Freiheit
Als Ich verachte viele meiner Altersgefährten, die nichts
als Disco, Bumsen, Geld, Randale machen und Scheiße
bauen im Kopf hat. Kein Wunder, denn Jugend will
militärisch erzogen sein. Diese langhaarigen Polit-
spinner wundern sich, wieso viele bis zum Schluß
treu zum Führer und der HJ standen. Das kriegen
die in ihren Dummschädel nicht rein.
Es wäre gut, wenn es heute auch wieder eine HJ
oder etwas in der Art geben würde, denn nur so
kann die deutsche Jugend gerettet werden. Da hilft
nur noch eine Radikalkur mit Haare ab, arbeiten
kämpfen – weitermarschieren. Deutschland soll wieder
stolz sein auf seine Jugend.
Nieder mit der Entartung!!
Es lebe die freie deutsche Jugend!!!
Die Garanten der Nation!!

Heil Deutschland!

Ein Volksgenosse aus Berlin
16 J.

Von der schwierigen Suche nach der Wahrheit

So werden wir Deutschen belogen
„Seit über 30 Jahren wird uns Deutschen nun von Presse, Schulen, Rundfunk und Fernsehen eingehämmert, wir Deutschen hätten im Zweiten Weltkrieg Millionen Juden umgebracht. Systematische Arbeit deutscher und ausländischer Historiker hat nun erwiesen, daß es sich hier um einen Riesenschwindel handelt!
Wir jedenfalls betrachten es als eine riesige Unverschämtheit der Bonner Demokraten, wenn man duldet, daß wir Deutschen, vor allem die jungen Deutschen, derart belogen werden!“
Da sich niemand findet, der diesen Lügnern das Handwerk legt, verbreiten wir in unseren Flugblättern die Wahrheit!
Diese Lügen der Sieger sollen uns nur von deren Kriegsverbrechen ablenken, denn, wenn überhaupt jemand Wiedergutmachung verdient hat, dann wir Deutschen und nicht die Juden!

Weil ich es gewagt habe,meine Meinung in dieser
"Demokratie" frei zu äußern,und öffentlich
mittels Flugblättern die geschichtliche,jeder=
zeit beweisbare,WAHRHEIT ÜBER ADOLF HITLER
verbreitete,will man mich wegen sogenannter
"nationalsozialistischer Propaganda" vor Ge=
richt zerren. Das ist Demokratie!
<u>Es geht um Folgendes:</u>
Nachdem nun in Presse,Rundfunk,Schulen und
Fernsehen seit 1945 ständig behauptet wurde,
Adolf Hitler sei am Kriege schuld und wir Deut=
schen hätten Millionen Juden vergast,stelle ich
fest,daß dies der GRÖSSTE SCHWINDEL DES 20.JAHR=
HUNDERTS IST! Nur weil die Sieger des Zweiten
Weltkrieges auch heute noch ganz Deutschland ge=
achtteilt und besetzt halten,scheint es hier ver=
boten zu sein,die WAHRHEIT zu verbreiten.
WENN DIE WAHRHEIT SO GUT IST,DASS SIE WIE NATIO=
NALSOZIALISTISCHE PROPAGANDA AUSSIEHT,DANN IST
DAS NICHT MEINE SACHE!
Unabhängige ausländische Forscher haben seit
Jahren BEWIESEN,daß Deutschland weder die Kriegs=
schuld hat,noch die NSDAP die Schuld an angeb=
lichen Vergasungen! ES GAB IN KEINEM KZ GAS=
KAMMERN! Diese elenden Lügen,meist von Juden ver=
breitet,dienen nur dazu,Deutschland unter morali=
schem Druck zu halten und aus uns allen GELD HER=
AUSZUHOLEN!

Der Unterzeichner dieser beiden Flugblätter ist ein junger Mann von 26 Jahren. Daß er Fragen an die Vergangenheit hat, die ihm offenbar nie beantwortet wurden, daß er sich diese Antworten daher selbst gegeben oder sie von denen übernommen hat, die im Besitz dieser Antworten, dieser „Wahrheiten" zu sein glauben, ist nicht verwunderlich. Vielleicht auch, daß er im Geschichtsunterricht irgendwann einmal etwas von der Ermordung von 6 Millionen Juden gehört hat und diese Zahl für ihn nicht vorstellbar war – falls er sie überhaupt gehört hat. Die Weimarer Republik und das 3. Reich wurden – zumindest vor „Holocaust" – bisweilen in 6 Stunden durchgeschleust und das nicht nur in Hauptschulen, auch in den 13. Klassen an Gymnasien.
Eine der Ursachen für die Zweifel der jungen Neonazis – Behauptungen dieser oder jener Art tauchen in regelmäßigen Abständen in rechtsorientierten Zeitungen, Broschüren und Flugblättern immer wieder auf – dürften daher ganz sicher in dem Informationsmangel zu suchen sein, den abzubauen Schule und Elternhaus nach dem Krieg offenbar nicht geleistet haben. Niemand wird behaupten, daß diese Fragen keine Berechtigung hätten. Aber niemand sollte auch behaupten dürfen, daß etwas nicht geschah, weil die Unterlagen, die wir darüber besitzen spärlich sind oder bei Kriegsende zerstört wurden.
Schon zu den Zeiten, als das Regime sich noch in Sicherheit wiegen konnte, existierte ein System der nahezu perfekten Tarnung. Die Vorgänge, bei denen dieses System durchlöchert, bei denen Tarnung nicht restlos möglich war, wie z. B. bei der Durchführung des Euthanasie-Programms, führten zu Protesten in der Öffentlichkeit. Daß daher die Flut der Anordnungen und Befehle, die an ihrem Briefkopf den Stempel „Geheim" oder „Streng geheim" oder noch zusätzlich ein „Persönlich" enthielten, nur an wenige Verteilerstellen gingen oder unter Umständen überhaupt nur einmal ausgefertigt wurden, ist verständlich und erklärt, weshalb viele dieser Vorgänge heute nicht mehr belegbar sind.
Getarnt wurde nahezu alles, was das Licht der Öffentlichkeit zu scheuen hatte. Sei es die Numerierung der Sterbeurkunden der KL, die eine exakte Überprüfung der Zahl der Todesfälle ermöglichte:

A b s c h r i f t

Der Reichsführer -SS
und
Chef der Deutschen Polizei
im Reichsministerium des Innern.

Berlin, SW 11, den 26.Mai 1943
Prinz-Albrecht-Str.8

S III A 5 Nr. 130 III/43-176- 9

Betrifft: Numerierung der Sterbeurkunden durch die lagereigenen Standesämter der Konzentrationslager.

An das
SS-Wirtschafts- und Verwaltungshauptamt
-Amtsgruppe D- Konzentrationslager -
z.Hd.v.SS-Brigadeführer und Generalmajor
der Waffen-SS [redacted]
- oder Vertreter im Amt-
O r a n i enb u r g.

G E H E I M!

Aus der derzeitigen fortlaufenden Numerierung der Sterbeurkunden durch die lagereigenen Standesämter der Konzentra-

tionslager mit arabischen Ziffern ist die jeweilige Zahl der im laufenden Jahr eingetretenen Todesfälle ersichtlich.
Ich ordne daher an:

Die fortlaufende Numerierung der Sterbeurkunden mit arabischen Ziffern unterbleibt mit sofortiger Wirkung. Zukünftige Sterbefälle werden unter laufenden römischen Ziffern und laufenden arabischen Unterziffern erfasst, und zwar derart, dass der erste Sterbefall der Ziffer I,1, der zweite Sterbefall die Ziffer I, 2 usw. bis Ziffer I, 185 erhält. Ist die arabische Unterziffer 185 verbraucht, so werden die weiteren Sterbefälle unter der Ziffer II erfasst, und zwar erhalten sie die Ziffern II, 1 bis 185. Nach Erreichung der Ziffer II, 185 werden die weiteren Sterbefälle des laufenden Jahres unter III, 1 bis 185, IV,1 bis 185 usw. erfasst. Zum Jahresbeginn wird jeweils wieder mit Ziffer I,1 begonnen.

Ich ersuche, die Lagerkommendanten der Konzentrationslager mit eigenen Standesämtern entsprechend zu verständigen.

gez. H. Hi m m l e r

F.d.R.d.A.:
(Unterschrift)
SS-Obersturmführer

(Dienstsiegel)

Beglaubigt:
gez. Unterschrift
Büroangestellte.

die Numerierung der Aschenbehältnisse:

A b s c h r i f t !

Der Reichsführer-SS
und
Chef der Deutschen Polizei
im Reichsministerium des Innern

S III A 5 Nr. 130/45-176-9.

Berlin SW 11, den 26. Mai 1943.
Prinz-Albrecht-Str. 8.

Geheim

Betrifft: Laufende Nummer des Einäscherungsverzeichnisses der Konzentrationslager - Feuerbestattungsanlagen auf den Urnendeckeln.

Vorgang: Dortiges Schreiben vom 16.1.1943 -D I/1/Az.: 14 f 5/Ot/S. Geheim Tgb.Nr. 35/43 an das RSHA.

An das
SS-Wirtschafts-Verwaltungshauptamt
-Amtsgruppe D- Konzentrationslager-,

z.Hd.von SS-Brigadeführer und Generalmajor
der Waffen-SS [redacted]
-oder Vertreter im Amt -

O r a n i e n b u r g .

I. Die bisherige Numerierung der Aschenbehältnisse ist mit sofortiger Wirkung nicht mehr vorzunehmen.
Ziffer 5 meines Erlasses vom 28.2.1940 - IV 509/40 g- erhält folgende Fassung:
Behandlung der Aschenreste.

(1) Die Aschenreste sind nach der Einäscherung dem Ofen zu entnehmen, abzukühlen, von Metallteilen durch Magneten zu befreien und alsdann ohne das Erkennungsschild in einem widerstandsfähigen, dauerhaften luft- und wasserdichten Behältnis zu sammeln und zu verschließen. Das Erkennungsschild ist zu den Akten zu nehmen. Die Aschenreste jedes Eingeäscherten sind in ein besonderes Aschenbehältnis aufzunehmen. Der Deckel des Behältnisses hat ebenfalls aus dauerhaftem Material zu bestehen. In deutlich geprägter, möglichst erhabener Schrift hat ein auf dem Behältnis festsitzendes, dauerhaftes Metallschild folgende Angaben zu enthalten:

1. Zu- und Vorname des Verstorbenen;
2. Ort, Tag und Jahr seiner Geburt;
3. Ort, Tag und Jahr seines Todes;
4. Ort und Tag der Einäscherung.

gez. H. H i m m l e r

F.d.R.d.A.

(Dienstsiegel)

Beglaubigt:

SS-Obersturmführer

gez. [redacted]
Büroangestellte

die Beförderungsgründe für die bei den Exekutionen beteiligten Angehörige der SS:

Fernspruch · Fernschreiben · Funkspruch · Blinkspruch

Nachr.-Stelle: Gr. Rosen — Nr.: 227

Vermerke

Angenommen oder aufgenommen: von J. Kl. Crox — Tag 14.11.41 — Zeit 10.27 — durch [Unterschrift]

Befördert: an / Tag / Zeit / durch / Rolle

Tag:
Zeit:
Dringlichkeits-Vermerk!

ORANIENBURG NR.2719 14.11.41 1639=WAT=

AN DIE LAGERKOMMANDANTEN

DES K. L. G R O S S - R O S E N

Absendende Stelle

Fernsprech-Anschluß

Inhalt

DIE LAGERKOMMANDEN REICHEN BALDMOEGLICHST
ALLE AN DEN EXEKUTIONEN BETEILIGTEN SS-ANGEHOERIGEN
FUER DAS KRIEGSVERDIENSTKREUZ 2. KLASSE MIT
SCHWERTERN EIN. ANDERE SS-ANGEHOERIGE DUERFEN DARIN
NICHT AUFGEFUEHRT SEIN.

I. V. GEZ. L I E B E H E N S C H E L
SS-OBERSTUBAF.

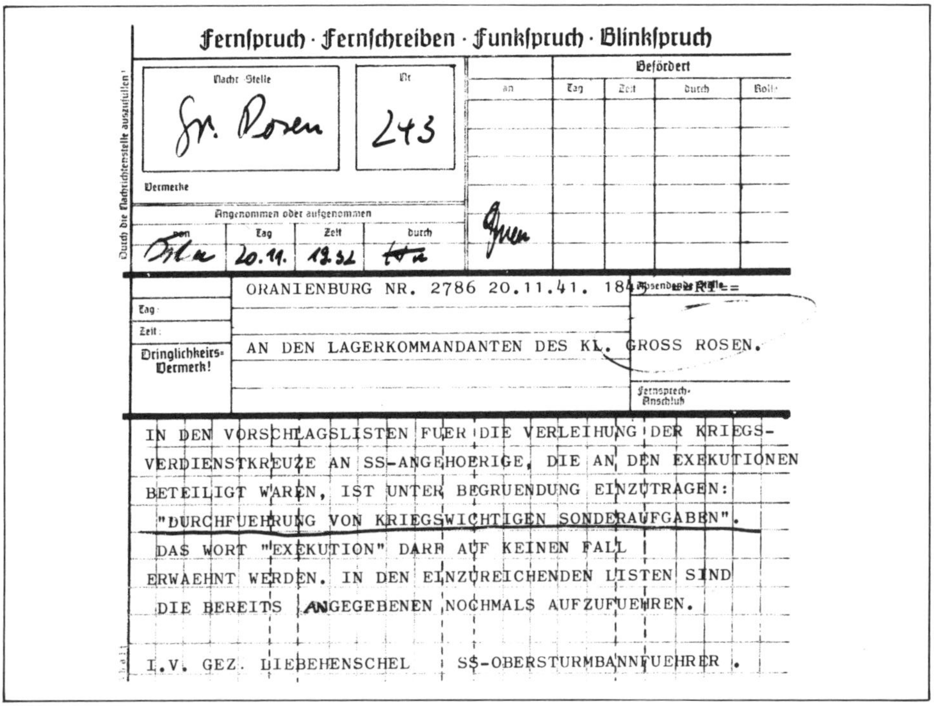

Fernspruch · Fernschreiben · Funkspruch · Blinkspruch

Nacht Stelle: Gr. Rosen
Nr.: 243

Vermerke

Angenommen oder aufgenommen
von Tag: 20.11. Zeit: 19.32 durch

Befördert

ORANIENBURG NR. 2786 20.11.41. 1845 = RT =

Dringlichkeits-Vermerk!

AN DEN LAGERKOMMANDANTEN DES KL. GROSS ROSEN.

IN DEN VORSCHLAGSLISTEN FUER DIE VERLEIHUNG DER KRIEGS-VERDIENSTKREUZE AN SS-ANGEHOERIGE, DIE AN DEN EXEKUTIONEN BETEILIGT WAREN, IST UNTER BEGRUENDUNG EINZUTRAGEN: "DURCHFUEHRUNG VON KRIEGSWICHTIGEN SONDERAUFGABEN". DAS WORT "EXEKUTION" DARF AUF KEINEN FALL ERWAEHNT WERDEN. IN DEN EINZUREICHENDEN LISTEN SIND DIE BEREITS ANGEGEBENEN NOCHMALS AUFZUFUEHREN.

I.V. GEZ. LIEBEHENSCHEL SS-OBERSTURMBANNFUEHRER .

das Vorhandensein von Bordellen und Krematorien bei Lagerbesichtigungen in den KL

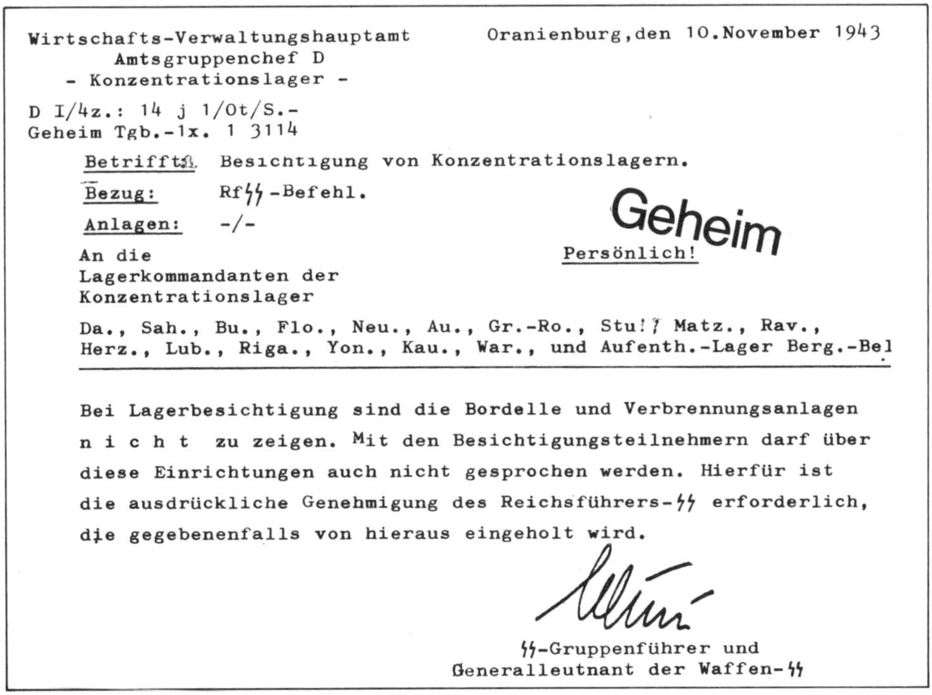

Wirtschafts-Verwaltungshauptamt
Amtsgruppenchef D
- Konzentrationslager -

Oranienburg, den 10. November 1943

D I/4z.: 14 j 1/Ot/S.-
Geheim Tgb.-1x. 1 3114

Betrifft: Besichtigung von Konzentrationslagern.
Bezug: Rf-SS-Befehl.
Anlagen: -/-

Geheim
Persönlich!

An die
Lagerkommandanten der
Konzentrationslager

Da., Sah., Bu., Flo., Neu., Au., Gr.-Ro., Stu.; Matz., Rav., Herz., Lub., Riga., Yon., Kau., War., und Aufenth.-Lager Berg.-Bel.

Bei Lagerbesichtigung sind die Bordelle und Verbrennungsanlagen n i c h t zu zeigen. Mit den Besichtigungsteilnehmern darf über diese Einrichtungen auch nicht gesprochen werden. Hierfür ist die ausdrückliche Genehmigung des Reichsführers-SS erforderlich, die gegebenenfalls von hieraus eingeholt wird.

SS-Gruppenführer und
Generalleutnant der Waffen-SS

Getarnt aber wurde vor allem die Statistik und die wahren Gründe für das Verschwinden von Menschen.
Als Ende 1944, Anfang 1945 abzusehen war, daß dieser Krieg nicht mehr gewonnen werden konnte, war es selbstverständlich, daß alle Dienststellen die restlose Vernichtung des Materials zu garantieren hatten, das in irgendeiner Form über Aktionen Auskunft geben konnte, deren strengste Geheimhaltung bis dahin gefordert worden war.

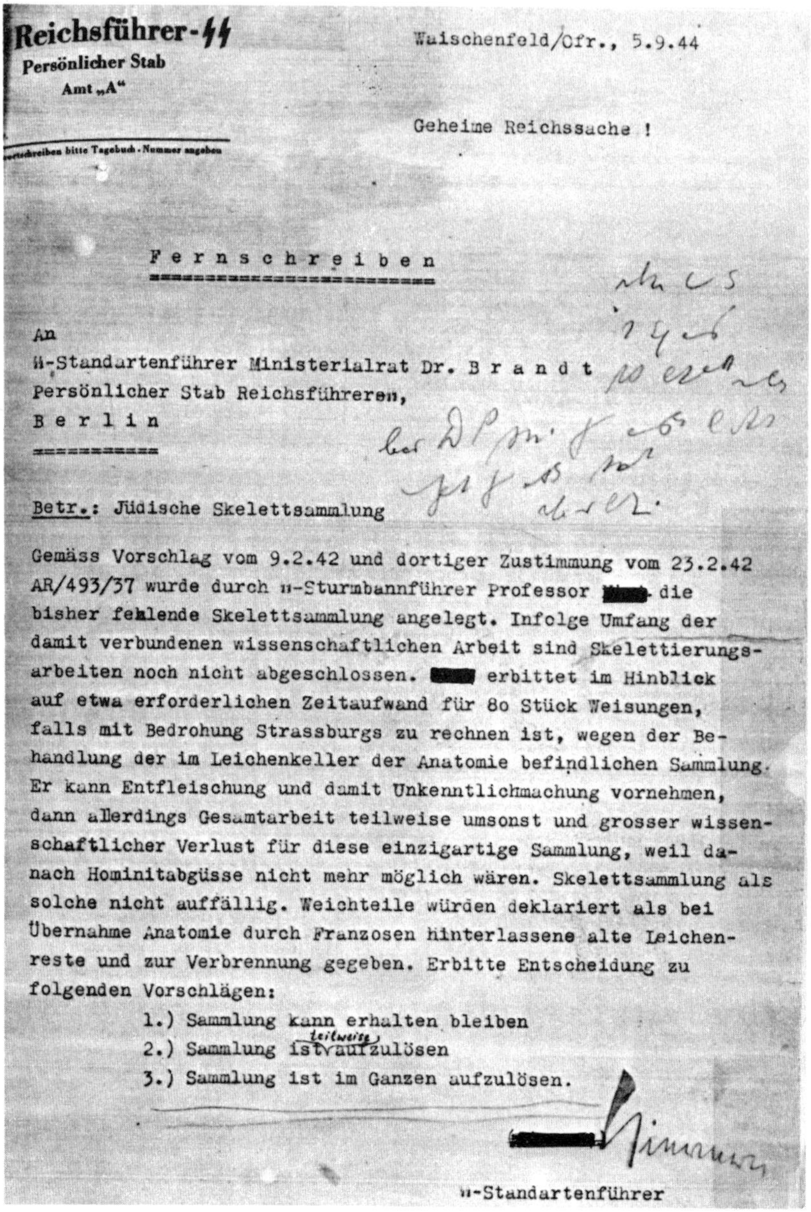

Reichsführer-SS
Persönlicher Stab
Amt „A"

Waischenfeld/Ofr., 5.9.44

Geheime Reichssache !

F e r n s c h r e i b e n

An
SS-Standartenführer Ministerialrat Dr. B r a n d t
Persönlicher Stab Reichsführeren,
B e r l i n

Betr.: Jüdische Skelettsammlung

Gemäss Vorschlag vom 9.2.42 und dortiger Zustimmung vom 23.2.42 AR/493/37 wurde durch SS-Sturmbannführer Professor [redacted] die bisher fehlende Skelettsammlung angelegt. Infolge Umfang der damit verbundenen wissenschaftlichen Arbeit sind Skelettierungsarbeiten noch nicht abgeschlossen. [redacted] erbittet im Hinblick auf etwa erforderlichen Zeitaufwand für 8o Stück Weisungen, falls mit Bedrohung Strassburgs zu rechnen ist, wegen der Behandlung der im Leichenkeller der Anatomie befindlichen Sammlung. Er kann Entfleischung und damit Unkenntlichmachung vornehmen, dann allerdings Gesamtarbeit teilweise umsonst und grosser wissenschaftlicher Verlust für diese einzigartige Sammlung, weil danach Hominitabgüsse nicht mehr möglich wären. Skelettsammlung als solche nicht auffällig. Weichteile würden deklariert als bei Übernahme Anatomie durch Franzosen hinterlassene alte Leichenreste und zur Verbrennung gegeben. Erbitte Entscheidung zu folgenden Vorschlägen:

1.) Sammlung kann erhalten bleiben
2.) Sammlung ist teilweise aufzulösen
3.) Sammlung ist im Ganzen aufzulösen.

[redacted]

SS-Standartenführer

V e r m e r k :

Am 12.10.1944 habe ich telefonisch mit SS-Standartenführer [redacted] gesprochen und ihn gefragt, ob entsprechend der durch SS-Standartenführer [redacted] gegebenen Weisung die Straßburger Skelettsammlung bereits ganz aufgelöst worden ist. SS-Standartenführer [redacted] konnte mir darüber nichts mitteilen, da er von Prof. [redacted] noch nichts Näheres erfahren habe. Ich sagte ihm, daß, falls die Auflösung noch nicht durchgeführt worden sei, ein Teil der Sammlung noch erhalten bleiben solle. Es müsse allerdings die Gewähr geboten sein, daß die völlige Auflösung rechtzeitig erfolgen könne, falls die militärische Lage Straßburg gefährdet. SS-Standartenführer [redacted] sagte zu, entsprechende Feststellungen treffen zu lassen und darüber zu berichten.

[redacted]
SS-Hauptsturmführer

Vermerk für SS-Standartenführer Dr. Brandt

Bei seiner Anwesenheit auf der Feld-Kommandostelle am 21.10.1944 teilte mir SS-Standartenführer [redacted] mit, daß die Sammlung in Straßburg mittlerweile entsprechend der damals gegebenen Weisung schon völlig aufgelöst sei. Er ist der Ansicht, daß diese Regelung in Anbetracht der ganzen Lage die beste wäre.

[redacted]

26.10.1944 SS-Hauptsturmführer
Bg./Hm

Die Frage stellt sich also, wie gelingt es uns, heutigem Mißtrauen und tendenziösen Gegenbehauptungen, in denen scheinbar einleuchtend und durchaus logisch, jedoch an der Wirklichkeit vorbeiargumentiert wird, gegenüberzutreten. Dazu noch einmal das oben genannte Flugblatt (Der Angriff 6, 1977), das versucht, auf Grund der Aschenmenge und der Zahl der Krematorien den Beweis zu erbringen, daß die „Wahrheit" eine andere ist, als allgemein verbreitet.

Hier ein etwas makabres, aber eindeutiges Beispiel:
Ich ließ mir vom Krematorium Karlsruhe einige Zahlen geben. Hier das Rechenexempel:

* *Die Verbrennung einer Leiche dauert heute ca. 1,5 Stunden. Bei 1 Million Leichen bei täglich 12 Std. Arbeitszeit bräuchte man in 100 Brennkammern (soviel gabs wahrscheinlich garnicht) über 3 Jahre. Es kann niemand ernsthaft behaupten, in allen polnischen KZ seien über drei Jahre lang bei täglich 12 Stunden Arbeit nur Leichen verbrannt worden! Und selbst das gäbe nur 1 Million Tote!*
* *Um einen Menschen zu verbrennen, braucht man ca. 30 ccm Gas. Da der Heizwert von Steinkohle geringer ist, als der von Gas, bräuchte man für 1 Million Leichen ca. 31 580 To Kohle!!! Es war Krieg, und da brauchte man die Kohle anderweitig! Auch soll man uns mal den Riesenberg Kohlenschlacke zeigen!*
* *Eine Leiche mit Sarg bringt ca. 3 kg Asche. Rechnen wir ohne Sarg nur 1,5 kg, so ergäben 1 Million Leichen einen Berg von 1500 Tonnen Asche!!! Asche ist aber sehr leicht, und daher mengenmäßig sehr viel. Wo war denn der Aschenberg nach dem Krieg? Man kann nicht tausende von Tonnen Asche spurlos verschwinden lassen!*
  Bei all diesen Überlegungen ging ich „nur" von 1 Million Leichen aus, unsere Gegner behaupten ja sogar, es seien 6 Millionen Juden vergast worden! Dann sollen sie uns auch die Asche zeigen! Das, Deutsche, müßt Ihr Euch mal durch den Kopf gehen lassen!
* *Allein in Auschwitz betrug die Asche aller Toten nur höchstens 2 cbm! (Augenzeugenbericht Jochen Floth)*

Das „makabre aber eindeutige Beispiel" entpuppt sich bei genauerem Hinsehen, eben nur noch als makaber, aber keinesfalls mehr als eindeutig und soll hier, exemplarisch für diese Art von Argumentation, untersucht werden.
Was die Angaben über die Aschenmenge und Brenndauer betrifft, so treffen sie – eine Überprüfung ergab dies – auf die Verhältnisse in heutigen Krematorien zu, für die damaligen Verhältnisse in den KL allerdings hat die Aussage keinerlei Bedeutung. Hierzu die Stellungnahme des Mannes, der für diesen Sachverhalt als kompetent gelten dürfte, des Lagerkommandanten von Auschwitz, Rudolf Höß:

An der Bahnrampe wurden die Juden von einer Bereitschaft des Lagers von der Stapo übernommen und in zwei Abteilungen durch den Schutzhaftlagerführer nach dem Bunker, wie die Vernichtungsanlage bezeichnet wurde, gebracht.
Die Juden mußten sich bei dem Bunker ausziehen, es wurde ihnen gesagt, daß sie zur Entlausung in die auch so bezeichneten Räume gehen müßten. Alle Räume, es handelte sich um 5, wurden gleichzeitig gefüllt, die gasdicht gemachten Türen zugeschraubt und der Inhalt der Gasbüchsen durch besondere Luken in die Räume geschüttet.
Während es sich im Frühjahr 1942 noch um kleinere Aktionen handelte, verdichteten sich die Transporte während des Sommers und wir waren gezwungen, noch eine weitere Vernichtungsanlage zu schaffen. Es wurde das Bauerngehöft westlich der späteren Krematorien III und IV ausgewählt und hergerichtet. Zur Entkleidung waren beim Bunker I zwei und beim Bunker II drei Baracken entstanden. Der Bunker II war größer, er faßte ca. 1200 Perso-

Frauen, die in die Kammern (Gasbunker) getrieben werden. Die Aufnahme wurde illegal durch ein Mitglied der Lagerwiderstandsbewegung gemacht und auf konspirativem Wege aus dem Lager gebracht.

Vorbereitung der Leichen zur Verbrennung auf Stapeln. Die Verbrennung auf Stapeln fand in den Jahren 1942 und 1943 statt bevor die Krematorien in Birkenau in Betrieb genommen werden konnten und ab Mai 1944 während der sogenannten Aktion HÖSS, als die SS mit dem Verbrennen der Leichen in den Krematorien nicht nachkam. Das Foto wurde von der Lagerwiderstandsbewegung gemacht.

Inneres des Krematoriums II oder III in Auschwitz-Birkenau. Im Hintergrund Gefangene, die mit dem Bau des Krematoriums beschäftigt sind. Das Foto wurde im Auftrag der Lagerverwaltung gemacht.

nen. Noch im Sommer 1942 wurden die Leichen in die Massengräber gebracht. Erst gegen Ende des Sommers fingen wir an mit der Verbrennung; zuerst auf einem Holzstoß mit ca. 2000 Leichen, nachher in den Gruben mit den wieder freigelegten Leichen aus der früheren Zeit. Die Leichen wurden zuerst mit Ölrückständen, später mit Methanol übergossen. In den Gruben wurde fortgesetzt verbrannt, also Tag und Nacht.
Kurze Zeit nach dem Reichsführerbesuch kam Standartenführer Blobel von der Dienststelle Eichmann und brachte den RFSS-Befehl, wonach sämtliche Massengräber freizulegen und die Leichen zu verbrennen seien. Ebenso sollte die Asche beseitigt werden, daß man in späterer Zeit keinerlei Rückschlüsse über die Zahl der Verbrannten ziehen könne.
Die beiden großen Krematorien I und II wurden im Winter 1942/43 gebaut und im Frühjahr 1943 in Betrieb genommen. Sie hatten je fünf 3-Kammer-Öfen und konnten innerhalb 24 Stunden je ca. 2000 Leichen verbrennen.
Die Verbrennungsmöglichkeit bei V war praktisch fast unbegrenzt, als noch Tag und Nacht verbrannt werden konnte. Die erreichte höchste Zahl innerhalb 24 Stunden an Vergasungen und Verbrennungen war etwas über 9000 an allen Stellen.
Die Asche fiel während des ohne Unterbrechung fortgesetzten Verbrennens durch die Roste und wurde laufend entfernt und zerstampft. Das Aschenmehl wurde mittels Lastwagen nach der Weichsel gefahren und dort schaufelweise in die Strömung geworfen, wo es sofort abtrieb und sich auflöste.
Nach jeder größeren Aktion mußten in Auschwitz alle Unterlagen, die Aufschluß über die Zahl der Vernichteten geben konnten, laut RFSS-Befehl verbrannt werden. Als Amtschef D I vernichtete ich persönlich alle Unterlagen, die überhaupt in einem Amt vorhanden waren. Die anderen Ämter taten dasselbe.

Für die fehlenden Aschenberge gibt es weitere Gründe. Es wurden nicht alle Tote in Krematorien verbrannt. Als Kohlen knapp wurden, beerdigte man in Dachau z. B. die Leichen auf einem außerhalb des Lagers gelegenen Platz. In den Vernichtungslagern Sobibor, Treblinka, Belzec und Kulmhof gab es Massenverbrennungen in Gruben und in Bergen-Belsen erinnern heute noch Gedenktafeln auf Großgräbern „Hier ruhen 5 000 Tote" „Hier ruht eine unbekannte Anzahl Toter" an das kaum mehr vorstellbare Elend der letzten Kriegsmonate. Außerhalb dieser Sonderbestattungen gab es selbstverständlich auch die Aufbewahrung der Asche in Urnen, für die die Angehörigen dann zusätzlich RM 2.50 zu zahlen hatten. Waren keine Angehörigen vorhanden oder aufzufinden, so wurden die Urnen anonym an die Friedhofsämter verschickt und kamen auf den Friedhöfen ohne Kennzeichnung des Platzes unter die Erde (z. B. in Freiburg 50 Urnen aus Euthanasieanstalten, die nach dem Krieg wieder ausgegraben wurden und heute an einer durch eine Tafel bezeichneten Stelle liegen).

Auch für die Tatsache, daß so wenig von all dem, was in den Lagern im Altreich und im Osten geschah, nach draußen drang, gibt es Erklärungen. Zum einen trugen sämtliche Sonderaktionen Tarnnamen, (z. B. Aktion „Reinhard", „Erntedank", „Nacht und Nebel"), unter denen sich der nicht Eingeweihte kaum etwas vorstellen konnte. Zum anderen gab es einen Befehl Himmlers für die SS: wer etwas erzählte wurde innerhalb von 24 Stunden erschossen. Darüber hinaus wurde sicher eine große Zahl von Briefen sofort nach dem Lesen vernichtet, andere wurden erst garnicht geschrieben und der Sachverhalt mündlich oder telefonisch übermittelt. Getarnt und verschwiegen wurde selbst gegenüber der allerhöchsten Stelle dieses Regimes, Adolf Hitler. Ein System, das sich verselbständigt hatte und das gegen Ende auch ohne jede Kontrollinstanz funktionierte.

A b s c h r i f t

Besprechung mit Reichsführer SS Himmler am 16.9.1942 in dessen Feldquartier in Gegenwart des StS. [redacted] SS-Gruppenführer [redacted] und SS.Obersturmbannführer [redacted].

1. Korrektur bei nicht genügenden Justizurteilen durch polizeiliche Sonderbehandlung. Es wurde auf Vorschlag des Reichsleiters Bormann zwischen Reichsführer SS und mir folgende Vereinbarung getroffen:

a) Grundsätzlich wird des Führers Zeit mit diesen Dingen überhaupt nicht mehr beschwert.

b) Über die Frage, ob polizeiliche Sonderbehandlung eintreten soll oder nicht, entscheidet der Reichsjustizminister.

c) Der Reichsführer SS sendet seine Berichte, die er bisher dem Reichsleiter Bormann zusandte, an den Reichsjustizminister.

d) Stimmen die Ansichten des Reichsführers SS und des Reichsjustizministers überein, so wird die Angelegenheit zwischen ihnen erledigt.

e) Stimmen beider Ansichten nicht überein, so wird die Meinung des Reichsleiters Bormann, der evtl. den Führer unterrichten wird, herbeigezogen.

f) Soweit auf anderem Wege (etwa durch ein Schreiben eines Gauleiters) die Entscheidung des Führers über ein mildes Urteil angestrebt wird, wird Reichsleiter Bormann den Bericht an den Reichsjustizminister weiterleiten. Die Angelegenheit wird sodann zwischen dem Reichsführer SS und dem Reichsminister der Justiz in vorbezeichneter Form erledigt werden.

2. Auslieferung asozialer Elemente aus dem Strafvollzug an den Reichsführer SS zur Vernichtung durch Arbeit. Es werden restlos ausgeliefert die Sicherungsverwahrten, Juden, Zigeuner, Russen und Ukrainer. Polen über 3 Jahre Strafe, Tschechen oder Deutsche über 8 Jahre Strafe nach Entscheidung des Reichsjustizministers. Zunächst sollen die übelsten asozialen Elemente unter letzteren ausgeliefert werden. Hierzu werde ich den Führer durch Reichsleiter Bormann unterrichten.

Auch die Frage, „Was in Hitlers KZ's wirklich geschah" (Deutsche National-Zeitung, 2. 3. 79) ist nie verstummt und geistert von Zeit zu Zeit durch die Presse, unter dem Vorwand, die „Wahrheit" nach so viel Lüge nun endlich aufzuzeigen. Wie aber sieht diese Wahrheit aus? Wieviel können wir heute überhaupt noch von ihr fassen, wo es bisweilen einfacher zu sein scheint, exakte Auskünfte über das Leben im alten Rom zu erhalten, als beispielsweise über das Leben und Sterben in Auschwitz? Wo sind die Stellen, an denen dieses Material, das Material über die Konzentrationslager, zusammengetragen wurde und wieviel ist davon überliefert? Und eine der wichtigsten Fragen dazu: was ist die Ursache für jene Leserbriefe, wie sie durchaus nicht nur in rechtsorientierten Zeitungen erschienen: „Sechs Millionen", diese Zahl der im 3. Reich umgekommenen Juden spukt immer noch in vielen Medien. „Das Internationale Rote Kreuz" berichtete 1965: In den KZ-Lagern des 3. Reiches sind ca. 300 000 rassisch und politisch Verfolgte

umgekommen.“ (Untertürkheimer-Zeitung, 16. 2. 79.) Ein makabres Zahlenspiel, bei dem Schuld mit Hilfe von Dezimalen meßbar gemacht werden soll.
Wie nun kommt diese Zahl zustande, und vor allem wie erklärt sich die Diskrepanz zu den 6 Millionen.
Dazu zunächst etwas zur Geschichte des ITS, der einzigen Stelle in der Bundesrepublik, die über diese Fragen Auskunft geben kann. Der ITS (International Tracing Service) wurde nach Kriegsende gegründet und diente damals vor allem dem Auffinden verschollener Personen, sei es nun von Familien, die durch den Krieg getrennt wurden oder von vermißten und verschleppten Personen von Mitgliederländern der Vereinten Nationen. Diese Sucharbeit beträgt heute nur noch etwa 8 % der Tätigkeit des ITS. Im Jahre 1955 übernahm das Internationale Komitee vom Roten Kreuz in Genf auf Ersuchen der Bundesrepublik und der alliierten Regierungen die Leitung des ITS, um als neutrale Instanz die Verwaltung der Archive und Unterlagen zu garantieren. Die Aufgabe des ITS von heute besteht vor allem im Sammeln und Auswerten der Unterlagen der Konzentrations- und Arbeitslager – die lediglich für Dachau und für Buchenwald nahezu vollständig sind –, in der Erteilung von Auskünften für humanitäre Belange und an oder für die ehemaligen Opfer des nationalsozialistischen Systems für Renten oder Entschädigungsansprüche.

Unterlagen über Konzentrationslager-Inhaftierung

Konzentrationslager	Hauptlager	Außenkdos	Unterkdos	Haftunterlagen im Besitz des ITS	Gebiet besetzt von:	heutige Zugehörigkeit:
Frühe	37	4	—	sehr unvollständig	—	—
Arbeitsdorf	1	—	—	keine namentlichen Unterlagen	US-Armee	BRD
Auschwitz	1	38	—	sehr unvollständig	Sowjetische Armee	Polen
Bergen-Belsen	1	—	—	sehr unvollständig	Britische Armee	BRD
Buchenwald	1	120	13	nahezu vollständig	US-Armee	DDR
Dachau	1	161	9	nahezu vollständig	US-Armee	BRD
Flossenbürg	1	87	5	lückenhaft, jedoch gut belegt	US-Armee	BRD
Groß Rosen	1	79	20	sehr unvollständig	Sowjetische Armee	Polen
Herzogenbusch	1	13	—	sehr unvollständig	Britische Armee	Niederlande
Kauen	1	9	—	sehr unvollständig	Sowjetische Armee	UdSSR
Klooga	1	3	—	sehr unvollständig	Sowjetische Armee	UdSSR
Krakau-Plaszow	1	4	—	sehr unvollständig	Sowjetische Armee	Polen
Lublin	1	9	1	sehr unvollständig	Sowjetische Armee	Polen

Konzentrationslager	Hauptlager	Außenkdos	Unterkdos	Haftunterlagen im Besitz des ITS	Gebiet besetzt von:	heutige Zugehörigkeit:
Mauthausen	1	43	13	geringfügige Lücken	US-Armee	Österreich
Mittelbau	1	21	8	geringfügige Lücken	US-Armee	DDR
Natzweiler	1	42	7	nicht vollständig, aber gut belegt	Französische Armee	Frankreich
Neuengamme	1	71	4	sehr unvollständig	Britische Armee	BRD
Niederhagen-Wewelsburg	1	—	—	nicht vollständig, aber gut belegt	US-Armee	BRD
Ravensbrück	1	42	—	unvollständig	Sowjetische Armee	DDR
Riga	1	15	2	keine namentlichen Unterlagen	Sowjetische Armee	UdSSR
Sachsenhausen	1	61	—	sehr unvollständig	Sowjetische Armee	DDR
Stutthoff	1	99	4	nicht vollständig, aber gut belegt	Sowjetische Armee	Polen
Vaivara	1	10	—	keine namentlichen Unterlagen	Sowjetische Armee	UdSSR
Warschau	1	—	—	keine namentlichen Unterlagen	Sowjetische Armee	Polen
	60	931	86			

Mit welchen Schwierigkeiten die Mitarbeiter dieses Archivs Tag für Tag aufs Neue zu kämpfen haben, mag ein Beispiel zeigen. In der rund 36 Millionen Karten fassenden Zentralkartei des Archivs gibt es z. B. allein für den Namen Schwarz 145 verschiedene Schreibweisen (Swarz, Swaz, Shwaz etc.). Daher sind die Karten phonetisch geordnet, d. h. wer also einen dieser 145 „Schwarzs" sucht, braucht nicht jede Namensform, wie z. B. in einer Bibliothek, gesondert zu überprüfen. Aber trotzdem ist es möglich, daß sich bei aller Anstrengung nicht feststellen läßt, ob der z. B. im Lager von Mauthausen verstorbene Häftling „Suaz" mit einer Anfrage von „Swaz" identisch ist, da Namensverstümmelungen und Namensabweichungen immer wieder vorkommen. Der Entscheid in solch einem Fall, in dem alle Versuche zur Klärung der Identität erfolglos sind, ist dann ein Negativentscheid, eine Beurkundung durch das Sonderstandesamt in Arolsen, die Grundlage für Renten und Versicherungen etc., kann nicht erfolgen.
Weitere Schwierigkeiten bei der Identifizierung liegen in der Verwendung von Decknamen, an die sich ein Häftling oft nicht mehr erinnert, Schreibfehlern oder Sprachschwierigkeiten bei der damaligen Registrierung.
Die Hauptgründe jedoch, weshalb diese Zahl – sie beträgt bis zum Ende des Jahres 1978 insgesamt 361 653 beurkundete Todesfälle – kleiner ist, als die gängige Zahl der 6 Millionen, sind andere.

41

ranz	Prot.Schutz	29.7.42	Auf der Flucht erschossen
k Iwan	Russe	30.7.42	, , ,
Willy	Jude	30.7.42	, , ,
lhelm	Jude	30.7.42	, , ,
itz Hans	B.V.	30.7.42	Erhängt /Exek./
ng Adolf Isr.	Jude	31.7.42	Auf der Flucht erschossen
Fritz Isr.	Jude	31.7.42	, , ,
Erich Isr.	Jude	31.7.42	, , ,
ul	Prot.Jude	31.7.42	, , ,
Viktor	Prot.Jude	31.7.42	, , ,
Elias Isr.	Jude	31.7.42	, , ,
n Manie Isr.	Jude	31.7.42	, , ,
kar	Schutz	31.7.42	, , ,
n Emil Isr.	Jude	1.8.42	, , ,
oritz	Prot.Jude	1.8.42	, , ,
ri	Prot.Jude	1.8.42	, , ,
Oskar	Prot.Jude	1.8.42	, , ,
nn Zygmunt	Pol.Jude	1.8.42	, , ,
anislaus	Pole	1.8.42	, , ,
to	B.V.	2.8.42	Freitod durch Erhängen
n Aimé Angel	Franz.Rtsp.	2.8.42	, , Elektrizität
Thadeus	Pole	2.8.42	, , ,
urski David Isr.-Jude		3.8.42	, , ,
ernh.Isr.	Jude	3.8.42	, , ,
chael	Pole	3.8.42	Auf der Flucht erschossen.
efan	Pole	4.8.42	, , ,
ntoni	Pole	5.8.42	, , ,
l	Schutz	6.8.42	, , ,
Kurt Isr.	Jude	7.8.42	, , ,
Emanuel	Jude	8.8.42	Freitod durch Erhängen
wlow	Russe	10.8.42	Auf der Flucht erschossen
Karl	Jude	12.8.42	Freitod durch Elektrizität
humir /33	Jude	12.8.42	, , ,

Seite aus dem Totenbuch des KL Mauthausen

Es gibt kein exaktes Zahlenmaterial über die Vernichtungslager. Wieviele Menschen in Sobibor, Treblinka, Chelmno und Belzec umgekommen sind, werden wir nur andeutungsweise wissen, hier sind wir auf Zeugenaussagen angewiesen. Die Zahl der Zeugen, die überlebt und in Strafverfahren ausgesagt haben, ist gering – ein Einziger für Belzec, etwa 50 aus Sobibor, rund vierzig aus Treblinka und vier aus Chelmno, von denen drei 1962 aussagten (nach Dr. Rückerl, ZStL). Auch die Zahlen über die Konzentrationslager Auschwitz und Lublin-Maijdanek, Lager, die nicht nur Vernichtungslager waren, sondern in denen die Häftlinge auch teilweise in den Rüstungsbetrieben beschäftigt wurden, sind nicht vollständig. Es gibt zwar Transportlisten, sogenannte Veränderungsmeldungen, aus denen wir erfahren, daß aus Theresienstadt Züge nach Auschwitz fuhren, aber am Bestimmungsort Auschwitz II (Birkenau) endet die Registrierung – die ins Gas gingen und an der Rampe bei ihrer Ankunft bereits selektiert wurden, waren für die Lagerverwaltung des Numerierens nicht mehr wert. Sie tauchen allenfalls noch in jenen unmenschlichen Formulierungen des Berichts über das Sonderkommando in Kulmhof auf: Seit Dezember 1941 wurden ... 97 000 „verarbeitet".

Es gibt außerdem kein Zahlenmaterial über Menschen, die in den Konzentrationslagern zur Exekution eingeliefert wurden, russische Kriegsgefangene z. B.

Auch über die Todesfälle kurz vor, bzw. nach der Befreiung sind wir nur mangelhaft informiert, z. B. über die in großem Ausmaße durchgeführten Evakuierungen der Lager. Bergen-Belsen z. B., ein Lager, das ursprünglich für prominente Juden gedacht war, sogenannte Austauschjuden, die man um des Profits willen nicht gleich nach Auschwitz schickte, wurde in den letzten Wochen des Krieges Auffanglager für die frontnahen übrigen KL. Die Zahl der Häftlinge betrug dort Ende November 1944 rund 15 000, Ende Januar 1945: 22 000, Ende Februar: 41 000 und Mitte April: rund 60 000 (Zahlenangaben nach: Das Lager Bergen-Belsen). Als die Engländer am 15. April 1945 das Lager übernahmen, dachten sie zunächst, es handle sich um eines der Vernichtungslager, da die Zahl der Leichen nicht übersehbar war. Diese Zahl wurde mit „etwa" 50 000 angegeben – Tote, die in keiner Registrierung verzeichnet sind und daher auch nicht beurkundet werden können.

Ein großer Teil der Häftlinge aus Neuengamme bei Hamburg wurde in den letzten Kriegswochen zum Abtransport auf Schiffe gebracht und von den Alliierten durch einen Irrtum vor der Küste versenkt. Auch ihre Zahl läßt sich nur schätzen, namentlich aufgezeichnet sind sie an keiner Stelle.

Die Unterlagen, die in Arolsen zur Beurkundung vorliegen, kamen teilweise auf abenteuerlichen Wegen in das Institut. Das Totenbuch von Mauthausen z. B. wurde bei Kriegsende von einem Häftling als Souvenir aus dem Lager geschmuggelt und kam erst 1965 über Australien wieder in die Bundesrepublik. Ein großer Teil der Totenlisten und Sterbebücher des Konzentrationslagers Auschwitz befindet sich heute noch in Moskau. Was außerdem an Häftlingsnummernlisten, Krematoriumsbüchern und sonstigen Unterlagen an anderen Orten liegen mag, ist nicht bekannt, obwohl das Internationale Komitee des Roten Kreuzes seine Kontakte in alle Teile der Welt von Jahr zu Jahr weiter ausbaut und sich um diese Unterlagen bemüht.

Die Zahl, die von Zeit zu Zeit durch die Presse geht, ist also keine endgültige, keine vollständige Zahl und sie wird es auch nie sein. Sie wächst von Jahr zu Jahr. 1973 betrug die Anzahl der Nachbeurkundungen 2174, 1974: 2459, 1975: 2518, 1976: 2912 und 1978: 2518, so daß bis Ende des Jahres 1978 beim Sonderstandesamt in Arolsen die Zahl von 271 285 Sterbefällen vorlag. Die Zahl der bei anderen Standesämtern beurkundeten Sterbefälle aus Konzentrationslagern betrug bis zum gleichen Zeitraum 90 368, so daß sich eine Gesamtzahl von 361 653 beurkundeten Sterbefällen ergab, – eine Zahl, die vermutlich nicht einmal der Bruchteil der Spitze

des Eisberges ist, und keine Rückschlüsse auf die Gesamtzahl der in den KL Umgekommenen erlaubt. Wer sie böswillig benutzt, müßte die Totenbücher der Konzentrationslager einsehen können, die Randspalten mit den angegebenen Todesarten: „Auf der Flucht erschossen", „Selbstmord durch Drahtverhau", „Exekution durch Erhängen".
Auch bei „nur" 361 653 sicher registrierten Toten wird sich keiner dem Grauen entziehen können, das diese Bücher ausstrahlen.

Selbstmord im elektrischen Draht

Wenn Hitler heute wiederkäme

Eine Umfrage bei Jugendlichen

Daß das Wissen heutiger Schüler über die Person Adolf Hitlers nicht nur dürftig ist, sondern bisweilen haarsträubenden Unsinn aufweist, hat die Untersuchung Dieter Boßmanns „Was ich über Adolf Hitler gehört habe" gezeigt. Von Aussagen wie: „Er soll ein Professor gewesen sein", „Er war Deutschlands Bundesminister", „Heute vertritt ihn Bundeskanzler Schmidt", „Hitler gehörte der CDU an", „Hitler war ein großer Fanatiker des Kommunismus", über Vorstellungen von seinen Leistungen („führte den Muttertag ein", „Er hat nur für die Blonden gekämpft") bis zu den abstrusen Ansichten über seinen Tod („Er hat sich in der Gaskammer umgebracht", „Er sprang die Talsperre im Ruhrgebiet hinunter", „Da er immer älter wurde, kümmerte man sich ja auch nicht mehr so um ihn. Später saß er dann auf der Straße mit einem Lehnstuhl und zerrissenen Kleidern", „Er starb um 16 Hundert rum") tauchte hier alles auf, was vorstellbar war oder auch nicht.
Was mich jedoch weit mehr interessierte als das Wissen der Jugendlichen über die Führerfigur, war, inwieweit Jugendliche auch heute noch oder wieder der Faszination Hitlers verfallen sind, ob seine Ausstrahlung noch gleich wirksam ist wie zu unserer Zeit und inwieweit eine „Heilsbotschaft" erwartet würde, falls Hitler heute wieder käme. Es sollten also nicht allgemein faschistoide Züge von Jugendlichen abgefragt, sondern die Figur Hitlers transparent gemacht werden. Insofern war auch nur eine einzige Frage wirklich interessant: „Falls du dich für Hitler entscheiden würdest, welche Gründe hättest du dafür?" Die anderen Fragen waren mehr oder weniger Rahmenwerk, sie waren bewußt einfach gestellt, weil sie für alle Schultypen (Haupt-, Real-, Berufs-, Sonderschulen und Gymnasien) gleich sein sollten. Das ergab teilweise eine Unterforderung („Zu wenig Fragen", z. B. an Gymnasien), aber offenbar auch Überforderungen („Kapier die Frage nicht" etc.).
Voraussetzung für die Beteiligung an der Umfrage – die mit rund 500 Befragten innerhalb der üblichen Querschnittszahl bei Repräsentativumfragen lag – war, daß das 3. Reich im Unterricht bereits durchgenommen war. Die Aktion war anonym, d. h. die Schüler sammelten die ausgefüllten Fragebogen ein und verschlossen sie in einem Umschlag, der unmittelbar an den Verlag oder Autor gesandt wurde. Rückschlüsse der Lehrer auf die Person des Schreibers auf Grund der Handschrift konnten also ausgeschlossen werden, so daß eine freie und zensurlose Meinungsäußerung der Schüler gewährleistet war (orthografische Fehler wurden beseitigt).
Die Umfrage zog sich über ein ganzes Jahr hin, lag teilweise vor „Holocaust", teilweise danach, was unter Umständen eine Meinungsänderung der Schüler zur Folge gehabt haben könnte. Dies nicht nur wegen des Films, sondern vielmehr die durch diesen Film an den Schulen ausgelösten Aktivitäten. Bereits Wochen danach stöhnten Schüler darüber, daß der Stoff jetzt von drei Seiten an sie herangetragen wurde, in Religion, Deutsch und Gemeinschaftskunde – also eine Überfütterung gegenüber der doch offensichtlichen Mangelkost vorher.

Umfrage zu einem Buch von Ingeborg Bayer "Ehe alles Legende wird", das 3. Reich in Erzählungen, Berichten, Dokumenten, erscheint 1979 im Signal-Verlag, Baden-Baden.

Schultyp, Ort, Klasse — Alter — m — w

Realschule [redacted] 10ek — [17] — [ ] — [X]

1. Wenn Hitler heute wieder an die Macht käme, wie würdest du dich verhalten

   [ ] a) ihm folgen (z.B. durch aktive Mitarbeit in Jugendverbänden etc.)

   [X] b) in den Widerstand gehen

   [ ] c) das System dulden

   (kreuze deine Entscheidung in den nebenstehenden Kästchen an)

2. Falls du dich für Hitler entscheiden würdest, welche Gründe hättest Du dafür?
   (Benütze für deine Antwort die Rückseite des Blattes.)

3. Folgende Punkte stammen aus dem Parteiprogramm der NSDAP von 192o. Kreuze diejenigen der Punkte an, von denen du glaubst, daß sie auch heute noch Gültigkeit haben sollten.

   [X] 7. Wir fordern, daß sich der Staat verpflichtet, in erster Linie für die Erwerbs- und Lebensmöglichkeit der Staatsbürger zu sorgen. Wenn es nicht möglich ist, die Gesamtbevölkerung des Staates zu ernähren, so sind die Angehörigen fremder Nationen (Nicht-Staatsbürger) aus dem Reiche auszuweisen.

   [ ] 17. Wir fordern eine unseren nationalen Bedürfnissen angepaßte Bodenreform, Schaffung eines Gesetzes zur unentgeltlichen Enteignung von Boden für gemeinnützige Zwecke, Abschaffung des Bodenzinses und Verhinderung jeder Bodenspekulation.

   [ ] 23. Zeitungen, die gegen das Gemeinwohl verstoßen, sind zu verbieten. Wor fordern den gesetzlichen Kampf gegen eine Kunst- und Literaturrichtung, die einen zersetzenden Einfluß auf unser Volksleben ausübt, und die Schließung von Veranstaltungen, die gegen vorstehende Forderungen verstoßen.

1 b) Ich würde mich nur für den Widerstand entschließen, wenn ich genau wüßte, daß ich es nicht alleine wäre, die sich gegen ihn auflehnt. Sollte sich aber eine Gruppe finden, die sich gegen Hitler auflehnt, wäre ich bereit ihm Widerstand entgegenzubringen

Die Auswertung der Fragebogen ergab folgende Ergebnisse:

Beteiligt hatten sich insgesamt 527 Schüler,
davon: 184 Haupt- und Sonderschüler
126 Realschüler,
130 Gymnasiasten,
87 Berufs- und Handelsschüler

Zu Frage 1 gab es folgende Stellungnahmen:

	Haupt- und Sonderschüler	Gymnasiasten	Realschüler	Berufs- und Handelsschüler
a.)	19	1	7	9
b.)	131	101	104	63
c.)	33	26	14	12

Ohne Stellungnahme zu Frage 1: 7 Schüler (alle Schultypen)

Da angenommen werden konnte, daß der Begriff „Widerstand" im Unterricht besprochen worden war, verwundert natürlich die hohe Zahl derer, die sich zum Widerstand bereit erklären, sie liegt bei den 14-16jährigen noch um einiges höher als bei den Älteren. Aber gerade hier dürfte „Widerstand" vermutlich mehr unter dem Gesichtspunkt des Abenteuers und der Heroisierung gesehen werden, als ein politisches Bekenntnis sein, was eigentlich gefragt war.

Zusatzäußerungen, von denen hier leider nur ein Teil wiedergegeben werden kann, gab es vor allem bei der Frage 1 b:

Ich würde meine ganze innere Kraft aufwenden um zu verhindern, daß ein dermaßen fanatischer Mensch wie Hitler noch einmal an die Macht käme. Das Wichtigste eines Menschen ist ja schließlich, daß er sein eigenes Ich findet, seine eigene Einstellungen und Auffassungen. Es ist einfach menschenunwürdig zu versuchen, alles unter einen Hut zu stecken. Ich habe etwas gegen Massenmenschen, Massenhysterie etc. *Gymnasiastin, 17*

Zu b) wäre zu sagen, es käme darauf an, ob es weitere Personen gäbe, die mit einem kämpfen; es käme auf die Ziele an, die man sich setzt und auch auf die Wahl der Kampfmittel. Ich glaube jedoch nicht, daß ich von allein den Mut hätte, gegen solch ein mächtiges Regime zu kämpfen. Falls jedoch die Familie oder ich selbst unter Not leiden würde, so würde ich mich bestimmt zum Widerstand aufraffen. *Gymnasiast, 18*

Ich würde mich nicht für Hitler entscheiden. Falls ich es trotzdem tun würde, deshalb, weil ich
- nicht kritisch genug war, ihn zu durchschauen
- zu schwach bin, eine andere Meinung als die Mehrheit zu vertreten und dafür auch einzustehen
- weil ich mich von anderen mitreißen ließ (z. B. durch Wahlpropaganda)
- weil ich nicht wachsam genug war, das Übel zu Beginn als solches zu erkennen.

Gymnasiastin, 18

Er hat ja über Leute regiert wie über Tiere. Weil er die Juden, die auch nur Menschen waren, vergast hat. *Hauptschülerin, 16*

Ich würde in den Widerstand gehen, denn ich möchte nicht, daß ein neuer Weltkrieg entbrennen wird. Und ich möchte auch nicht in den Krieg ziehen. Denn Hitler würde ja bestimmt Frankreich den Krieg erklären. Oder er würde ja vielleicht die DDR und die Gebiete östlich der Oder-Neiße-Linie gewaltsam an sich reißen. Da diese Gebiete dem Warschauer Pakt angehören, würde es bestimmt einen Krieg mit den Ostblockstaaten geben. Und mit der UdSSR ist nicht zu spaßen. *Hauptschüler, 15*

Ich würde mich niemals für Hitler entscheiden. Er hat zwar auch was Gutes getan, aber es mußten viele, viele Menschen qualvoll sterben. (Juden). Es mußten für ihn kleine Jungens in den Krieg (Hitlerjugend). *Hauptschülerin, 15*

Weil Hitler ein ganz mieser Kerl war. Er ließ unschuldige Menschen (Juden und andere) vergasen, verhungern oder zu Tode arbeiten! Er quälte die Menschen und sogar Kinder!

Hauptschüler, 15

Ich finde es gemein, daß Hitler so viele Menschen ermordet hat und vor allen Dingen Juden. In dem Film Holocaust wurde es ja richtig gezeigt wie Hitler alles beherrschte. Und das fand ich so eine Sauerei von Hitler und seinen Anhängern. *Hauptschüler, 15*

Ich würde nie dafür sein, daß Hitler noch einmal an die Macht kommt, denn für ihn mußten viele Menschen (Juden) qualvoll sterben. Aber mit den Juden allein war es nicht genug, er hat auch noch Hunderte von 16jährigen Jungen (Hitlerjugend) in den Krieg geschickt, als der Krieg ohnehin verloren war. *Hauptschülerin, 15*

Ich würde nicht mit Hitler zusammenarbeiten. Weil er die Juden mißhandelt hat. Er war der Herr und die anderen waren die Schweine. *Hauptschülerin, 17*

Ich würde Widerstand leisten, weil der Führer (Hitler) nichts durch seine Regierung erreicht hat. Und Unschuldige ermordet hat. *Hauptschülerin, 15*

Ich habe mich gegen Hitler entschieden, weil er schon 1933 vorausgesagt hat, daß Deutschland in zehn Jahren anders aussehen wird. Das war gewissermaßen eine Kriegserklärung. *Hauptschülerin, 17*

Weil er das ganze Volk in ein von ihm gemachtes Schicksal mitreißt. Solche Machtstreber muß man ausschalten für immer. Ganze Völker geraten in Sünde. Wenige schlagen sich um die Macht. Man vergißt ganz das Volk. Das Volk muß dazu auch was sagen können. Deshalb den Widerstand gegen solche Männer und ihre Taten. *Hauptschüler, 16*

Ich würde mich auf keinen Fall für Hitler entscheiden. Denn er hatte kein Recht ein ganzes Volk auszurotten! *Hauptschüler, 15*

Sollte so was, was Hitler verursacht hat, nochmal passieren? Er wäre ein guter Führer geworden, aber sein Blut-Wahn hinderte ihn daran. *Hauptschülerin, 15*

Widerstand!! Weil ich dieses System nicht gut finde. Oder auch weil Menschen wegen ihres Glaubens getötet werden. Der Hitler war zu ehrgeizig, er wollte alles und dafür hat er Tausende von Menschen auf dem Gewissen. Die Juden hatten auch keine Rechte. Ich finde, jeder hat das Recht, daß er seine Meinung äußern darf und tun und lassen kann, was er will (wenn es keinem andern schadet). *Hauptschülerin, 15*

Ich würde in den Widerstand gehen, weil so eine Regierung wie die unter Hitler nicht noch einmal an die Macht kommen darf. Hitler wollte nur seine eigene Macht ausbauen. Es war außerdem eine Schweinerei mit der Judenverfolgung. *Hauptschüler, 16*

Ich finde verrückt, daß er für die Judenverfolgung war, obwohl sie ihm gar nichts getan hatten. Nach meiner Meinung war das ganze Nazisystem eine Diktatur, da das Volk in seiner Lebens- und Meinungsfreiheit fast völlig eingeschränkt war. Ich finde fernerhin, daß Hitler verrückt war. *Hauptschüler, 17*

Man sollte energisch in den Widerstand treten. Wenn ein weiterer Krieg ausbricht, gibt es viel mehr Tote als in dem 2. Weltkrieg, wenn so einer wie Hitler an der Macht sein würde. *Hauptschüler, 15*

Ich bin nicht für Hitler, sondern gegen ihn. Weil er immer ein reines Volk haben wollte und deshalb die Juden tötete. Sie waren seine Feinde. *Realschülerin, 14*

Weil ich die Methoden, wie Hitler regierte, für falsch halte. Daß die Juden verfolgt und wie Tiere abgeschlachtet wurden, fand ich nicht gut. *Realschülerin, 15*

Weil ich es doof finde, daß Hitler die Juden umgebracht hat. Er hätte ja alle Leute gleichberechtigen können und nicht die Juden ausstoßen sollen. Deshalb bin ich gegen Hitler. Nur weil die Juden einen anderen Glauben hatten. *Realschülerin, 14*

Weil ich es nicht richtig finde, daß Menschen, nur weil sie aus einem anderen Land kommen und eine andere Religion haben, einfach umgebracht werden. *Realschülerin, 15*

Ich würde nicht für ihn sein. Weil ich es doof finde, daß er Menschen, die eine andere Religion haben, zum Tode verurteilt. *Realschülerin, 14*

Für mich würde es nie Gründe geben, weil er unbewußt gehandelt hat. Hitler wollte eine rein arische Rasse. Er hat versprochen, was er nicht halten konnte. Hitler hat die Juden verurteilt. Mörder wurden an die Wand gestellt ohne Gerichtsverhandlung, es sind bestimmt viele Unschuldige erschossen worden. *Realschüler, 14*

Für mich wird es nie einen Grund geben, daß ich mich für Hitler entscheide, da er seine Macht ausgenutzt hat. *Realschüler, 13*

Man ist ausgestoßen, wenn man gegen Hitler ist, dem fast alle glaubten. Man will dem Führer seine Anerkennung zeigen und will sich besser zeigen als alle anderen. Man versucht die Stufen der Höheren zu erreichen, um ihm näher zu sein. Man will selber ein herrschendes Gefühl haben. *Realschüler, 14*

Wenn ich mich nicht für Hitler entscheiden würde, würde man so lange verfolgt werden, bis man tot ist. Z. B. Juden, sie wurden auch verfolgt und wurden qualvoll umgebracht. Und es gab auch noch viele, die auch gegen Hitler waren und denen es genau so erging wie den Juden. *Hauptschülerin, 16*

Das heutige Staatssystem ist ja fast das gleiche geblieben. Die Freiheiten im einzelnen sind nicht viel mehr geworden. *Höh. Handelsschüler, 17*

Wenn ich gegen Hitler wäre, würde mir das bestimmt auch nicht viel helfen. *Höh. Handelsschülerin, 16*

Ich würde mich nie für Hitler entscheiden. Grund: Weil er die Juden qualvoll in den Tod gejagt hat. Es wäre nicht schlecht, wenn er wieder an die Macht käme, aber er dürfte nicht alles beherrschen. Es muß auch jemand geben, der die Nachteile einsieht. *Realschülerin, 14*

Hitler riskiert sehr viel, er gewinnt und verliert, aber das kann jedem passieren. Er hat, als er 1933 an die Macht kam, gute Politik geführt, aber ich glaube, ich würde ihn trotzdem nicht mehr wählen. *Realschüler, 14*

Positiv:

Ich würde mich heute nicht für ihn entscheiden. Aber wenn, dann fand ich damals gut, daß es bei ihm keine Arbeitslosen gab. Und daß es damals durch die vielen Jugendgruppen nicht so eine hohe Jugendkriminalität gab, wie wir sie heute haben. *Hauptschüler, 15*

Wenn man noch Jugendlicher ist, kann man gar nichts tun, außer ihm folgen und in die Jugendverbände gehen, weil man sowieso reinkommt, ob man will oder nicht. Wenn man dann unfreiwillig hineingekommen ist, dann ist es schwer für den Betreffenden. Er wird gehänselt und schikaniert von den anderen. Solche Jugendverbände wären gar nicht so schlecht.
Hauptschüler, 16

Er ist mächtiger als eine Gruppe Bürger. Es schreien heute schon wieder sehr viele Studenten und Jugendliche danach. *Hauptschülerin, 16*

In Hitler-Zeiten gab es keine Arbeitslose und keiner hat gehungert. Die Jugendlichen hingen nicht auf der Straße, die hatten immer etwas zu tun. *Hauptschülerin, 15*

Um mit dem Volk mitzuhalten und nicht ausgeschlossen zu werden. Wenn man dagegen wäre, würde man ja mit der Todesstrafe bestraft werden. *Hauptschüler, 15*

Allein kann man sowieso nichts ausrichten gegen Hitler und wenn, dann würde man genau so ausgeräuchert wie die Juden. *Hauptschüler, 15*

Es gäbe keine Mongoloiden oder Spastiker mehr, denn die hatte er ja auch früher nicht am Leben gelassen, das fand ich gut. Und ich glaube, es gäbe nicht eine so hohe Arbeitslosigkeit.
Realschüler, 16

Wenn ich Hitler wählen würde, dann nur, weil er kurzen Prozeß gemacht hat mit Mörder, Verbrecher usw. *Realschülerin, 14*

Weil er zielstrebig war und weil er gute Politik geführt hat, außer ein paar schrecklichen Punkten. Er hat zum Volk öfter gesprochen als die Politiker von heute. *Realschüler, 14*

Weil er gleich alle Verbrecher an die Wand gestellt und sie erschossen hat. Sonst müssen wir für die Verbrecher noch Geld bezahlen, wenn es zu einem Prozeß kommt und dann werden sie noch freigesprochen. *Realschüler, 15*

Weil er Verbrecher härter bestraft und sie nicht nach ein paar Jahren entläßt. Weil nicht so viele Ausländer in unserem Land waren und wir dadurch nicht so viel Arbeitslose hatten.
Realschüler, 15

Einen einzigen Grund habe ich und der ist: daß Hitler die Mörder gleich umgebracht hat, genauso wie die Verbrecher usw. *Realschülerin, 15*

Ich würde dann gern zur HJ gehören. *Realschüler, 14*

Ich würde deshalb für Hitler stimmen, weil wenn er an die Macht käme und auch noch leben würde, es nicht so viel Terror geben würde, es würde Arbeit geben, keine Ausländer wären hier, und es würde auch nicht so viel Arbeitslose geben. Es würde auch keine Probleme in der Politik geben. *Hauptschülerin, 15*

Wenn Hitler noch da wäre, dann wären nicht so viele Terroristen da. Er würde sie nämlich alle erschießen lassen. *Berufsfachschülerin, 16*

Es war gut, daß er den Arbeitslosen Arbeitsplätze verschafft hat, indem er Autobahnen bauen ließ. *Berufsfachschülerin, 15*

Hitler förderte die Zusammenarbeit der Jugend. Er gab jedem Einzelnen dieselbe Grundausbildung in Arbeitslagern, die sie für ihre spätere Lehre und ihren späteren Beruf als Voraussetzung brauchten. Er unterschied dabei nicht, ob es sich um Mädchen oder Jungen handelte. Er zog alle zum Dienst ein. Während die Jungen zum Militärdienst herangezogen wurden, wurden die Mädchen zum Zivildienst herangezogen und ausgebildet. Heutzutage sind die jungen Männer benachteiligt gegenüber den gleichaltrigen Mädchen, weil sie keinen staatlichen Verpflichtungen nachkommen müssen. *Gymnasiast, 18*

Positive Seiten: HJ (Hitler-Jugend) – keine Arbeitslosigkeit (Am Vorabend des 1. Weltkriegs) – Bürger wurden zu mehr Patriotismus erzogen (übertrieben im 3. Reich) *Gymnasiast, 19*

Hitler hat die Wirtschaft und Währung wieder auf die Beine gebracht. Er brachte Deutschland wieder eine stabile Einigkeit. Die Gleichberechtigung der Frau im Wehrdienst wurde erfüllt. *Gymnasiast, 20*

Keine Gefahr unter Hitler. *Gymnasiast, 17*

Es gäbe vielleicht keine Arbeitslosen mehr. *Gymnasiastin, 16*

Besserung des Arbeitsmarktes. Verbesserung des Lebensstandards. *Gymnasiastin, 17*

Um eine starke Führerpersönlichkeit zu haben, die einem sagt, was richtig ist und was nicht. *Gymnasiast, 17*

Hitler beschaffte dem ganzen Volk Arbeit. Keiner war arbeitslos, ansonsten kann ich nichts Gutes an Hitler finden, da fast alles unter Zwang geschah. *Gymnasiast, 16*

Unentschlossen zu Frage 1 und 2 äußerten sich folgende Schüler:

Ich kann diese Frage nicht aus meiner jetzigen Situation beurteilen. Ob ich die Herrschaft erdulden würde oder Widerstand leisten würde, würde von den Umständen wie Angst und direkte Bedrohung abhängen. Daß ich in einer solchen Situation tatsächlich die Kraft hätte, Widerstand zu leisten, der mit schwerwiegenden persönlichen Nachteilen verbunden wäre, wage ich nicht zu behaupten. *Gymnasiast, 19*

Ich kann es nicht sagen; ich wollte in den Widerstand gehen, kann aber nicht sagen, ob ich dazu stark genug wäre; es kann ebenso gut sein, daß ich Mitläufer werden würde, aus Furcht vor Repression und Lebensbedrohung (auf keinen Fall würde ich jedoch das Regime unterstützen) *Gymnasiastin, 18*

Zu Frage 3 gab es folgende Stellungnahmen:

Für Punkt 7 entschieden sich:	87 Haupt- und Sonderschüler
	67 Realschüler
	33 Gymnasiasten
	37 Berufs- und Handelsschüler
Für Punkt 17 entschieden sich:	14 Hauptschüler
	13 Realschüler
	12 Gymnasiasten
	11 Berufs- und Handelsschüler
Für Punkt 23 entschieden sich:	6 Hauptschüler
	6 Realschüler
	3 Gymnasiasten
	5 Berufsschüler

Zusatzäußerungen zu Frage 3:

Bevor man Gastarbeitern eine Lehrstelle beschafft, sollte man deutschen Jugendlichen eine beschaffen. Diese falsche Politik führt zur Revolution. Und dann kommen die Kommunisten.
Realschüler, 16

Ich finde, in der heutigen Zeit sollte man keine Ausländer mehr nach Deutschland hereinlassen, die Arbeit suchen und den Deutschen die Arbeit wegnehmen. Außerdem sollte man sie heute nach und nach abschieben. *Gymnasiast, 16*

Angehörige fremder Nationen sind nur dann auszuweisen, wenn für ihre Existenz im Heimatland genügend gesorgt ist oder Abfindungszahlungen geleistet werden, die es den Betreffenden erlauben eine Existenz im Heimatland aufzubauen. *Gymnasiast, 16*

Natürlich ist es umstritten, ob Gastarbeiter heute, bei einer Arbeitslosenquote von ca. 1 Million des Landes verwiesen werden sollten. Ich befürworte jedoch die Verweisung von Gastarbeitern bei evtl. Nichtvollbeschäftigung. *Gymnasiast, 17*

Ich würde Hitler nur auf Punkt 7 unterstützen. Denn ich finde, daß zu viele Ausländer im Lande sind und auf unsere Kosten leben. Und genau wie bei der Arbeitsverweigerung. Das müßte von Grund auf verändert werden. Da finde ich, daß es so sein müßte wie früher. Wer eine Arbeit bekam, führte sie durch. Aber heute wollen sie nur noch Geld verdienen. Keiner denkt mehr an Kameradschaft. *Berufsfachschülerin, 17*

Ich finde, daß die Nummer 7 gut ist, aber nicht alle deutschen Staatsbürger auszuweisen, sondern nur die, die nicht in den EG-Ländern sind. *Berufsfachschülerin, 16*

Ich möchte gerne wissen, welcher Egozentriker und „Menschen-andrer-Art-Hasser" diese Parole schrieb. Jeder hat eine gewisse Verpflichtung gegenüber jedem, und das nicht nur in einem Land. Nur Zusammenarbeit und Kooperation kann zum Gelingen und zur Weiterexistenz der Art Mensch führen. Dabei finde ich sogar den Zusammenschluß der Staaten in Europa noch zu klein.
Gymnasiast, 18

Wenn Deutsche arbeitslos sind oder Hunger leiden, müssen die Ausländer raus aus Deutschland.
Hauptschülerin, 15

Die Ausländer könnte man ruhig in schlechten Zeiten nach Hause schicken. Weil sie den Deutschen die Arbeitsplätze wegnehmen.
Hauptschüler, 16

Früher brauchte man die Arbeiter. Sie kamen von fremden Ländern, bauten sich eine Existenz auf, mußten große Sprachschwierigkeiten überwinden, wurden von vielen Deutschen verhöhnt. Heute, da die Kinder schon fast Deutsche sind, sich ganz eingelebt haben, kann man sie nicht einfach wieder fortschicken, wie ein Häufchen Dreck. Sie haben genau die Ansprüche wie die Deutschen.
Gymnasiastin, 18

Zum Schluß die Meinung eines 19jährigen Schülers, die sich als „Allgemeine Anmerkung" bezeichnete und für mich mit ihrem Bekenntnis zur Wachsamkeit eine der wichtigsten Aussagen der Umfrage war.

Ich hoffe, daß ich wach genug bin, um einen neuen „Hitler" rechtzeitig zu erkennen, bevor mich die „Begeisterungsmaschine" (Propaganda usw.) verarbeitet hat. Ich hoffe, daß auch meine Freunde wach genug sind, daß wir ihm von vornherein jede Chance nehmen, sich festzusetzen. Es ist leicht, jetzt von Widerstand zu sprechen, aber falls die Lage kritisch würde, wäre ich bereit, aktiv Widerstand zu leisten; nicht nur gegen Hitler, sondern gegen jede Art Diktatur, egal welcher politischen Färbung. Wenn heute jemand versuchen würde, unsere Freiheit einzuschränken, hoffe ich darauf, daß das Volk Kraft genug hat, sich zu erheben.
Gymnasiast, 19

V. »Der Schoß ist fruchtbar noch«

IHR ABER LERNET,
WIE MAN SIEHT STATT STIERT
UND HANDELT, STATT ZU REDEN
NOCH UND NOCH.
SO WAS HÄTT EINMAL FAST
DIE WELT REGIERT!
DIE VÖLKER WURDEN SEINER HERR,
JEDOCH,
DASS KEINER UNS ZU FRÜH
DA TRIUMPHIERT –
DER SCHOSS IST FRUCHTBAR NOCH,
AUS DEM DAS KROCH.

Bertolt Brecht: Epilog zu
»Der aufhaltsame Aufstieg des Arturo Ui«

1. Von der Schwierigkeit mit den Wörtern – Entwicklungen des Rechtsextremismus (1980-1994)

»Erneut bestätigt der Verfassungsschutzbericht, daß der Rechtsextremismus in der Bundesrepublik Deutschland seit langem politisch nahezu bedeutungslos ist. Er ist weiter auf einen sich kaum noch verändernden Kern zusammengeschmolzen. Dennoch: die zunehmend militanten Aktivitäten neonazistischer Gruppen zeigen, daß auch rechtsextremistische Bestrebungen als Gefahrenherd nach wie vor in Rechnung gestellt und aufmerksam beobachtet werden müssen.« (Verfassungsschutzbericht 1976)
»Der organisierte Rechtsextremismus stellt wegen scharfer Ablehnung durch die ganz überwiegende Mehrheit der Bürger, des bisherigen niedrigsten Mitgliederstandes, der Gruppenstreitigkeiten und der Aufspaltung keine Gefahr für die Sicherheit in der Bundesrepublik Deutschland dar. Andererseits geben die im Vergleich zum Vorjahr nahezu verdoppelte Anzahl rechtsextremistischer Ausschreitungen und die zunehmende Bereitschaft zu bewaffneter Gewaltanwendung Anlaß zur Besorgnis. Dies gilt besonders für erste Ansätze terroristischer Gewalt, die Anfang 1978 festgestellt wurde.« (Verfassungsschutzbericht 1977)
Nach diesen Angaben scheint also bereits das Jahr 1977 einen Umschwung von rechtsextremen Gesetzesverletzungen (Bedrohungen, Nötigungen, Volksverhetzungen, Beleidigungen, Verunglimpfungen, Propagandadelikte wie z. B. Schmier-, Klebe-, Plakat-, Flugblattaktionen sowie das Zeigen des Hitlergrußes) zu rechtsterroristischen Gewalttaten (Tötungsdelikte, Sprengstoffanschläge, Brandanschläge, Körperverletzungen, Landfriedensbrüche, Sachbeschädigungen mit erheblicher Gewaltanwendung) zu markieren und damit eine nicht mehr zu übersehende Veränderung der politischen Landschaft in der BRD aufzuzeigen, die dann in der Eskalation von 1991/1992 erschreckende Ausmaße annimmt.
Die folgende Bilanz, die aufzeigen möchte, was sich seit dem ersten Erscheinen dieses Buches und seinem Kapitel »Wehret den Anfängen« (1979) bis hin zum neuen Kapitel »Der Schoß ist fruchtbar noch« (1994) in Deutschland verändert hat, stützt sich auf die Auswertung der Verfassungsschutzberichte von 1980-1993 und die Veröffentlichungen des Innenministeriums »Texte zur Inneren Sicherheit«: »Extremismus und Gewalt«, Bd. 1-3 (1993/94) und »Extremismus und Fremdenfeindlichkeit«, Bd. 1-2 (1992). Graphiken, die nicht exakt den zu überprüfenden Zeitraum abdeckten, wurden trotzdem aus den Berichten des Innenministeriums übernommen, um vergleichbares Material benutzen zu können. (Bei unterschiedlichen Zahlenangaben wurden die aktuelleren, höheren Zahlen angegeben.)
Betrachten wir die Veränderungen im Hinblick auf die Zahl der Gesetzesverletzungen, die Veränderung der Täterschaft, deren Altersstruktur, die Zielobjekte, die Logistik etc., so läßt sich in allen Bereichen feststellen, daß sich hier tiefgreifende Unterschiede zu 1980 feststellen lassen.
Daß die Fragen nach den Ursachen für diese Veränderungen zahlreich, die Antworten der Gesetzeshüter darauf jedoch keinesfalls eindeutig und stichhaltig sind, mag kaum verwundern: »Die Lageentwicklung [1991] löste im kriminalpolitischen Raum Erschrecken aus. Über die Ursachen des Problems wurde mehr ›aus dem hohlen Bauch‹ spekuliert als fundiert argumentiert« (Extremismus und Fremdenfeindlichkeit, Bd. II, S. 72).
Die Unsicherheit der Behörden hängt ohne Zweifel mit der seit 1991 nun plötzlich veränderten Gewichtung des rechtsextremen Spektrums zusammen: Wie wichtig – oder auch unwichtig – die Gesetzeshüter vor Beginn der Eskalation des rechtsextremen Gewaltpotentials dieses einschätzten, wie aufmerksam – oder auch nicht – sie sein langsames Anwachsen wahrnahmen, sich dann auf dem hauchdünnen Grat der Kundbarmachung oder Nichtkundbarmachung von rechtsextremen Straftaten bewegten (eine Furcht, die es bei linksextremen Gewalttaten in den Jahren zuvor keinesfalls gegeben hatte) – fest steht, daß die Furcht vor Eingeständnissen und deutlichen Stellungnahmen zu falschem

Handeln, bisweilen Nichthandeln, führte und man sich lange Zeit hinter dem Schutzschild der Verharmlosung – es schien keine Gruppenbildung analog der RAF zu geben – relativ sicher fühlen konnte. Dies ganz besonders im Hinblick auf die Benennung der Straftäter, die im Laufe der Jahre immer jünger wurden: über der Diskussion und dem Gerangel darüber, ob dies »Chaoten«, »einsame Spinner«, lediglich ein »paar Verrückte« oder gar nur Kinder und Enkelkinder von »Ewig-Gestrigen« seien – worüber in aller Emsigkeit lautstark »aus dem hohlen Bauch« spekuliert wurde (und dies nicht erst seit 1991) –, kamen die eigentlichen Probleme abhanden und gerieten so nahezu beiläufig unter den Teppich, getreu dem Morgensternschen Satz, »daß nicht sein kann, was nicht sein darf«. Erst als sichtbar wurde, daß die Beschwörungsformeln der Politiker von den »einsamen Leitwölfen« und den »Desperados« als Erklärungsmuster nicht mehr griffen und der Streit darüber, wer was sei, schon gleich gar nicht das Anwachsen von Gewalt verhinderte (im Jahr 1993 stieg die Zahl der Toten durch rechtsextreme Gewalttaten inzwischen auf 59 seit Bestehen der BRD), war ein deutliches Abrücken von der »Vision« einer nicht vorhandenen Gefahr von rechts erkennbar: Mörder wurden nun endlich auch Mörder genannt, wie dies bei der linksextremistischen Szene schon lange gang und gäbe war.
Daß all dieses hilflose Verhalten, alle Aktionshemmungen, der Sorge vor einer möglichen Nachtäterschaft entsprangen, mag verständlich sein, aber durch das Nichtbenennen der Probleme wurden Zeit und Chancen verschenkt, die für Aufklärung, vor allem bei Jugendlichen, hätte genutzt werden können – bevor Täter zu Tätern wurden, waren sie Fragende. Unbequem Fragende bisweilen, aber dennoch hätte man ihre Fragen ernst nehmen, sich ihnen stellen und Jugendliche nicht durch Ausgrenzung und Stigmatisierung isolieren sollen.

a) Parteien, Gruppen, Verlage

Daß die Effektivität von Gruppen an ihrer Mitgliederzahl gemessen wird, dürfte selbstverständlich sein, auch wenn dies kaum eine verläßliche Beurteilung des Gesamtspektrums einer Gruppe möglich macht: Eine große Gruppe mit vielen Mitgliedern kann durchaus weniger aktiv sein als eine kleine Gruppe mit wenigen, aber um so militanteren Mitgliedern. Das Umfeld, ausgefranste Ränder und der Nährboden werden mit Zahlen und Gruppenzugehörigkeit dabei ohnehin in keinem Fall erfaßt.
Das Bild, das die rechtsextreme Szene (im Verfassungsschutzbericht »Rechtsextremistische Bestrebungen« genannt) 1980 zeigte – ihre Organisationen, ihr Weltbild, ihre Ziele, ihre Feindbilder –, wurde bereits im vorangegangenen Kapitel (Seite 220 ff.) ausführlich beschrieben, es sei hier also lediglich nochmals ein Überblick gegeben.
Die rechtsextremistische Szene stellte sich damals als eine Szene mit vielen Facetten dar – eine einheitliche Richtung gab es nicht. Während die einen für die NATO plädierten, wurden diese von den anderen radikal abgelehnt, Atomenergie war für die einen unverzichtbar, Neonazis lehnten sie ab, die NPD war für einen nationalistischen Neutralismus (»Wir fordern ein – bis an die Zähne bewaffnetes – neutralisiertes Deutschland! – Absolut tödlich für jeden Aggressor!« (Flugblatt der FAP »Hände weg vom deutschen Volk!«, zitiert nach V.-Bericht 1986), die DVU lehnte Neutralismus ab. Und während die einen Hitler als größtes Vorbild aller Zeiten sahen, orientierten sich die anderen am linken NSDAP-Flügel der Brüder Strasser der Weimarer Republik, lehnten Hitler als Leitfigur ab und rückten in die Nähe von »Antiimperialisten« und »Sozialisten«.
Einigkeit herrschte dagegen bei der Verachtung der Demokratie, der Glorifizierung des Dritten Reiches, der Leugnung von Schuld des Nationalsozialismus.
Die Zahl der Mitglieder der Organisationen mit rechtsextremem Hintergrund ergab für 1993 die Zahl 42.400 (1992: 43.100), die Zahl der Gruppen betrug 1993: 77 (1992: 82). Bei der Mitgliederzahl wurde die Partei »Die Republikaner« (REP) mit ihren rund 23.000 Mitgliedern nicht mitgezählt (»Es liegen zwar Anhaltspunkte für rechtsextremistische Bestrebungen von dieser Partei vor, dies reicht jedoch

nicht aus, um alle Mitglieder als Rechtsextremisten einzustufen« (V.-Bericht 1993, S. 79). Beim Vergleich der Mitgliederzahl mit 1980 ergibt sich für 1993 mehr als eine Verdoppelung, rund 19.800.

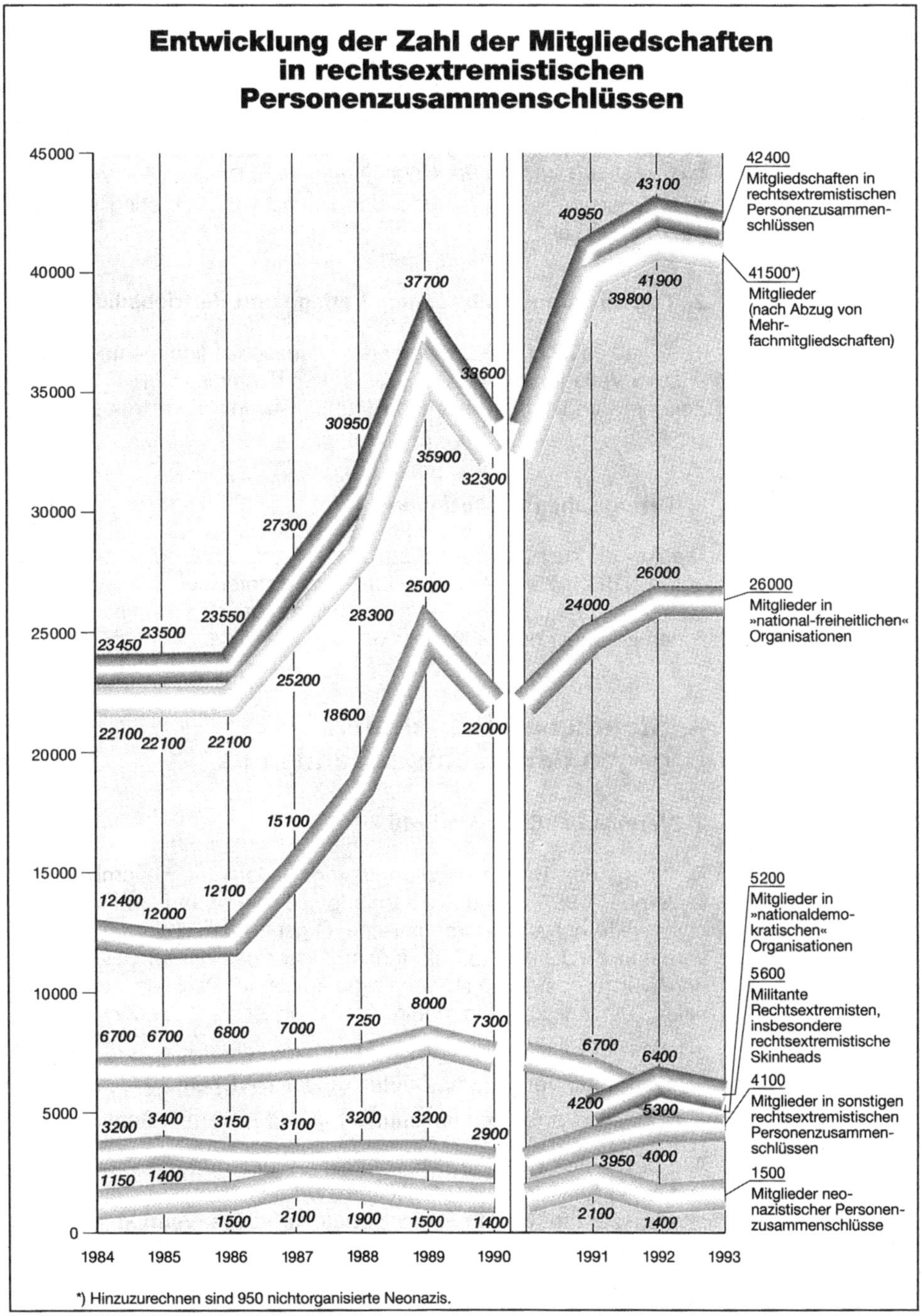

Verfassungsschutzbericht 1993, S. 75

Zu den militanten Rechtsextremisten gehörte seit etwa 1991 die Skinheadszene, die jedoch zahlenmäßig keine großen Schwankungen aufzeigte: 1991: 4.200, 1992: 6.400, 1993: 5.600.
Der genaue Anteil der Skinheads bei diesen Zahlen ist nicht mit Exaktheit zu ermitteln, da die Zuordnung der Täter zu dieser Szene auf Grund ihrer Kleidung – Bomberjacke, T-Shirt, Tätowierung, Hosenträger, Doc-Martens-Stiefel, Kurzhaarschnitt – schon seit einiger Zeit nicht immer einwandfrei möglich ist. Um dem Zugriff der Polizei zu entgehen, haben sich Skinheads zunehmend in ihrer Kleidung den Normalbürgern angepaßt, andere treten als »Feierabend-Skins« auf oder tragen nur Teile der bekannten Skinheadkluft. Und selbst da, wo auf das Outfit nicht verzichtet wird, ist es kühn, daraus ablesen zu wollen, daß sie alle dem rechtsextremen Spektrum angehören: Die Bandbreite der Skinheadszene reicht vom rechten Standort über die Apolitischen bis hin zu den linken sogenannten »Redskins«, die jedoch nur an den Rändern der Szene auffällig wurden.
Daß beim Betrachten der Parteien mit rechtsextremem Hintergrund die NPD – einst als einzige wirkliche Nachfolgepartei der NSDAP – im Laufe der Jahre einen kaum zu übersehenden Mitgliederschwund aufzuweisen hat (1980: ca. 7.200, 1993: ca. 5.200 Personen), die Partei sich auch bei den Wahlen auf dem Rückzug befindet, läßt allerdings keinesfalls den Schluß zu, daß insgesamt Entwarnung angesagt werden kann für die rechte Szene, dieses Ruhekissen dürfte gefährlich sein. Niemand, der diese Partei je gewählt hat, dürfte automatisch das Heer der Nichtwähler vergrößern, er orientiert sich lediglich neu, was die Wahlanalysen jeweils ergeben. Die Zahl derer, die unterhalb des Wähleralters liegen, die 12-18jährigen, stellen – ob mit oder ohne Partei – ein kaum zu vernachlässigendes Potential dar, was die Zahlen bei den Gesetzesverletzungen eindeutig beweisen. Es ergibt sich also das seltsame Phänomen, daß zwar die Parteienzugehörigkeit abnimmt, die Straftaten jedoch, bisweilen besorgniserregend, ansteigen. Eine Gegenläufigkeit, die zu denken geben sollte.

Die Zahl der rechtsextremistischen Verlage (Buchverlage, Zeitschriftenverlage, Eigenverlage) und Vertriebsdienste von Publikationen hatte im Jahr 1980 mit 65 Verlagen ihren Höchststand seit ihrer Erfassung 1960. Zwischen 1984 und 1990 pendelte sich die Zahl bei etwa 48 ein, 1989 betrug sie 35, 1990: 34, 1991: 30 Verlage, 1992: 29, 1993: 33 Verlage, eine Zahl also, die offenbar zunächst einmal im Sinken begriffen ist. Dagegen stieg die Zahl der periodischen Publikationen für das Jahr 1992 auf 75 (1991: 71). 54 der Publikationen erschienen mindestens viermal im Jahr und hatten eine Gesamtauflage von rund 7.848.500 Exemplaren (1991 erreichte die Gesamtauflage 7.171.000 Ex.). 1993 erhöhte sich die Zahl der Publikationen auf 86, die allerdings unter der 1988 erreichten Zahl von 96 liegt.
Bei den Veröffentlichungen traten besonders die zur Skinhead-Szene gehörenden »Fanzines« (Fan-Magazine wie z. B. »Schlachtruf«, »Der Bunker«, »Brauner Besen« (»Der ›Braune Besen‹ ist allen politisch Aktiven gewidmet, die von diesem Scheiß-Judenstaat unterdrückt und verfolgt werden«, 1993, Nr. 1.) hervor, die durch ihre Brutalität, ihre antisemitischen Texte, ihren Aufruf zu Gewalt und Rassenhaß und ihre derben politischen Witze die Hüter des Staates zum Eingreifen und Indizieren zwangen.
Skinheads-Großkonzerte, zu denen oft bis zu 1.500 Personen anreisen und auf denen Skinhead-Songs dargeboten werden (z. B. das »Doitschlandlied« einer Erfurter Gruppe: »Deutschland, dir gilt mein Herz, ich bin stolz, hier zu leben, den Kampf für die Gerechtigkeit werden wir nie aufgeben. Ausländer haben sich eingeschlichen, wir sind außer Rand und Band. Ihr braucht doch nicht hier zu leben, zieht doch in euer Kanakenland«), wurden zwar zum Teil polizeilich abgesagt oder verboten, aber dann von den Skins zunehmend als Verlobungs- und Geburtstagsfeiern oder musikalische »Grillfeste« getarnt.

b) Gesetzesverletzungen

Die Zeiten, in denen versucht wurde, mittels einer Aktion von 20.000 Hakenkreuzaufklebern, die der Führer der NSDAP-Auslandsorganisation bei seiner Festnahme mit sich führte, Leute für Hitlers

Ideologie zu sensibilisieren, dürften vorüber sein – inzwischen wird der Tod von Menschen kaltblütig in Kauf genommen, um in aller Deutlichkeit zu artikulieren, welche Gesinnung man hat und welche Vorstellungen man im kommenden »Vierten Reich« verwirklichen will.
Betrachtet man die Gesetzesverletzungen (Gewalttaten einbegriffen) für das Jahr 1993, so zeigt sich, daß die Zehntausendergrenze bereits zum zweiten Mal überschritten ist: 1993 wurden insgesamt 10.561 Gesetzesverletzungen registriert, 2.232 davon waren Gewalttaten.

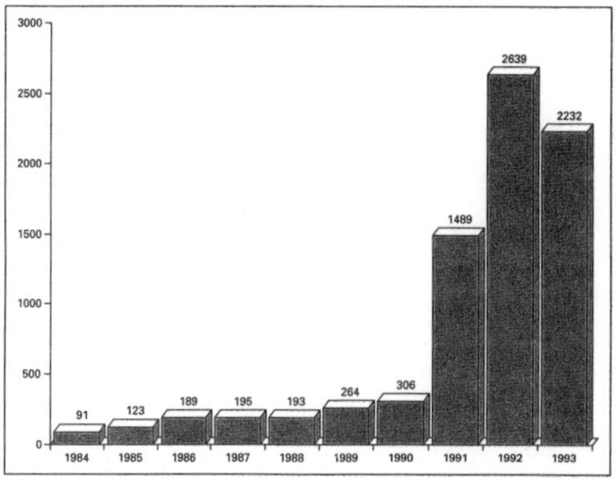

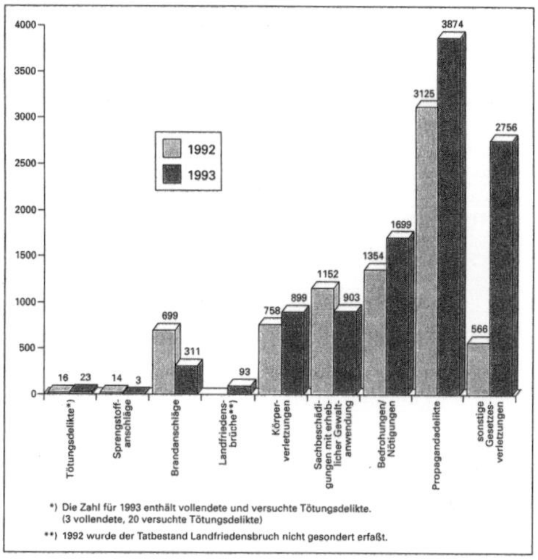

Entwicklung der Gewalttaten | **Tatarten der Gesetzesverletzungen**

(Verfassungsschutzbericht 1993, S. 100 u. 84)

Nach wie vor halten zwar bei dieser Zahl die Propagandadelikte die Spitze, aber addiert man die Zahl der Toten nur für den Zeitraum von 1992-1993, so ist diese Zahl erschreckend – sie beträgt 25. Allein bei einem einzigen Brandanschlag auf ein von Türken bewohntes Haus in Solingen wurden 1992 zwei Frauen und drei Kinder getötet (dazu kommen noch 20 versuchte Tötungsdelikte).
Zwar verringerten sich die Zahl der Sprengstoffanschläge und die Zahl der Brandanschläge, aber insgesamt ist bei den Gewalttaten für 1993 der zweithöchste Stand seit Bestehen der BRD zu verzeichnen, in den letzten zehn Jahren eine Steigerung um das 24fache.
Dazu kommt, daß nicht mehr alle Straftaten zur Anzeige führen (Homosexuelle verzichten bisweilen darauf, auch jüdische Institutionen melden nicht mehr jede Hakenkreuzschmiererei, da sie zu zahlreich sind), so daß die Zahl der Aktionen in Wirklichkeit noch höher liegt. Daß weiterhin die Aufklärungsquote bei den Gesetzesverletzungen insgesamt nicht eben hoch ist (1993 = 23,8 %, 1992 = 20,1 %), dürfte sich zusätzlich ermutigend auf den aktiven oder möglichen Täterkreis auswirken.

c) Straftäter – Geschlecht, Beruf, Alter

Die Frage stellt sich, wer sie sind, was sie tun, wie alt sie sind.
Vergleicht man die Analyse der (seit 1977 zum ersten Mal analysierten) verurteilten Personengruppen von 1980 (s. S. 226) mit den Straftätern von 1993, so zeigt sich, daß sich sowohl Alter wie auch Beruf entscheidend verändert haben.
Der gravierendste Unterschied zu 1980 dürfte der erschreckend hohe Anstieg des Anteils der

Jugendlichen und heranwachsenden Straftäter (bis 20 Jahre) von 38,8 % (1980) auf 69 % (1991) sein (1992: 67,2 %, 1993: 55,9 %). Er liegt damit für 1991 gleich hoch wie die Gruppe der Straftäter bis 30 Jahren 1980.

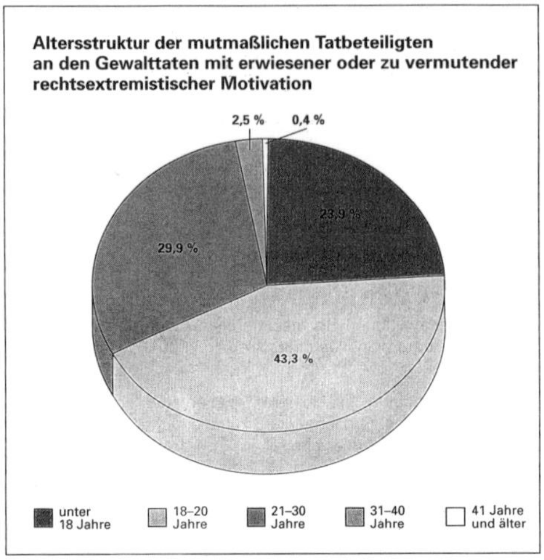

Verfassungsschutzbericht 1992, S. 82

	1993	1992*	1991*
unter 18 Jahren:	16,8 %	23,9 %	21,2 %
18-20 Jahre:	39,1 %	43,3 %	47,8 %
21-30 Jahre:	36,5 %	29,9 %	28,3 %
31-40 Jahre:	4,9 %	2,5 %	2,2 %
41 Jahre u. älter:	2,7 %	0,4 %	0,5 %

* Den Prozentzahlen liegen für 1991 Angaben zu 1.088, für 1992 Angaben zu 1.397 mutmaßlichen Tatbeteiligten zugrunde.

Auch im Bereich der Berufsanalyse zeigt sich eine ebenso gravierende Veränderung. Es sind nun nicht mehr die Facharbeiter, die über Jahre hinweg die Spitze der Berufsstruktur anführten, sondern die Schüler, Studenten und Azubis.

	1980
Facharbeiter	38 %
Angestellte	19 %
Arbeiter	17 %
Schüler/Studenten	12 %
Hilfsarbeiter	7 %
Angeh. im öffentl. Dienst	4 %

	1992*	1988-1991
Schüler, Studenten, Auszubildende	43 %	36 %
Facharbeiter, Handwerker	31 %	31 %
Ungelernte Arbeiter	1 %	13 %
Angestellte	9 %	7 %
Wehrpflichtige, Zeit-, Berufssoldaten	4 %	4 %
Arbeitslose	9 %	8 %
Sonstige	4 %	1 %

* Den Prozentzahlen liegen für 1992 Angaben zu 137 Personen, für die Jahre 1988-1991 zu 480 Personen zugrunde.

Der prozentuale Anstieg des Anteils von Schülern und Studenten von 12 % (1980) auf 43 % (1992, für 1993 liegt keine Detaillierung vor, nur ein Schnitt) ist eine Tatsache, die Lehrer ganz gewiß erschrecken dürfte.

Auch die so oft gehörte Erklärung, es sei hauptsächlich die Arbeitslosigkeit, die Menschen in den Rechtsextremismus treibe und sie dort zu Straftaten bewege (»Existentielle Ängste wie z. B. vor Arbeitslosigkeit und Wohnungsnot waren seit eh und je Auslöser militanter rechtsextremistischer Geisteshaltungen« V.-Bericht 1993, S. 82), dürfte sich für die letzten Jahre als nicht mehr zutreffend erweisen: Der Schnitt der Zahl der Arbeitslosen liegt zwischen 1991-1993 bei 11,3%.

Inwieweit Straftäter auch »mitten unter uns« sind, d.h. inwieweit sie »Diener« des Staates sind, den sie zugleich bekämpfen (»Eine Scheißdemokratie. Es gab nur einen Führer, Adolf Hitler, der fehlt heute, mehr denn je. Von A-Z fehlt uns die Ordnung.« [(»NS Kampfruf«, Nr. 61, zitiert nach V.-Bericht 1986, S. 157)], läßt sich aus den letzten beiden Verfassungsschutzberichten (1992/93) nicht mehr ablesen – die Statistik weist leider keine Zuordnung von Rechtsextremisten im öffentlichen Dienst mehr auf, wie dies früher der Fall war. Es wird daher hier zur Gegenüberstellung von 1980 auf eine Statistik von 1990 zurückgegriffen:

1980 (in Klammern die Zahlen von 1979)

	Personen insgesamt		NPD		sonst. Rechtsextremisten	
Bundesdienst	183	(196)	128	(159)	55	(37)
Landesdienst	105	(118)	75	(88)	30	(30)
Kommunaldienst	58	(60)	46	(51)	12	(9)
Dienst in Körperschaften und Anstalten des Öffentlichen Rechts	16	(15)	12	(13)	4	(2)
	362	(389)	261	(311)	101	(78)

Von den im Bundesdienst tätigen Rechtsextremisten gehörten 87 der Bundeswehr an, einer arbeitete beim Bundesgrenzschutz.
Von den 105 Landesbeamten waren beschäftigt:

an Schulen und Hochschulen	40	(48)
in der Justiz	12	(14)
in der Finanzverwaltung	10	(9)
bei der Polizei	14	(17)
in anderen Verwaltungsbereichen	29	(30)
	105	(118)

Von den 362 im öffentlichen Dienst stehenden Rechtsextremisten waren 244 Beamte (29 im höheren Dienst, 69 gehobener Dienst, 97 mittlerer Dienst, 49 im einfachen Dienst).

1990
Von den 213 Rechtsextremisten im öffentlichen Dienst waren:
104 Beamte, 44 bei der Bundeswehr, 41 Angestellte, 39 Arbeiter. Von den 67 (1989: 75) bei den Landesbehörden beschäftigten Rechtsextremisten arbeiteten an den Hochschulen 20, in der Justiz 11, in der Finanzverwaltung 6, bei der Polizei 6, in anderen Verwaltungsbereichen 24.
Zahlen, über die Bereitschaft von Frauen, an rechtsextremen Straftaten teilzunehmen, zeigen, daß sich hier wenig Schwankungen ergeben haben: Für 1980 werden 2,8 % genannt, 1991: 3 %, 1992: 4,7 %, 1993: 3,6 %.
Die Ursachen für die geringe Straffälligkeit von Frauen in der rechtsextremen Szene scheinen bisher nicht Anlaß von Untersuchungen gewesen zu sein.

d) Angriffsziele

Waren die Ausschreitungen deutscher Rechtsextremisten in den siebziger Jahren noch weitgehend gegen politische Ziele gerichtet – z. B. gegen die Ostverträge und deren Ratifizierung – und bewegte sich ihre Präsenz in bestimmten Abständen in Selbstdarstellungen (z. B. Auftreten von jungen Männern in uniformähnlicher schwarzer Kleidung mit NS-Symbolen auf der Führerkanzel des Reichsparteitagsgeländes in Nürnberg, Kundgebungen, Propagandafahrten, Fackelmärsche unter dem Motto »Freiheit für Rudolf Heß«, Versammlungen unter der Devise »Wiederherstellung des Tausendjährigen Reichs«), so zeigt sich in den folgenden Jahren zunehmend die Bereitschaft zu Gewaltdelikten gegenüber Menschen: Angriffsziele waren nun weitgehend Ausländer, vor allem Asylsuchende, auf die sich der Haß der rechtsextremen Gruppen konzentrierte, eine Hinwendung zur Gewalt mit der erschreckenden Eskalation in den Jahren 1991/1992 bis hin zum Mord.

1993

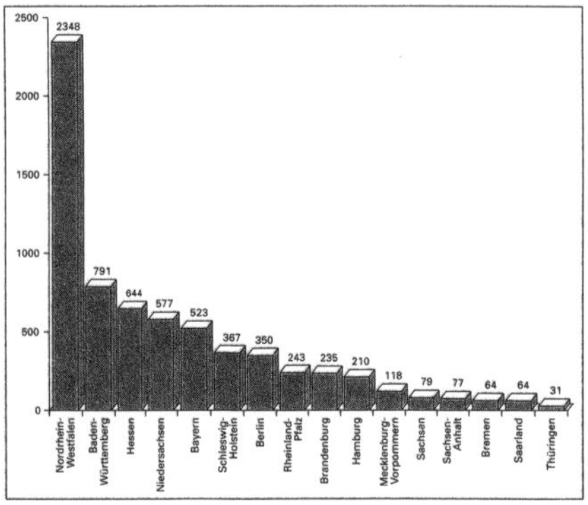

Verteilung der fremdenfeindlich motivierten Gesetzesverletzungen auf die Länder

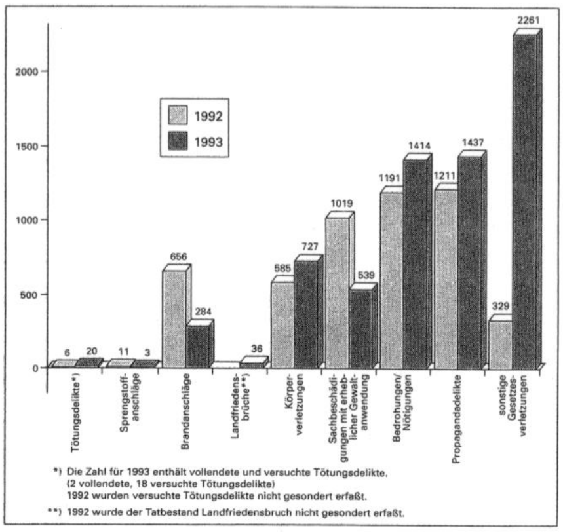

Fremdenfeindlich motivierte Gesetzesverletzungen

Zu Beginn der neunziger Jahre wurden dann neben Ausländern und jüdischen Institutionen (s. Kapitel 3) auch zunehmend politische Gegner und deren Versammlungslokale zu Angriffszielen, so daß auch hier eine Eskalation sichtbar wird, die schon fast an die Auseinandersetzungen zwischen Links und Rechts zu Zeiten der Weimarer Republik erinnert: 1989 richteten sich von 52 festgestellten Körperverletzungen mit rechtsextremem Hintergrund 19 gegen Asylbewerber und andere Ausländer und ebenso viele gegen politische Gegner, 1993 wurden von rechten Gruppen 234 Straftaten gegen linke Gruppen begangen (1992: 161).

Aufsehen erregte die Schrift »DER EINBLICK – Die nationalistische Widerstandszeitschrift gegen zunehmenden Rotfront- u. Anarchoterror«, die 1993 erschien und der Presse zugespielt wurde. Sie enthält Namen und Adressen von Angehörigen der Antifa-Szene, der Gewerkschaften, von Parteimitgliedern der »Grünen«, der SPD und anderen politischen Gegnern wie Publizisten und Schriftstellern. Im Begleittext dazu steht: »Es nützt uns nichts, wenn wir uns an den vielen Adressen erfreuen, die wir hier veröffentlichen. Diese Veröffentlichungen müssen entsprechende Konsequenzen für unsere Gegner haben . . . Laßt uns deshalb ALLE gemeinsam – jeder nach seiner eigenen persönlichen Kraft – die kriminellen Gegner entlarven und sie mit den uns zur Verfügung stehenden Mitteln bestrafen.«

Die Veröffentlichung dieser Liste hatte bereits Tradition: Schon 1980 und 1982 wurden Namenslisten von Juden und Personen des öffentlichen Lebens in Deutschland und Österreich durch neonazistische Gruppen verschickt, die dann als sogenannte »Todeslisten« gehandelt wurden.

Zunehmend werden auch sogenannte »Undeutsche Personen« – Homosexuelle, Prostituierte, Obdachlose, Stadtstreicher – das Ziel von Angriffen und – besonders in den neuen Bundesländern neben ehemaligen sowjetischen Stationierungssoldaten – auch Polizeibeamte (im Zusammenhang mit dem Schutz von Asylbewerberwohnheimen), die häufig als »Stasischweine« beschimpft werden.

Daß der Haß rechtsextremer Täter nicht einmal vor Behinderten haltmacht, ist sicher einer der erschreckendsten Vorgänge in den letzten Jahren: Rollstuhlfahrer werden bedroht, in einem Intercity schlugen Rechtsextremisten auf einen behinderten Fahrgast ein, schrien »wir sind rechtsradikal« und zeigten den Hitlergruß, in Leipzig warfen Jugendliche in ein Behindertenwohnheim pyrotechnische Gegenstände, bedrohten das Personal und taten kund, daß sie, wenn sie behinderte Kinder hätten, diese töten würden.

e) Logistik

Grundlegend geändert hat sich auch die Logistik der Rechtsextremisten beim Begehen von Straftaten – daß rechtsextremes Gedankengut nicht mehr in der Waschküche zusammengebraut, vervielfältigt und dilettantisch von Mann zu Mann verbreitet wird, dürfte klar sein. So fand inzwischen sowohl die Mailbox (erstmalig im Herbst 1992) als Zwischenträger Verwendung wie das »Nationale Info-Telephon«.
Bei den Mailboxen (z. B. »GERMANIA-Mailbox«, die mit ihren Flugblättern besonders für die Wiedervereinigung Deutschlands mit Österreich und die Wiederherstellung des Deutschen Reichs in seinen Grenzen vor dem Ersten Weltkrieg eintritt) können »User« Meldungen empfangen (die in einem nur ihnen zugänglichen »Postfach« gespeichert sind) wie auch Informationen an andere Benutzer einspeisen und damit kurzfristig Aktionen steuern oder auf polizeiliche Maßnahmen reagieren.
Das Info-Telephon, das in verschiedenen Städten über einen Anrufbeantworter sowohl auf Veranstaltungen aus dem eigenen Lager hinweist wie auch Aktionen von politischen Gegnern mitteilt, wird ebenso benutzt wie CB-Funkgeräte. Zunehmend werden auch Nachrichten über das Btx-System der Deutschen Bundespost verbreitet, es wird außerdem mit Telephonkettenaktionen gearbeitet, Datenbanken mit Listen von Gegnern und anderen mißliebigen Personen scheinen sich im Aufbau zu befinden.
Auch Computerspiele (1993: 50 Stück), die den Krieg und den Nationalsozialismus verherrlichen, Rassismus verbreiten (»Anti-Neger-Test«, »Anti-Türken-Test«, Hitler-Show), werden über Mailboxen angeboten, ihre Hersteller verbergen sich unter Pseudonymen wie »Verein deutscher Anti-Neger« oder »Adolf Hitler Software Ltd.«. Die Spiele – sehr oft als Raubkopien auf Computern von Jugendlichen zu Hause vervielfältigt – werden auch in Schulen getauscht oder verkauft.
Insgesamt verfügt die rechtsextremistische Szene also inzwischen über ein beachtliches Instrumentarium zur Verbreitung ihrer Ideologien, für die linksextremistische Verhaltensmuster auch Vorbild sein dürften: »Hier allein können und wollen wir von den Linken lernen. Ihr bis zur Selbstaufgabe geführter Kampf mit seiner ganzen Logistik muß für uns ein Vorbild sein« (»Angriff«, Nr. 4, zitiert nach »Extremismus und Gewalt«, Bd. III).

f) Vernetzung deutscher Rechtsextremisten mit dem Ausland

Die Vernetzung von deutschen neonazistischen Gruppen mit dem Ausland geschah bereits zu einem sehr frühen Zeitpunkt: Für den untersuchten Zeitraum bestanden schon 1979 Kontakte zu Frankreich, Belgien, England, zur Schweiz, aber auch zu Dänemark, Litauen, Weißrußland, Kanada, Spanien, Österreich, Italien, Südamerika (z. B. Argentinien). Rechtsextreme Gruppen in diesen Ländern zeigten Bereitschaft, das Risiko für deutsche Neonazis, strafrechtlich verfolgt zu werden, zu mindern, indem sie für deutsche Verlage die Herstellung von Flugblättern, Büchern, Zeitungen übernahmen. So ist nach wie vor die Nationalsozialistische Deutsche Arbeiterpartei-Auslands- und Aufbauorganisation (NSDAP-AO) damit beschäftigt, Propagandamaterialia (Plakate, Klebezettel) in großen Mengen nach Deutschland einzuschleusen. England hat den Vertrieb des »Völkischen Beobachters« (Zeitung der NS-Zeit) übernommen, andere Gruppen unterstützen die Ideologie der Rechten durch die Herstellung von NS-Abzeichen.
Die in den USA tätigen Gruppen des Ku-Klux-Klan, deren Rituale besonders von neonazistischen Skinheads nachgeahmt werden, bemühten sich seit 1980 um Einfluß auf deutsche neonazistische Gruppen. Ein Mainzer »Informationsbüro des Ku-Klux-Klan« verbreitet Propagandamaterial mit rassistischem Inhalt, wobei ein konspiratives Kennummernverfahren benutzt wird, um Absender und Empfänger zu verdecken.
1993 hatte die Vernetzung Formen angenommen, die 13 Jahre zuvor ganz gewiß nicht geahnt werden

konnten: Es gibt inzwischen rechtsextreme Gruppen, die die Rückgabe der ehemaligen deutschen Ostgebiete fordern.
Ein Schritt auf diesem Weg ist die Neuansiedlung von Rußlanddeutschen im Norden Ostpreußens, hierzu soll auch die Kontaktaufnahme mit Wladimir Schirinowski dienen.
Bei internationalen Treffen in Frankreich, Spanien, Westflandern wie auch in Deutschland (Gedenkmarsch für Rudolf Heß durch Fulda, gemeinsame Sonnwendfeiern) versuchen Neonazis die Fäden zwischen Gleichgesinnten enger zu knüpfen und vor allem bei Jugendlichen durch Feierstunden, Winterlager, Sommerlager, Pfingstlager in kaum veränderter Form die Ideologie des ehemaligen Dritten Reiches neu zu beleben und im Sinne des zukünftigen »Vierten Reiches« voranzutreiben.

g) »Outing«

Geändert hat sich zweifelsfrei auch die Bereitschaft zum »outing«. Das heißt, daß rechtsorientierte Standorte zunehmend nicht mehr hinter der Anonymität versteckt werden, sondern in aller Offenheit zutage treten. Ein persönliches Beispiel mag dies demonstrieren.
Bei einer Lesung aus »Ehe alles Legende wird« in einem Gymnasium stellte 1983 die Lehrerin, die mich eingeladen hatte, am Morgen beim Betreten der Aula fest, daß die Stühle am hinteren Rand des Saales noch aufgebockt waren, obwohl beide Hausmeister über die Lesung informiert waren.
Nach der Lesung stellte sich dann heraus, daß beide Hausmeister – ein Altnazi, ein Neonazi, wie die Lehrerin berichtete – sich geweigert hatten, für eine kritische Lesung über das Dritte Reich Stühle bereitzustellen.
Das Nachspiel zu diesem seltsamen Akt kam zwei Monate später. Die Lehrerin übersandte mir einen Brief, den ein Referendar von dem Vater einer Schülerin erhalten hatte, als er mit der Klasse eines meiner anderen Bücher, »Die vier Freiheiten der Hanna B.«, durcharbeitete. Das Thema des Buches betrifft den Jugendstrafvollzug, hat mit dem Dritten Reich gewiß nichts zu tun, was diesen Vater jedoch kaum interessierte und zu kühnen Mutmaßungen verleitete:

. . . , den 5.7.1983

Sehr geehrter Herr Studienreferendar . . .

Das Buch »Die vier Freiheiten der Hanna B.« von Ingeborg Bayer habe ich mit Interesse gelesen. Es ist (. . .) mit österreichischen und westdeutschen »Jugendbuchpreisen« ausgezeichnet worden – somit also höchst verdächtig. (. . .)
Schon die Themenwahl gibt einen deutlichen Fingerzeig auf die Richtung, aus der die Autorin kommt. Die Preiszuteilung an dieses Buch wird verständlich.(. . .)
Nach der Lektüre dieses Buches werde ich den Verdacht nicht los, daß es sich dabei nicht um ein Jugendbuch handelt, sondern um ein Judenbuch. Ich habe meiner Tochter empfohlen, es aufmerksam zu lesen. Das Kind soll genau jene Geisteshaltung kennenlernen, die wir verachten, solange sie uns nicht betrifft – die wir aber hassen und mit allen Mitteln bekämpfen, wenn sie versuchen sollte, in unsere wesentlich anders gearteten geistigen Bereiche einzudringen, in denen alte, von unseren Vorfahren überkommene Werte noch geschätzt werden.
Ich werde das Buch deshalb dorthin befördern, wo derartiger Dreck zu allen Zeiten hingehört: in den Kamin. (. . .) Ein Staat, der ein solches Buch auch noch auszeichnet, ist sicher nicht den Tritt wert, den er verdient.

Mit freundlichen Grüßen . . .

Die Vorstellung, daß eine nichtjüdische Autorin vor Drogenmißbrauch warnen und die Hintergründe des Jugendstrafvollzugs erhellen wollte, hatte dieser Vater, ein Arzt, ganz offensichtlich nicht – als Autorin der »Legende« erschien ich ihm wohl eindeutig klassifiziert. Er hatte wohl auch keinerlei Sorge, daß ihm durch einen solchen Brief Nachteiliges geschehen könne – er unterzeichnete mit vollem Namen und Adresse. Der Wunsch, meine Bücher exakt 50 Jahre nach der Bücherverbrennung 1933 im Kamin zu sehen, kann nur erschrecken.

2. Hoyerswerda – Sündenbock Ost?

»So war . . . die Situation, als der bisher latent vorhandene Rechtsextremismus virulent wurde, beginnend mit den fremdenfeindlichen Ausschreitungen in Hoyerswerda. Kenner der Geschichte konnte das nicht überraschen« . . . »Je nachsichtiger man mit dem Linksextremismus umging, um so größer war die Gefahr, daß Rechtsextremisten sich ermutigt fühlten, auch ihrerseits militant aufzutreten . . . Man mußte sich wundern, daß es so lange brauchte, bis der Rechtsextremismus hervortrat.« (Texte zur Inneren Sicherheit, Innenministerium, Extremismus und Gewalt, Band III, S. 111. Oberlandesgerichtspräsident [a. D.] R.W.)

Daß Hoyerswerda zum Synonym für rechtsradikale Gewalt im Osten wurde, mag seine traurige Berechtigung haben: Der Ort wurde »ausländerfrei«, d. h., keiner der Asylsuchenden war mehr bereit, dort weiterhin zu wohnen. Daß jedoch die Virulenz des Rechtsextremismus erst bei Hoyerswerda sichtbar geworden sein sollte, mag verwundern: Im untersuchten Zeitraum von 1980 bis Hoyerswerda im Sommer 1991 gab es insgesamt 17.017 Gesetzesverletzungen, davon waren 2.412 Gewalttaten.

Ebenso verwundern dürfte die Vorstellung, daß Rechtsextremismus nur als Folge des »nachsichtigen Umgangs« mit Linksextremismus zu sehen sei: In den nachachtundsechziger Jahren kann beim Umgang mit der linken Szene – oder das, was man dafür hielt – nicht eben von »Nachsicht« gesprochen werden. Dies bezieht sich auch auf die damals zwiespältigen Rasterfahndungen, bei der mit grobem Besen gekehrt wurde und Schuldige und Unschuldige zunächst einmal in einen gemeinsamen Topf geworfen wurden; wer in der Friedensbewegung tätig war – unabhängig ob Publizisten, Schriftsteller, Kirchenmitglieder –, gehörte nach der damaligen Meinung von Innenminister Dr. Friedrich Zimmermann in das Umfeld der Kommunisten: Das farbenstarke Plakat, das er in jener Zeit zur Demonstration dieses Sachverhaltes drucken ließ, zeigte in eindrucksvoller Weise, wie von oben nach unten die gelbe Farbe ganz langsam in ein Rot überging, und in der Münchner Kartei der »Panikpersonen« der Friedensbewegung fand sich sogar eine engagierte friedensbewegte Hamburger Senatorin wieder.

Was die sogenannte »Latenz« des Rechtsextremismus in all den Jahren vor Hoyerswerda anbetrifft, d. h. daß er damals weitgehend unter der Decke blieb, so stimmt dies auf Grund der obengenannten Zahlen gewiß nicht, es trifft allenfalls auf die Vogel-Strauß-Politik von nicht wenigen Politikern zu, für die eine »Latenz« bequemer war als eine Auseinandersetzung. Für jene, die hören und sehen wollten, gab es bereits damals einen Rechtsextremismus: Über 13 Tote und 211 zum Teil Schwerverletzte, die es bei dem Bombenanschlag auf dem Oktoberfest in München 1980 gab, konnte man kaum mehr hinwegsehen. Es dürfte sich also als zu einfach erweisen, hier mit einigen wenigen Erklärungsbildern auskommen zu wollen – die Ursachen des Linksextremismus sind andere als die des Rechtsextremismus. Und der Rechtsextremismus der neuen Bundesländer ist wiederum anders als der in den alten Bundesländern. Hier liegen auch eigene Erfahrungen bei Lesungen und Diskussionen zugrunde für einen Zeitraum von unmittelbar nach der Wende bis heute.

Um es deutlich zu sagen: Es geht hier nicht um Freistellung der neuen Bundesländer von Schuld, nur ist Ausländerfeindlichkeit nicht gleichzusetzen mit Rechtsextremismus, was eine Studie der Friedrich-Ebert-Stiftung belegt: Kritik und Ablehnung von Ausländern ist auch in anderen Gruppen zu finden, nicht nur bei den Rechten:

Sympathisanten der pol. Richtung	es sind zu viele Ausl. in Ostdeutschl.	*vertretene Meinung:* davon: jeder Ausl. ist einer zuviel	Zustimmung zur Losung »Ausländer raus«
grün-alternativ	32	5	11
sozialistisch	26	8	8
liberal	54	11	26
christl.-demokrat.	55	14	28
sozialdemokrat.	60	14	26
republikanisch	97	60	92

Daß Hoyerswerda erschrecken mußte, ist verständlich, aber auch dies hat mit der veränderten neuen Situation zu tun: Der Westen hatte sich inzwischen – zwar mühsam, bisweilen zähneknirschend – eingelebt in die Vorstellung, daß es hier einen neuen Rechtsextremismus gab, er war »vertraut«; nach Hoyerswerda hatte es bisweilen den Anschein, als würde die »Bürde« für den Westen leichter, nun, da es das gleiche Phänomen auch im Osten gab. Und man dieses auch exakt benennen konnte. Eben Hoyerswerda. Nicht Solingen, nicht Mölln, nicht Mülheim/Ruhr, nicht Wuppertal, Kemnath, Buxtehude – Orte, in denen es 1992/93 insgesamt 12 Tote gab. Auch wenn diese Straftaten später lagen und der Westen für die letzten zehn Jahre eine 22fache Steigerung bei den Gewalttaten aufzuweisen hatte, blieb Hoyerswerda ein Begriff, der in der Publizistik weiterhin benutzt wurde, ein Stichwort, das abrufbar war. Daß übrigens keinesfalls geklärt ist, inwieweit ein Teil des Ost-Rechtsextremismus ein importierter West-Rechtsextremismus ist, daß im Osten auch Straftaten begangen werden von Tätern, die aus dem Westen kommen, dort ihren Wohnsitz haben, dürfte nur wenigen bekannt sein. Und daß die Bürger der neuen Bundesländer insgesamt schockiert sind über das Anwachsen von Kriminalität in der Ex-DDR, die Aufklärungsquote gering ist (wo früher 20 Polizisten für einen Ort zur Verfügung standen, haben heute zwei Polizisten die gleiche Arbeit zu leisten), ist ebenfalls weitgehend unbekannt. Es macht auch etliches transparenter: Potentielle Täter schreiten möglicherweise eher zu Taten, wenn sie die Hoffnung auf Nichtgefaßtwerden haben und sich im ungestraften Fortschreiten auf dem einmal eingeschlagenen Weg sicher fühlen dürfen.
Betrachtet man die Statistik der drei Jahre nach der Wende (1990-1992), so zeigt sich, daß der Westen mit dem Bundesland Nordrhein-Westfalen – was Gewalttaten anbetrifft – an der Spitze steht, lediglich bei der prozentualen Pro-Kopf-Umrechnung auf die Gesamtbevölkerung liegen Mecklenburg-Vorpommern und Brandenburg vorne. (Leider liegen für 1993 keine Schaubilder getrennt nach Ost und West vor, für 1992 stehen dafür nur Schaubilder für Gewalttaten [s. u.], nicht jedoch für die Gesetzesverletzungen insgesamt (7.121) zur Verfügung, so daß hier leider auf die nicht die ganze Wirklichkeit spiegelnden Zahlen und Graphiken zurückgegriffen werden mußte.)

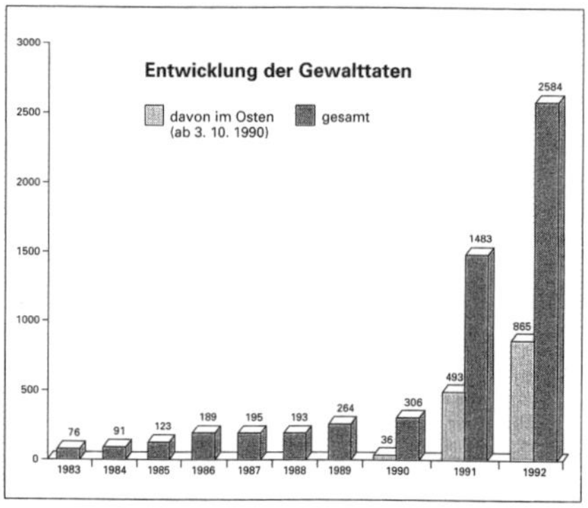

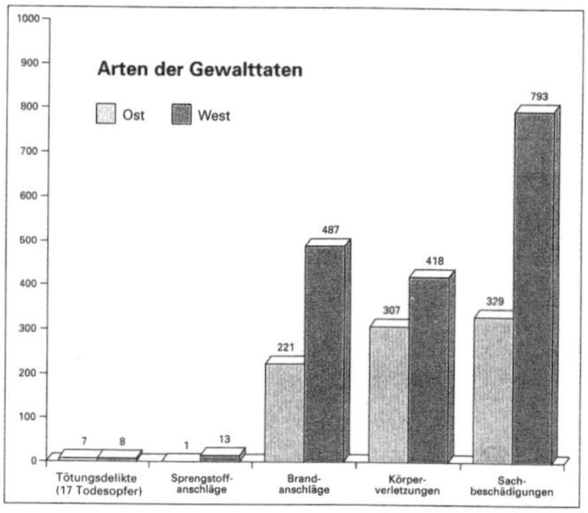

Verfassungsschutzbericht 1992, S. 71/72

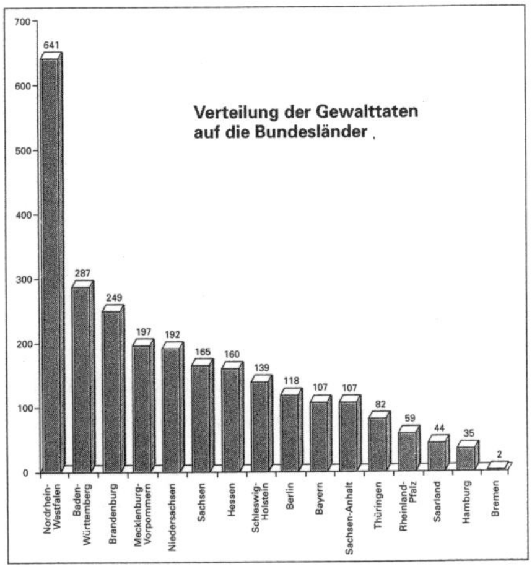

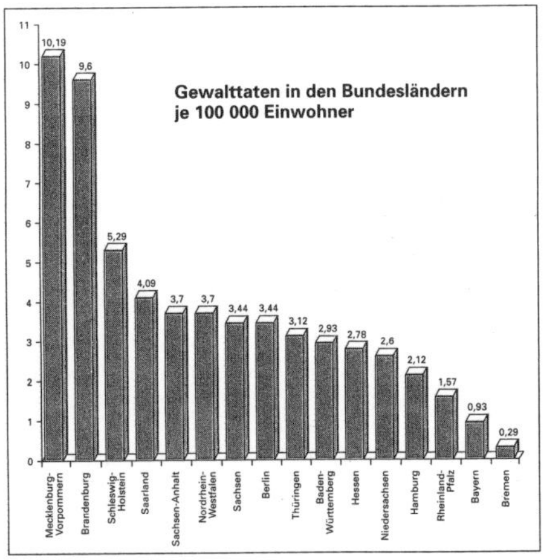

Verfassungsschutzbericht 1992, S. 73

Der Satz des Bundespräsidenten Roman Herzog, daß Rechtsextremismus derzeit die größte Gefahr für die Demokratie darstelle (Extremismus und Gewalt, Bd. III, S. 104), ist ein mutiger Satz. Ich denke, er gilt für Ost und West gleichermaßen.

3. Von dem Versuch, Vergangenheit zu löschen – vom lauten und verschämten Antisemitismus

Verfassungsschutzbericht 1992, S. 107

Mit dem Aufruf »Kauft nicht bei Juden« begann 1933 der Boykott gegen jüdische Geschäfte in Deutschland, der 1938 in der sogenannten »Reichskristallnacht« mit der Zerstörung jüdischer Geschäfte seinen Höhepunkt erreichte.
Mit dem Aufruf »Kauft nicht bei Juden«, der auf Klebezetteln für 5,– DM für 100 Stück (in 13 Sprachen) erstanden werden kann, versucht die NSDAP-AO (NSDAP-Auslandsorganisation in USA) in Deutschland die Wühlarbeit von deutschen Rechtsextremisten zu unterstützen.
Es war ein Aufruf, der in deutschen Landen nicht ungehört verhallte. Ein Slogan, den deutsche Firmen längst praktizierten, auch ohne um antisemitische Aufklebezettel zu wissen und sich um sie zu kümmern: »Der

Vertrag ist als nichtig anzusehen, wenn festgestellt wird, daß der Auftraggeber für die Erfüllung des Vertrages wesentlich von verdächtigen Personen, insbesondere Juden, abhängig ist«, so die Boykottklausel der arabischen Liga gegen Israel, die auch deutsche Firmen über Jahre hinweg brav befolgten, um von arabischen Ländern Aufträge zu erhalten und mit ihnen Geschäfte machen zu können. Firmen, die sich weigerten, sich diesem Boykottverfahren (seit 1972 praktiziert) zu unterwerfen, wurden nach etlichen Abmahnungen auf eine sogenannte schwarze Leitliste oder eine nationale schwarze Liste der betreffenden arabischen Länder gesetzt (insgesamt etwa rund 6.000 Firmen und Gesellschaften der westlichen Welt). War die betreffende Firma jedoch gefügig und versprach »Besserung«, mußte der Abbruch der Handelsbeziehungen mit Israel durch eine beglaubigte Bestätigung der örtlichen Handelskammer oder einem ähnlichen Wirtschaftsorgan des Landes nachgewiesen werden. Diese Form der Diskriminierung Israels auf wirtschaftlichem Wege soll es inzwischen, im Zuge der neuen Friedenspolitik im Nahen Osten, nicht mehr geben. So heißt es zumindest. Es soll auch Firmen gegeben haben, die sich gegen Verträge dieser Art gewehrt, sich dem Boykott nicht unterworfen hätten, und auf den Auftrag verzichteten. So heißt es ebenfalls.

Als in den Verfassungsschutzberichten zum ersten Mal über die Schändung von jüdischen Friedhöfen berichtet wurde, gab es in Deutschland nur noch wenige Juden – im Land der Mörder zu wohnen war für viele Überlebende des Holocaust nach dem 2. Weltkrieg nicht mehr denkbar. Im Laufe der Jahre wuchs die Zahl der jüdischen Gemeinden, und durch die Immigration von Juden aus der früheren Sowjetunion mit rund 20.000-24.000 Menschen hat sich die Zahl der Juden in Deutschland inzwischen auf 54.000-64.000 erhöht (Zahlen: Antisemitism World Report, London 1993). Es kann also nun nicht mehr vom »Antisemitismus ohne Juden« gesprochen werden: Seit Jahren schon sind Menschen und Institutionen zu Angriffszielen rechtsextremer Täter geworden, im untersuchten Zeitraum von 1980 bis 1993 gab es insgesamt 5.250 Gesetzesverletzungen mit antisemitischem Hintergrund.
Waren es in der Frühzeit der BRD vor allem Friedhöfe, auf die sich der Haß der Gewalttäter richtete – Grabsteine wurden aus der Verankerung gerissen, in Stücke zerschlagen, umgestoßen, mit NS-Symbolen verschmiert –, so sind inzwischen Mahnmale, Synagogen und KZ-Gedenkstätten hinzugetreten. Die Anschläge auf letztere (z. B. Sachsenhausen, Buchenwald, Dachau, Ravensbrück) wohl ganz gezielt in der Absicht, Erinnerungen an das Unrechtssystem zu löschen: Keine Baracken, keine Beweise, damit alles »entsorgt«, dem Vergessen preisgegeben.
Antisemitismus in Deutschland äußert sich nicht nur in spektakulären Anschlägen. Es gibt auch den nahezu alltäglichen Antisemitismus, von dem kaum etwas in die Öffentlichkeit dringt: Briefterror, Telephonterror, öffentliche Bedrohungen, Provokationen jüdischer Kinder durch nichtjüdische Kinder in Schulen, es gibt Todesdrohungen, Todesanzeigen in Zeitungen, beim Tod von Heinz Galinski, dem früheren Vorsteher des Zentralrats der Juden in Deutschland, jubilierten Neonazis – inzwischen ist Personenschutz notwendig für die an der Spitze der jüdischen Gemeinde Stehenden. Ausschreitungen, wie die Schändung der Synagoge in Erfurt mit zwei Schweinekopfhälften, und Computerspiele, z. B. »Jude ärgere dich nicht« (das 1982 an Redaktionen und öffentliche Stellen verschickt wurde und bei dem Gewinner ist, der möglichst viele Juden in die Gaskammern bringt), lassen keinen Zweifel daran, daß der Judenhaß inzwischen Formen angenommen hat, die mehr als erschrecken müssen.
Die Frage stellt sich, wie das Anwachsen dieses Antisemitismus erklärbar ist. Sicher dürfte nicht allein der Grund dafür sein, daß, weil es Haß gegen Ausländer gibt, es auch einen verstärkten Antisemitismus, quasi als Begleiterscheinung, gibt. Die Ursachen sind vielschichtiger, breitflächiger, die Wurzeln des deutschen Antisemitismus reichen bis ins vergangene Jahrhundert zurück, seine Spur zieht gradlinig durchs Kaiserreich, durch die Weimarer Republik, das »Tausendjährige Reich« bis zu uns heute.
Eine der Ursachen für das Ansteigen dürfte gewiß auch die Zögerlichkeit und Hilflosigkeit sein, mit der die deutsche Justiz sich mit der Behauptung der sogenannten »Auschwitz-Lüge« befaßte, mit der

Leugnung des Holocaust, der nichts weiter gewesen sein soll als eine Propagandalüge der Siegermächte. Die juristische Diskussion, ob diese sogenannte »Auschwitz-Lüge« strafbar sei oder nicht, beschäftigte Gerichte über Jahre hinweg. Sachverhalte, die jedem Normalbürger eindeutig zu sein schienen, verwirrten sich in den Händen der Justiz zu einem Dschungel, der ganz offensichtlich selbst für Juristen kaum mehr zu durchdringen war. Im April 1994 sprach sich dann endlich der deutsche Richterbund dafür aus, daß es nun eine »erleichterte Strafbarkeit« für die »Auschwitz-Lüge« geben solle. Da der derzeitige Volksverhetzungs-Paragraph 130 des Strafgesetzbuches dafür nicht eindeutig ausreichte, schlug der Richterbund vor, daß das ausdrückliche Verbot in den Paragraphen 140 StGB (Belohnung und Billigung von Straftaten) eingefügt werden solle. Am 01.12.1994 trat das neue Verbrechensbekämpfungsgesetz in Kraft, das es nunmehr ermöglicht, die Leugner des Völkermords der Nazis an Juden mit bis zu fünf Jahren Gefängnis zu bestrafen. Bis dahin hatte über Jahrzehnte hinweg ungestraft diffamiert werden dürfen: Das Buch »Die Auschwitz-Lüge« unterlag in der BRD bereits 1980 der »Einziehung«.

Betrachten wir die Untersuchungen des Innenministeriums im Hinblick auf den antisemitischen Rechtsextremismus, so ist das Material darüber – jenseits der Verfassungsschutzberichte – spärlich: Von 31 Artikeln der – sehr guten – Aufklärungsberichte »Extremismus und Fremdenfeindlichkeit« und »Extremismus und Gewalt« beschäftigen sich 30 mit dem sogenannten Umfeld des Rechtsextremismus, außer in einer Aufzählung von Rassismus, Faschismus, Nationalismus taucht Antisemitismus nicht auf. Und dies, obwohl ein Anstieg der Zahlen deutlich sichtbar macht, daß keinesfalls von einem Abflauen von rechtsextremer Gewalt – Wahlniederlagen und Mitgliederschwund des rechten Spektrums mögen dies vielleicht suggerieren – die Rede sein kann: Die Jahre 1992 mit 625 und 1993 mit 656 antisemitischen Gesetzesverletzungen weisen gegenüber 1991 mit 367 Gesetzesverletzungen fast schon eine Verdoppelung auf.

»Jeder achte Deutsche ein Antisemit«, so die Headline im SPIEGEL (4, 1992) anläßlich der Untersuchung, die das Bielefelder Emnid-Institut und das Tel Aviver Gallup-Institut im Januar 1992 durchführten. Es war eine umfassende Studie, bei der man – sowohl in Israel wie in Deutschland – sich der Frage zu nähern versuchte, wie Deutsche Israelis sehen, wie Israelis Deutsche sehen, Fragen nach der Verantwortung, nach Schuld und Versöhnung traten auf, unter anderem auch Fragen, die klären sollten, wie virulent der Antisemitismus in Deutschland ist. Zu diesem Teilaspekt der Umfrage waren 16 Fragen zu beantworten: Mindestens 6 judenkritische Antworten bedeuteten die Einstufung in die Kategorie der Antisemiten, wurde keine oder nur eine judenkritische Antwort gegeben, so bedeutete dies einen Freispruch vom Antisemitismus.

Es kann hier nicht diskutiert werden, wie überzeugend oder nicht überzeugend diese Einstufung war und ob wirklich jeder achte in Deutschland antisemitischer Einstellung verdächtigt werden kann – es interessiert in diesem Zusammenhang lediglich die Aussage, daß der Antisemitismus im Osten zu diesem Zeitpunkt gering gewesen sein soll: Auf 16 westdeutsche Antisemiten fielen nur vier ostdeutsche Antisemiten. Daß es im Osten 1992 scheinbar wenig Antisemitismus gegeben habe, dürfte allerdings andere Ursachen haben, als bisweilen angenommen wird: Es läßt nur vordergründig den Schluß zu, daß sich dahinter eine positive Haltung Juden gegenüber verberge.

Bewegt man sich jenseits von wissenschaftlichen Statistiken und soziologischen Umfragen, versucht man als quasi »Oral-History-Frager« vor Ort den Dingen auf den Grund zu gehen, so ergibt sich ein wesentlich anderes Bild. Ich möchte hier für den Zeitraum 1990-1994 auf eigene Erfahrungen in den neuen Bundesländern zurückgreifen, eine Art »Stimmungsbild« zeichnen, das sich auf fünf Jahre Lesereisen mit einem sehr unterschiedlichen Personenkreis von Usedom über Neunbrandenburg, Cottbus, Leipzig, Dresden, Chemnitz, Ilmenau u. a. stützt, die Zahl der Zuhörer betrug insgesamt etwa 6.000 bis 7.000 Menschen.

Gelesen wurde in Schulen, Bibliotheken, Buchhandlungen, Seminaren, einmal in einer Kirche, überwiegend aus einem Roman über die Entstehung des Staates Israel, »Zeit für die Hora«, der umfassend Anlaß bot für intensive Meinungsäußerungen über Judentum und Israel. Da meist sehr rasch gefragt wurde, ob ich Jüdin sei oder nicht, kann angenommen werden, daß Meinungen mir, der Nichtjüdin, gegenüber offener geäußert wurden, als dies möglicherweise gegenüber jüdischen Autoren geschehen wäre. (Auch vielleicht bereitwilliger geantwortet als in Umfragen, da dabei nicht sehr lange nach der »Wende« gewiß noch nicht alle Sperren gelöst waren.)

Die Situation, vor allem an Schulen, war zunächst nicht immer einfach, es galt Hürden zu überwinden, auch Emotionen durchzustehen: Es geschah sowohl, daß eine Lehrerin sich weigerte, mir die Hand zu geben, wie auch, daß eine andere Lehrerin nach der Lesung spontan ihr Erschrecken über das, was sie soeben in Lesung und Diskussion über Juden erfahren hatte, an meiner Schulter ausweinte.

Das Bild, das sich bei all diesen Lesungen und Diskussionen ergab, zeigt, daß Antisemitismus vermutlich deswegen nicht sichtbar wurde, weil »Juden« – zumindest in der ersten Zeit nach der »Wende« – kaum ein Thema war, das interessierte. In jener Zeit debattierte man z. B. bei einem Seniorennachmittag, bei dem ich anwesend war, ob 80 aufgebrochene Bootshäuser endlich der passende Anlaß sei, die bereits ins Auge gefaßte Bürgerwehr zu organisieren, die es an anderen Orten schon gab (wo Bauern und Pfarrer wie einst im Mittelalter mit Dreschflegeln bewaffnet nachts ihre Dörfer schützten), es wurde darüber diskutiert, ob Wessis den Ossis die über Jahrzehnte hinweg gehüteten Häuschen nun einfach wegnehmen dürften, man klagte, daß man sich bei Eintritt der Dunkelheit nicht mehr auf die Straße traute, man fragte sich, wie die an manchen Orten bei den Frauen auf 80 % angestiegene Arbeitslosigkeit zu bekämpfen sei, und Begrüßungsgeld und Währungsumstellung erregten die Gemüter mehr als Juden, von denen man so gut wie nichts wußte. »Es gab sie ja nicht bei uns«, sagte eine Lehrerin achselzuckend, »woher sollen unsere Kinder darüber Bescheid wissen?«

Sehr wohl Bescheid dagegen wußte man über Israel – oder glaubte, darüber Bescheid zu wissen, wobei die säuberliche Unterscheidung zwischen Juden hier und Israelis dort in den Köpfen der Leute genau so unverständlich war wie im Westen, wo es dieses Phänomen durchaus auch gab und gibt: Der linke Antisemitismus, in Form des Antizionismus, übertrifft bisweilen den rechten Antisemitismus – auch dies Erfahrungen bei Lesungen, diesmal im Westen.

Inzwischen – dies zeigte die Lesereise im Herbst 1994 – scheint sich die einst vom System geforderte aggressive Haltung dem Staat Israel gegenüber abgebaut zu haben, das Interesse bewegt sich (zumindest an Schulen) auf Juden zu: Man ist wißbegierig, etwas über jüdische Lebensgewohnheiten zu erfahren, wie man Feste feiert, welche es gibt, weshalb mit einem anderen Kalender gerechnet wird, man fragt nach Literatur über die Religion. »Wir nähern uns dem schwierigen Thema an Hand der Beschäftigung mit Lessings ›Nathan der Weise‹ «, sagte mir eine Lehrerin.

Es wäre also zu hoffen, daß eine gründliche Information über das Judentum an Schulen verhindern könnte, daß es zu ähnlichen antisemitischen Ausschreitungen gegen Menschen und Institutionen kommt, wie dies im Westen der Fall ist.

Es kann nicht gesagt werden, daß einfach hingenommen wurde, was in Deutschland sowohl an ausländerfeindlichen wie auch antisemitischen Gewalttaten in den letzten Jahren geschah. Zeitungsaufrufe, Lichterketten, Gedenkstunden an Mahnmalen, Schweigemärsche zu geschändeten Friedhöfen (z. B. 6.000 Menschen nach der zweiten Schändung des Friedhofs in Ihringen, in Berlin trafen sich nach der Brandstiftung am KZ-Sachsenhausen rund 300.000 Menschen) versuchten der Gewalt entgegenzuwirken. Es waren einige, die versuchten, ein Zeichen zu setzen.

Eine Demonstration, wie sie in Frankreich nach der Schändung des Friedhofs von Carpentras in der Nacht zum 10. Mai 1990 stattfand, einen stummen Aufschrei nahezu der ganzen Nation, einen Marsch durch die Hauptstadt mit dem Staatsoberhaupt an der Spitze gab es bei uns jedoch nicht.

4. Auf dem rechten Auge blind – Überlegungen von Weimar bis heute

»Der Volksverhetzer und sein milder Richter« (BZ 23.6.94), »Rechte Richter bleiben im Amt« (BZ 25.11.94), »Narrenfreiheit für Juristen?« (DER SPIEGEL 21.11.94), »Demonstration gegen rechten Richter Orlet« (BZ 15.11.94).

Schlagzeilen, die sich auf den Mannheimer Prozeß gegen den NPD-Vorsitzenden Günter Deckert bezogen, der die sogenannte »Auschwitz-Lüge« ein andermal bekräftigt hatte und dem zwei Mannheimer Richter trotzdem bestätigten, er sei eine »charakterstarke, verantwortungsbewußte Persönlichkeit«. (DER SPIEGEL, 21.11.94)

Ein Urteil, das sowohl in Deutschland wie im Ausland heftigen Protest hervorrief.

Die Tatsache, daß möglich war, daß beide Richter der 6. Mannheimer Strafkammer des Landgerichts – sowohl der Kammervorsitzende Müller wie auch der Richter Orlet – nach kurzer »krankheitsbedingter Verhinderung« wieder auf ihren Platz zurückkehren und Richter im geheimen [»Über die Gründe, die das Präsidium zu seinem Entschluß bewogen haben, kann nichts mitgeteilt werden, da die Sitzungen des Präsidiums nicht öffentlich sind und dem Beratungsgeheimnis unterliegen« (BZ, 25.11.94)] unter sich ausmachen konnten, daß es ganz »normal« weitergehen dürfe, so, als ob nichts gewesen sei, wirft viele Fragen auf. Vor allem irritiert die Sicherheit, daß solche Urteile heute ungestraft ohne weiteres zu fällen sind, wieder zu fällen sind: Eines dürfte feststehen, dieses Urteil wäre vor zehn Jahren nicht möglich gewesen. Und die Frage stellt sich, in wessen Kielwasser diese Richter des Mannheimer Landgerichts schwimmen, daß sie so sicher sein können, daß ihnen nichts, aber auch gar nichts geschehen kann. Daß Demonstranten vor dem Mannheimer Landgericht aufzogen, war eine moralische Waffe, keine juristische. Und ob es je zu einer sogenannten »Richterklage« nach Artikel 98 des Grundgesetzes kommt, wie diskutiert wurde, ist mehr als unwahrscheinlich. (Kurz vor Drucklegung, am 15.12.94, dann die dpa/AP-Meldung: »BGH hebt Skandalurteil gegen Deckert auf« [BZ, 16.12.94] – die beiden Richter standen dabei nicht zur Diskussion.)

Blenden wir zurück, so zeigt sich, daß sich dieser unsichtbare Schutzschild um die Mannheimer Richter (und sicher auch um andere) aus vielen Teilchen zusammensetzt, er entstand keinesfalls von heute auf morgen. Es war ein langsamer Prozeß, der im Laufe der Jahre voranschritt, weitgehend unbemerkt zunächst, dann, als er nicht mehr zu übersehen war, zunächst mit kühnem Schwung unter den Teppich gekehrt wurde: Die Puzzleteile waren winzig, für die Öffentlichkeit kaum sichtbar.

Es ist hier weder der Ort, noch steht der Platz zur Verfügung, um aufzulisten, was alles geschehen ist, damit solch ein Urteil heute gesprochen werden darf. Die wenigen Punkte, die aufgezeigt werden können, mögen stellvertretend stehen für anderes.

1986 erschien ein Bericht des Innenministeriums unter dem damaligen Innenminister Dr. Friedrich Zimmermann, »Innenpolitische Leistungsbilanz«. Der Bericht zeigt in einem sehr weit gefächerten Rahmen die Leistungen der BRD im Zeitraum von 1982-1986, ein Kapitel beschäftigt sich mit der Inneren Sicherheit, unter anderem auch mit Demonstrationsstrafrecht, Extremismus- und Terrorismusbekämpfung. Zu jenem Zeitpunkt lag der Mordanschlag auf dem Oktoberfest in München mit 13 Toten und 211 zum Teil Schwerverletzten bereits 6 Jahre zurück, die Zahl der Gesetzesverletzungen von rechts in diesen vier Jahren 1982-1986 betrug 7.535, die von links 6.961. Trotzdem finden auf diesen viereinhalb Seiten des Berichts nur Berichte und Fotos über die linksextremistische Szene Verwendung. Der Begriff Rechtsextremismus taucht nicht auf, auch nicht bei der Mitteilung, daß es sich bei der verbotenen ANS/NA um eine neonazistische Gruppe handelt.

Es steht nicht zur Debatte, daß selbstverständlich im Verfassungsschutzbericht dieser Jahre über Rechtsextremismus berichtet wird, es geht nur darum, daß hier in dieser Darstellung ganz offensichtlich versucht wurde, die rechte Szene auszublenden, weil sie nicht unbedingt in die »Innenpolitische Leistungsbilanz« paßte, zumal die Aufklärungsquote für Gesetzesverletzungen von rechts 1986 so eben mal 20 % betrug (1993 stieg sie von 20,1 auf 23,8 %).
Die Rubrik »Rechte im öffentlichen Dienst« ist in den Verfassungsschutzberichten der letzten Jahre entfallen (gleichzeitig mit der Rubrik »Linke im öffentlichen Dienst«). Wie groß die Gefahr auf diesem Gebiet ist, läßt sich nun nicht einmal mehr orten. Dem politisch Interessierten bleiben nun nur noch die Medien, um – vielleicht – zu erfahren, wie viele rechte Lehrer, Richter, Polizisten, Bundesbeamte, Landesbeamte, Bundeswehrsoldaten, Hochschulprofessoren unter uns weilen und uns möglicherweise zu indoktrinieren versuchen, ohne daß wir es merken.
Die »Staatlichen Maßnahmen« tauchen in jedem Verfassungsschutzbericht auf, im V.-Bericht 1993 wird ehrlich zugegeben: »Staatliche Maßnahmen verunsichern die Szene, beseitigen aber nicht die Ursachen der Gewalt« (S. 82).
Diese »Staatlichen Maßnahmen« haben ein ganzes Arsenal von Geschützen zu ihrer Verfügung: Versammlungsverbote, Geldbußen, Verwarnungen, Arbeitsauflagen, Arreste, vereinsrechtliche Verbote, Verbotsanträge gegen Parteien, für die schweren Delikte dann Freiheitsstrafen, mit und ohne Bewährung.
Es sollte also angenommen werden, daß für jeden Täter das richtige Maß gefunden werden kann. Liest man jedoch die Zeitung, so stellt sich die Frage, wie mit diesem Instrumentarium umgegangen wird. Da rufen z. B. drei Neonazis vor einem Asylbewerberheim in Bad Driburg »Ausländer raus« und »wir wollen keine Asylantenheime«; sie werden angeklagt wegen Volksverhetzung, vom Landgericht Paderborn freigesprochen, das Oberlandesgericht Hamm wertet jedoch den Ausruf sehr wohl als Volksverhetzung, hebt das Urteil wegen sogenannter »Rechtsfehlerhaftigkeit« auf und verweist die Klage an eine andere Kammer des Paderborner Landgerichts.
In einem anderen Prozeß wird am Landgericht Göttingen ein Polizeianwärter freigesprochen, der bei einer privaten Feier den Hitlergruß zeigte und »Deutschland den Deutschen, Ausländer raus« gerufen hatte. Das Gericht sprach den Angeklagten frei, da der Hitlergruß nicht in der Öffentlichkeit geschah, die Staatsanwaltschaft kündigte Revision an.
Das Hickhack um Veranstaltungen von rechten Gruppen, die zunächst verboten, dann durch Verwaltungsgerichte wieder aufgehoben werden, legt bisweilen die Vermutung nahe, daß die Rechtsunsicherheit mit dem rechten Spektrum groß ist, daß Wechselbäder schon fast die Regel zu sein scheinen: Eine Kammer macht heute ungeschehen, wozu sich die andere nach wochenlanger Arbeit endlich durchgerungen hat. Und Verurteilungen, von sanfter Hand gestrickt, um keine Märtyrer heranzuzüchten – wie es heißt –, die niedrigen Aufklärungsquoten und Strafen, die zur Bewährung ausgesetzt wurden, vermitteln den Tätern offenbar dennoch bisweilen das Gefühl, daß es sinnvoller sei, das Weite zu suchen, sich nach Dänemark, Spanien, Amerika abzusetzen, wie verschiedentlich geschehen, und dort aus dem sicheren Ausland nun Aktionen vorzubereiten.
Wie schwierig die Überführung der Täter überhaupt ist, daß z. B. beim Solinger Prozeß auch nach 54 Verhandlungstagen kaum aufgeklärt ist, wie fünf Menschen am Pfingstsamstag 1993 durch Rechtsextremisten bei einem Brandanschlag in Solingen ums Leben kamen, läßt mehr als verwundern; daß nach dieser langen Zeit nicht einmal eindeutig festgestellt werden kann, welche Zeit nötig ist, um eine Strecke von 4.603 Metern zu bewältigen, daß hier zur Wahrheitsfindung ein Mittelstreckenläufer eingesetzt werden muß, der sich beeilen soll, ist allenfalls noch grotesk.
Verwirrung auch bei den »Jagdszenen« am »Vatertag« in Magdeburg (1994), wobei Hooligans, Faschos, Skinheads, Rechtsradikale eine Gruppe Schwarzafrikaner stundenlang quer durch die Stadt

trieben. Hier ließen Polizisten, nachdem sie bereits viel zu spät am Einsatzort eintrafen, die festgenommenen Täter gleich wieder laufen, und der Sprecher der Polizei fand dies nicht rechtens: nicht jedoch der Polizeipräsident, der seine Polizisten in Schutz nahm. Bei soviel Verhaltensunsicherheit ist es auch fast selbstverständlich, daß immer mehr Polizisten an ihrer Arbeit zweifeln, wenn sie z. B. rechte Gruppen vor linken Gruppen bei ihren Versammlungen und Demonstrationen zu schützen haben.

»Bonn ist nicht Weimar« – so der kategorische Buchtitel eines Schweizer Journalisten 1956.
Ein Satz, der im Laufe der Jahre eine Wandlung erlebte, mal als Fragesatz, ob Bonn denn vielleicht doch Weimar sei, ob es dies schon sei, noch nicht sei, wieder sei.
Im November 1992 dann stellte der Präsident des Bundesamtes für Verfassungsschutz fest, daß »direkte Parallelen zwischen der Weimarer Republik und heute« vorhanden seien. (Texte zur Inneren Sicherheit, Extremismus und Gewalt, Bd. 1, S. 54)
Die Befürchtung bezog sich auf die Eskalation der Auseinandersetzung zwischen linken und rechten Gruppen, die, fast gleichzeitig mit der Gesamteskalation rechter Aktionen, seit 1991 im Steigen begriffen ist.

Militante Aktionen von Linksextremisten gegen Rechtsextremisten oder vermeintliche Rechtsextremisten in Deutschland

Zeitraum: 1991 - 1. Quartal 1993

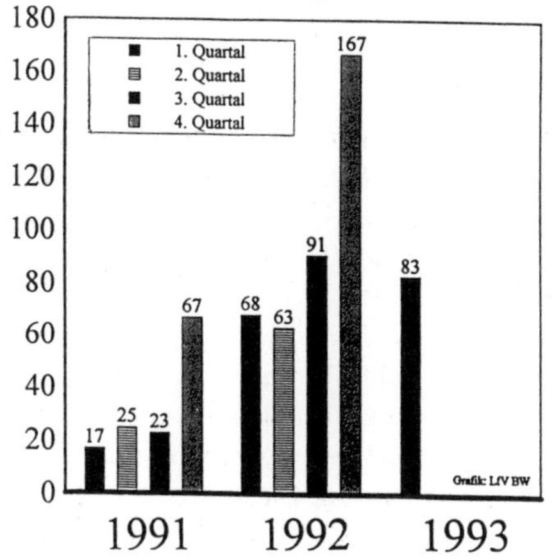

Texte zur Inneren Sicherheit »Extremismus und Gewalt«, Bd. 1, 1993, S. 55

Nimmt man die jahrelange Hilflosigkeit der Behörden gegenüber der rechten Szene in Deutschland (was das Strafmaß anbetrifft), dann lassen sich hier ebenfalls Parallelen feststellen zu damals. Spuren von Parallelen zumindest. Sie dürfen nicht mit dem verglichen werden, was zur Zeit der Weimarer Republik im Hinblick auf das Strafmaß gegenüber rechten Tätern geschah: Hier war die Gerichtsbarkeit über weite Teile Deutschlands bewußt auf dem rechten Auge blind, und es waren nicht nur ein paar einzelne Richter, die dieses Blindsein praktizierten.
Wenn also Bonn wirklich Weimar wäre, dann wäre es um unsere Demokratie schlecht bestellt: Der Heidelberger Professor Emil Julius Gumbel, ein Statistiker, addierte damals in seinem Buch »Vier Jahre politischer Mord« (1922 erschienen) die Urteile für rechte und linke Straftaten: 354 politische Morde von rechts ergaben eine Gesamtsühne von: 90 Jahre und 2 Monate Einsperrung, 730 Mark

Geldstrafe und einmal lebenslängliche Haft. 22 politische Morde von links ergaben eine Gesamtsühne von: 10 Erschießungen, 248 Jahre und 9 Monate Einsperrung, 3 lebenslängliche Zuchthausstrafen.

Auch der frühere bayerische Ministerpräsident Wilhelm Hoegner beschäftigt sich in seinem Buch »Die verratene Republik« in dem Kapitel »Die politische Justiz« mit dieser Thematik. »Unter politischer Justiz will hier die ungleichartige Behandlung von Rechtsfällen politischen Einschlags verstanden sein«, wobei es bisweilen zum »offenen Kampf zwischen deutschnational eingestellten Richtern und dem sozialdemokratischen Oberpräsidenten kam« . . . »In den Strafprozessen gegen Nationalsozialisten und Stahlhelmer wegen Landfriedensbruchs wurden die Zeugen der rechtsstehenden Organisationen vielfach in Bausch und Bogen als glaubwürdig, die des Reichsbanners als unglaubwürdig hingestellt.« . . . »Ein Staatswesen, das von seinen eigenen Justizorganen im Stich gelassen wird, macht sich lächerlich, seine Vorschriften werden nicht mehr ernst genommen, seine Drohungen verfangen nicht mehr.« . . . »Richterliche Unabhängigkeit will verdient, sie darf nicht Mittel zu politischen Zwecken sein.«

Der letzte Satz könnte von heute stammen, was die Entscheidung des Mannheimer Urteils anbetrifft.

Daß Bonn nicht Weimar werde, erfordert nicht nur Wachsamkeit, es erfordert auch Mut. Daß zum Beispiel Menschen bei Ausschreitungen – seien sie von rechts oder von links – weder wegschauen sollten, noch tatenlos zuschauen oder die Täter gar noch ermuntern, wie bei den Ausschreitungen 1992 in Rostock geschehen, ist die geringste der Forderungen. Es verlangt auch, daß wir zur Kenntnis nehmen, daß die Brandstifter mitten unter uns sind. Ungläubiges Kopfschütteln wie im März 1994 bei jenen Lübecker Bürgern, die nicht wahrhaben mochten, daß »einer der Ihren« mit Molotowcocktails eine Synagoge in Brand setzte, genügt nicht.

Daß Bonn nie Weimar werde, können staatliche Institutionen allein nicht verhindern. Es liegt auch bei uns. Bei unseren Anstrengungen dazu mag die Erinnerung helfen, daß der Nationalsozialismus sich zunächst unterschwellig und klammheimlich nur deshalb aus der Weimarer Republik heraus entwickeln konnte, weil keiner recht hinsah und hinhörte: Als Hitler im September 1919 der damaligen DAP, einer rechten Splitterpartei, beitrat, war er das Ausschußmitglied Nummer sieben. Die Partei hatte zu diesem Zeitpunkt weder ein Programm, noch verfügte sie über Propagandamaterial. Sie besaß nicht einmal einen Stempel.

In der Vereinskasse befanden sich an jenem Abend, an dem Hitler im Auftrag der Reichswehr diese Partei besuchte, genau 7,50 Mark.

5. Wiederholung einer Umfrage unter Jugendlichen, November 1994: Wenn Hitler heute wieder an die Macht käme . . .

②

. . . ich finde das wir ale platz haben auf der Erde

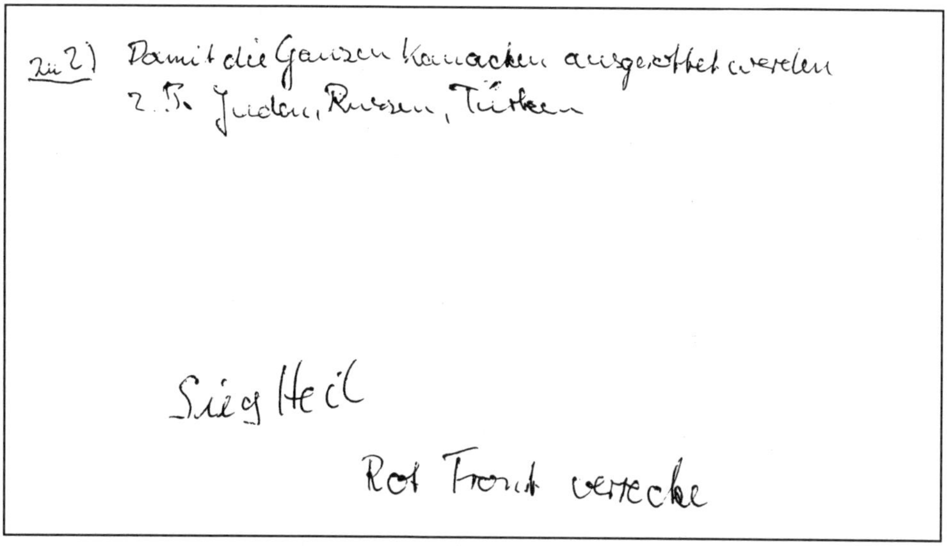
zu 2) Damit die Ganzen Kanacken ausgerottet werden z.B. Juden, Russen, Türken

Sieg Heil

Rot Front verrecke

Zwischen diesen beiden Polen – blankem Haß auf alles Fremde und schlichter humaner Aussage – bewegte sich die Umfrage 1994 (siehe S. 276).
Verglichen mit der Umfrage 1979 war trotz mancher Ähnlichkeiten doch einiges entscheidend anders. Was gleich war, waren die Fragebogen, annähernd die Zahl der Schüler/innen (1979: 527, 1994: 551), die Schultypen (wobei sich diesmal eine Berufsschule besonders stark engagierte und eine Vielzahl von sehr unterschiedlichen Berufen, vom Maurer bis zu den Friseurinnen, vertreten war).
Anders war, daß diesmal zu den alten Bundesländern die neuen hinzukamen.
In jedem Fall anders war – zumindest zweimal – die Aufnahme des Fragebogens: Sie reichte vom »Sturm im Wasserglas« an einer Schule bis zur Ablehnung eines Kultusministeriums, »da die Voraussetzungen des §112 Abs. 2 Satz 1 RSO nicht gegeben sind«. Nach etlichen Telephonaten und Briefen, deren Beantwortung versprochen, nicht eingehalten wurde, ein Brief wurde wieder ins Ministerium zurückgeholt, nachdem er schon unterwegs war, eine weitere Antwort versprochen, es gab sie nie, und schließlich versank alles im großen Schweigen: Die Paragraphenwut der Behörden hatte gegen politisches Engagement gesiegt. »Es muß gewährleistet sein, daß Kinder in Ruhe lernen können«, hatte mir der Beamte beim ersten Telephonat erklärt.
Turbulenzen gab es an jener Schule bereits im Vorfeld mit diversen Lehrerkonferenzen, dann wurden die Fragebogen zwar an die Schüler ausgeteilt, ausgefüllt, eingesammelt, aber anschließend hatte die Schule nicht den Mut, sich zu den »braunen« Bekenntnissen ihrer Schüler zu bekennen: Sie behielt die Fragebogen schlichtweg ein. Ein Vorgehen, das kaum als eine effektive Auseinandersetzung mit unbequemen politischen Sachverhalten angesehen werden kann und Schüler in ihrer Meinungsfreiheit – egal, wie kraß die Aussagen auch gewesen sein mochten – beschnitt.
Die Ängste der Schule, sich bloßgestellt zu sehen – obwohl die Umfrage anonym war –, hatte vermutlich ihren Ursprung in der Tatsache, daß die Fragebogen von dem üblichen Modus der Multiple-choice-Methode – dem Ankreuzen von vorgegebenen Antworten – abwich. Hier nun konnten Jugendliche unmittelbar und unverblümt, zum Teil in ihrem Jargon, sich äußern, »Volkes Stimme« konnte gehört werden: »ALLES FUCK« in Kunstschrift quer durch die Frage 3, »Am Arsch ist er« (Hitler), »Weil ich gegen die Scheiß-Nazis bin. Ich würde mich nie für Hitler entscheiden, weil er ein Arschloch war sondersgleichen.« Die Ablehnung Hitlers ging bisweilen so weit, daß man ihm die

Umfrage zu einem Buch von Ingeborg Bayer,
»Ehe alles Legende wird«,
Berichte und Dokumente über den Nationalsozialismus in Deutschland,
erscheint 1995 im Arena Verlag, Würzburg

Schultyp, Klasse — Alter ❑ m ❑ w ❑

____

1. Wenn Hitler heute wieder an die Macht käme, wie würdest du dich verhalten? (kreuze deine Entscheidung in den untenstehenden Kästchen an)

❑ a) ihm folgen (z.B. durch aktive Mitarbeit in Jugendverbänden etc.)

❑ b) in den Widerstand gehen

❑ c) das System dulden

2. Falls du dich für Hitler entscheiden würdest, welche Gründe hättest du dafür? (Benütze für deine Antwort die Rückseite des Blattes.)

3. Folgende Punkte stammen aus dem Parteiprogramm der NSDAP von 1920. Kreuze diejenigen der Punkte an, von denen du glaubst, daß sie auch heute noch Gültigkeit haben sollten.

❑ 7. Wir fordern, daß sich der Staat verpflichtet, in erster Linie für die Erwerbs- und Lebensmöglichkeit der Staatsbürger zu sorgen. Wenn es nicht möglich ist, die Gesamtbevölkerung des Staates zu ernähren, so sind die Angehörigen fremder Nationen (Nicht-Staatsbürger) aus dem Reiche auszuweisen.

❑ 17. Wir fordern eine unseren nationalen Bedürfnissen angepaßte Bodenreform, Schaffung eines Gesetzes zur unentgeltlichen Enteignung von Boden für gemeinnützige Zwecke, Abschaffung des Bodenzinses und Verhinderung jeder Bodenspekulation.

❑ 23. Zeitungen, die gegen das Gemeinwohl verstoßen, sind zu verbieten. Wir fordern den gesetzlichen Kampf gegen eine Kunst- und Literaturrichtung, die einen zersetzenden Einfluß auf unser Volksleben ausübt, und die Schließung von Veranstaltungen, die gegen vorstehende Forderungen verstoßen.

gleiche Todesart wünschte, wie sie einst in KZs üblich gewesen war: »Der Scheißtyp gehört auch mal unter die Dusche gestellt«, einer malte auf die Rückseite des Fragebogens ein Auto mit einer Dusche, vermutlich so, wie er sich einen Vergasungswagen vorstellte.
Der gravierendste Unterschied zu 1979 insgesamt: Die Zahl derer, die ihre Aussage nicht nur an einem Kreuzchen festgemacht sehen wollten, das Bedürfnis, seine Meinung – ob positiv oder negativ – mit Zusätzen zu unterstreichen, war sehr viel höher als 1979; manche benutzten Vorder- und Rückseiten des Blattes, um sowohl ihr Bekenntnis zu Hitler wie auch ein engagiertes politisches Plädoyer für Demokratie, Menschenrechte und Toleranz anzubieten. Dabei fällt auf, daß die Ausschärfung der Standpunkte rigoroser war, die Polarisierung weitaus stärker als bei der 1. Umfrage, was vermutlich auf einen höheren Informationsstand zurückzuführen ist.

Ähnlich wie bei den ersten Umfragen war wieder die Kritik einiger Lehrer am Fragebogen: Sie schwankte wiederum zwischen Unterforderung und Überforderung. Die Erklärung, weshalb ich keinen getrennten Fragebogen für Schüler verschiedener Schularten hatte entwickeln wollen – es sollten alle Schüler gleich behandelt werden –, beseitigte meist die kritischen Äußerungen.
Im übrigen gingen die Schüler erfreulich viel souveräner mit dem Fragebogen um als die Lehrer, von denen einige an der Mündigkeit ihrer Schüler zweifelten und meinten, die Frage 3 könnte suggestiv sein und Schüler könnten glauben, daß man hier in jedem Fall etwas ankreuzen müsse: Viele Schüler fanden selbst heraus, daß es bei dieser Frage »richtig« war, nichts anzukreuzen, und bekräftigten dies auch noch durch den Zusatz »nicht aktuell«, »veraltet«, »keiner dieser Punkte sollte heute eine Gültigkeit haben«. (Ein Schüler strich durch, was ihm an diesem Punkt nicht gefiel, so daß 3,23 nun hieß »Parteien, die gegen das Gemeinwohl verstoßen, sind zu verbieten«.) Schüler ergänzten auch, was sie für notwendig hielten, z. B. bei Frage 1 ein zusätzliches 1d: »Mit Flucht«, »Land verlassen«.
Im Detail gab es – jenseits von Aussagen und Kreuzchen – eine Fülle von Kuriosa. So gab es z. B.: Schüler, die auf der Vorderseite der Umfrage zwar für den Widerstand stimmten, sich auf der Rückseite der Umfrage dennoch überlegten, welche Gründe es eventuell doch geben könnte, um für Hitler Sympathie zu entwickeln. Anderen wiederum genügte ganz offensichtlich das einfache Kreuzchen zur Ablehnung von Hitler nicht, sie bekräftigten ihre Meinung mit Aussagen wie z. B. »Ich hätte gar keine Gründe, Hitler ist ein Schwein« und lehnten eine Nachfolge Hitlers in aller Deutlichkeit ab: »Ich würde mich auf gar keinen Fall für Hitler entscheiden. Da kann kommen, was will!!!«
Auch der Umgang mit dem Hakenkreuz war ambivalent: Während die einen dünne, mit Bleistift gemalte Hakenkreuze quer über den ganzen Bogen verteilten, malten andere dicke Balkenhakenkreuze, strichen sie durch und schrieben an den Rand »Nazis raus« und »Rechts macht kopflos«, einer zeichnete in die Mitte des Hakenkreuzes eine geballte Faust und schrieb »Nein, danke« dazu.
Die Zahl der Zusätze zu den einzelnen Fragen war unterschiedlich: Die meisten Zusatzaussagen gab es zu dem brisantesten Punkt, dem Punkt 2, der Frage nach der möglichen Gefolgschaft für einen neuen Hitler. Hier traten auch die stärksten Emotionen auf, und die Ausrufezeichen waren am häufigsten.
Die Frage 3 wurde weitgehend sachlich beantwortet, meist nur mit Kreuzchen versehen oder die Meinung an den Rand geschrieben. Inwieweit diese Frage an Schulen vor der Umfrage besonders stark diskutiert wurde, läßt sich nicht feststellen – in einem Fall scheint es so, daß der Lehrer möglicherweise die Schüler dahingehend beeinflußt hatte, daß sie sich überhaupt nur zu diesem Punkt drei äußern sollten (was dann 20 Schüler nahezu mit den gleichen Worten taten), während zu dem brisanten Punkt 2 keine zusätzliche Bemerkung gemacht wurde.
Angst war die am meisten hervortretende Emotion bei den Zusatzäußerungen und auch der Grund, weshalb man das System lieber dulden würde, als in den Widerstand zu gehen: »Aus Angst, verfolgt und bestraft zu werden, würde ich das System ›höchstens‹ dulden, befürworten kann ich es nicht«, »Er könnte mir nichts mehr tun, weil ich ihm beitreten würde«, und die Ohnmacht, »bevor man selbst vergast oder erschossen wird«, würde offenbar bei einigen dazu führen, bei der Gefahr eines neuen Hitlers erneut den Kopf in den Sand zu stecken. Das Vertrauen in die heutige Politik scheint nicht eben überwältigend groß zu sein, der Glaube an Hitlers Macht dagegen bei einigen ungebrochen, und die Zuversicht, daß er Deutschland verteidigen würde, taucht einige Male auf. (Daß eine Schülerin befürchtete, im Falle einer Zensur würde man wohl als erstes ihre Lieblingslektüre »Girl« und »Mädchen« auf den Index setzen, war einer der wenigen Schmunzelpunkte bei der Auswertung.)
Insgesamt bot das Ergebnis der Umfrage zum Teil erschreckende Aussagen: Von einer gemischten Klasse 10 eines Gymnasiums stimmten alle Jungen (9) geschlossen für eine Gefolgschaft für Hitler, der ernstzunehmende Nährboden zeigte sich in Aussagen wie z. B. »Hitler stirbt nie« wie auch in dem Wunsch, daß »ein kleines Stück Hitler« doch Bestand haben sollte.

Andrerseits zeigte sich jedoch auch, daß die Bereitschaft von Jugendlichen, für Toleranz und Demokratie einzutreten, für sie zu kämpfen, erfreulich hoch war, zumindest was die Zahlen anbetrifft. Die Diskrepanz zwischen der nur relativ geringen Zahl von Hitleranhängern gemessen an der hohen Zahl seiner Anbeter – was die zusätzlichen Aussagen anbetrifft – dürfte vor allem auf die Zahl derer zurückgehen, die bereit wären, Hitler zu dulden, oder keinen der Punkte 1 a-c ankreuzten.
Die Auswertung der Fragebogen ergab folgende Ergebnisse:

Beteiligt hatten sich insgesamt 551 Schüler/innen
davon: 55 Hauptschüler/innen
179 Realschüler/innen
151 Gymnasiasten/innen
166 Berufs- und Handelsschüler/innen

Zu Frage 1 gab es folgende Stellungnahmen:

	Hauptschüler/innen	Gymnasiasten/innen	Realschüler/innen	Berufs- und Handelsschüler/innen
a)	3	9	3	8
b)	40	92	115	133
c)	15	49	44	27

Ohne Stellungnahme zu Frage 1: 9 Schüler/innen (alle Schultypen)
Zu 1 a:
Folgende 8 Aussagen stammen aus einer gemischten Klasse 10, bei der alle Jungen für 1a stimmten:

Im Dritten Reich gab es noch Disziplin, keine Gewalt und kaum Kriminalität. Die Medien heute machen regelrecht eine Selbstzerstörung des Deutschen Volkes. Unser großes (mit SS-Runen) Doitsches Reich von den Grenzen 1942 soll uns wieder gehören. (Gymnasiast, 16)

Nicht alles war im Nationalsozialismus schlecht. Die Menschen hatten alle etwas zu essen (außer im Krieg), sie hatten Wohnraum und hatten Aussicht auf ein eigenes Auto. Die Kinder und Jugendlichen waren in Jugendgruppen tätig, und es herrschte noch Ordnung auf den Straßen. Gesetze konnten schneller beschlossen werden. (Gymnasiast, 16)

Ich als Jugendlicher habe natürlich eine andere Meinung als Erwachsene, da sie mehr Erfahrung mitbringen können. Es gibt schon einige Gründe dafür, wie Jugendorganisationen, jedoch ähnliche Dinge wie Judenverfolgung, deutsche Rassenerhaltung und deshalb Vernichtung anderer Kulturen und Sitten würde ich strengstens ablehnen. Jedoch sollte und würde dann auch mehr für das deutsche Volk und Vaterland getan, es wird immer welche geben, die nie arbeiten wollen und deshalb ein Sozialfall werden, aber dies trifft nicht auf alle zu. »Also Jugend auf auf auf für ein besseres Vaterland, ein besseres Deutschland.« Zitat von einem deutschen Jugendlichen, der für ein starkes Deutschland kämpft. (Gymnasiast, 16)

Ich würde in der HJ mitmachen. Unter Hitler herrschte wenigstens noch Zucht, Ordnung und Disziplin. Heutzutage kann doch jeder machen, was er will. Außerdem gibt es dadurch weniger Kriminalität. (Gymnasiast, 16)

Erstens hätte ich da eine Freizeitbeschäftigung (HJ), und dort lernt man gutes Verhalten, und außerdem verschafft man sich dadurch Vorteile (politische Karriere usw.). Für Hitler spricht auch, daß er das System fest in der Hand hatte – wenig Kriminalität – weniger Arbeitslose (durch Reichsarbeitsdienst) – Zucht und Ordnung überall. (Gymnasiast, 16)

In meinen Augen greift der heutige Staat nicht hart genug gegen kriminelle Elemente durch. Die

Medien heutzutage betreiben eine Art Selbstzerfleischung gegen das eigene Volk. Unsere Ostgebiete dürfen nicht aufgegeben werden. (Gymnasiast, 16)

Arbeitslosigkeit / Unruhen (Innere Sicherheit) / zu wenig Freizeitmöglichkeiten / Scheinasylanten. (Gymnasiast, 15)

Verbesserung des Arbeitsmarktes, Aufschwung der Wirtschaft, Disziplinierung der Gesellschaft, Kampf gegen verstärkte Kriminalität, mehr Stolz auf Deutschland, Gemeinsamkeit. (Gymnasiast, 15)

Ausländer, aber auch Deutsche, bringen Drogen an Kinder usw. Ausländer stehlen wie die Raben. Und auch jeder Mensch hat Arbeit. (Berufsschüler, 15)

Ich habe eine rechte Meinung. Er wäre dann der Führer, und ich würde ihm folgen. Widerstand zu leisten ist zwecklos. (Sonderberufsfachschüler, 17)

Zu 1 b:

Weil ich gegen die Scheiß-Nazis bin. Ich würd mich nie für Hitler entscheiden, weil er ein Arschloch war sondersgleichen. (Berufsschüler, 17)

Ich würde in den Widerstand gehen, weil ich nicht zusehen will, wie unschuldige Menschen wegen einem rassistischen und faschistischen Diktator ins Konzentrationslager gesteckt werden und dort sterben müssen!!! (Berufsschüler, 17)

Ich würde so gut wie möglich versuchen, in den Widerstand zu gehen. Aber bevor man selbst vergast oder erschossen wird, würde ich auch das System dulden. (Berufsschüler, 16)

Wenn es heute noch mal einen Hitler geben würde, würde ich alles tun, um ihn umzubringen. (Berufsschüler, 17)

Ich glaube, ich würde eher sterben, als mich Hitler anzuschließen. (Hauptschülerin, 15)

Falls ich dafür nicht zu feige bin. (Gymnasiast, 17)

Ich denke, daß das die meisten tun, weil alle wissen, was im 3. Reich passiert ist, und wenn viele den Mut haben, sich zu wehren, wird so eine Herrschaft schnell wieder vorbei sein. (Gymnasiastin, 16)

Ich würde versuchen, Widerstand zu leisten, aber ich wüßte nicht, ob ich es durchhalten würde. Trotz daß Hitler tot ist, gibt es viele, die ihn immer noch fürchten (denn Hitler stirbt nie). (Realschülerin, 15)

Wenn Hitler wieder an die Macht käme, würden sich sicher mehr wehren als damals. Der würde nicht lange leben, den würde jemand umbringen. Wenn nicht jemand, dann sorgen welche dafür, daß er sich selbst umbringt. Vor lauter Verzweiflung, daß er es kein zweites Mal schafft, an die Macht zu kommen. (Berufsschülerin, 16)

Zu 1 c:

Ich würde das System dulden, die Mehrheit würde es wohl dulden . . . Bevor ich mit 20 oder 25 Jahren vergast oder erschossen werde, dulde ich es halt. Er ist auch nicht unsterblich, irgendwann stirbt er auch. Wer weiß, wie es dann einmal wird. (Berufsschülerin, 17)

Das System dulden und das eigene Leben leben; falls mir dieses Leben nicht gefällt, würde ich in den Widerstand gehen. (Gymnasiast, 16)

Ich könnte ja doch nichts dagegen machen. Ich muß mich dem fügen, ich bin eine Zeugin Jehovas. Wir haben uns also schon für eine Regierung entschieden! (Hauptschülerin, 15)

Weil Angst wahrscheinlich zu groß ist, um Widerstand zu leisten. (Gymnasiastin, 16)

Aus Angst, verfolgt oder bestraft zu werden, würde ich das System »höchstens« dulden. Befürworten kann ich es nicht. (Realschülerin, 16)

Weil man keine Chance hat, Widerstand zu leisten. Den Tod will man nicht riskieren. (Realschüler, 17)

Weil ich weiß, wie es ausgegangen ist. Wenn ich nicht wüßte, wie es ausgegangen ist, würde ich Widerstand leisten. (Berufsschüler, 17)

Ich würde das System dulden, die Mehrheit würde ihm folgen. Auch wenn ich jetzt denke, Hitler ist ein Arschloch, wer weiß, was in 10, 20 oder 30 Jahren ist. Das Volk muß den Höheren auch folgen, das ist auch irgendwo noch so wie früher. Wenn ich noch jung wäre, habe ich ja das Leben noch vor mir, da will ich mich nicht vergasen oder erschießen lassen. Wenn ich alt wäre, wäre es mir egal. Auf die paar Jährchen. (Berufsschülerin, 16)

Weil es zur Zeit in Deutschland bergab geht. Und die vielen ausländischen Schwarzarbeiter bringen unser System durcheinander. Das System würde ich wahrscheinlich dulden, aber niemals tolerieren oder akzeptieren. Ich würde mich nie für Hitler entscheiden. (Gymnasiastin, 16)

In Widerstand gehen ist fast unmöglich, da man sonst dran glauben mußte. Darum würde ich das System dulden. (Berufsfachschüler, 16)

Lieber dulde ich es und gehe nicht in den Widerstand und lebe dafür länger. (Hauptschüler, 14)

Als einzelner hat man keine Macht. (Gymnasiastin, 16)

Ich würde mich niemals für Hitler entscheiden, ich meine, ich würde wahrscheinlich das System dulden, aber nicht tolerieren oder akzeptieren. Die Hitler-Regierung hat im 2. Weltkrieg so viele grausame Dinge gemacht, z. B. die Judenvergasung etc. Ich denke auch nicht, daß ich als einzige (denn jeder hat doch irgendwie Schiß vor dem Regime) oder zumindest auch in der Minderheit was gegen Hitler hätte bezwecken können. (Gymnasiastin, 16)

Ich würde mich gegen Hitler entscheiden, aber die anderen würden sich für ihn entscheiden, weil, als Hitler an der Macht war, gab es keine Arbeitslose und andere Gesichtspunkte, und sie würden ihr Leben nicht unter ihm verlieren. (Berufsfachschüler, 16)

Zu 2:

Ich habe etwas gegen Ausländer jeder Art. Ob Neger, Türken oder sonst irgendwelche. Ich glaube, er würde mit allen Asylanten kurzen Prozeß machen. Vor allem habe ich etwas gegen Scheinasylanten, und welche, die an zwei Asylantenheimen gleichzeitig Geld kassieren. Und so dumm, wie Hitler dargestellt wurde, war er nicht. Ich verehre ihn sehr. Ich finde es auch eine Sauerei, was sich die Ausländer so einfach herausnehmen. Pöbeln einfach Leute an, und so weiter, nur deutsche Jugendliche können Ihnen ein paar Geschichten erzählen. Ich bin für ein deutsches Deutschland ohne Ausländer und deshalb für A. Hitler oder einen würdigen Nachfolger. Deutschland den Deutschen. PS: Ich habe auch etwas gegen DDR'ler. (Berufsfachschüler, 15)

Er geht auf die Probleme der Deutschen ein und das mit einer wahnsinnigen Glaubwürdigkeit. (Gymnasiastin, 16)

Wenn es mir für mein eigenes Wohlergehen nützen würde. (Gymnasiastin, 16)

Ich würde als Soldat oder sonstiges ein besseres Leben führen als ein normaler Bürger. Als Soldat würde ich vielleicht früher als ein Bürger sterben, aber ich will lieber getötet werden, als verhungern. (Berufsfachschüler, 16)

Er könnte mir nichts mehr tun, weil ich ihm beitreten würde. (Realschüler, 15)

Vaterlandstreue, daß man im Krieg das eigene Land verteidigt, mit Freunden zusammen sein kann, z. B. in der Hitlerjugend. (Berufsfachschüler, 16)

Wenn ich keine eigene Meinung hätte und nur ein Mitläufer wäre, würde ich mich für Hitler entscheiden, denn dann hätte ich jemanden, der mir Entscheidungen abnimmt und mich führt. (Realschülerin, 17)

Ich würde in Jugendverbänden mitwirken, nur um die Asylbetrüger, Schwarzarbeiter usw. zu bekämpfen. Sie betrügen den Staat nur. Ausländer, die sich hier »legal« aufhalten, sollen ruhig hierbleiben, solange es dem Staat nichts schadet. (Realschüler, 15)

Hitler hat Deutschland wieder zu nationaler Größe aufgebaut. Er hat die größte Armee und die beste der Welt aufgebaut. (Berufsschüler, 16)

Hitler war brutal, und er hat sehr schlimme Dinge getan, aber man konnte nachts auf die Straße, ohne zusammengeschlagen zu werden. Wenn Hitler wieder an der Macht wäre, wäre es für uns alle nicht gut, es sei denn, wir würden uns ihm unterwerfen. Dies würde wahrscheinlich die Mehrheit tun aus Angst, es würde dasselbe geschehen wie damals. Es würde sicher nicht leicht werden, aber Hitler würde für die Sicherheit der Leute garantieren. Durch Hitler waren früher viele Leute nicht mehr arbeitslos, da Häuser usw. gebaut wurden. Auch das muß man bedenken, nicht nur die schlechten Sachen, die Hitler getan hat. Sicher würden viele Sachen nicht mehr so leicht sein wie heute, aber man würde nicht an jeder zweiten Ecke ein Messer im Rücken haben oder vergewaltigt werden. (Irgendwie war Hitler o. k., er war schließlich auch nur ein Mensch.) Aber nur irgendwie! (Berufsschülerin, 15)

Ich bräuchte keine Angst haben, daß er mich verfolgt. (Realschüler, 14)

In der Zeit, in der Hitler regierte, ging es Deutschland einigermaßen gut. Außerdem hat er den Jugendlichen gezeigt, daß alle in den verschiedenen Jugendprogrammen zusammengehören. (Berufsfachschüler, 16)

Weil ich sonst wahrscheinlich unterdrückt werden würde. (Berufsfachschüler, 16)

Er war genial in seiner Ausführung, aber trotzdem fanatisch, aber überzeugt von seinen Taten. Und ich würde mich aber nicht für ihn entscheiden. (Hauptschüler, 15)

Aus Angst vor Bestrafung, und um nicht aufzufallen oder ausgestoßen zu werden. (Realschülerin, 14)

Daß aus Deutschland endlich wieder einmal Deutschland wird und keine Mischung aus Türkei, Italien, Rußland usw. Der Staat soll das Geld nicht an Asylanten ausgeben, denn in Deutschland gibt es genug Arme. (Berufsfachschüler, 15)

Wenn man ihn nicht wählt, dann hat man keine Chance, dann ist man ein Verräter, wenn er große Macht hat. Meine Gründe: Deutschland den Deutschen, kein Asyl für andere, höchstens Urlauber. Den Ausländern wird geholfen, bekommen Geld, und die deutschen Penner auf der Straße vergammeln. Ausländer nehmen den Deutschen die Arbeit weg. (Realschüler, 15)

Seine aktive Jugendarbeit. Seine Politik für die Deutschen. (Berufsfachschüler, 16)

Ich bin neutral. Hitler war nötig für Europa und die Welt. (Gymnasiast, 16)

Er hat Macht. Wenn er wieder als Führer kommt, dann wäre es besser, ihn zu akzeptieren, sonst wird man erschossen oder gefoltert (Schindlers Liste). (Realschülerin, 14)

Hitler wollte immer alles haben, er war zu gierig, um irgendetwas abzugeben. Er hatte keine Gnade für die Menschheit, er brachte jeden brutal um, der ihm im Weg war, die Welt zu beherrschen. Jeder, der für Hitler gewesen ist, mußte so sein wie er. Meine Meinung über ihn: Er war wie ein verwöhntes Kind. (Berufsschüler, 16)

Gründe wären: keine Probleme, Wohlstand, in der Masse kein Außenseiter. (Gymnasiastin, 16)

Ich habe mich nicht für Hitler entschieden, aber es sollte ein klein wenig Hitler da sein, daß ein bißchen Ordnung im Land ist und nicht jeder rein und raus kann, wie er will. (Ausländer!) Ich bin nicht gegen Ausländer, doch habe ich etwas gegen die, die uns auf der Straße anquatschen und anmachen. Als Frau bist du ja nicht mehr sicher auf der Straße. Und ich hab was gegen die, die nicht arbeiten und nur von unserem Arbeitslosengeld leben. Es gibt aber auch Ausländer, die arbeiten und sind ganz okay. Aber trotz allem sollte ein kleines Stück Hitler noch bestehen, nur ein kleines Stück. (Berufsschülerin, 15)

Angst vor der übermächtigen Macht (Angst um dein Leben, falls du Widerstand leistest). (Gymnasiast, 16)

Ich würde mich nur für Hitler entscheiden, um ihn von »innen« zu stürzen, d. h. eine Opposition innerhalb seiner Organisation aufzubauen. (Gymnasiast, 18)

Wenn andere Parteien nichts mehr nützen – die Wahlversprechungen der Parteien wurden in der Vergangenheit nicht gelöst – Zwang. (Realschüler, 17)

Groß und mächtig zu sein. Ihm gehören und zu dienen, daß er nicht untergeht. Ich würde kämpfen. (Realschüler, 16)

Wenn ich gegen ihn wäre, würden seine Anhänger mich sicher verfolgen. (Gymnasiastin, 16)

Allgemeinwohl der deutschen Jugend, auch wenn es nur zu seinem Nutzen war. Seine Selbstsicherheit. Überzeugtheit von sich selbst und den Deutschen. Ohne Widerstand = gute Lebensweise. (Gymnasiastin, 15)

Falls ich mich für Hitler entscheiden würde, dann nur, damit mir und meiner Familie nichts passiert. (Realschülerin, 15)

Weil, wenn man bei Hitler ist, kann man nur selten ins KZ kommen. (Berufsfachschüler, 15)

Dies zu beantworten ist recht schwer, da man einen Mann wie Hitler nicht mehr an die Macht lassen darf! Wie in seiner Zeit die Juden, würde er in der heutigen Zeit wohl alle Ausländer jagen und töten lassen. Die Ausländerfeindlichkeit ist schon schlimm genug, sie darf durch solch einen Mann nicht noch verschlimmert werden!!!!! Der einzige Grund wäre vielleicht, daß Hitler ziemlich mächtig war und so Deutschland verteidigen könnte. (Realschülerin, 14)

Gegen Hitler kommt man doch sowieso nicht an und erst recht kleine arme Leute wie uns. (Es bleibt einem ja nichts anderes übrig.) Aber ich hoffe, daß Hitler nicht wieder an die Macht kommt. (Hauptschüler, 14)

Ich müßte gegen Ausländer sein, was ich nicht bin. Und ich hätte auch nichts dagegen, was sie mit den Juden gemacht haben, wenn ich das wollte: daß Deutschland endlich rein werden soll. (Berufsschülerin, 16)

Weil ich Angst habe, daß ich wie andere in die Gaskammer geschafft werde, oder auch gequält werde. Es sind dann keine Ausländer bei uns – fast jeder hat Arbeit – es ist nichts zu teuer. (Realschüler, 16)

Weil dadurch die ganzen Ausländer, die nach Deutschland illegal einwandern, weg müßten oder gar nicht nach Deutschland reinkommen würden. (Realschüler, 15)

Wegen seiner großen Macht – keine Verfolgung durch Hitlers Truppen – damit es meiner Familie gut gehe und wir auch genügend »Bewegungsfreiheit« hätten. (Realschüler, 14)

Zu 2 (gegen Hitler):

Ich entscheide mich nicht für Hitler, weil er ein Scheißkerl war, er hat alle Ausländer umgebracht. Der Scheißtyp gehört auch mal unter die Dusche gestellt. (Berufsschüler, 15)

Weil meine besten Freunde Ausländer sind in der Klasse, im Betrieb und im Sport. (Berufsschüler, 17)

Der Dubel hätte erschossen gehört, man hätte ihn vergasen sollen. (Berufsschüler, 16)

Ich würde mich nie für Hitler entscheiden. Er hat so vielen Menschen Unrecht zugefügt, sie ermorden lassen und gefoltert, daß ich nicht glauben kann, daß es heute noch Menschen gibt, die »Heil Hitler« rufen und sich ihm anschließen würden. (Gymnasiastin, 16)

Ich finde das von Hitler eine Schweinerei, was er mit den Juden gemacht hat. (Berufsschüler, 16)

Falls noch mal so eine Person an die Macht käme wie Hitler, der gehört plattgemacht! (Berufsschüler, 15)

Ich würde mich nie für Hitler entscheiden, sonst müßten wir den gleichen Scheiß mitmachen wie unsere Großeltern. (Berufsschülerin, 19)

Ich würde mich nicht für Hitler entscheiden, weil ich keine Lust auf den 3. Weltkrieg habe. (Berufsschüler, 16)

Ich würde mich niemals für Hitler entscheiden. Niemals. (Realschülerin, 16)

Für mich gibt es keine Gründe, Hitler zu unterstützen. Für mich ist es unverständlich, daß es überhaupt Menschen gibt, die sich auf seine Seite stellen und somit eine Wiederholung dieser schrecklichen Zeit wieder heraufbeschwören. Statt dessen sollte alles getan werden, um dies zu verhindern, daß soviel Unrecht an Menschen noch einmal geschieht. (Gymnasiastin, 16)

Zu 3:

Alle drei Punkte entsprechen nicht meinen Vorstellungen von Demokratie und vernünftiger Staatsführung. Also das fände ich totalen Schwachsinn, daß wir dann die Ausländer rausschicken. Ich finde, wenn die Ausländer arbeiten und sich selbst was verdienen, gehören sie zu uns. (Berufsschülerin, 15)

Das Ganze, was Hitler da sagt und schreibt, ist Schwachsinn. Ich glaube, wenn die Ausländer auch arbeiten gehen würden, wäre für jeden etwas zu essen da. Weil ich es hasse, wenn die Ausländer fast alles bekommen und wir Deutschen dafür eine Ewigkeit zur Arbeit gehen, um uns so etwas mal zu leisten. (Berufsschülerin, 18)

Man muß feststellen, daß Deutschland ein Vielvölkerstaat ist. Was wäre aus der Wirtschaft nach Kriegsende geworden ohne die Mithilfe vieler Einwanderer? Fühlen wir uns heute nicht zu schade, die meisten Arbeiten, die Ausländer machen, zu verrichten? (Berufsschülerin, 20)

Keiner der Punkte sollte gültig sein. Sie verstoßen alle gegen die Gesetze einer Demokratie. Sie sind nur zu Gunsten der Reichen und Mächtigen. Die Bürger werden betrogen und unterdrückt. (Realschüler, 16)

Die drei Punkte sehen auf den ersten Blick sehr positiv aus, jedoch, wenn, wie zur Zeit, das Geld und die Macht regiert, verstoßen sie gegen die Menschenrechte. (Gymnasiast, 16)

Eine solche Zensur macht Gegenstimmen mundtot. Ihr einziger Sinn wäre, eine Diktatur aufzubauen. (Gymnasiast, 16)

Nicht mit einverstanden, da könnte ich ja nicht mehr das »Mädchen« und »Girl« lesen. (Berufsschülerin, 17)

Zeitungen, Kunst und Literatur zu verbieten, ist der Gipfel der Unverschämtheit. Den Künstlern wird die Möglichkeit genommen, ihre Gefühle auszudrücken. Wenn sie es trotzdem tun, würden auch sie verfolgt. Wo bleibt da jedes Menschenrecht? Schlimm genug, daß es einmal so weit kam, daß die »klugen« Deutschen wie eine besessene Herde einem psychopathischen Führer nachliefen. (Berufsschülerin, 17)

Deutsche bevorzugen? Ausländer also Bürger 2. Klasse? – Nein, danke! (Gymnasiastin, 16)

Ausländer sind doch auch nur Menschen, auch wenn sie anders sprechen und anders aussehen. (Berufsschüler, 17)

Das Schlußwort, das bei der ersten Umfrage ein Gymnasiast hatte (s. S. 253), sei diesmal einer 20jährigen Berufsschülerin (Friseurin) überlassen:

Man sollte . . . jetzt schon, und nicht erst, wenn es soweit wäre, versuchen, die neonazistischen Tendenzen zu zerschlagen und den Anhängern dieser Politik die Augen öffnen, um was für Werte und Errungenschaften der Demokratie es eigentlich geht.

Bibliographischer Anhang

Den Mitarbeitern folgender Archive und Institute danke ich für ihre Hilfe: dem Bundesarchiv, Koblenz (BA), Militärarchiv (MA), Dachau-Archiv (Da-A), Institut für Zeitgeschichte, München (IfZ), Erzbischöflichen Archiv Freiburg (EAF), Caritas-Archiv (CA), Landeskirchlichen Archiv, Stuttgart (LAS), Zentrale Stelle der Landesjustizverwaltungen, Ludwigsburg (ZStL), Internationalen Suchdienst Arolsen (ITS), Archiv der deutschen Jugendbewegung, Burg Ludwigstein (AdJb), der wiss. Bibliothek des Auschwitz-Museums, dem Verfassungsschutz für das zur Verfügung gestellte, beschlagnahmte Material neonazistischer Gruppen, der israel. Botschaft, Bonn, der Technischen Universität Berlin, Zentrum f. Antisemitismusforschung.

Aus Gründen des Persönlichkeitsschutzes sind Namen des Archivmaterials – einige bereits in den Archiven – unkenntlich gemacht, soweit es sich nicht um »Personen der Zeitgeschichte« handelt. Auslassungen sind durch (. . .) gekennzeichnet.

Die mit » « gekennzeichneten Texte sind Originalbildunterschriften.

Um der Authentizität willen sind die meisten der Repros in ihrer ursprünglichen Form übernommen worden. Da der Zustand der Archivalien nicht überall gleich gut war, mußte dabei zum Teil eine nicht immer ganz einwandfreie Wiedergabe in Kauf genommen werden.

Bildnachweis

Bundesarchiv, Koblenz:	S. 8, 9, 10, 11, 12, 13, 14, 15, 16, 17, 18, 22, 23, 26, 27, 38, 40, 41, 42, 43, 44, 45, 52, 53, 58, 59, 67 r., 68, 70, 72, 78, 80 l., 83, 85, 86, 100, 101, 106, 137, 140, 174, 176, 178, 179, 181, 182, 183, 184, 186, 187, 207, 208, 209, 211 r. u., 215, 245
DA-Archiv:	S. 24, 79, 122
AdJb:	S. 28, 31
Bildarchiv Schoenberner:	S. 79 u., 83 m., 124, 130 (entnommen dem Band »Der gelbe Stern«)
EAF:	S. 76
Auschwitz-Museum:	S. 237
dpa, Hamburg:	S. 216
ITS:	S. 80 r., 81
Überlassen von Ellen Dekker:	S. 138
Wiener Library, London:	S. 84
Imperial War Museum, London:	S. 126
Im Besitz der Autorin:	S. 211 o., m., u. r.
Verfassungsschutz:	Graphiken in Teil V. aus den Verfassungsschutzberichten

Quellenangaben

11	Hitler: Mein Kampf, S. 365/66
18	AdJb Geusen 2/1928
19	Völkischer Beobachter 10, 3, 1920
20/22	Gobineau S. 176
	Darre': Neuadel S. 165, 169, 170
25	AdJb Die Kommenden 9, 1928
26	von Oertzen, S. 214
29	AdJb „Der Jude“ in: Geusen 4, 1929
30/31	“ Hammer und Schwert 6, 1929
33/34	“ Falke 11, 1927
34	“ Völkischer Beobachter 19. 1. 1929
36	“ 48, 1928
36/37	“ Jungnationale Stimmen 5, 1930
40/42	Picker: Tischgespräche S. 243
46	AdJb Die Heerfahrt 1, 1933
49	Hitler, Mein Kampf 116, 117
50	Picker: Tischgespräche S. 256
51	Gamm: Führung S. 12
52/53	Hitler, Mein Kampf S. 371
54 o.	Hitler in einer Rede vom 2. 12. 38 Th. Wilhelm: Pädagogik der Gegenwart S. 179
54	Rauschning, Gespräche mit Hitler, S. 237
55	Hilf mit Schriftenreihe, Heft 12 (o. J.)
56	Borner, Mathematik
56	Hitler, Mein Kampf S. 372
57	Darre: Neuadel S. 183, 186, 187
58	EAF, NS 53
59	BA NS 19, 1582
61	Picker: Tischgespräche
61	BA, NS 20, 30
62	BA, NS 20, 30
62/63	Hitler, Mein Kampf S. 198
63	Hilf mit Nr. 6, 1937
64/65	“ Nr. 7, 1937
66	IfZ, Lebensborn
67	Hitler, Mein Kampf S. 371
67	Hilf mit Nr. 2, 1936
69	“ Bild und Text Nr. 7, 1938
71	“ Nr. 7, 1938
73	“ Nr. 3, 1936
74/75	“ Schriftenreihe, Heft 12
85	“ Nr. 2, 1936
86	EAF, NS 56
88	Neuhäuster, Kreuz T 1. S. 107
89	EAF, NS 9
89/91	EAF, NS 9
91/92	EAF, Acta Apostolicae Sedlis, 10. 4. 1937
92	Picker, Tischgespräche
92/93	EAF, NS 54
94/95	ITS, Hist. Allgem. 1
95	Überlassen von den Angehörigen
96	IfZ, MA 442/1
97	IfZ, MA 442/1
98	IfZ, MA 304
99	Quelle der Herausgeberin bekannt
102	Hilf mit Nr. 4, 1937
102/104	Hitler, Mein Kampf S. 711, 738, 710, 740, 740, 741, 742
104	Picker, Tischgespräche vom 5. 4. 42
105	Hitler, Mein Kampf S. 749
106	IfZ, Fd 40
109/110	Der Nationalsozialismus S. 193
111/112	ITS, Hist. Allg. 43
114/115	BA, NS 19, 1578

116	BA, NS 19, 1578
117/118	ITS, Hist. Allg. 43
118	Neuhäusler, 2. T. S. 365
119	BA, Koblenz NS 19, 312
120	BA, NS 19, 312
121	ITS Hist. Allg. 43
122	“ Hist. Allg. 43
124	IfZ, MA 304
125	ITS, Hist. Allg. 43
126	“ “ 69, o. l.
126/27	EAF, NS 9 W. Feuerbach
128	IMT, Bd Nürnberg 1947
129	ITS, Hist. Allg. 43
130-135	BA, R 58/871
136	ZStL, Pol. 315
137	Günther Weisenborn, Memorial, S. 233/34
139	“ “ “ S. 191
141	IfZ, Eichmannprozeß G 01
142	BA, NS 19, 1577
143	IfZ, Eichmannprozeß G 01
144	Auszüge aus verschiedenen Briefen über Judenverschickung
149/150	Auszüge aus verschiedenen Briefen über Judenverschickung
150	ITS, Hist. Allg. 2
151	The Testament of Adolf Hitler S. 147
152/53	BA, NS 19, 1570
153	Das Lager Bergen-Belsen, 1978
154/156	ZStL
157	BA, NS 19, 1585
158	ITS, Hist. Allge. 44
160/61	IfZ, Gy 302
162	Der Nationalsozialismus, Dokumente, S. 280
163/165	ZStL, EM 32-143
167	IfZ, Fa 215
168	“ Ma 185
169	Günther Weisenborn, Memorial, S. 21
170	ITS, Hist. Allg. 13
171/173	ZStL, Ki 591
175	Überlassen von den Angehörigen
177	IfZ, MA 304
180	JfZ, Fd 40
183/185	The Thestament of Hitler
186	Hitler, Mein Kampf S. 739/740
187	Schmid, Fragen a. d. Geschichte, Bd 4, S. 72 (Zahlenmaterial stammt aus Unterlagen d. Dt. Dienststelle in Berlin, der früheren WM-Auskunftsstelle)
188	The Testament of Hitler
216 ff	Alle Zitate aus 1977/78 beschlagnahmtem Material d. Verfassungsschutzes von neonazistischen Gruppen
231	ITS Hist. Allg. 29
232/33	“ “ 43
233	“ “ 41
234/35	“ BA, NS 19, 1582
236/38	Höss, Kommandant, Auszüge aus den Seiten 160–166
239	ITS, Hist. Allg. 12
240/241	ITS, Jahresbericht 1977
242	ITS, OCC. 15/31 a-cte
245	Auszüge aus D. Boßmann „Was ich über Adolf Hitler gehört habe.“ – Frankfurt 1977

Abkürzungen

BDM	Bund Deutscher Mädel
BV	»Befristete Vorbeugungshäftlinge« in den KL
Kapo	Vorarbeiter der Häftlinge
DJ	Deutsches Jungvolk
DNVP	Deutschnationale Volkspartei
Gestapa	Geheimes Staatspolizeiamt
Gestapo	Geheime Staatspolizei
HJ	Hitlerjugend
JM	Jungmädel
JV	Jungvolk
KdF	Kraft durch Freude
KL	offizielle Abkürzung für Konzentrationslager; im allgemeinen: KZ
NAPOLA	Nationalpolitische Erziehungsanstalt
NSDAP	Nationalsozialistische Arbeiterpartei
RAD	Reichsarbeitsdienst
RFSS	Reichsführer-SS
RSHA	Reichssicherheitshauptamt
SA	Sturmabteilung, Kampftruppe Hitlers
SS	Schutzstaffeln der NSDAP
SV	»Sicherungsverwahrte« in den KL
TV	Totenkopfverbände
VP	Versuchsperson

INGEBORG BAYER

Zeit für die Hora

An Bord eines Flüchtlingschiffes, das 1945 von Europa nach Palästina unterwegs ist, befinden sich Juden verschiedenster Herkunft, die nach der Katastrophe des Holocaust auf eine Zukunft in einem eigenen Staat hoffen.
Da ist unter anderem Jakob, der Hagana-Kapitän des Schiffes, der aus einer strenggläubigen jüdischen Familie stammt, und da ist Mirjam, deren Großmutter aus Hamburg eher deutschnational dachte und doch in Theresienstadt ermordet wurde. Sie alle sehen sich nach ihrer Ankunft mit einer britischen Politik konfrontiert, die weitere Einwanderungen nach Palästina verhindern will und Menschen, die soeben dem Massenmord entronnen sind, erneut hinter Stacheldraht bringt.
Das Buch erzählt von den vielfältigen Problemen bei der Entstehung des Staates Israel und versucht Wurzeln freizulegen, die auch heute noch das Geschehen in diesem Land bestimmen.

416 Seiten. Gebunden. J. u. E.

Arena